■ 中华优秀传统文化传承发展工程

CCTV.

记住乡愁

第五季

中央广播电视总台 编

学习出版社

图书在版编目（CIP）数据

记住乡愁. 第五季 / 中央广播电视总台编. -- 北京：
学习出版社，2024.2

ISBN 978-7-5147-1245-2

Ⅰ．①记… Ⅱ．①中… Ⅲ．①古城－文化史－中国
Ⅳ．①K203

中国国家版本馆CIP数据核字（2023）第231819号

记住乡愁·第五季

JIZHU XIANGCHOU · DIWUJI

中央广播电视总台　编

责任编辑：苏嘉靖
技术编辑：贾　茹
装帧设计：和物文化

出版发行：学习出版社
　　　　　北京市崇外大街11号新成文化大厦B座11层（100062）
　　　　　010-66063020　010-66061634　010-66061646
网　　址：http://www.xuexiph.cn
经　　销：新华书店
印　　刷：北京联兴盛业印刷股份有限公司

开　　本：787毫米×1092毫米　1/16
印　　张：33
字　　数：491千字
版次印次：2024年2月第1版　2024年2月第1次印刷

书　　号：ISBN 978-7-5147-1245-2
定　　价：102.00元

如有印装错误请与本社联系调换，电话：010-67081356

目录 | CONTENTS

1

正定开元寺街区

燕赵老街事
千古忠义情

　　"烈士碧血兮，洒我斯土；抔抔黄土兮，埋汝忠骨。烈士一去兮，恸我斯民；烈烈斯民兮，慰汝忠魂。"精神力量是无穷的，一个城市一个街道也有一种精神，这种忠义精神就是正定古城之魂。正定古城，位于太行山东麓，滹沱河北岸，至今已有2000多年历史。古城的雄心与格局，体现在那些古老的建筑上。从隋唐开始，一栋栋巍峨的高楼古寺、一座座宏伟的庙宇殿堂，在古城中拔地而起，开元寺历史文化街区由此形成。如今的正定，有着"九楼四塔八大寺，二十四座金牌坊"的说法。

■ 开元寺历史文化街区全景

那些古老的建筑，体现着古城的雄心与格局。

历史上，正定与北京、保定并称为"北方三雄镇"，作为"九省通衢"的要塞，正定自古就是兵家必争之地。在燕赵战场上，忠义精神从来没有中断过，从战国争雄到汉室平叛，从五胡乱华到安史之乱，从辽宋金元的南北纷争到近代中国的抗日战争，古城历经了数次涅槃与重生，也留下了许多英雄的传说。

一　赵子龙：侠肝义胆，成就赫赫威名

三国名将常山赵子龙是正定人最敬重的英雄，就是在正定，他练就了一身好武艺，于乱世之中，闯出了赫赫威名。每当提起拥有万夫不当之勇、入千军万马如无人之地的武将赵子龙，耳畔便响起那句响当当的呐喊——"吾乃常山赵子龙也！"

东汉末年，朝局动荡，匪患四起，正定也遭遇了一场恶战。当时，敌人来势汹汹，守城武将难挡贼兵攻势，眼看城池就要失守。年轻的赵子龙在紧急关头，挺枪而出，杀入万军丛中，把匪首挑落马下。见头领毙命，匪徒四散而逃，正定城得以保全，百姓免遭劫难。

从那以后 赵子龙组织了一支义军

■"常胜将军"常山赵子龙雕塑

从那以后，赵子龙组织了一支义军，在兵荒马乱的年代，护佑正定人度过了一段安宁的日子。后来，他投入刘备麾下，从此玄德手下多了一位"身长八尺，浓眉大眼，阔面重颐，威风凛凛"的猛将。他常常在绝处之时杀出血路，将铁枪使得虎虎生威，恢宏气势令人退避三舍。长坂坡单骑救主，出生入死于曹军虎穴龙潭，更显子龙忠心为主

的性情。以三千精兵智取贵阳，亦说明了他不在人下的胆识与才略，而后年至七旬却力斩五将，其神力武功更不在话下，诗曰："血染征袍透甲红，当阳谁敢与争锋！古来冲阵扶危主，只有常山赵子龙。"

群雄逐鹿、金戈铁马的年代里，古老的常山战鼓是燕赵战场上的冲锋号令。据《正定县志》记载，常山战鼓早在战国时期就初具规模，距今已有 2000 多年的历史。宋元时期，战鼓表演已经十分成熟，到了明代，战鼓进入鼎盛时期，表演思路清晰，规模宏大，在民间广为流传。表演中，鼓手身着三国时期戎装，用彩绸将鼓系于腰间，手执一对涂油红色鲤鱼状的鼓槌，叉腿挺胸，双臂抡圆，时而击打鼓面或者鼓边，时而两槌互相击打，形成千变万化的鼓点。常山战鼓成为老街上最盛大的民俗仪式，婚寿嫁娶以及节日典礼，战鼓表演都是当地必不可少的重要组成部分。正如《正定府志》记载，常山战鼓"城市村墟，锣鼓无虚日"，"市井萧骨喧闹，鼓声不绝"。

伴随着激昂高亢的战鼓、千军万马厮杀的激情，仿佛可以透过厚重泛黄的历史看见铁枪上迎风而动的红缨、头盔上银色流波的光芒和战袍上凝结的殷红血迹——那个龙骧虎步、气宇轩昂的蜀中虎将赵子龙，修罗场的常胜将军、三国英雄中的英雄。一生忠心耿耿，立下赫赫战功，赵子龙不仅成就了"常胜将军"的威名，也代表了燕赵的侠肝义胆，成

■ 正定古城常山战鼓民俗表演

为中国人心中忠义的楷模。

时至今日，常山赵子龙仍是正定古城的一个重要文化符号。正定人民为赵云一共先后4次修建家祠家庙，老街北面的赵云庙虽然曾多次在战火中损毁，但人们总会不遗余力地把庙重建起来，这是正定人民对赵子龙的一种崇拜敬仰之心。此外，人们还建起了子龙大桥、子龙广场，正定人民崇尚英雄，慷慨忠义的精神也就永远地留在了这片土地上。

正定老街上最负盛名的美食"正定八大碗"也与赵子龙有关。相传，赵子龙领兵打了胜仗后，常用四大碗肉菜和四大碗素菜犒劳将士。跟随他的士兵，解甲归田后把这些菜肴的做法带回家乡，并不断改进，逐渐形成了如今的"正定八大碗"。每当节庆，左邻右舍、亲朋好友相聚，代表胜利的八大碗就是最隆重的待客宴席。

左邻右舍 亲朋好友相聚

■ 正定八大碗

二 《祭侄文稿》：挥笔如刀，记录悲壮往事

武能上马定乾坤，文能提笔安天下。在正定老街，不仅有像赵子龙一样慷慨忠义的将军，也走出了很多有风骨有气节的文人。颜真卿的《祭侄文稿》与东晋王羲之的《兰亭序》、北宋苏轼的《黄州寒食帖》并称为

"天下三大行书"，它写出了中国书法五千年来的风采，更记录了一段发生在正定老街上的悲壮往事。

唐代安史之乱，叛将史思明领兵攻打正定。当时，守城的唐军只有不到1万人，而叛军却多达30万人。据守正定城的颜杲卿、颜季明父子，率军打退了叛军数次进攻。但敌人的围困，让正定变成了一座孤城。平时耕种的老百姓自发组织起来，拿起武器就是兵，整个正定城里所有的壮年人全都上了战场。颜氏父子率领军民与叛军展开巷战，抵抗坚持了七天七夜，一直到弹尽粮绝城池失陷。战斗中，叛军俘虏了颜季明，并以此威逼颜杲卿投降。在这种情况下，颜杲卿坚贞不二，绝不投降。恼羞成怒的史思明，把颜季明乱刀砍死。在这场战役中，老街居民血染城池，誓死不降，死伤竟达数万人。而颜氏一门，殉难在叛军屠刀之下的就有30多人。

著名书法家颜真卿听到这个消息后，悲恸欲绝。他挥笔如刀，写下了这篇字字泣血的祭文《祭侄文稿》。通篇用笔之间情如潮涌，书法气势磅礴，纵笔豪放，一气呵成。一门忠烈，满纸悲愤。记录下了这个"父陷子死，巢倾卵覆"的取义成仁之事。如今，《祭侄文稿》的真迹保存在台北故宫博物院。

当地人把《祭侄文稿》这部作品雕刻在子龙广场的石壁之上，当地孩子的书法第一课大多由此开始。无论是十几岁的孩子，还是七八十岁的老人，老街人极爱书法艺术，都喜欢写上几笔，诗画笔墨的芬芳一直在巷弄中飘荡。正定源远流长的历史为这块古老的土地留下了丰厚的文化遗产，众多文化价值极高的古代碑刻是其中重要的一部分，如隋龙藏寺碑、唐风动碑、元胆巴碑、清康乾御碑等珍贵碑帖和颜真卿、智永、朱熹、赵孟頫、梁清标、华世奎等历代名

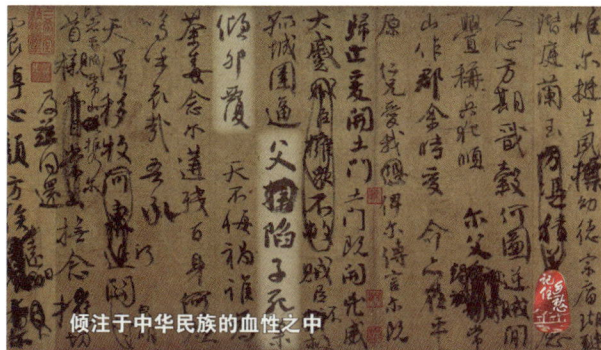

倾注于中华民族的血性之中

■ 颜真卿《祭侄文稿》

家的杰作，奠定了正定书法的重要历史地位。此外，康熙、乾隆两位皇帝的御碑，一代书法大家华世奎题写的"双节祠"，以及大量散落民间的碑文、墓志、石刻等书法作品，证明了正定书法的丰厚历史底蕴。

笔墨流淌间，把忠义凛然之气倾注于中华民族的血性之中；铁画银钩的摹写中，顶天立地的铮铮风骨，在他们身上又有了新的传承。满城墨香的正定被称为"中国书法之乡"，拥有深厚的书法渊源，这里书法人才辈出，拥有傅金铃、尹沫、鉴克等一大批优秀的书法家，走出了刘学君、王墉、崔洪波、秦锋4位国家级书法协会会员，培养了一批又一批小书法家在各类各级比赛中摘金夺银，这些都成为展示正定书法艺术的一道亮丽风景。

③ 赵生明：迎难而上，捍卫绝美华塔

在正定老街的最南端，是著名的广惠寺，这里保存着一座造型精美的华塔。华塔距今已有800多年的历史，在塔身的上半部有各种丰富的花饰，看起来就像一个巨大的花束，所以将它称之为"花塔"，也称"华塔"。在中国现存的十几座华塔中，这座塔造型最奇特、装饰最华美，力

力士 海兽 佛像等艺术造型精美绝伦

■ 广惠寺的"华塔"

士、海兽、佛像等艺术造型精美绝伦。1933年，著名建筑大师梁思成先生在正定考察时，称其为"海内之孤例"。

1947年，在解放正定的战役中，最激烈的一场战斗，就发生在华塔附近。当时，敌人占据了华塔，居高临下，架设机枪进行射击，阻击我军的进攻。如果采用炮击，可以轻而易举将敌人歼灭，但是，千年古塔也会毁于一旦。权衡得失后，晋察冀军区四纵二十九团副团长赵生明果断命令，改用轻武器进攻，只可杀敌，不能毁塔！子弹没有感情，塔身上的敌人不会因为你的退让而减弱自己的火力。置身在敌人强大的火力网下，战斗变得异常艰苦。虽然取得了最终的胜利，但却付出了沉重的代价。

赵生明的头部、胸部不幸被敌人的流弹击中，壮烈牺牲，年仅30岁。赵生明与许许多多的士兵，都在这场战争中牺牲，他们用自己的生命捍卫了这座绝美的古塔。赵生明是一位战士，但他深知，自己手中的武器是为了保护这片土地和这片热土上的文化。我们对于华塔的热爱，不仅因为它是中华大地的瑰宝，更是因为这场战争之后，革命先辈的忠义精神留存在华塔之中，墙壁上清晰可见的弹孔就是最好的见证。为了纪念这位保护古城的英雄，华塔所在的南门里改名为"生明街"。1984年，在赵生明烈士牺牲的地方，竖立起一块纪念碑，碑文写道："烈士碧血兮，洒我斯土；抔抔黄土兮，埋汝忠骨。烈士一去兮，恸我斯民；烈烈斯民兮，慰汝忠魂。"

华塔无言，却见证历史。在老街人的心中，始建于辽金时期的华塔不仅是一座佛教圣地，更是一座英雄的丰碑。历经了千百年风雨侵袭、战火洗礼，如今的华塔仍静静地伫立在老街上。忠昭日月，义薄云天，成为一种精神象征，影响着生活在这里的每一个人。

四 贾大山：兢兢业业，只为修缮古城

战争的硝烟散尽，褪去昔日军事重镇的喧嚣，正定迎来了真正安定祥和的岁月。闲暇时光，老街人喜欢去隆兴寺。古寺里的精美建筑、壁

画和雕塑堪称中华一绝。隆兴寺内，大悲阁中，一尊高达21.3米的铜铸千手观音是中国目前保存最好、最高、最大的铜铸观音造像。但在20世纪80年代，由于年久失修，包括大悲阁在内的许多文物都存在不同程度的损坏，修缮文物，迫在眉睫。

当时，县领导找到了作家贾大山，希望他能够出任文化局局长一职，主持古建筑的修复工作。20世纪80年代初，正是贾大山文学创作最旺盛的时期，他的小说《取经》刚刚荣获中国首届短篇小说奖。要接任文化局局长，必然会耽误自己的文学创作。一得一失间，贾大山有了抉择。贾大山的家就在老街上，他从小在正定长大，爱护文物、珍惜文物，把全部感情和血脉都跟古城的文物融到了一起。为了让古建筑重新焕发光彩，让家乡的文化得以延续，贾大山接下了文化局长一职。在他看来，为子孙后代留住这些文化宝藏，比让自己的文章流传后世更为重要。

习近平总书记在追忆贾大山的文章《忆大山》一文中写道："在任期间，大山为正定文化事业的发展和古文物研究、保护、维修、发掘、抢救，竭尽自己的全力。常山影剧院、新华书店、电影院等文化设施的兴建和修复，隆兴寺大悲阁、天宁寺凌霄塔、开元寺钟楼、临济寺澄临塔、广惠寺华塔、县文庙大成殿的修复，无不浸透着他辛劳奔走的汗水。"

1984年春节，本应是家人团聚的日子，却正是贾大山最紧张、最揪

我们同样需要慷慨忠义的精神

■ 贾大山组织修缮的开元寺钟楼

心的时刻。当时，隆兴寺的修复到了最紧要的关头。为了不出现一点差错，他放弃了陪伴家人的时光，整个过年期间和工人们一起守在工地。9年的文化局局长，每年春节贾大山都是陪伴着古建筑度过的。1997年，贾大山积劳成疾因病离世。

尽管贾大山不幸离去，但是古建筑的修缮工作并未停止，随后几年间，更多的老街人接过了贾大山的那份责任。正定古城墙拥有1600多年的历史，东晋时土筑，北周时石砌，唐代重新扩建为土城，明朝时扩建为24华里的砖城。现存的正定古城是明代遗存，城垣残存8000多米。其中，最壮观的当数现在的4座城门：东曰迎旭（后改为环翠），南曰长乐，西曰镇远，北曰永安。经岁月剥蚀，西、北门已无往日风采。为了修复南城墙，他们自发捐献了数千块古城砖。为了阳和楼的原址重建，许多人亲手拆掉了自家的房子。

2001年，修缮完毕的开元寺历史文化街区以崭新的面貌呈现在世人面前。阳和楼的城门高大雄伟，隆兴寺的楼宇巧夺天工，天宁寺的宝塔构造精妙……一片只有3.6平方公里的街区，汇聚了9处国家级保护文物。正定老街完整地保存着从隋唐以来9个朝代的古建筑群，被称作是"九朝不断代"。就连著名的建筑大师梁思成，看到这样的景致都是大为震撼，称之为"中国古建艺术宝库"。

如今的老街，古朴而又不失活力，在3华里长的正定开元寺历史文化街区，满眼都是错落有致的古建筑群。老街在，一座城就不会失去记忆，这些古建筑群，无不透露贾大山的辛勤付出，无不体现着和平年代的忠义精神。当国家和民族需要我们的时候，当人民需要我们的时候，不管路途多么遥远，不管事情多么难办，都会做到披肝沥胆、不怕困难、勇往直前。这就是一种为国尽忠、为民尽责的精神，这种精神就是当代慷慨忠义精神的体现。

从2011年开始，在保护古城的同时，一座低碳、生态、智慧的现代化新城在老街一侧拔地而起，新、旧两座城遥相呼应，一座写满了历史的沧桑，一座写满了未来的希望。一条3华里长的老街，连接着正定城的历史和未来。

正定老街所涵养的慷慨豪迈的气概，那些前辈先人忠义千古的动人

一座低碳 生态 智慧的现代化新城

■ 低碳、生态、智慧的现代化新城与老城遥相呼应

传说，在今天，已经成为支撑正定永续发展的底气和力量。虽然现在早已远离了战争的硝烟，但老街人的这份血性和忠义，从来没有改变过，慷慨忠义的精神在新的历史时期又被赋予了新的精神内涵，成为国家和民族的文化血脉，在这片古老的土地上薪火相传，生生不息。

编　　导：吕明月
撰 稿 人：张雅蓉
指导撰稿：赵瑞锁

上海老城厢

繁华始于斯

清晨，当第一缕阳光照在外滩海关大楼，《东方红》的旋律破开了蒙蒙薄雾，开启了上海新的一天。渡轮、地铁、汽车，把人们送往城市的各个角落。这个时候，911 路公交车，就会沿着布满梧桐树的林荫大道，掠过斑驳的树影，驶过高楼林立的热闹商区，抵达被人们称为"老城厢"的地方。

北临外滩，东望陆家嘴的"老城厢"，自元朝以来一直是上海老县城的所在地。这片只有两平方公里的老街区，曾经耸立着一圈高高的城

■ 上海老城厢

墙，当时的人们把墙内称为"城"，墙外商业繁盛之地叫作"厢"，老城厢由此得名。

走进上海老城厢，仿佛有一种穿越历史、回到过去的感觉。不同于浦东新区的高楼林立、外滩街头的十里洋场，老街旧屋，沉淀下一代又一代上海人原汁原味的生活，蕴藏着这座城市的历史底蕴。像一位年迈的母亲，老城厢用了数百年的时光，哺育出上海今天的繁荣。

红黑相间的砖瓦屋顶连绵起伏，演绎着繁华都市中最东方的传统景致；城隍庙和文庙里香火不断，延续着700多年的历史和文脉。江南传统民居、石库门里弄错落分布，近百条蜿蜒的小路延展着弄堂人家"螺蛳壳里做道场"的精致生活，还原着上海最初的模样。

一　苏醒中的老城厢：原吉治水，商贸渐兴

老城厢的弄堂都是弯弯曲曲的，因为老城厢以前是传统的江南水乡，原先的弄堂都是小河，随着老城厢的发展，这些河都填了，所以形成了现在弯弯曲曲的狭窄街道。走在这样别致的巷道中，如同脚下的路也化身为蜿蜒的溪流，反倒增添了别样的意趣。

伴水而居的生活早已远去，但与水相关的故事，却在深深浅浅的巷弄中流传。

黄浦江是上海的象征，而黄浦之名，最早见于宋代。起先黄浦水域并不宽阔，到了元代，黄浦水量逐渐变大，渐成滔滔之势。至于明永乐年间，黄浦北部的吴淞江变得淤堵严重，吴淞江是太湖的主要泄水口，这一淤堵便使得整个苏松地区的排水灌溉变得困难，稻禾被淹没，房屋被冲毁，人民流离失所，江南地区水患成灾。时任户部尚书的夏原吉十分着急，开启了一项浩大的治水工程。

夏原吉做了很多的调查和走访，他多方打听别人的建议，先是采用了"掣淞入浏"的治水方案，即将吴淞江的水势分流，由夏驾浦将水向北导出至刘家港，吴淞江东段则暂弃不顾。

疏浚到上海这一段的时候，上海县的一个学人跟夏原吉提议，说疏

浚吴淞江工程量特别浩大，或许可以直接疏浚范家浜。范家浜原是老城厢东北边的一条小河，夏原吉实地考察后，采纳了这个建议。

疏浚后的范家浜连通了吴淞江、上海浦和黄浦，形成了一条烟波浩渺的大河，就是今天的黄浦江。

"黄浦滩头水拍天，寒城如雾柳如烟。月沉未沉鱼触网，潮来欲来人放船。"明代王穉登的这首《黄浦夜泊》就写出了黄浦江当年已经出现渔船往来的景象。

黄浦江的疏通解决了太湖水患，由于河道变宽，水运兴起，上海逐渐成为往来商船最重要的中转码头，也为日后上海港的崛起创造了有利条件。

福建的茶叶商和江浙的丝绸商等络绎不绝，商贸往来在这里逐步兴盛，此外，上海还出现了票号，就是今天的银行。水运畅通带来了商业繁荣，但也带来了困扰。

明嘉靖三十二年（1553年），海上倭寇时常侵袭，老城厢人民为了抵御倭寇，筑起了城墙，并沿着城墙开掘了护城河。高高的城墙给人们带来了安全感，吸引了众多达官贵人入住，曾经的小县城逐渐发展成为了商贸重地。

商贸繁盛带来了财富，也使得老城厢诞生了一批批商界巨贾。

乔家路77号位于乔家路与巡道街相交处，这里曾是清代鼎鼎大名的船王郁松年建造的宜稼堂。郁松年的父亲郁馥山靠在上海经营沙船业发家，父亲去世后，他就帮兄长郁竹泉掌管家业，20余年后郁松年继承了父兄的事业，当时郁家已拥有近200条沙船和100余家钱庄、商号、典当等，时人称其为"郁半城"，郁松年也成为当时的上海首富，他在上海的航运、经济和文化等方面，均作出了不少贡献。

上海商船会馆是当时上海沙船业的同业组织，郁松年以会馆为核心，团结其他沙船商，打通了长江、运河航线，使南北货运流通更加顺畅，同时，他还积极组织开拓海上航线，使上海港能够转运南洋海外货物，沙船也因此成为联通上海港和外界的主力，为上海成为东方大港之一奠定了重要的基础。

老城厢因水而兴，老城厢人的性格也像水一样，包罗万象，永不

形成了一条烟波浩渺的大河

■ 黄浦江

停止。南来北往的船只带来财富，也让生活在这里的人们眼界变得开阔起来。他们接纳来自天南地北的文化，异乡人建起商馆会所，在舟楫相望、车辇声声中，开辟出一方包容开放的天地。药局弄因集中大量中药铺而得名，外咸瓜街是海货一条街，旧校场路是驻兵操练的地方。今天的人们，依旧可以从古老的街巷名称中，感受当年的繁盛景象。

时隔数百年，黄浦江依旧是沟通南北的主要水路。每当夜幕降临，伴随声声汽笛，灯光就会扮靓这条流淌了600多年的上海母亲河。滔滔江水诉说着沧桑往事，也见证着老上海发展的历史。

㊁ 封闭中的老城厢：眺望西方，虚心求学

明嘉靖年间，朝廷开始实行闭关锁国的海禁政策，人们为了抵御倭寇侵袭而围起的城墙，围起了小日子的安生，却也困住了发展的脚步。

徐光启是明末著名的科学家、政治家，他目睹了上海的兴衰，也见证了明王朝走向没落。忧国忧民之心，让徐光启有了"立身行道，治国治民"的远大抱负。就在他潜心苦学的时候，远在大洋彼岸的欧洲开启了大航海时代。当一艘艘满载着西洋钟表、仪器的轮船来到中国时，徐

光启看到了一幅由意大利传教士利玛窦绘制的世界地图，就是著名的《坤舆万国全图》。

徐光启看到这幅图以后，视野有了非常大的扩展。山外青山楼外楼，原先他并不知道世界已经发生了翻天覆地的变化，这幅图使他产生了一些新的想法。明代末年的中国，社会空谈之风盛行，他很希望用这种先进的知识、先进的仪器、先进的意识，弥补自己国家不足的地方，他决定虚心学习、变革图新。

徐光启几经周折找到利玛窦，和他一起翻译完成了西方数学的经典之作——《欧几里得原本》前6卷。徐光启把《原本》中的数学理论译为"几何"，并料定"此书为益，百年之后必人人习之"。翻开如今的课本，"点、线、面"这些人们再熟悉不过的数学用语，都是在那次翻译中确定下来的。

徐光启的努力，没能延长明王朝的气数，但历史却没有辜负他的期许。今天，这位先驱者长眠的故乡——徐家汇，这片因徐氏后人聚居而得名的地方，已经成为

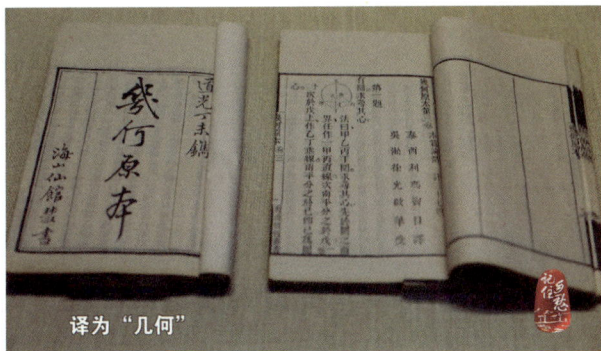

■ 由徐光启和利玛窦共同翻译的《几何原本》

上海最繁华的商圈之一。当年徐光启提出"欲求超胜，必先会通"的开明思想，在随后的几百年中一直深深影响着这座以开放著称的城市。

中日甲午战争的失败，使中华民族面临亡国灭种的严重危机，在这种危难时刻，1895年，康有为联合1300名举人发动了"公车上书"，拉开了维新运动的序幕。随后，康有为和梁启超南下上海，筹划组建了上海强学会，该会明确表示"专为中国自强而立"。强学会的成立，使得上海在短期内成为维新运动的舆论宣传中心，既开启了民智，也使维新变法思想逐渐深入人心。

民国初年，上海思想文化界在新思想的冲击下已展现出一些新的面貌，但封建思想依然潜伏在各处，禁锢着社会发展前进的脚步。在这种

背景下，五四运动应运而生。1919 年，陈独秀辞去北大教授之职，返回上海，《新青年》杂志的编辑部也随之迁往上海。《新青年》高举民主和科学两面大旗，对封建专制主义发起了猛烈攻击，给上海文化界带来了极大的思想解放。

维新变法运动带来了新观念，却没能挽救中国；辛亥革命带来了政治变革，却没能使垂危的旧中国彻底走向新生；新文化运动带来了思想冲击，但人民水深火热的生活依旧没有得到改变。20 世纪 20 年代，上海已成为工人阶级最集中的地方，当时上海工人阶级深受帝国主义和封建主义的压迫以及资本主义商人的盘剥，导致工人运动风起云涌，罢工浪潮此起彼伏。被马克思主义思潮深深影响的中国先进知识分子意识到，上海工人阶级具有很强的斗争性，建党已经具备了一定条件。

离老城厢不远，有一处石库门房子，前来参观的人络绎不绝。1921 年 7 月，中国共产党第一次全国代表大会就在这里召开。参与会议的正式代表共有 12 人，其中上海代表为李达和李汉俊。这次大会通过了党的第一个纲领和第一个决议，确定了党的性质和现阶段的基本任务。

从徐光启在封闭中眺望西方，到维新变法的思想启蒙，再到新文化运动对封建主义的勇敢批判，直到中国共产党在上海的成立，历史的选择绝非偶然。正是以老城厢为代表的上海，以其海纳百川的胸襟接纳外

■ 中共一大召开的石库门房子

来文化的精髓，西方的马克思主义才跨越千山万水，落脚在这片开放包容的土壤中，为中华民族探索出一条光明之路，奏响了国富民强、复兴中华的时代最强音。

（三） 变革中的老城厢：直面冲击，兼容并蓄

对于很多上海人来说，老城厢承载着他们对于家的记忆，而散落在街边的茶楼和点心店则记录着他们的乡愁味道。"湖心亭"是上海市区现存最古老的一间茶楼，这里的常客大多是当地的居民，无须特地约定，如果遇到就坐在一起聊聊家长里短，独自一人也可以品尝一份特有的清闲。点一壶茶、一份点心，看看窗外的九曲桥，平淡的生活也就此有了滋味。

曲径通幽处，老城厢里藏着许多上海往事。

九曲桥连接湖心亭通往豫园，这座彰显江南文人诗情画意的园林始建于明代，是上海市中心唯一保留下来的古典园林。园林最初的主人将其取名为"豫"，意为平安、康泰，然而在1842年的鸦片战争中，这个吉祥的名字却没有让它幸免于难。

鸦片战争第二年，上海被迫开埠。英、法等国在老城厢以北设立租界。当西方列强用洋枪洋炮打开中国大门后，爵士音乐在新建成的洋楼里响起，各色光怪陆离的西洋货物蜂拥而入，中外贸易中心逐渐从广州转移到上海。站在东西方文明碰撞的最前沿，面对家园沦为半殖民地的悲凉，有人沉迷于"远东第一大都会"的喧杂与传奇，也有人开始思考如何才能"师夷长技以制夷"。上海，由此走向历史发展的巨大拐点。

1868年，一艘名为"恬吉号"的轮船带着一丝希望的曙光，划破这个东方大国在列强倾轧下长期沉闷压抑的氛围。它在黄浦江上缓缓驶过，引发了江岸万人围观，时人称"观者如堵"，这新奇的事物仿佛给人们带来了新的启示，在踮着脚好奇张望的人群中播下一颗颗希望的种子，亟待长出新芽。它带给上海的不仅是生活方式的改变，更有思想深处的冲击。

东西方文化撞击之下，拥抱变化成为老城厢唯一的选择。1867年，江南机器制造总局迁到了老城厢以南的华界。李鸿章派幕僚前往欧美学

习机器制造。那时，第二次工业革命的浪潮正席卷西方各国，改变着人们的生产、运输和生活方式。这一幕幕场景，给一位叫朱志尧的年轻人打开了新的思路。

朱志尧生于上海董家渡，儿时曾就读于徐汇公学。24岁时，他随三舅父马建忠赴英法美诸国，参观了许多机器厂，眼界大开。回国之后，朱志尧毅然放弃科举之路，取"器惟求新"之意，于1902年创办了"求新机器轮船制造厂"，研发各种新型机械。

求新机器轮船制造厂旧址

那个时候，年轻的求新厂在上海滩崭露头角。但是一天早上，人们却惊讶地发现，用来制造机器的模具丢失了。大家没有想到的是，过了几天，竟然有同行来到厂里，向工人求教模具的使用方法。

这个事情让朱志尧知道了，他却很乐意提供帮助。"君子务知大者远者"，朱志尧明白，仅凭一己之力并不能改变这个国家的现状。在求新厂的产品图册里，他写道："唤起我国同胞，不要迷信外国，谁说中国不及外国，嫉妒没有用，羡慕崇拜没有用，要自己动手做！"这句话掷地有声，仿佛一道钟声撞入人们的心灵。

城门与国门齐开，开明求变的思潮席卷而来。无数老城厢人怀揣实业救国的梦想，开办起电厂、水厂、电话局、电车公司，他们喊出"提倡国货，与洋货抗争"的口号，民族工商业逐步兴起。

民国年间，在这片五方杂处的土地上，有踌躇满志的实业家和银行家，有意气风发的文人墨客，也有更多在这里谋求一方生计的城市平民和流离失所的战争难民。老城厢以宽容的胸怀接纳一切，成为新"移民"的家园。

改革开放后，上海于20世纪90年代被确定为改革发展的中心，树立了"龙头"地位。1990年，国务院批准浦东地区开放计划，制定"十项优惠政策"，在中央政府的帮助下，上海经济呈现出崭新的面貌：增长速度加快、产业结构重组，座座高楼拔地而起。现在的上海已经发展成一座世界性的经济金融大都市。

如今，老上海的痕迹大多已经在高楼林立的城市景观中消失，但作为大上海发源地的老城厢依旧保存完好，它是这座城市的根脉，它的文化底蕴与创新拼搏精神也会一代一代传承下去。

四　崛起中的老城厢：友好互助，拥抱世界

今天的老城厢居民依然延续着老上海的生活。巷弄不宽、房子不大，一栋楼里往往住着几十户人家。就在这看似杂乱无章的日常中，却有着远亲不如近邻的温情。

老城厢居民张国毅，每日都会从附近的烟纸店取上牛奶和钥匙，去郑忠阿姨家里照看，这件事情他和邻居们已经坚持了十几年。

郑阿姨年近百岁，儿女一直希望能把她接到身边赡养，但老人却一直没有答应。对于郑阿姨而言，上海一个世纪的变化都集中在了老城厢，她只想在这里慢慢老去。得好乡邻胜过亲，城市越来越大，人心越来越远。唯有老城厢里狭窄的巷弄，还能自然地拉近人与人之间的关系。

已经79岁的知名主持人陈铎带着妻子回到了老城厢。陈铎现在的家人都已搬离老城厢，老宅更换了主人，童年时最喜欢的天台也改作他用，但每次回来，陈铎都要去那里看一看。

陈铎儿时总爱爬到天台的墙上，看向远处，上海的高楼都在那边，高楼象征着一些什么东西，那时候他眺望着，想透过高楼大厦看清些什么，却觉得模模糊糊的。多少年之后，他在《文汇报》的大楼往这边看，想找他的家时，突然明白，一反方向，一倒回思索，原来他看的，向往的，或者说追求希望的，其实就是这样一种美好。

老城厢面积不大，却培育出一颗颗向往广阔天地的心，越过高高的围墙，陈铎把自己的声音传播到了五湖四海。而对于家乡的文化，他也

19

有自己的理解。

陈铎说，上海走在全国很多城市的前面，不是偶然，尽管这么小的一条弄堂，远不是大草原大海边，但是这里也有这里的"海洋"。不管是南方北方，还是国内国外，只要他人有长处，我都吸取，如果没有这种精神，前进的脚步就会变慢。

数百年时光中，有人留下，也有人离开，还有人归来，老城厢始终是他们人生开始的坐标原点。在时代的发展中，这里从不曾被人们遗忘，新一轮的保护和改造正在加速进行，为上海这座国际化的大都市留住历史的根脉。

如同一位慈祥的母亲，老城厢孕育了上海最初的文化底蕴，给予了它不断前行的活力。如今的上海正在以开放的姿态拥抱世界，曾经这里是"冒险家的乐园"，如今这里是人们追逐梦想的舞台。

从 20 世纪 90 年代被确立为改革开放的龙头开始，上海已经历了几十年风云巨变，在这几十年中，无数次激动人心的国内外盛大活动在这座勇于开拓进取的城市举行，其中有一场空前绝后的盛会给人的印象尤为深刻。

2010 年，在上海市中心的黄浦江两岸，位于南浦大桥和卢浦大桥之间的滨江地区，上海世界博览会在这里举行。此次世博会主要表达了两大理念：一是科技世博，倡导以低碳生活为主的人与自然和谐相处模式；二是人文世博，倡导过去和未来完美融合的城市生活，这两大理念均着眼于当时全世界重点关注的问题。

在世博会展区的 A 片区，上海馆就矗立在这里，展馆以石库门造型为主，既显朴素大方又颇具现代时尚风格，正凸显了上海这座城市历史与现代交融的气质，以及东西方文化融合的特征。其中展馆的外墙由 5000 块三棱镜组成巨大的像素墙，每块三棱镜上根据"永远的新天地""上海祝福你""世博之城"这 3 个主题放着 3 张冲印照片，随着这些三棱镜实时地旋转变换，站在墙外的观众们将会看到一出出绚丽夺目的精彩表演。

3 个主题影片当中，"永远的新天地"显得尤为特别。整部影片以一个渔村女孩的视角，借助江河与海洋来展示过去、现在、未来的时空变换，演绎了上海百年间的沧桑巨变，也揭示了上海上善若水、海纳百川

如今 这里是人们追逐梦想的舞台

■ 繁华的现代上海

的城市特色。

上海世博会不仅是一次探讨新世纪人类城市生活的伟大盛会，更是人类文明的一次精彩对话。这次世博会的召开，使得上海的产业结构得到了调整，基础设施建设获得了升级，同时就业机会也大大增加。上海世博会在更大的意义上还推动了发展中国家在国际经济活动中的参与度，提高了上海的知名度和区域辐射效应。

弹指一挥间，悠悠数百年。

如同过去的老城厢，先民们怀揣憧憬沿河而来，催生出一座城市的繁荣。今天的上海，承载着 2400 万人的梦想。海纳百川、大气谦和，不辜负每一个人的奋斗和坚持。

席慕蓉曾说过："乡愁是一棵没有年轮的树，永不老去。"当异乡人站在灯火阑珊处遥望故土，上海人的乡愁就隐匿在巷弄深处。老城厢的房子没有高楼大厦宽敞明亮，却为一代代人遮风挡雨，它是这座城市的根脉，记录岁月的变迁，深藏繁华背后的奥秘，并和今天的大上海一起，拥抱一个崭新的时代。

编　导：赵奕琳　吕　妍
撰稿人：黄晓宇
指导撰稿：赵瑞锁

清泉垂柳
君子之风

　　"家家泉水，户户垂杨，比那江南风景，觉得更为有趣。"清末小说家刘鹗在《老残游记》中用这寥寥数笔便勾勒出泉城济南的神韵所在。济南市的中心是一片被古护城河环绕的老街区，占地 3.2 平方公里，由46 条明清时期的古街巷纵横交错而成。这片老街区始建于 1371 年，距今已有 600 多年的历史，老街相当于明代济南城的范围，所以这里也被当地人称为"明府城"。

　　走进济南的老街，会有一种完全不同于现代都市的感受。常年恒温

家家泉水 户户垂杨

■ "家家泉水，户户垂杨"的诗意生活

的泉水喷涌而出，经年不息，老街内的房屋临泉而筑，80多处泉水流淌在小巷民居间，形成了"家家泉水，户户垂杨"的泉城风貌。

老济南人经常用"清泉石上流"来形容老街，过去的老街巷多是石板路，在街上随手掀起一块石头，底下都是一汪清水，走到街上甚至会不小心把鞋弄湿。这种"依泉而居"的诗意生活滋润了济南人，荡漾出一片如水般清澈甘甜的日子。

一 "文臣不爱钱，武臣不惜死"

明府城北面有一处泉池，名为百花洲。盛夏时节，岸边杨柳扶风，水中鱼翔浅底，一排灰瓦白墙的院落倒映其中，宛若江南。现在百花洲东岸一带的民居，在宋代原本是水中小岛，人们住在岛上与北面的大明湖隔水相望。但是由于济南的地势南高北低，每到夏季洪涝时节，泉水和雨水在大明湖汇集，水患时有发生。

宋熙宁四年（1071年），52岁的曾巩调任齐州知州，他深知治理水患对于济南城的重要性，于是他捐出自己修建官邸的银两，又将自己多年来的积蓄贴补进去，带领人民疏浚河道，建起了济南城的北门水闸，使得湖水注入小清河。从此之后，大明湖成为蓄水之地，北城的水患被彻底解决。时至今日，大明湖北水门依然能够调节大明湖与护城河之

■ 大明湖畔的百花洲

■ 曾巩带领百姓修筑的"曾堤"

23

间的水量，发挥调蓄洪水的作用。

曾巩还带领百姓用疏浚大明湖的淤泥，修筑了一条贯穿南北的"百花堤"，方便人们从南岸百花洲前往大明湖北岸，这条堤又被称为"曾堤"。相传，苏轼就是看到"百花堤"后，深受启发，才修建了杭州西湖的"苏堤"。

曾巩在济南任职的两年多，不但在济南的建设发展中厥功至伟，而且还留下了很多咏赞泉城风光的佳作，成为研究济南历史变迁不可多得的资料。后人为纪念他，在大明湖畔修建"南丰祠"，成为济南一处重要人文景观。

风光秀丽的大明湖畔，不仅留下了"不爱钱"的曾巩的身影，也记载了一位"不惜死"的将军死守济南城的故事。

明建文元年（1399年），燕王朱棣发动"靖难之役"，率领北军兵临济南。正在外地运送粮草的山东参政铁铉，听闻消息马上掉头驰援。朱棣命人把敦促铁铉投降的书信用弓箭射入城内，铁铉则将《周公辅成王论》射回给朱棣，劝其效法周公，忠心辅佐建文帝。

铁铉将济南城内的官兵和百姓组织起来，歃血为盟，死守城池。在他的带领下，济南城固守了3个月。

由于济南的军事地位极重要，若取得济南，进可南下攻打、退可画

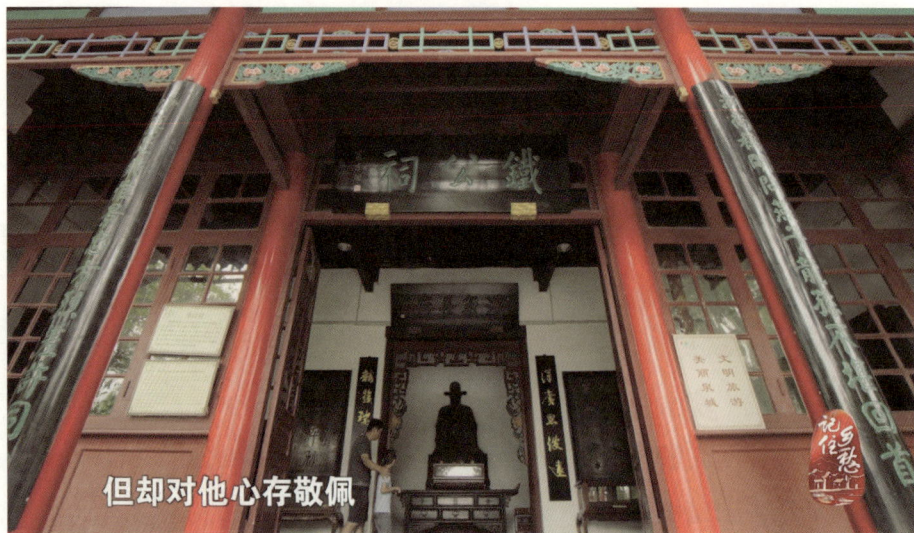

■ 位于大明湖畔的"铁公祠"

疆自守，故而朱棣对济南城志在必得。不料攻城不利，朱棣情急之下命令士兵用火炮攻击。眼看城墙就要倒塌，铁铉急中生智，让守城将士把明太祖朱元璋的灵牌悬于城上，济南城得以保全。

朱棣兵围济南数月不克，只好撤军北返。两年后，当他再次率军南下，仍对铁铉心有余悸，便绕过济南直取南京。智勇双全的铁铉使济南城两次免受战火之灾，被当地人尊称为"城神"。

朱棣称帝后，处死了拒不投降的铁铉，却对他心存敬佩。史料记载，朱棣"日对群臣言，每称铉忠"。

男儿到死心如铁，铁铉人如其名。为了纪念这位舍生取义的武将，后人在大明湖北岸修建铁公祠。几百年来，铁公祠香火不绝。不怕死的英雄守住了武将的气节，也把君子之风的浩然正气留在了这方水土，世代传承。

二 "海右此亭古，济南名士多"

甘甜的泉水，浸润了无数才子大家的文思雅趣，变得愈发清澈无瑕。孔子的仁德礼治，李清照的细腻婉约，张养浩的警辟深远，辛弃疾

文风炽盛的老街上

■ 泉城老街上的文庙

的豪意奔放，都融入这一汪清泉之中，润泽人心。

孔孟之乡，自古就有崇文尚德的传统。文风炽盛的老街上，至今还保留着明清时期修建的孔庙和贡院。相传，孔子九世孙听到秦始皇"焚书坑儒"的消息后，与弟子们一起，把家中祖传的《论语》《尚书》等儒家经典，偷偷藏在墙壁夹层中，才使这些书籍得以传世，"鲁壁藏书"的典故也就由此流芳百世。

时隔2000年，这种精神仍然薪火相递般地传承下来。出生于蒲松龄故里的路大荒，是中国最早出版《聊斋全集》的著名学者，被誉为"20世纪蒲松龄研究的第一人"。1937年年底淄川县城被攻陷后，为了得到珍贵的蒲松龄手稿，日寇向路大荒开出优厚条件，邀其出山，但是被他严词拒绝。在日寇的威逼利诱下，路大荒被迫从淄川转移到济南。日寇对路大荒的祖宅进行了严密的搜查，将他没来得及转移的文物字画、古籍善本统统掠走，临走还放火将房屋烧毁。

"守藏之责，重于守土。"在路大荒看来，守住了国之文脉，哪怕山河破碎，中华也不会亡。他背着土布包袱辗转来到济南，用"鲁壁藏书"

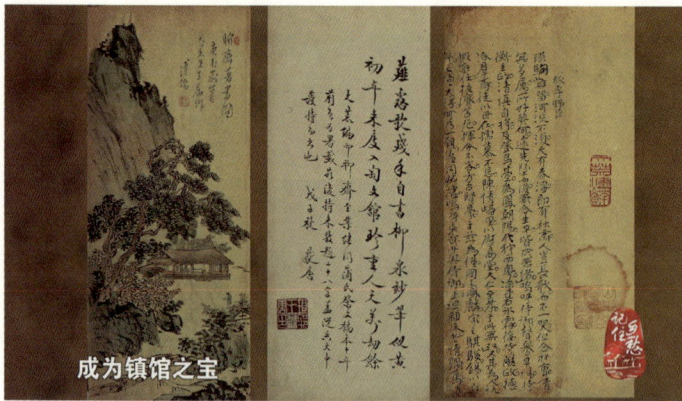
成为镇馆之宝
■ 路大荒捐赠的蒲松龄手稿

的古法，把珍贵的蒲松龄手稿藏于墙壁中，隐居在明府城老街。1962年，67岁的路大荒将珍藏多年的《聊斋文集手稿》捐献给国家，成为山东省图书馆的镇馆之宝。

在泉城老街，像路大荒这样的故事并非孤例。王献唐、屈万里、鞠思敏、辛铸九，这些仁人志士，把守护中华文明当作自己的本分，在战火纷飞的年代里将许多珍贵的文稿、书籍保存了下来。当今天的人们有幸翻阅这些古籍时，也应该记住他们的付出和牺牲。

路大荒的孙女路方红从小生长在老街。1972年路大荒去世的时候，路方红19岁，"那时候爷爷脑中风，瘫痪在床，身体一天天衰弱。我印象很深，有一天他让我把出版于1962年的《蒲松龄集》从门楣上拿下来，告诉我翻到第几页第几行第几个字，然后让我在这个字后面加一句话，说等再版的时候可以把这句话加上。"退休后，路方红整理了爷爷的手稿和日记，撰写出20万字的《路大荒传》。她说，爷爷把蒲松龄的手稿捐献给了国家，她也要把爷爷的手稿全部捐献出来。

上善若水，润泽万物。清冽的泉水流成溪，汇成河，聚成湖，鲜活了老街，也让明取舍、知大义的君子之风流淌进每一个人的心田。

三 临泉而居，用泉爱泉

泉城老街上早就有了自来水，但人们还是喜欢喝泉水。一早一晚，打水的人络绎不绝，他们看到那些从泉眼当中冒出的甘泉，心里便觉得有了着落、有了依靠。打水的工具也是各式各样，大桶小桶，肩扛手提，仿佛只有这泉水泡出的茶、煮出的饭才有滋味。

走在老街上，随便推开一处院门，主人都会用泉水泡上一杯茶热情地招待客人，还会如数家珍地介绍起老街老巷和每一处泉名的来历。亲切而又爽直的济南话，听起来就像叮咚作响的泉水，酣畅淋漓。

始建于清末的曲水亭街15号，院中有一眼从未干枯过的"佐泉"，65岁的王俐从小就生活在这里。看着老照片，她还能清楚地回忆起家门口的曲水河泉水清冽，撸起袖子的妇人在泉边搓洗着衣裳，青石板路有些坑洼，小孩儿结伴踩水去……王俐小时候，每到酷热的夏天，大人们会把西瓜浸入井里，夜幕降临，一家人围坐在小院里吃西瓜、聊天，其乐融融。王俐讲述的，是曲水亭街15

在这张老照片上

■ 王俐珍藏的老照片

号的故事，也是泉畔人家的泉水生活。

老街居民临泉而居，久而久之，就形成了许多用泉爱泉的规矩。周慧琴老人住在起凤桥街9号，院子里的泉叫起凤泉，几十年来，全家泡茶做饭用的都是泉水。老人说："这个街上基本上早起来没有洗衣服的，全得让给这打水的。我们都没有顺手往河里倒脏东西的习惯，老街人都懂得这个规矩。"世世代代住在老街的居民，早上起来第一件事就是先清理河道，为了保护这份"泉水叮咚"的日子，老街人组织起"护泉志愿者"队伍，像守护自己的亲人一样守护着这汪泉水。

随着城市的发展，一座座高楼大厦拔地而起，留下老济南记忆的街巷越来越少，"渴饮泉水闲赏荷，不辞长做济南人"，老街人改编的这句诗代表了内心对家乡最深沉的热爱。

如今，节水保泉成为所有人的共识。保住泉水，就是保住了泉城的魂。泉水见证着济南的发展变迁，激发了这座古老城市的潜能。老街人也明白，只有用心维护泉水的欢腾，泉水才能给这座城市带来欢笑。

四 守望初心，源远流长

"老屋苍苔半亩居，石梁浮动上游鱼。一池新绿芙蓉水，矮几花阴坐著书。"清代诗人董芸曾这样描写芙蓉街。芙蓉街是明府城街区中最繁华的一条街，因街上有眼芙蓉泉而得名。明清时期，芙蓉街周围有抚院、布政司等衙门，许多商家在此开店。"瑞蚨祥"的前身"瑞蚨"布店、济南第一家眼镜店、最大的百货店都曾开在这条街上。

在热闹喧嚣的芙蓉街上，"玉谦旗袍店"铺面不大，却是

■ 开在芙蓉街上的玉谦旗袍店

远近闻名的百年老字号，也见证了老街150多年的历史。旗袍店门两侧的楹联"门前圣水芙蓉泉，旗袍世家数百年"，不仅道出了它的历史，同时也向人们描绘了芙蓉街当年商贾云集、店铺林立的繁荣景象。玉谦旗袍店创始于清代同治年间，当时的旗袍样式为衣身宽博、平直硬朗、衣长到脚踝。洋务运动时期，西方文化流入中国，玉谦旗袍店适应时代潮流，将旗袍设计为领子低、腰身收紧、衣长缩短的"改良款"。他们最先是缝制长袍马褂，到了同治年间又增加了旗袍和四季便服等，且缝制质量远近闻名。迁址来到芙蓉街之后，于家传人凭着精湛的技艺和诚信的经营，在老城内外数十家旗袍店中脱颖而出，几年内就誉满泉城。

出生于1958年的于仁谦是旗袍店的第五代传人，早在20世纪70年代初，他就开始跟着父亲学习制衣。在父亲的精心指导下，他的制作技艺日臻成熟。年轻时，他曾经在济南服装三厂当过10年制衣工人，改革开放之后，他便接替年迈的父亲，成为玉谦旗袍店第五代掌门人。

于仁谦入行50年，始终坚持手工制作。旗袍制作讲究镶边、绲边、嵌边、岩条、盘扣、贴花、绣花、手绘八大工艺，这些年来，于仁谦在秉承了八大制作工艺的基础上，潜心研究、与时俱进，不断创新求发展。为此，他曾在中国服装文化函授中心进修过传统服装制作，并系统研究过日本服装文化与中国服装文化的渊源。对于面料的选择，于仁谦并没有局限于原有的面料，而是根据顾客的需求进行创新发展。多年来，真丝立绒面料被视为旗袍制作的"禁区"，因为这种透明、超薄的面料易卷、怕烫，而且很难缝制，但是有些顾客对这种华丽质感的面料非常喜欢。想顾客所想、让顾客满意，是玉谦旗袍店的经营理念，面对顾客的期求，于仁谦查阅了大量的技术资料，走访了许多专家，经过反复试制，终于攻克了这个技术难题，这让真丝立绒的旗袍制作成为他的"绝活"，成为传统服饰与时尚服装有机结合的成功范例。

量体裁衣是玉谦旗袍店最大的特色，于仁谦创新的经纬立量法制作一件旗袍需要测量60多个数据，花费半个多小时，做一件旗袍至少需要3天时间。为了让玉谦旗袍店融合传统和潮流，他还将欧式晚礼服的设计运用到旗袍的设计中，从而使得制作出的旗袍格调更加高雅、款式更为新颖。10多年来，他为国内外著名影星、著名主持人做过各式旗袍和中

式服装，为玉谦旗袍店赢得了极好的声誉。虽然现在开一间旗袍店赚不了多少钱，但他愿意守着一份老手艺，过着平淡如水的日子。

老城老街老手艺，是一座城市不改的初心与守望。在泉城老街，有很多老手艺人，他们用一生的时光守着一门技艺，为济南留下了传统，也留下了生活和文化的印记。直到今天，济南依旧享有"曲山艺海"的美誉。老街上的芙蓉馆每天上午都会有公益演出，为曲艺新秀和新段子、新曲目提供表演的舞台，也为老街居民提供了免费欣赏演出的场所。

五　若水茗心，臻于至善

经年不息的泉水、善解人意的杨柳，在四季轮回中抚慰着济南人，也让这座城市变得有情有义。山环水绕间，生活在老街里的人不求名山大川的激情澎湃，守着一泓清泉穿堂入院，就这样不急不躁、平和安逸地生活着。

大明湖畔，曲水亭旁。从小生活在历下老城区的房泽秋感受最多的就是邻里间的和睦温馨与守望互助。从19岁青春年少到54岁华发已生，只因一句承诺，房泽秋将毫无血缘关系的瘫痪老人接到家中照顾35年，用几十年如一日的付出诠释了"老吾老以及人之老"的中华传统美德，讲述了一个小家大爱的美德故事。

1979年，时年61岁一直未婚的李玉柱在工作时突发脑血栓住进了医院，因为两家关系好，年仅19岁的房泽秋便挑起了照顾李玉柱的担子，她每逢周五都去照顾老人，帮他洗衣服做饭："老人住院1年多，医生告诉我，每到周四，老人就时时刻刻盯着病房门口等我。听到这，我决心将老人带回家。"房泽秋看到李玉柱老人行动不便，加上无人照顾，和母亲简单商量后，就将老人接到自己家中承担起了赡养的义务。一句承诺："爷爷，您跟我走吧，我来养活您！"说起来容易，做起来却是35年的陪伴与守候。

君子重诺，一诺千金。结婚后的房泽秋将老人接入自己家中，丈夫丁海开始分担照顾老人的责任。房泽秋起初在济南市丝绸印染厂工作，后来下岗了，家中生活并不宽裕，但房泽秋和丈夫两人还是选择共同照顾老人，相濡以沫，共守承诺。后来家里的条件慢慢变好，可平静的日子却没能维持多久。2012年，房泽秋的丈夫突发脑出血去世，给整个家庭带来了沉重的打击。尽管悲痛，房泽秋的儿子于霄宁还是选择接过担子，继续照顾老人。

于霄宁辞去了北京的工作，选择在家兼职，方便照顾老人。背老人去医院、给老人洗澡等重活，于霄宁都接了过来。后来，于霄宁的妻子也和家人一起分担起照顾老人的重任。这35年里，房泽秋一家搬到哪里，李玉柱老人就跟到哪里。原本没有血缘关系的老人和房家，早已亲如一家。

2014年12月24日，李玉柱老人安然辞世，享年97岁。老人对房泽秋说的最后一句话就是："多亏你了，谢谢你。"

房泽秋用35年书写了践诺和孝行的济南故事。老人虽然走了，但是房泽秋觉得，老人生前得到各界人士的关心，为了回报社会，自己要继续做好事，传递正能量。房泽秋成立了"志愿服务团"，帮助需要照顾的老人。"从一个房泽秋到一万个房泽秋"，这是房泽秋的心愿。为了这个心愿，她努力带动更多人加入敬

■ 房泽秋一家和李玉柱老人

■ 房泽秋（左一）和她的志愿服务团

老爱老助老的队伍。房泽秋志愿服务驿站从老年人的多种需求出发，组建以社区居民志愿者为主体的组织网络，开展关爱空巢老人、孤寡老人等困难老人群体的志愿服务。志愿者们通过排查摸底、建立帮扶台账、电话沟通、入户问候、邻里互助的方式，对辖区需要帮扶的老人开展志愿服务。房泽秋的愿望是再干10年，壮大志愿者团队，服务更多老人。三十五年如一日守住一个承诺，房泽秋的善举让老街上的这眼"善泉"喷涌而出，敬老爱老，房泽秋身体力行用小家传递大爱，也将爱心和善心传递到了更多地方。

守着老街老院，守着一汪清澈的泉水，老街人也就守住了"官有清名，商有厚德，民有佳风"的济南人风骨。

不让泉眼干涸的方法，就是用心养护；不让心灵干涸的方法，就是用爱滋养。历经600多年风雨沧桑，老街依然保持着"家家泉水，户户垂杨"的温和样貌。无论城市发展如何日新月异，这汪清泉从未染尘。它是济南的根脉所在，也是泉城人的心灵归处。

编　　导：张　琳　赵　宁
撰　稿　人：梁子玉
指导撰稿：赵瑞锁

屯溪老街

徽商故里
从商有道

坐落于安徽省黄山市屯溪区中心的屯溪老街，背靠风景奇美的黄山，由一条1272米的长街、3条横街和18条小巷共同组成。这条始建于元末明初的老街坐落在横江、率水和新安江三江汇流之处，由不同年代建成的300余幢徽派建筑构成，呈鱼骨架形分布，西部狭窄、东部较宽。蜿蜒曲折的大小巷弄勾勒出中国古代街衢鱼骨状的典型样貌，被誉为"活动的清明上河图"，也是中国保存最完整、最具有南宋和明清建筑风格的古代街市。

■ 蜿蜒曲折的屯溪老街

在明代《休宁县志》中就有"屯溪街"的名目记载。清代康熙年间《休宁县志》记载："屯溪街，县东三十里，镇长四里"。说明当时的屯溪老街已经有了相当的规模。屯溪老街的形成和发展，与宋徽宗移都临安有着密不可分的关系。在临安经商的徽商返乡后，模仿宋城的建筑风格在家乡大兴土木，所以，老街也被称为"宋城"。

现在，老街境内宽窄不一、纵横交错的巷弄，展示着徽派建筑顺应自然顺势而为的建筑理念；小巷里白墙灰瓦层层叠叠，窗棂门楣的砖雕木刻技艺精湛，体现着传统徽派建筑的审美艺术；街道两旁鳞次栉比的店铺叠致有序，呈现着徽州地界的富饶和美好。

一　以义取利　徽商本色

人来人往的屯溪老街上，琳琅满目的特产吸引着来往游客，这种繁华景色会一直持续到深夜，而这种浓郁的商业气息已经延续了数百年。

然而，在 600 多年前，这里却是另外一番景象。元朝末年，中原地区战乱不断，大量人口涌入徽州。《徽州府志》记载："徽州保界山谷，山地依原麓，田瘠确，所产至薄，大都一岁所入，不能支什一。"地贫人多的徽州陷入了"非经营四方而绝无活路"的生存困境。当时徽州流传着一句民谣，"前世不修生在徽州，十三四岁往外一丢"，为了谋求生计，很多徽州人十多岁时，就不得不背井离乡，沿新安江顺流而下，去毗邻的江浙一带经商，"徽人多商贾，盖势其然也"。

商业的流动性，刺激了徽州与外界的往来贸易。原本僻静的屯溪，因其水运优势，汇聚了竹木、茶叶等大宗土特产品和食盐、粮食等重要物资，成为新安江畔有名的货物集散地。

明朝初年，为了方便货物的中转运输，徽商程维宗在屯溪投资建造了 4 栋 47 间房屋，用于分类存放货物，此后货物流转十分便利，为程维宗带来了丰厚的收益。在程维宗建造货栈致富之后，又有几家客商相继前来造房经商，于是，一条小街逐渐形成。据说，最早小街上有 8 家商栈，所以人们把这条街叫作八家栈，至今屯溪老街的上街头仍称为八家栈。

从走街串巷的行商，到门庭若市的坐商，许多善于经营的徽州人在屯溪做起了买卖。有的人也从这里出发，走向五湖四海，造就了中国历史上一个著名的群体——徽商。

用于存放货物

■ 程维宗最初建仓库的地址

以义取利是徽商最大的金字招牌。明嘉靖十五年（1536年），当地人在屯溪老街最西面修起了一座桥，方便两岸往来。然而，到清康熙年间，桥被洪水冲垮，两岸的商贸运输陷入困境。就在大家一筹莫展之际，老街商人程子谦捐资670万贯，花费两年将石桥重建了起来。不料不到20年，一场特大洪水再次冲垮了石桥，还卷走了桥上的行人。程子谦闻讯赶来，责躬罪己"桥之不固，是吾过也"，并决定再斥巨资重修石桥。可惜新桥还未竣工，程子谦却一病不起。在病床上他嘱咐儿子程岳，无论如何都要提高质量，造好石桥。为了完成父亲的遗愿，程岳不惜散尽所有家财，屯溪石桥终于再建完成。

记住乡愁 第五季（4）
屯溪老街—— 徽商故里 从商有道
更是程氏父子一诺千金的仁义和诚信

■ 程氏父子修筑的"镇海桥"

此后几百年时间，无论屯溪发生怎样的水患灾害，石桥都屹立不倒，久而久之这座石桥便被人们称为"镇海桥"。在众人眼中，筑起这座桥的不仅是优良的石材，更是程氏父子一诺千金的仁义和诚信。得人心者得人气，得人气者得财气，程家也因此赢得了大家的尊重，家族生意越做越大。

如今，这座石桥依然横跨于江面之上。300多年的时光已然斑驳了桥身，但生活在这里的人们从未忘记它的由来。时至今日，屯溪商人依旧把"诚信"二字作为立业之本。

二 品质为先 诚实守信

明清时期，随着航船货运日渐繁盛，越来越多的人来到屯溪经商。街道从"八家栈"向东，建起了商铺、饭庄、客栈、茶号等许多商号。为了避免鱼龙混杂，老街上的商家约定：各家店铺无论经营何种买卖，都要在出售的每件货品上，盖上自家的印鉴，以印为信、以信溯源，包退包换。时隔数百年，从前的一枚印鉴变成今天的一方商标，"信誉大过天"的商业规则一直薪火相传，成为老街最重要的商业文化。

在今天的屯溪老街上，仍然有很多百年老字号屹立不倒。百年酱园出的三伏酱油，经过三伏烈日的暴晒才能够出售，百年药店的每一味药材都要标注原产地和出处。在当地人的心中，顾客与商家之间不仅是一桩买卖，更是一种信任。

徽商们长年积累的经营智慧，深藏在一砖一瓦中。屯溪老街上的同德仁药店创办于清朝同治二年（1863年），由程德宗和邵远仁两人合资

沿用着"前店后坊 下店上房"的经营模式

■ 老街商铺"前店后坊、下店上房"的经营方式

开办，以经销中药批发为主，兼坐堂行医，店名"同德仁"各取二人名字中一个"德"字与"仁"字，寓意"同心同德、办事仁义"。

同德仁药店是一座典型的徽派建筑，采用"前店后坊"的经营方式，药店前面临街，后倚新安江，店后作坊用于药材收购及制作丸、散、膏、丹等中成药，做好的成品直接拿到前店销售，前店也有专门人员管理。整个店铺，人员分工明确，各司其职。

药店经营者通过这种前店后坊的模式，还能够与顾客直接交流，了解当下客人对产品的意见，然后将这些信息及时反馈给制药工人，改进制药技术，从而增加销量。

同德仁药店能薪火相传百年，至今兴盛不衰，得益于一脉相承的经营理念。新安医派根据"天人合一"的理论，主张"固本培元""辨证施治"，即以提高病人身体素质，达到治愈疾病的目的。同德仁药店根据这一理论，把"采办务真，炮制务精"作为店规，力戒一个"欺"字，决不自欺，也不欺人，做到"货真价实，童叟无欺"。同德仁药店的经理派出40岁以上作风好、头脑灵活的职工赴各地采办药材。为买到地道的药材，他们不惜工本。如采购当归，必派人到山西；采购大黄必到青海；采购红花必派人到香港、广东采购转口的藏红花。这一点，皖南各药店只有"同德仁"能做到。在炮制药材时，同德仁药店遵循"修合虽无人

■ "同德仁"药店

见，存心自有天知"的古训，以仁义之心、慈善之手依法炮制，决不克扣药料和减少制作工序。在依法炮制方面，主张"师古而不泥古"，即既依法又创新，以讲求疗效为宗旨，创造出自己的一套独特的炮制方法。

清喉丸是同德仁药店专治喉科炎症的名药，说起它的疗效，老职工中流传着这样一个故事：1916年隆冬的一个飘雪之日，同德仁药店的程燮卿经理站在店门口观雪赏景，看到一个山区壮汉手推独轮车沿街叫卖木炭，程经理灵机一动，请卖炭人进店歇脚，商议木炭价格。程经理说："你若一口气吃下店中的一碗猪油甜汤圆，我即以你开口市价的两倍付款。"早已饥肠辘辘的山里汉一听，立刻憨笑着答道："莫说一碗，我两碗三碗也能吃个精光。"程经理立即嘱厨师煮上一碗猪油甜汤圆，招待卖炭人。街坊邻里见药店经理与卖炭人打赌，都围上来看热闹。不一会，厨师将一大碗热气腾腾的猪油甜汤圆送来，山里汉接过就吃。他吃完第一个，喊了声"哎哟，好烫！"但囿于打赌，只好忍烫一口气把汤圆吃完。卖炭翁在风雪中推车，咽喉受严寒刺激，此刻又被高温油糖刺激，顿时红肿起疱，一时说话不能出声。围观百姓见此情景，都认为药店经理在捉弄山里人。在一片唏嘘声中，程燮卿命本店伙计取来两瓶清喉丸，用温开水请卖炭翁服下，不到半小时，喉肿全消，说话如初。这时，程经理微笑着吩咐药店账房以高于市价两倍的价格买下这车木炭，又赠送卖炭翁清喉丸6瓶，请其回家继续服用，并保证药到病除。卖炭人接过银圆称谢而去。围观者见此，无不称赞"同德仁"的清喉丸药效神奇，当场就有一些人倾囊购买清喉丸储家备用。更多的围观者则成了程燮卿的义务宣传员，一传十、十传百，很快传遍十里八乡，使该店研制的清喉丸成为各地求购的抢手货。

在漫长的岁月中，同德仁药店始终坚持"质量第一、信誉至上"的经营宗旨，以优质的药材、优质的服务、公道的价格取信于民，服务于民，饮誉海内外。1996年，这家岁月老店被贸易部认证为"中华老字号"著名企业。随着时间的迁移，屯溪老街上的原住民越来越少，商铺和街景都几经变化，但是一些老屯溪人甚至周边地区的老主顾仍习惯来这里抓药。市民说："我们每次在这点药都是到同德仁来点，其他地方我还不去。他的药材比较珍贵，货真价实，没有假，都是实事求是的。"

同德仁门店屹立不变，有时游客经过这里会驻足参观，"同德仁"和"橘井流香"两块金字牌匾，与这座古朴的徽派建筑都透着浓浓的历史感，吸引人们探寻它的故事。

（三） 虽为贾者　咸近士风

历史的长河中，徽商贾而好儒，在商界声名远播，他们成功的秘诀不仅在于"诚"与"信"，其根基更深藏在大大小小的书院、会馆中。

徽州又被称为新安，"新安为文公阙里，后先相望，斯文盛昌"，是理学大家朱熹的故里，儒风独茂，代代相传。朱熹虽是在福建尤溪出生，但他总时刻不忘自己是个徽州人，他文章中多自称"茶院九世孙""新安朱熹"。朱熹两次回故里讲学授徒，培养了大批徽州弟子，朱子之学转相授受，历朝不绝，形成了宋明理学的重要分支——新安理学。从古至今，这个"寄命于商"的地区，也是"十户之村，不废诵读"的文风昌盛之地。

行走四方的徽商中以"业儒"出身者居多。每当有徽商成功致富，他们往往不会满足于做一个富家翁，或弃贾业儒，或弃商就仕，寻求一种精神上和思想上的

■ 文风昌盛的屯溪老街

更高层次。外出经商的徽商衣锦还乡后，往往一方面斥巨资捐资兴学，刻书藏书，修方志，邀讲学，培养子弟读书入仕；一方面大兴土木，建楼院祠堂、修路桥会馆，以荣宗祖，壮大势力。如此一来，随着时间的推移，越来越多的人才开始辈出。厚重的儒家文化，在徽商的经营活动中起到了非同小可的作用。

安徽大学徽学研究中心的刘伯山教授说："由于朱子颂扬'正其义不

谋其利，明其道不计其功'，故徽州的学子以之为书院学规，士子以之为立身处世教条，商人以之规范经营之道。特别是徽商，它是在南宋时才崛起，明中叶时已为中国商界一劲旅，至清中叶时徽商已一跃成为中国十大商帮之首。而徽商当年之所以获得成功，最根本的原因在于他们是深受程朱理学影响的儒商，其经营的最高原则是仁义当先。徽商在全国各地曾建有各种各样的会馆，皆崇祀朱子，以朱子之教为自己的最高原则及保护之神。"

被视为文房珍宝的徽墨 徽笔 歙砚

■ "文房珍宝"徽笔制作过程

黄山旅游的兴起，促使屯溪老街成为对外展示徽州文化的窗口，每年有几百万游客到此访古寻幽。千米长的老街上，云集了数十种非遗制作技艺。在这里，被视为文房珍宝的徽墨、徽笔、歙砚还在延续传统的技艺；漆器、木雕、石雕在能工巧匠的手中依旧焕发活力。书院里，不时传来诵读经典的琅琅书声；巷弄转角处，随时能见到正在练习书法的孩童。徽商儒道，犹如润物春雨，滋养着这片崇儒尚德的土地。

"虽为贾者，咸近士风"，屯溪老街的商人们做生意从不唯利是图，他们更看重的是如何实现人生价值。浸润着厚重儒家文化的老街，商业越发繁荣。

（四） 以均为财 以恒为价

老舍先生曾写："热爱江南鱼米乡，屯溪古镇更情长。小华山下桃花水，况有茶香与墨香。"除却文房四宝之外，老街上的茶也是一道亮丽的风景线。老街的茶店极具特色，经营方式也很独特，每一家店铺中都有准备的茶具，方便客人品尝，若是不满意，顾客可以随时起身离开。在屯溪老街，著名的茶叶品种太平猴魁还流传着一段动人的传说。

传说古时候，在黄山居住着一对白毛猴，生下一只小毛猴，有一天，小毛猴独自外出玩耍，来到太平县，遇上大雾，迷失了方向，没有再回到黄山。老毛猴立即出门寻找，几天后，由于寻子心切，劳累过度，老猴病死在太平县的一个山坑里。山坑里住着一个老汉，以采野茶与药材为生，他心地善良，当发现这只病死的老猴时，就将它埋在山岗上，并移来几棵野茶和山花栽在老猴墓旁，正要离开时，忽听有说话声："老伯，你为我做了好事，我一定感谢您。"但看不到说话的人，这事老汉也没放在心上。第二年春天，老汉又来到山岗采野茶，发现整个山岗都长满了绿油油的茶树。老汉正在纳闷时，忽听有人对他说："这些茶树是我送给您的，您好好栽培，今后就不愁吃穿了。"这时老汉才醒悟过来，这些茶树是神猴所赐。从此，老汉有了一块很好的茶山，再也不需要翻山越岭去采野茶了。为了纪念神猴，老汉就把这片山岗叫作猴岗，把从猴岗采制的茶叶叫作猴茶。由于猴茶品质超群，堪称魁首，后来人们便将此茶称为太平猴魁。

相比白天老街的喧嚣，夜晚的老街在各种灯光的照耀下，显得熠熠生辉，迎着五光十色的灯光，游人穿梭其中，别有一番滋味，充满了诗情画意。正如鲍杰的评价："屯溪留

是屯溪一家名叫"怡新祥"的老字号茶店

■"怡新祥"茶叶店

得长街在，不换巴黎十座城。"老字号茶店"怡新祥"古色古香的招牌与街道相互映衬，散发着独特的魅力。

清朝时期，屯溪茶市日趋繁荣。每年茶叶采摘后，依照常例，茶农们都会把鲜叶挑到老街售卖。有一年茶叶大丰收，茶农向茶号询问收购价格时，市场价格普遍被压低，茶农们苦不堪言。茶农到位于老街200

号"怡新祥"茶号问价时，店员也随行就市要压低收购价格。店主孙友樵见状，立刻出言制止。孙友樵认为要想生意长久发展，应该在自己盈利的情况下，让别人也有利。伙计听后深受启发，于是按照茶农出的价格收购了大量茶青。由于成本增加，当年没有获利，但这件事却在茶农间传为美谈。第二年茶叶减产，孙友樵却收到了茶农们主动送上门的优质茶叶。

现在，"怡新祥"的老板叫厉辉，每年收茶时节，厉辉都以每斤比市场高出几元的价格，收购农户采摘的上乘茶青。厉辉说："老祖宗告诉我们，'以均为财，以衡为价'，挣你该挣的，做你该做的事情，不要因为这个东西别人不了解我就可以以次充好，我认为商业应该是这样子。"接续古今，不忘来路。在厉辉的心里有杆秤，一端是利，一端是义；一端是自己，一端是众人；一端是眼下，一

厉辉是茶店店主
■ "怡新祥"现任老板　厉辉

端是未来。在徽商的儒道精神里，均衡才能共赢，众信才有未来。

茶叶生意的兴盛，带动了徽州经济的发展，清末在北京开设的屯溪茶商字号就有 160 多家，茶店多达数千家，江浙地区的富商"半出于徽商"。

（五）　货真价实　不欺不诈

在徽商中，流行着"人宁贸诈，吾宁贸信，终不以五尺童子而饰价为欺"的经营理念。这句话出自商人吴南坡之口，是他一生遵循的经商格言。他出售的"南坡布"货真价实，深受顾客信任。久而久之，四方顾客都十分相信"南坡布"。只要去买布，看见是吴南坡的铺面，不管精

劣长短，买了就走。徽商讲究品牌战略，而不是靠一时的欺瞒诈骗赢得暴利，所以才能一直发达下去，经久不衰。

徽商的鼎盛辉煌，造就出丰富灿烂的商业文化。兼容并蓄的老街，依附着传统不断更新变化着，但无论怎样发展，食物总是老街人一脉相承的"根"。

古时徽商走南闯北，为了在异乡能时常吃到家乡的食物，人们常常用发酵、腌渍的制作方法来防止食材变质，久而久之发明出许多极具地方风味的菜肴。相传在200多年前，沿江一带的鱼贩每年入冬时将长江名贵水产——鳜鱼用木桶装运至徽州地区出售，途中为防止鲜鱼变质，采用一层鱼洒一层淡盐水的办法，并经常上下翻动。经过七八天抵达屯溪时，鱼鳃仍是红色，鳞不脱、质未变，只是表皮散发出一种似臭非臭的特殊气味，但是洗净后经热油稍煎，细火烹调后，味道反而鲜香无比，"臭鳜鱼"因此成为一道脍炙人口的佳肴延续下来。

在屯溪，一直有"无鳜不成席"的说法，象征来年富贵有余。每当家里来了贵客，都要上一道臭鳜鱼，徽州人也逐渐形成了过年用臭鳜鱼送礼的习俗。

闻着虽臭 吃着却香

■ 徽州传统民间菜 臭鳜鱼

钟少华是地道的徽菜厨师，从16岁起他就跟着外祖父学手艺，外祖父教他的第一道菜就是臭鳜鱼。至今，他还记得外祖父对做菜的食材极为讲究，为了保证新鲜活鱼的口感，外

我们做任何事必须要凭自己的良心

■ 徽菜传承人 钟少华

43

祖父曾将从鱼贩手里低价买来的死鱼全部倒掉。外祖父告诉钟少华，"人在做，天在看，做事要凭自己的良心。厨师自己能吃的菜才能给别人吃。"

臭鳜鱼一定要用活鱼腌制，才能保证鱼的口感，绝不能违背商业道德，否则就是砸了徽菜的招牌。当钟少华也成为一名厨师后，始终牢记外祖父教给自己的做事方法：不欺不骗，才有长远未来。

胡仁之即使在天灾大饥之年"斗米千钱"的情况下，也绝不在粮谷中掺杂兑假。吴南坡"人宁贸诈，吾宁贸信"，老徽商的故事已在岁月中远去，新徽商们正在续写新的传奇。古老又鲜活的屯溪老街，不忘儒雅的书卷气息、不辍鲜明的商业本能。从历史深处一路走来，充满希望、永葆活力。

编　　导：李　婕
撰 稿 人：梁子玉
指导撰稿：赵瑞锁

"高"与"淳"

"结庐在人境，而无车马喧。"高淳的青瓦白墙少了都市尘嚣，寻常巷陌多了水乡温婉。高淳东邻苏州、无锡，西接安徽，是"日出斗金、日落斗银"的鱼米之乡。被誉为"金陵第一古街"的高淳老街里，10多条巷弄沿老街横向排列，形成鱼骨状的街区格局，坐落300多座明清老宅。相传北宋徽宗时期，张抗将军在此地修筑圩堤，冬季工程受阻，正在众人束手无策时，一只白色的梅花鹿从雪地里跑过，留下一串脚印。张将军命士兵沿着白鹿的脚印打桩，很快修成了圩堤。宋徽宗听到这个

■ 高淳老街区

故事后十分高兴，命名此地为"永丰圩"。

永丰，就是永远丰饶的大地梦想。圩堤建成后，以青石铺成的"一字街"为中心，汇集了来自各地的货物和粮食，南来北往，客商云集，是重要的商业集镇。最繁盛时期老街上的铁铺、油坊、饭店、茶馆等商铺达 170 多家。

几百年的老街没有改变旧日的格局，蜿蜒的街道好似钱兜的形状，寓意"聚财兴旺，前程无限"的好风水。800 米长的老街，串联了千年时光、烙印了时代变革，讲述着老街故事，诠释着老街人，生生不息。

一 高淳之高：舍己为人，深明大义

高淳之高，在其眼光放得长远。特殊的地理环境让高淳成为太湖平原在雨季的蓄洪屏障，在这里有一首民谣"宜兴溧阳，终究不长，五百年后，变成大江"，说的就是如果高淳的水在此地拦不住，苏锡常等地方就会被全部淹掉。明朝初年，江南地区遭遇大洪水，为保住太湖平原，朝廷决定将固城湖大坝增高 3 丈，把洪水全部拦在高淳境内。但高淳人

挥毫写下一首《东征初抵高淳》

■《东征初抵高淳》——陈毅

在一致商量以后，决定还是顾全大局，考虑左邻右舍的集体利益，用石材、木料亲手筑高大坝，下游的太湖平原免遭灾难，而高淳和高淳人民却付出了家园覆灭的代价。善良的高淳人并没有丧失重建家园的信念，人们省出钱来买材料，在洪水淹没处运土垒堤，让灾难后的高淳慢慢恢复昔日的繁华景象，他们用这里的一砖一瓦，展示高淳人对生活的热爱和对美好的向往。千百年历史文化的熏陶培育了老街人高尚淳朴

的风气，也让历史永远铭记。

　　高淳老街坐落的老宅是独特的记忆，也是历史的馈赠，保存完整的吴家大院最具有代表性。1938年6月的一天夜晚，新四军第一支队司令员陈毅将军来到这里，挥毫写下《东征初抵高淳》："芦苇丛中任我行，星星渔火水中明。步哨呼觉征人起，欣然夜半到高淳。"真实记录了新四军第一次来到高淳时的场景。这位将军的到来，给刚刚经历过人间地狱般的老百姓带来了新的希望，4000多名老街人在聆听了陈毅将军的抗日救国演讲以后，看到了摆脱"亡国奴"命运的曙光，也让他们接纳了这支年轻的队伍，先后把3000多名子弟送去参军，以极大的奉献精神支持人民子弟兵。

也就是等于我们上了前线

■ 新四军藏身养伤的芦苇荡

　　抗战时期的高淳，是新四军茅山根据地和皖南总部的重要中转站。一次战役之后，新四军伤亡惨重，为了不影响整体行动，高淳人民决定将他们藏进固城湖的芦苇荡里就地养伤。食物只能生吃，蚊虫叮咬身体，湖水蒸气难熬，伤员病情日益恶化。高淳人民看在眼里，急在心上，冒着被日伪军发现的危险，想方设法偷偷给战士送粮，他们把自己的吃的都拿出来，烤了一些锅巴，在蒸笼上把鱼蒸熟，还准备了一些盐在晚上悄悄送给战士，才得以让战士们在这片芦苇荡里整整生活了36天。宁可自己不吃也要让战士吃饱，这就是高淳人民的简单心愿。他们

把60万斤大米 1300担小鱼

■ 高淳人民送至前线的粮食

与新四军的缘分不止如此，从接纳这支年轻队伍开始，就时刻将新四军放在心上，把自己的子弟送去参军，倾其所有支持新四军的战斗，仅在一次战役中，高淳就有 6000 多名支前民工把 60 万斤大米、1300 担小鱼、1.2 万条毛巾、6000 双军鞋和 1 万块大洋送上前线。因为他们深知：保护新四军上前线，就是自己也在前线战斗。

高淳至今保存有新四军驻淳办事处旧址，这里曾是陈毅将军在吴家祠堂演说完以后晚上过夜的地方，一句简单的"欢迎新四军来"成为吴河水老人几十年来的难忘记忆。提起与新四军的渊源，高淳人民满是自豪。国难当头，他们深明大义，用牺牲自己的行动维护国家和人民子弟兵。

（二）高淳之淳：单纯质朴，豁达有义

高淳之淳，在其心思始终淳朴。传统的手艺人在今天的高淳仍然不鲜，不急不躁、不争名利的"慢城生活"里，饱含高淳人的态度与情怀。赠一把子孙扇，寓意"与人为善"，也让这流传千年的古老智慧浇灌了一代又一代的高淳人。

梅家老布鞋几十年来依靠手工缝制小有名气，不随便涨价，对得起良心，是梅位炳老人一直秉持的理念，也是给孩子们立下的规矩。一双精心缝制的手工布鞋工艺精美、样式精致，穿上舒适透气，赢得了街坊邻居的喜爱。老人凭借几十年前跟随老师傅为新四军做鞋习得的手艺，让布帛针线在自己指尖开花。老街人的质朴善良在于远离尘世喧嚣而不追逐名利，也在于守着传统手艺与信念延续高淳风尚。成本材料价钱上涨，布鞋价格照旧，做生意不争不抢，过生活不急不躁，只为守住自己的初心，获得内心的安逸与满足。走在高淳的老街上，传统的手工制品和小吃随处可见，一把刻刀雕琢实木、一支画笔点缀羽扇、一

■ 样式精致、工艺精美的梅家老布鞋

颗糖人打开味蕾，在与游客嬉笑交谈间，高淳人的生活态度慢慢流淌。

高淳的今天有千百年的精神根基，社会风气也同其名字一般，高尚淳朴。年长的一代饱经风雨坚持初心，年幼的一代传承着高淳风气中的美好，无论是手艺人还是生意人，心中都满怀大爱。

位于高淳和宣城交界处的固城湖是中国著名的螃蟹产地，螃蟹产业也是高淳境内最重要的富民产业。邢青松每年都会在第一批螃蟹上市的时候，挑上几只最大最好的去看望自己的朋友。20多年前，邢青松的螃蟹养殖业遭遇困难，经营失败，债务拖欠，但同在老街生活的李国华简单质朴的话打开了邢青松的心门，没有催债，只是作为朋友来看看，"不要紧，我损失的只是一点利息，你还年轻，将来肯定有翻身的机会"。有情有义的老街人仿佛商量好了一般，给了他莫大的支持，螃蟹养殖业也因老街人的善意举动重整旗鼓，得以扭转局面。

心怀感恩的邢青松并没有忘记这件事情，所谓"吃水不忘挖井人"，成功以后的他用实际行动回馈当年帮助过自己的人，也组建了专业合作

49

社，让老街人成了合作社的一员，慢慢富裕起来。他们还主动出资成立"会员基金"，就为帮助那些遇到困难的社员。生活不能少了爱，个人的小爱汇聚一起就是大爱，这种精神力量的支撑让高淳人的质朴凝成仁爱，渗透到每一个老街人的心里，也滋润了这片土地上的人，融入生活中的点点滴滴。

逐渐放缓的生活节奏给老街人带来内心的宁静闲适，历史与自然的完美结合吸引更多的游客在此地驻足，让越来越受欢迎的传统手艺和特色美食成为高淳的标签。在高淳，茶馆门庭若市，泡茶听曲是老街人的共同爱好，而老戏台，更是高淳人不变的乡愁。

长大后 他成为一名越剧演员

■ "越剧王子"史进

高淳人的生活是名副其实的"出门山歌进门戏"，听一段小曲儿，品一口米酒，再惬意不过了。粗放豪迈，坚实有力的劳动号子依然能在老街听到，众多的山歌种类，朴实地反映了高淳人民劳动中流传下来的精华。打糕号子、龙船号子、打夯号子……丰富了高淳人民的生活味道。史进小时候最爱听的阳腔目连戏，有着 700 多年历史，是高淳百姓淳朴生活艺术化的表现。然而近年来，阳腔目连戏面临着失传的危机，史进推掉了许多演出和社会活动，与朋友们一起收集资料，抢救曲谱，也让传统的艺术被越来越多的年轻人接受和传唱。艺术的种子在高淳这片土地上焕发出了新的生命，高淳人质朴善良和豁达有义的情怀烙印在每一个老街人的心里，成为代代相传的人生信仰。

延续千年的高淳老街书写了生活的诗情画意，记录了寻常百姓的社会风气，淳朴温和的高淳人，用独特的方式诠释着祖先的大义与智慧，将爱与生活构筑成一个个动人故事。"慢城的空气中带着安详"，每一个醒来的高淳清晨，都让老街人多一份安逸与淡然，更添一份豁达的心境，带着老街一起，慢慢地走下去……

编　　导：夏　健　戴鲁宁
撰 稿 人：张　静
指导撰稿：赵瑞锁

石阡老街

守望相助

石阡老街有句俗话：远亲不如近邻，近邻不如对门。数百年来，团结协作、和睦相处的生存法则，让这里的人们面对困难相互扶持，守望相助。石阡县位于贵州省铜仁市，四周群山环抱，悠悠龙底江水穿城而过，从城南的温泉大桥往北到启灵桥，近 1700 米的石阡老街屹立江东，由杨家巷、姜家巷、曹家巷以及南门巷形成一个半鱼骨状的街区。老街的居民区则隐藏在巷弄深处，麻石铺就的街道纵横交错，蜿蜒通向远方。安逸恬静的老街给人们带来了温饱与富足，也承载了老街人对美好生活的向往与追求，诉说着人们千百年来的勤勉与艰辛。

悠悠龙底江水穿城而过

■ 依山傍水、风景如画的石阡县

一 融洽：守望相助，相互扶持人齐心

老街人守望相助的传统得于自己的祖先。相传，有一年瘟疫盛行，地里的庄稼颗粒无收，正当人们处于绝望之时，天空突然飞来一只老鹰，口衔灵芝、脚抓葫芦，给人们带来了生的希望。他们为了争抢神药和种子瞬间失去理智，疯狂争抢，现场一片混乱，激怒了老鹰，转而俯冲下来，叨走灵芝，抓着葫芦在天空中消失了踪迹。人们很快意识到生存的希望转瞬即逝，纷纷跪倒在地齐声忏悔，并保证以后定会团结互助，不再自相残杀。经过数月努力，终于依靠灵芝和种子渡过灾荒。

每年农历二月初一的"敬雀节"，仡佬族人会举行庄重的

守望相助的生存智慧逐渐深入人心

■ 仡佬族的祭神鹰大典

祭祀神鹰的仪式，这不光是他们的特色节日，也是生活在老街上的各个民族共同庆祝的时刻，早已成为属于老街人最浓烈的情感记忆。心存敬畏、虔诚祭拜，使得守望相助的生存智慧逐渐深入人心，也是在这流传千古的佳话中，人们愈加明白，唯有相互扶持、携手并肩，才能收获美好的生活。如今的老街人不分彼此、相处融洽，守着祖先的馈赠代代相传。

元代以前的石阡老街一直是少数民族部落的聚集地。面对外族，仡佬族人总是敞开胸怀、热情相待。人们日出而作、日落而息，一派田园风光。直到明代永乐年间，石阡开府，大量汉族人来此定居经商，这条隐匿在群山之间的老街逐渐繁华起来。明万历年间，人们齐心协力将龙底江下游的暗礁打通，各处的货物开始经由水路中转石阡运输。货船的停靠、人气的聚集，使得石阡的商业空前发展，百工百业兴旺发达，有

着"一石横施广庇荫,千家芳店固金汤"的美誉。

时空在这老街里纵横交错,明清时期的韵味依旧渗透在老街的一砖一瓦当中。沿街木质的青瓦二层楼阁上层居住、下层商铺,陈设一如往昔,各式百货铺满老旧的木板柜台,早年间的墙壁上点缀着现代服饰,古朴厚重的历史映入眼帘,城市的喧嚣与活力尽收眼底,成为石阡最市井、最浓郁的存在。

二　仁义:革命情谊,军民鱼水心连心

老街的南门巷往北,有一座老式建筑,这里是红二、红六军团指挥部旧址。中国工农红军曾两次进入石阡,在这里留下了深深的红色革命印记。1936年,由贺龙、萧克分别领导的队伍战斗后驻扎在石阡老街。休整期间,贺龙总司令与一位老人随意攀谈起来,得知老人儿子被抓兵去了、儿媳生病死了,还带着两个孙子,家境窘迫、生活困难后,心情无比沉重,并把身上那件跟着自己南征北战的大衣脱下来,亲手为衣着单薄的老人披上。现在的石阡仍有贺龙与老人的雕像,相互叠在一起的手自能让众多人明白红军是仁义之师,而石阡老百姓,也与红军结下深

他挑菜到老街来卖

■ 贺龙将军与老人的雕像

厚的军民鱼水情。"人敬我一尺，我敬人一丈"，他们腾出房子给红军住，拿出粮食送给红军，妇女们也自发地组织起来，给红军缝棉被，做衣服和布鞋，还把家中的粮食拿出来送给红军。尽管与红军的相处只有短暂的40多天，但是在红军离开的时候，整个石阡有800多名年轻人踊跃参军。"彩呀霞，满呀天，喜鹊叫呀，喜鹊叫呀，贺龙军长带领红军到石阡……"朗朗上口的民间小调，道不尽这情谊，挥不去这情怀。

江边水，岸上情。逐渐拓宽的老街寓示匆匆时光带来的变迁，每当有新房落成，人们扎起毛龙，沿街而行，把吉祥安康送至每家每户。邻里之间，永远敞开的大门既接纳又包容，共同分享喜悦也共同分担困难。

（三）　向明：乐于助人，街坊陪伴拾信心

生活在这里的老街人早已将互相帮助变成本能。早年间，老街的房屋均为木质结构，房山挨房山，屋梁接屋梁，一家用火稍有不慎就可能烧掉整条街巷。只要一发生火情，老街人男女老少都会出来行动，一盆一盆接水，一个一个排成队传上去。从小生活在老街的向明一直是街坊眼中的热心肠，谁家有难事，都会搭一把手，每次发生火灾

■ 邻居们在一起喝茶

同时也有"六六大顺"的美好寓意
■ 石阡老街的六和三角宴

也都会冲在最前面。但在 20 多年前的一次救火中，他因吸入过量毒气而倒在火场，陷入重度昏迷，经过一周的抢救才苏醒过来。上帝并没有眷顾这位年轻人，他失去了生活自理能力，对正处而立之年的人来说，这样的打击无疑是致命的。悲伤、痛苦、绝望，甚至轻生，种种负面情绪把向明一点点拖向黑暗。

德不孤，必有邻。热心的街坊四邻为了让这位年轻人重拾生活的信心和希望，主动承担起了照顾向明的责任：向明妻子工作忙时，邻居就做好饭菜送来；向明要出门时，大家总赶来搭把手；亲朋好友也总上门闲聊，一聊就是一整天。在街坊四邻长久的陪伴和帮助下，向明的心里日益阳光起来，逐渐走出情绪低谷。回忆起 20 多年前的那段记忆，向明也从不感到后悔，现在的他不但能够照顾自己，还培养了很多兴趣爱好，也经常与自己的渔友们一起钓鱼，赶上钓到大鱼，大家就都跑过来帮忙收杆，日子过得阳光惬意。

在石阡，六和三角宴独具特色，每逢节日，仡佬族人都会在自己家中做上几道传统菜肴，邀请亲朋好友相聚。开席前，大家两两相对，围六边而坐，象征父母、夫妻、家庭、邻里、环境和社会的和谐与和睦，宴席还会按照三角形摆放，寓意求得天时地利人和。无论是仡佬族，还是老街上的其他民族，都不分你我、不分亲疏汇聚一堂，各民族文化也在此和而不同，和谐共生。

老街的人间烟火气来自于邻里的和睦相处和守望相助，这些平淡日子里的脉脉温情，写满了老街人的生活智慧和处世之道。也让这条饱经沧桑的老街化身为一条坚韧的纽带，拉近人与人的距离，使彼此成为对方的依靠。

四　李立会：雪中送炭，一口热饭暖人心

说再多的话也不及困难时候伸出的援手，人心暖，生活才能旺。中国的乡土社会就是生于斯、长于斯，老街人一代代相处下来，齐心协力做过的事情成为一段段佳话。邻里之间情比金坚，是石阡老街的真实写

让彼此都能够成为对方的依靠

■ 横跨龙底江的启灵桥

照，也成为未来建设的有效资源，这种情怀和风俗能将人心凝聚，是和谐社区的精髓所在。

横跨龙底江的启灵桥坐落在老街的最北端，桥右侧被称为下河坝，地势较低。2014年5月，龙底江沿岸遭遇洪灾，洪水冲上老街，让睡梦中的人们猝不及防，家中的食物都被洪水冲走，物资也来不及抢运。老街上有很多从外地来做生意的人，看到大水来临时这些"新邻居"的生活基本处于瘫痪状态，李立会的心里很是焦急。虽然自家的粮食也所剩不多，但想到平日里邻居们之间互帮互助，她心里没有一丝犹豫和顾虑，把家中的粮食都拿了出来，决定做饭给"新邻居"们吃。可即便这样，也只够大家吃一顿，李奶奶只好向街坊邻居求助。尽管热心的街坊们自家的情况也并不乐观，但就是用一碗面、一捆菜、一捧米一点点拼凑，一上午时间就凑出几十斤米和面，在

但是靠着东家一捧大米 一碗白面

■ 众人为"新邻居"做饭

57

洪水涨退的 3 天里为近 300 人端上了热饭。

微不足道的小事诠释着守望相助的真实含义。千百年的时光里，携手并肩，共患难也共喜悦的默契让老街人心照不宣，让和谐相处、互帮互助的生存法则根深蒂固。家长里短和生活琐碎成为茶余饭后的必备，生于斯长于斯的情怀和风俗默默浇灌着石阡的土壤，怡然自乐的老街生活更是充满了爱与温馨。

五　王飞：知恩图报，传授工艺守良心

老街盛产茶叶，是著名的"中国苔茶之乡"，温泉水泡出的茶水，香气浓郁，沁人心脾。近几年来随着社会的发展、交通的便利，越来越多的游客来到石阡老街，一览老街的古朴风貌，体验老街的乡土文化，还有当地的特色小吃，麻辣鲜香的绿豆粉、入口即化的神仙豆腐、口味极致的辣椒酱……再配上一壶石阡特产的苔茶，不禁令人口齿生甘，回味无穷！

茶产业孕育了独特的茶文化，还有说不完的茶故事。王飞是侗族人，自己下岗之后没有经济来源，靠着祖传的制茶手艺，兄弟三人一起

记住乡愁　第五季（6）

石阡老街　守望相助

兄弟们爽快地答应把家传手艺教给大家

■ 王飞（右）向村民传授祖传制茶手艺

经营着一家茶叶店。创业初期，由于资金短缺，起步艰难。乡亲们得知后将茶青赊给王飞，在大家的无私帮助下，王飞和兄弟们的茶叶生意越做越大，日子也逐渐红火起来。眼看着周围曾经帮助过自己的村民生活水平还停留在原地，王飞心里很不是滋味。

如何感谢他们，是他心里一道过不去的坎。经过一番斟酌后，王飞决定将自家祖传六代的制茶工艺传授给大家。虽然开始时两个兄弟对此有所顾虑，但"从良心讲应该感激他们"，回想到起步时的艰难以及乡亲们的帮助，便爽快地答应把手艺教授给大家。当年石阡老街附近的村寨里就有1300多户人家脱贫，现在一户人家收入最多的一年可达近10万元，是之前收入的几十倍！最让人欣慰的是，做茶的人越来越多，不像起初担心的那样自家收入会有所减少，老百姓的收入增加了，王飞的产业做大了，效益比以前更好。祖上的手艺传了出去，富裕了一方百姓，也让他们明白团结合作、共同生产远比自己独享更让人满足。老街上的万寿宫，每年都会举办茶艺交流会，大家齐聚一堂，分享彼此的制茶经验、聆听对方的生财之道。

投我以木桃，报之以琼瑶。众人一条心，黄土变成金。祖先的生存智慧让老街人在这千百年的时光里练就了宽广的气度和胸怀，百姓之间同甘共苦、同舟共济的处世之道书写了老街的安定和繁荣。无论谁来到这里，热情热心的老街人都会以敞开的胸怀、平和的心态接纳和扶持，不分民族，不分亲疏。

"石阡茶，温泉水，喝一口，百八寿。"惬意的老街生活里藏着温饱与富足，沉淀了人心与希望，安居乐业，稳步向前。

编　　导：范虹润
撰稿人：张　静
指导撰稿：赵瑞锁

苏州平江路

状元街
义当先

孟子于千百年前在鱼和熊掌、生与义的取舍间，写出了"舍生而取义"的绝句。中国人自古以来就将"道义"视为珍贵的品质，在苏州平江路状元街，一代又一代的老街人更是将"道义"刻印在了厚重的历史中，伴着苏州的美景历久弥新。

作为苏州最有水城味道的街区，1.6 公里长的平江路依然保留着 800 多年前的格局。小桥流水、粉墙黛瓦的水乡人家；水陆并行、河街相邻的建筑布局，展现出疏朗淡雅的江南风格。街边有河、河中有船，船上有船娘哼唱着吴侬软语的船歌。游人如织的繁华背后，8000 多户苏州人家尽享水乡的从容生活。

保留在平江路上的《平江图》石刻记录了平江路的历史变迁。

■ 平江路全景

■《平江图》

《平江图》是中国现存最大最完整的古代碑刻城市地图，图纵长 274 厘米，横长 142 厘米，由李寿明在南宋绍定二年（1229 年）刻绘完成。这幅图真实记录了宋代平江城的平面轮廓和街巷布局，与洛阳、开封传统的方正形城市不同，古代苏州形成了一种中国历史上少有的水陆并行、河街相邻的双棋盘城市格局。百年之后，平江城早已更名为苏州，城市风貌也发生了翻天覆地的变化，但平江路却仍旧保留着千百年前的传统格局。如果走进平江路，你会发现这里除了保留着中国传统的历史街景，在小河枕畔的两岸人家，还恪守着百年如一的"道义"。

小桥流水依旧，星罗棋布的园林、古井、民居，交织出苏州的韵味，展现着"君到姑苏见，人家尽枕河"的生动画面。

一　文人之义：报德炀和的义庄

据《中吴纪闻》记载，自唐朝以来 300 年间，苏州地区没有发生过战争。富足安定的生活吸引了很多家族到此居住，平江路一带成为许多名门望族的首选，"仓廪实而知礼节"，当地逐渐形成了"家家礼乐，人人读书"的传统。据考，仅平江路就先后走出过 17 位状元，老街因此被人们称为"状元之乡"——文风之盛，雄冠江南。

范仲淹在宋景祐年间任苏州知州，他在当

■苏州状元博物馆

■ 范仲淹像

■ 苏州状元地域分布图

地设立了第一家义庄，为人们提供粮食、住所，也为孩子们开办义学。从那时开始，在书香文脉的浸润中，范仲淹"先天下之忧而忧，后天下之乐而乐"的精神火种也开始在这里燃起，跨越历史，生生不息。

明代大臣申时行，是嘉靖四十一年（1562年）殿试第一名，曾任翰林院修撰、首辅、太子太师，而他就是从老街走出的状元之一。申时行幼年过得十分贫寒，曾在老街的道观中读书，受到过出家人的恩惠。他一直将这份恩情铭记于心，告老还乡后，他心心念念要将这份儿时的情义还给这片土地。

当时申家老宅旁有一家梳子店，由于经营不善，生意惨淡，家中时常传来孩子的啼哭声。

他听到孩子的哭声不停，就知道这家人一定遇到了困难，孩子难以饱食只能啼哭不止。为了照顾这家人，他私下让管家买了很多梳子回来，想要偷偷帮邻居一把。梳子买了又买，自己用不完，申时行就将梳子送给周边的住户，很多人拿到曾经的状元首辅赠送的梳子后，都觉得很珍贵，梳子店的名声由此传开，购买的人越来越多，孩子的啼哭声也慢慢化作书声琅琅，萦绕在院落深处。

这件小事启发了申时行，他想："与其只帮助一户人家，不如开义庄帮助更多的人！"在历史不解的缘分中，他就这样接下了范仲淹的那束火种，也将老街的道义一代代传承下去。当地的名门望族看到申时行的善举，纷纷效仿他的行为，鼎盛时仅在老街上就有 8 家义庄，一时间义学兴盛，文人会聚。

时至今日平江路两岸，水泛舟过，还能听到周围这些枕河人家的院落当中所传出的阵阵读书声。老街居民在教化子孙读书明理的同时，也将这一份文人之"义"讲给孩子，伴随着苏州清澈的河水传承了千年。

二 商人之义：潘家世代恪守的家国道义

白居易的《琵琶行》中幽怨的妇人唱过"商人重利轻别离"，字字哀怨。与琵琶行中商人全然不同的是平江老街的商人，虽然被迫离别，但是朋友之谊、为人之义却从未割舍。

历史上，平江老街不仅文风兴盛，也是巨商大贾云集之地。清代，来自安徽、山西等地的商人纷纷在此建立作坊会馆，丝绸织造业由此在老街兴起，逐渐形成了"东北半城，万户机声"的景象。其中住在"礼耕堂"的清代富商潘元纯就是其中典型人物。

那时潘家的生意做得很大，偌大的家产吸引了歹人的注意。有一次潘元纯和

苏州刺绣

好友汪佚在西藏经商时就遭遇了土匪。两人被劫持后，土匪决定放走一人筹钱，留下一人作为人质。

生死关头，汪佚欺骗绑匪说潘元纯的父亲已经故去，只有自己留下家中的亲人才会积极筹钱赎人，让绑匪放潘元纯先走。土匪听完后，果真放走了潘元纯，留下汪佚作为人质。潘元纯一脱身就披星戴月地赶回苏州筹钱，但是回到藏区却还是没能救回好友。为了报答汪佚的救命之

■ 苏州知名糕点

恩，潘家从此立下家规：每逢过节必须给汪家放一个酒盅、放一双筷子，纪念汪佚三爷。

到如今潘家的子子孙孙与汪家仍旧保持着良好的关系，有的还达成了联姻，延续祖辈的情谊。

潘汪两家舍命相救的故事广为流传，不仅成为一段佳话，也成为当地商人的楷模。汪潘两家也因为这份道义赢得了很多人的信任，生意越做越大，逐渐发展出元大昌酒店、稻香村糕点、黄天源糕团等知名商号，在平江路旁形成了苏州第一条商业步行街，把苏州地区传统商业推向鼎盛。

潘家人的道义不仅体现在恪守承诺、为朋为友上，在家国大义面前，潘家人也表现出了极大的奉献之心。收藏于中国国家博物馆和上海博物馆的大盂鼎、大克鼎就与潘家结下解不开的家国情结，它们记录着中华文化的灿烂，也讲述着潘家人的忠义之心。

1937年抗日战争全面爆发，战火很快蔓延到了苏州，但老街上还有很多珍贵的国家文物来不及转移。那时民间传说"海内三宝，潘有其二"，指的是收藏在潘家探花府的大盂鼎和大克鼎两件珍贵的文物。

当时日军正在轰炸，潘裕翼的奶奶潘达于也带着孩子逃出了城外，但走到半路，她却停了下

■ 青年时期的潘达于

64

来。想到作为国之重器、中华民族几千年重要文化遗存的大克鼎、大盂鼎还没有安置好，她一步也迈不出去了。

思虑再三后，她毅然带着几位至亲返回了城中，把大鼎藏

■ 上海博物馆收藏并展出的大盂鼎

在了一间老屋的地坑内，并重新盖上青砖，撒上尘土伪装了起来。日军攻陷苏州后，直奔潘家大院，威逼潘家交出大鼎，在漫长的周旋中，潘家家财被抢掠无数，但潘达于却始终没有说出大鼎的下落。直到中华人民共和国成立后，潘达于才将保存完好的大盂鼎、大克鼎以及潘家收藏的几百件青铜器一并捐给了国家。

现在，当我们在博物馆看到大克鼎、大盂鼎的时候，除了它自身的历史韵味和光彩之外，还增添了老街潘家人对国家重器深重的感情，和在面对威胁、打压甚至是暴力时绝不低头的拳拳爱国之心。为了民族大义，将个人得失放在一边，将生命安危放在脑后，潘家人守住了老街人的情，也守住了作为中国人爱国的义。

（三）市民之义：点燃文化传承的星星之火

一曲动听的评弹唱出了江南水乡的温柔与婉约，也为这方水土增添了一分雅致的韵味。时光在老街走过了上千年，如今的平江路成了苏州重要的旅游目的地，现代化的发展给苏州带来了新的生机与活力。但对于住在老街的人们来说，如何在城市化的进程当中留住苏州古城最初的记忆，如何守护住那些延续千年的文化遗存成为他们新的课题。

老屋、老巷、古桥、古井，极致的江南韵味深藏在老街深处。据清代《吴门表隐》中记载，平江路古称"十泉里"，说的是这里的古井数量

很多。然而，随着时代的变迁，自来水进入千家万户，温柔隽永的古井水面对时代的冲击遭到了破坏。对于老街人来说，井是生活的一部分，古井陪伴了几代人，无论是洗衣做饭还是泡茶饮用，人们都爱用

■ 老街古井和护井队

井水。一口口古井不仅提供了生活的便利，也如同一根纽带，把邻里之间、人与人之间的情感连在了一起。

为了更好地保护古井资源，保护这一方流过千百年的水，老街邻里之间自发组织起了一支护井队。无论酷暑还是寒冬，护井队的队员们坚持每周都会走遍社区内所有的古井，检查水质、清理垃圾。默默地将对于水井的保护践行在了日复一日的行动中，在大家的不懈坚持下，古井的清润得以保留下来，老街人就在这井水的浸润下品味着生活。纵使岁月如何变迁，这里的井水仍旧为归家的人们保留着故乡的味道。

需要被保护和传承的除了老街的井，还有苏州人地道的吴侬软语。

我们常说"乡音无改鬓毛衰"，即使年华老去，乡音也应该保有它本来的味道，时光可以带走光鲜的外在，却带不走内化的乡愁。然而，事实却并非如此。

80后姑娘胡舒宁从小在老街长大。她在外出留学时发现苏州的方言发音独特，每每说起乡音都

■ 古井与老街人的日常

能让她回忆起家乡。但是回国后，她却发现身边会说标准苏州话的人越来越少了。从 2007 年到现在的十几年间，苏州方言日渐式微，90 后基本不会讲，00 后不会讲，可想，等到下一代的孩子，苏州方言很可能就消失了。

面对这样的境况，胡舒宁心生不忍，她认为声音的记忆对每一个人来说都是家乡的符号，是人与人之间的情感纽带，也是人在他乡时的情感寄托。

面对现实的窘况，她意识到，保护苏州方言，已经刻不容缓。

经过深思熟虑之后，她毅然辞去工作，专门从事起苏州方言保护工作。胡舒宁的举动在老街上传开后，大家

■ 胡舒宁

都很佩服她的做法，越来越多的年轻人自觉加入她的团队，一起开始了编写苏州话的工作。经过 10 多年的努力，胡舒宁建立起了"苏白学堂"方言微信公众号，有 1.5 万多人活跃在平台上交流学习，他们还编写了一套苏州话的教学课程，免费放到网上供全国各地的人学习研究。

对于不同地区的人们，都各有其回忆家乡的方式，或者一首歌，或者一句诗。而对于苏州平江老街来说，人们恪守的"义"像是古井千年不变的甜，时时刻刻滋润着人们牵住家乡的根，当远方的游子归来之时，总能轻而易举地在这里找回最初的自己。这些在现代化的进程中，被精心保护下来的历史建筑、传统人居方式，让今天的人们有根可循、有史可鉴，他们早已化作了这座千年古城最深厚的文化底蕴，也成为照亮这座城市未来的不灭灯火。

编　　导：王　洁
撰 稿 人：秦宇琛
指导撰稿：赵瑞锁

佛山祖庙历史文化街区

男儿当自强

"弘扬中华武术，凝聚中国力量，强我民族，振兴中华。"短短 20 个字完整概括了中华武术的奥义。佛山作为中国"南派武术"发祥地，将这种武术精神深深刻在了这片土地上。

世人都说"南派武术看佛山，佛山武术在禅城"。禅城不到 3 平方公里的祖庙历史文化街区里，所存在的武术门类之多、武馆之众在整个中国也是极少见的。所有来到禅城区祖庙老街的人，都能感受到这里的与众不同。穿行在街巷中仿佛置身于一处神奇的武侠世界，也许不经意间就会与一位武林高手擦肩而过，又或许随意走进一处老宅，便能聆听一段流传已久的武林轶事。

■ 佛山祖庙

一 武者神：粉身浴血卫家乡

佛山浓厚武林之风的形成与它所处的特殊地理位置有着不可分割的关系。

佛山自古临水，秦汉时期，便是紧扼三江出海的咽喉要地，古称"季华乡"。这里因水网而兴，但也忧于水患。北宋元丰年间，乡民们疏通河道时，修建起一座"北帝庙"。那时的人们相信，这位掌管天下之水的神仙，能够庇佑这块多水之地。"北帝庙"建成后，佛山仿佛真的得到了天神的庇佑，一直都风调雨顺。越来越多的人选择在此地定居，形成了以祖庙为中心，向外延伸的商业聚集地。

■佛山北帝庙

北宋末年，中原大地烽烟四起，躲避战乱的人们从北方迁徙而来，在"北帝庙"周围安家落户、修建祠堂。久而久之，"北帝庙"成为所有人心中的"祖庙"，祖庙街区也就此成为"佛山初地"。

人气的聚集、商贸的发展，佛山逐渐成为"骈肩累迹，里巷壅塞"的繁盛之地。元代时，仅在祖庙周围，就聚集了上万名从事冶铁、制陶、纺织的手工业者。为了防范周边土匪的劫掠，人们开始习武强身，商人们也大都聘请武师作为护卫，尚武之风逐渐兴起。

明正统年间，广东各地发生暴乱，富庶的佛山成为贼兵攻击的目标。当时，城内守军仅不足千名。

生死关头，佛山 22 位德高望重的长者，一致决定要勇敢捍卫自己的家园，于是在各大家族长老的号召下，武者们迅速聚集，拿起刀枪棍棒化身浴血沙场的战士，为了保卫家乡和亲人而战。"有异志者杀无赦，战阵无勇者杀无赦！"他们在祖庙前立下军令状，誓要与身后的祖庙共存亡，因为在他们心中，祖庙就是家园的代名词，涛涛宣誓的声浪持续回荡在祖庙的上方。那场战斗历时整整 6 个多月，1 万多人拼死抵抗，硬是阻挡住了数十万敌军的猛攻。战争结束后，明代宗特赐佛山为"忠义乡"，22 位长老获封"忠义士"，而祖庙，也被敕封为"灵应祠"，奉为"万庙之祖"。每年春秋两季，地方官员都会在此举行隆重祭典。"勇者不惧"的豪情与壮志就这样融入这座古城之中，成为后世不断发展的精神力量。

二　武者魂：舍身忘我守国土

武者可以为了家浴血奋战，同样可以为了国坚韧如山。

清末，老街已经成为中国南派武术聚集之地，形成了蔡李佛拳、咏春拳、洪拳、龙形拳、白眉拳五大门派。众多武学家在这里诞生，其中我们最为熟悉的就是叶问。

民国初年，居住在祖庙街区的叶家曾富甲一方，拥有半条街的产业。1938 年，日寇入侵佛山，叶家逐渐式微。

■ 叶问像

那时，叶问已经是一位有名的武师。日本人找到叶问想让他做宪兵队的武术教头，然而，叶问却坚决不愿为虎作伥，万般无奈下他只好远走他乡。漂泊在外的叶问一家过着极其艰苦的生活。由于收入微薄，三餐难以为继，叶家两个最小的孩子，因为营养不良相继离世。痛失爱子后，叶问悲痛欲绝，有人劝他向日本人暂时低头，但他为了民

■ 叶准教授咏春拳

族大义不肯让步分毫，始终没有妥协。

等到一切安定下来，叶问归来后，过去的经历给了他新的认识——一个羸弱的民族只能处处挨打受气。只有中国人自己强大起来才能让整个民族强大起来。于是，他相继在广州、香港等地开设咏春拳馆，用毕生精力发展和传播中华武术。在山河破碎的年代，叶问和他的咏春拳打出了中国人的气节，也打出了中国武者舍身爱国的精神。

抗日战争期间，仅从祖庙老街就走出了上千名武师，以一身精湛的武艺担负起保家卫国的使命。清华大学教授彭林说："中国人提倡文武之道，文能治国、武能安邦，这个'武'它是有武德的，它是除暴安良，要保卫家园，保卫自己的国家，在这个习武的过程当中，去养成我们勇猛刚毅的力量，所以我们是靠着这种精神发展到了今天。"

■ 祖庙历代先贤

（三） 武者力：千锤百炼铸钢铁

在佛山祖庙的一处广场上，保存着一门古老的火炮，它代表清代佛山冶铁技艺的最高水准，也代表佛山男儿的拳拳爱国心。

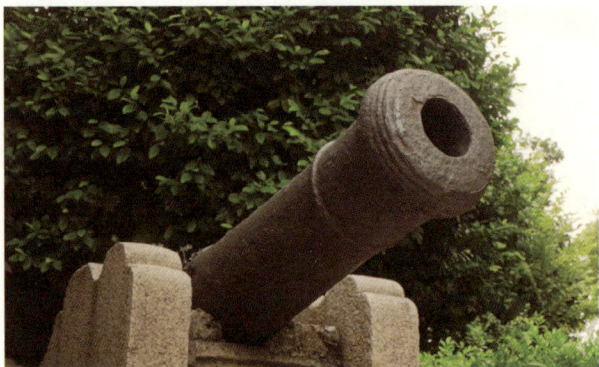
■ 祖庙万吨大炮

清道光年间，鸦片战争爆发。晚清政府面对坚船利炮毫无还手之力。

林则徐在祖庙的大殿里，召集当地的铁匠，共同商议如何才能铸造出万吨大炮。对于老街来说，这是一次前所未有的挑战，铁匠们却没有半点犹豫，就如同多年前那场佛山保卫战一样，国难当头的至暗时刻，佛山人一次次突破极限。6000斤、8000斤、1万斤，铁匠们不断加码、不断尝试，最终铸成了这门重达 6.5 吨的铁炮。

试炮那天，炮声响起，震耳欲聋，寄托着国人抗击外敌的决心和斗志。数十门万斤大炮铸造出来后，很快就装备到海防前线，极大地振奋了清军的士气。佛山也犹如烈火中不断锤炼的宝钢，变得越发坚韧、顽强。在这里先后诞生了中国第一家新式缫丝厂、第一家火柴厂，无数民族资本在这片土地上崛起。佛山，也成为中国近代民族工业的发源地之一。

■ 铸铁现场

佛山人对于自我的突破与追求是刻在骨血里的，即使经过千年的流转，这种精神也丝毫不会褪色。

出生在铁匠世家的庞耀勇，从小听着先人的故事长大，他继承和发展了佛山人铸铁的技术和精神。2016年，庞耀勇开始尝试恢复失传已久的"红模铸造法"。通过红模铸造生产出的铁锅，精细度极高，锅底厚度仅有1.5毫米，却十分坚固耐用，被19世纪的英国同行誉为"工业奇迹"，但是这种技术在工业化浪潮下却渐渐失传了。为了重新让这门技术焕发生机，铁匠后人庞耀勇开始了千百次的淬炼，烧过数不清的铁水，终于铸成了厚度仅有2毫米的铁锅。不断突破、超越自我，永远是佛山匠人不懈的追求，庞耀勇相信，终有一天，古老的技艺能够在他手上焕发出璀璨的光芒。

四　武者勇：突破极限通大道

佛山人常说："喝了头啖汤，敢尝天下先。"佛山人讲究用当季最好的食材去煲汤，他们认为这样做能够保持好的"精气神"。日子久了，人们便把这道美食，隐喻为敢闯敢干、敢于争先的性格特质。

在新时代快速发展后，依靠着临近广州口岸的优势，佛山新区很快成为中国制造业的基地，而位于佛山市中心的祖庙街区，却由于交通、基建等方面的制约，发展受到阻碍。为了给佛山注入新的活力，老街人提出了一个大胆的想法，要修建一条连接老城和新城的过江隧道，实现汽车、地铁的全面畅通。

从小在祖庙街区长大的胡勇前，是过江隧道的总指挥，他的性格和名字一样，勇往直前。当时，工程中最重要的一步，是在河道中央沉放4块隧道管体，每块管体重达4万多吨，相当于一艘大型轮船的体积。这种难度的工程，在整个亚洲地区都没人尝试过，难度之大由此可见一斑。

胡勇前说："整个难度其实体现在河道下，水面我们看起来非常平静，但其实下面的暗流很多，管段是在水下十几米的深度，我们在岸上是看不见的。差不多是40米的宽度、9米的高度，这么大的面积来无缝对接，要求轴线偏差达到3.5厘米以下，这操作起来就非常难了。"

但是，困难从来打不倒佛山人。迎着这样的难题，胡勇前和他的团队没有退缩一步，他们把每一个难题看作是一次技术创新和突破的机遇，积极进行各种发明创造，将各项首创技术一次次运用到这项超级工程中。他们终于在2007年1月打通了这条位于水下20多米深处，能够容纳公路双向六车道，地铁双向两车道的过江隧道。顺利通车的大道，带着佛山老城走向了新的开始。

■ 东平隧道

车道给佛山带入了鲜活的发展机遇，带出了佛山这块土地精纯的武者魂。虽然这些年来，很多人搬离了老街，但是，老街的每一处风景，依然是他们心中最柔软的乡愁。

住在佛山的人们几乎人手都会有一张与祖庙的合影，岁月虽然会带走青春，可只要祖庙在，佛山人的根就一直在。他们的信仰和灵魂深深扎根在这片土地上，迎着风雨，不断茁壮成长。

编　　导：宋鲁生　范虹润
撰稿人：秦宇琛
指导撰稿：赵瑞锁

听着身旁潺潺的水声，品上一碗醇香的洞天贡茶，再摆上一段龙门阵，三五相聚，两人同行，日子一下就生动起来，这就是四川人口中的巴适、安逸。这一切都得益于一座古老的水利工程——都江堰。正是这座都江堰，造就了水旱从人、富饶美丽的天府之国。在临近都江堰水利工程的地方有一条老街，每当正午过后，老街里的声音就丰富起来，无论是街巷深处老茶馆里喝茶的老翁，还是临江席棚下打着麻将的嬢嬢，都为这西街的热闹重重地添上了一笔。

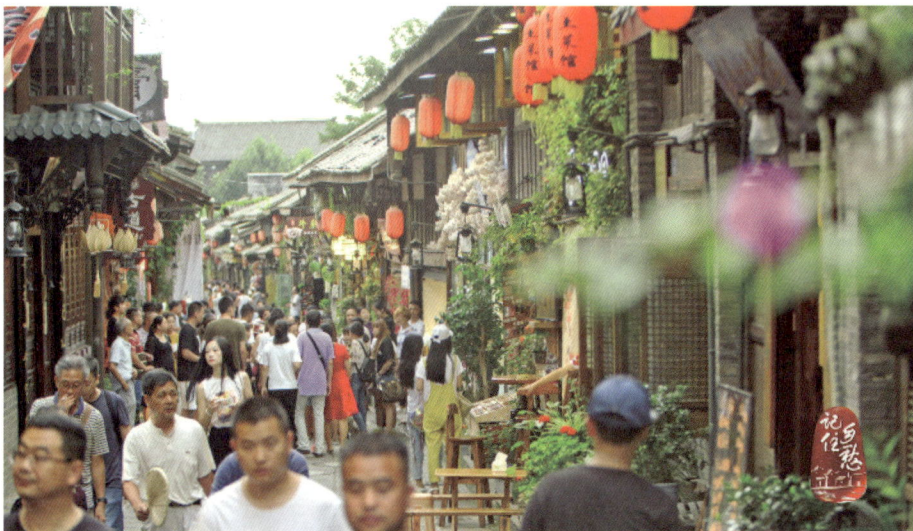

■ 西街街景

西街历史文化街区，已经在江风水声中走过了数千年。南起岷江北岸，东至都江堰古城宣威门脚下，包括南街幸福巷在内的 18.79 万平方米面积。老街上平下陡，宽不足丈，一座座青瓦木板房随着山形水势铺展开来，青瓦连成一条蜿蜒曲折的长线，像极了一条卧在绿水碧潭间的青蛇。临街的商铺里，人声鼎沸热闹非凡，细窄的巷弄深处，还原着老街人最质朴的生活。

西街的川西气氛十分浓。曲曲折折的小道，古色古香的房屋，街边赤红色的灯笼，还有坐在街沿上的老街坊，他们两两相对摆龙门阵，做什么事情都用不着起身，满街的人都熟如自家人。数千年来，不仅古老的西街一直维持着如水般温润和谐的样貌，古老西街里的人也一直践行着人与人、人与自然的和谐相处。

（一） 西街初始——李冰因时制宜治水患

相传西街最早的居民，是当年修建都江堰的堰工，一直到今天，前人修堰的故事，仍是老街人最津津乐道的话题。

2000 多年前，岷江肆虐成性，从高原奔流而下的江水，进入成都平原，因地势高低悬殊，水流冲击力巨大，常常造成水患。岷江是长江上游一条较大的支流，发源于四川北部的高山地区。每当春夏山洪暴发的时候，江水奔腾而下，从灌县（今都江堰市）进入成都平原。因河道十分狭窄，古时候常常引发洪灾，洪水一退，又是沙石千里，给周围无数黎民百姓的生活造成巨大的影响。

公元前 276 年，李冰任蜀郡郡守，看到百姓因灾害受尽苦难，便决定在这里建造一座引水工程。如何不与自然对抗，用一种疏导的方式治理水患，让李冰费尽了心思。有一天，他来到玉垒山下，发现江心卧着一座形如大鱼的沙洲，忽然从中受到了启发。

当岷江进入平原的最后一个弯道时，水面变宽，如果在这里顺应沙洲的形状建造一座分水堤，就可以把湍急的江水一分为二。方案一定，便着手建造。未曾想到，建造一座坚固的堤坝十分困难，起初李冰采用江心抛石的办法，但因水流过于湍急，石头刚抛下江区，石料立刻就被水流冲得消失不见了。一次偶然的机会，他从一个羌族小姑娘的竹笼里想到了办法。

一日，李冰照常来到江边勘查，看到一羌族小姑娘在江边洗衣，一会没注意背篓，背篓就被江水冲走了，小姑娘十分机智，她在河边上捡起了一块石头，用力一扔，石头掉进了背篓里，背篓下沉，于是背篓就停了下来。

回去之后，李冰立刻召集众多篾匠，就地取材编织竹笼并装满卵石，再一个一个沉入江底，修建成了一个称为"鱼嘴"的分水大坝。"鱼嘴"像一条巨鲸卧在江心，当江水流到此处时，自然被分成了内外两江，外江主要用于排洪，内江则流入平原，用于灌溉。历经了18年，由鱼嘴、宝瓶口、飞沙堰组成的引水工程全部建成，这项庞大的水利工程没有修建一道水坝，没有破坏一处自然风光，利用山势、水势完美实现了自动分流、自动排沙。

都江堰修好之后，即使连下几日雨水引起山洪暴发，在进入成都平原这个最后关口，经过都江堰，汹涌的洪水也一下子就失去了它的威风，就像是狂暴的野马经过驯服后，突然变得温和起来。饱受水患困扰的岷江两岸，成为"天府之国"。从各处招募的堰工就地安居、繁衍生息，位于江堰西侧的老街逐渐发展起来。为了纪念李冰父子，人们在老

■ 分水大坝

街身后的山坡上，修建起了"二王庙"世代供奉。先人们与万物和谐共生的古老智慧，也由此融入这一方水土传续至今。山水祥和、民饶富裕的都江堰吸引了越来越多的居民，西街成了众多民族的聚居区，为了感念修筑都江堰时各民族兄弟的鼎力支持，李冰又率众修建了老街通往羌地区的山路，形成了"松茂古道"。

二　西街兴旺——商贾以诚相交、待人宽和

李冰顺应自然，与万物和谐共生的智慧也影响到了老街的居民们，居民们用自身行动践行着人与人之间宽容、真诚的相处智慧。

西街的商贾交易繁忙，驼队往来络绎不绝。西街是茶马互市的重要集散地，直至民国年间依旧兴盛不衰。当时，天还未亮，就会被街上的叫卖声、讨价还价声、骡马嘶叫声吵醒，这成为老街上最有节奏的音符。

■马明亮老人

其中有一家有百年历史的骡马店"大兴老店"。这是来往客商最集中的地方。直到今天，大兴店的传人，98岁的马明亮老人还生活在老宅里。

据马明亮老人回忆，当年来往的商贾有甘肃的、陕西的、青海的，有羌族、藏族。当时店里的马槽拴满了200多匹马，这些商人白天进进出出交易货物，晚上就凑在一起喝酒聊天计算盈亏，盘算有误。

20世纪30年代，社会动荡不安，为了保证客人财物的安全，大兴店在门口贴出告示："我店开设百余年，来往客商盛浩繁，货物银钱先交柜，以免日后生多言。"即使是这样小心提醒，还是出了事情。一个藏族商人在此居住时，丢失了一种名贵的药材——麝香。

"我就把它放在房间里，我的货物落在你们这，你要给我赔偿。"商人说，"这么贵重的东西，为什么你们不交柜呢?"

麝香是一种非常名贵的中药，价格堪比黄金，为了这笔买卖，藏族小伙几乎投入了全部的家当。有人说，既然店里有明文规定，出了事情就是他自己的责任，不用理会。但老掌柜马大兴却没有这么做。他四处花银两找人，帮藏族小伙找货物。经过多方打探，这批被山贼盗走的麝香被找了回来。一场风波不但没有激化矛盾，反而使得大兴店声名远扬。各地客商、马帮都愿意来此投宿，为古老的西街成就了一段佳话。

茅盾文学奖获得者、著名作家阿来的祖父，就曾在西街经营过买卖，在他心里对这条西街有着不同寻常的感情。

"爷爷知道这边草原的人很穷，如果要把盐巴送给人，好像带有一点施舍的味道，他就取一块盐来支锅，就是捡3个石头支起来一口锅，然后就烧，烧了就走了，反正谁捡着就是谁的，他一路就是这么干的，就说故意让人家捡到，假装忘记，这其实是一种善意的表达。"阿来说。

凡事要讲究分寸，哪怕是做一件好事，也不能高高在上。祖父的做法深深地影响着阿来，让他懂得了什么是真正的和善。后来他在创作中，也把这段故事写进书里，并常常以此鞭策自己。对人、对社会、对世界应该抱有善意，所以即使阿来需要写一些黑暗的东西，他从内心里还是希望它们消失，会尽量多一些美好的温暖的作品。不论是做艺术，还是和前辈一样做生意，首先还是道要正、心要善。

（三）　老旧西街换新颜——温暖慈祥包万象

一座造福万代的古堰，一条连接了高原的古道，造就了一条繁盛了几百年的老街。一堰、一道、一街，就像是三位执手的老人，双手颤颤巍巍，脸上挂满慈祥，相互依靠、相互扶持，从历史的深处一路走来，也把和谐包容的文化，留给了生活在这片土地上的人们。

20世纪50年代，随着成阿公路的建成通车，松庄古道结束了它的历史使命，西街也褪去了往日的喧嚣，成为一座平静、安详的生活街区。

日子虽然平淡如水，但邻里之间的感情却愈加亲近。

每到傍晚时分，人们就围坐在一起，一串串新鲜的食材放入沸腾的水中，配上花生碎干辣椒组成的粘连，酣畅淋漓间生活的喜怒哀乐烦闷苦恼也就通通消解了。但蒋锡俊的烦恼却没有因此缓和。他是一家旧书店的老板，书店就位于西街的边上。平日里他就在这个不到20平米的旧书店里和书友们喝茶、聊天。近年来，互联网对传统图书造成了巨大的冲击，来看书买书的人越来越少，小店的收入受到了很大的影响。他的家人都劝他干脆把书店关了做点其他生意。一位顾客曾经这么说过："你这一搬走，我们就纯粹没有地方看书了，还是在你这儿看书比

■ 西街的书店

较巴适。"这句话就成为蒋锡俊把书店开下去的动力。

1994年，他在老街上开了这家书店，为的就是让街坊邻居能有个地方消遣，但现在也只剩他一个人在这堆杂乱的旧书中静静翻阅着这些旧时光。对于老街人来说，一个城市的厚重，不仅仅体现在楼建得有多高，路修得有多宽，很多时候，一条僻静的小巷，一间简陋静谧的书店，邻里之间彼此的默默守候，就是平和日子里最大的温暖。

享受最好的，承受最差的，是老街人的生存智慧。2008年，距离都江堰70多公里的汶川，发生了8级特大地震。在这次灾难中，西街的老屋受到了不同程度的损毁。地震过后，老街人没有过于沉浸在悲痛之中，他们顺势而为把灾难化作了一次转机，利用房屋整修的时机，重新规划，把西街的一些老建筑都保护了起来。

如今，西街繁华更胜往昔，街口的明城墙雄伟庄严，衬托出历史的厚重，鹅卵石铺就的道路，延续着都江堰古朴的风貌，老街上叫卖的小吃摊，还是童年的味道。

四 西街注活力——新旧居民一家亲

光阴如水，隔着山河岁月；前尘往事，湮没在风雨之中。老街的老，在于那份与世无争的沉着与平和，也在于那种善意温暖的守望和相助。西街文化吸引来了无数的游客，西街114号，就有这样几个年轻人。

4年前，4个来自四川不同地方的年轻人来西街旅游，被老街居民们之间友好亲切的氛围所感染，便决心要留在这个地方。于是都分别回家收拾了行李，再一次回到了西街。4个人商量想要在这里开一间铺子用来维持生计。他们经过了寻找、租赁、装潢商铺，每一天都过得十分疲惫，但初来乍到的他们，却丝毫没有感受到异乡创业者的陌生与疏离感。老街的阿婆、大嫂待他们如同自己的亲人。平时如果他们忙得晚了，老街的阿婆就会像招呼自己在外玩耍的孙子孙女一样，招招手热情地让他们回家吃饭，就像吃百家饭一样。现在不忙的时候，他们也会帮老街的居民们搬搬东西，代收快递，报答这些阿婆们。

如今越来越多的年轻人落户老街，成为新的西街人。无论是老居民还是新住户，大家都愿意住在一起把对老街的感情，化作撩动心弦的曲调。

不变的老街，流水的过客，但在西街却留下了特别的仪式。每年夏天，西街上的人们，都会自发地摆50桌坝坝宴，就连已经搬走的老居民，也会在这一天回到老街，纪念那段共同生活的岁月，有曾经在街巷深处老茶馆的老翁，在席棚下搓麻将的嬢嬢，还有在老街创业的4位年轻人……

漫步在都江堰西街，就像是一次时空的旅行。在空间上，它把川西高原的粗犷雄浑和成都平原的精致融合在了一起。而在时间上，它又把现代城市的时尚和千年蜀地的人文自然地糅合。世间万事以和为贵，这条如水般有故事的老街，就如同奔流不息的岷江水，生生不息。

编　　导：王晓宇　赵东青
撰稿人：卫凌熙
指导撰稿：赵瑞锁

開卷有益
啟智明理

開封書店街

开封以"古"闻名，以"文"而兴。自然而然，开封人对书有着非常特殊的感情。北宋画家张择端的《清明上河图》中就有一处叫作"集贤堂"的书坊，而孟元老的《东京梦华录》，更是用大量的笔墨描写了当时开封人与书有关的生活场景。这一画一书，见证着这座古城绵延千年的文脉。开封书店街是中国唯一一条以"书店"命名的街道。

开封书店街的历史，可追溯到北宋时期。当时这里名为"高头街"，与大宋皇宫毗邻。据《东京梦华录》记载："屋宇雄壮，门面广阔"，"每

■ 书店街街景

一交易，动即千万"。当时交易的商品主要有书籍、字画、年画、古玩以及中药等。清乾隆年间，由于造纸术和印刷术的普及，这里书店云集，被正式冠名"书店街"，老街也逐渐发展到鼎盛。

鼎盛时期，书店街分布着众多经营文化的店铺，印刷厂、报社、出版社，包括著名的三联书店、中国时报就汇集于此。仅经营木版年画的店铺就有 300 家左右。

书店街位于开封市鼓楼区繁华地段，全长 620 米，总面积 0.16 平方公里。南起鼓楼广场，北至东西大街，这里是最能表现古城开封历史风貌的街道，更是阅读开封这座文化名城的序章。

一　皇帝以身作则，树读书传统

开封人爱书、读书、写书、用书的风尚，有着非常深厚的历史基础。定都开封之后，宋太祖赵匡胤以"作相须读书人"为国策，确立了"文德政治"。读书成为北宋社会最为重要的事情。

宋太宗赵光义登基后的太平初年，就命令文臣编写了当时规模最为宏大的分类百科全书《太平御览》，总计 1000 卷。临近皇宫的书店街，由于拥有先进的雕版印刷技术，自然而然成为印书的首选之地。

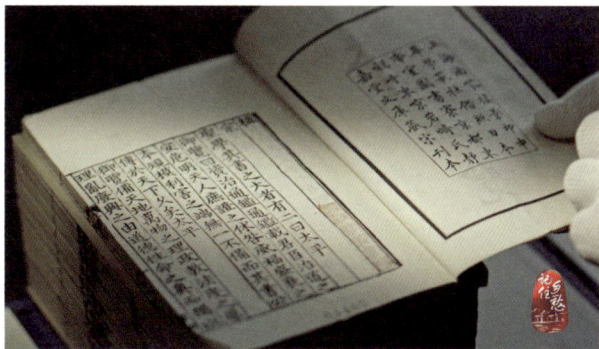

■《太平御览》

宋太宗拿到这部书后爱不释手，书中治国理政的智慧和道理深深吸引着他。看到皇帝每天要处理那么多国家大事，还要坚持阅读这部卷帙浩繁的巨著，实在是太过辛苦，就有大臣劝谏宋太宗："圣上乃一国之君。身体健康事关国运昌盛。书要少看些，以免过度劳神。"

宋太宗反驳道，自己给自己规定的目标一定要完成，"开卷有益，朕不以为劳也。"

宋太宗不以读书为苦，"每见前代兴废，则以为鉴戒"是他读书的最大动力。在宋太宗的影响下，朝野上下读书风气日渐浓厚。"开卷有益"这个典故，从此深入人心。

宫廷文化影响着民间文化，民间文化同样也作用于宫廷文化。开封古城正是依靠这样的"上行下效"一点一点积淀而成。自宋太祖推行偃武修文政策，后来的继承者无不谨守"祖宗法度"，北宋的社会风气从五代时的重武轻文变成重文轻武，文人地位迅速提升。由于当时的科举考试向各阶层全面开放，民间又有印刷术的发明，作为当时中国的政治文化中心，开封的书店街一带印制了大量对后世产生重大影响的书籍，其中就包括《太平广记》、《文苑英华》以及《资治通鉴》、《宣和书谱》等诸多名著。图书的传播让知识获取更加容易，在随后的 100 多年间，中原大地涌现出一大批杰出的文学家和政治家，极大推动了当时文学艺术的发展。

二　文人因书结良缘，将领读诗染正气

北宋婉约派词人李清照也曾经生活在这条老街上。18 岁的时候，她因书结缘，与太学生赵明诚结为夫妻。二人经常前往书店街南侧不远处的大相国寺，买一些碑刻、拓片以及小零食，回家后一边欣赏碑刻书法，一边品尝东京美食。

读书，不仅为这对夫妻的生活增添了许多诗意，更成为他们一生的事业追求。针对先秦以来的谬误，李清照与赵明诚编撰了《金石录》一书，记录了从上古三代至隋唐五代以来，钟鼎彝器的铭文款识和碑铭墓志等石刻文字，成为中国最早的金石目录和研究专著。

北宋末年，金兵占领开封，夫妻二人流亡江南，赵明诚因病亡故，李清照南迁临安。忆及当年与书店街有关的美好生活，而"今手泽如新，而墓木已拱"，一时间，百感交集。

悠悠千载岁月，这条老街迎来送往了数不清的才子佳人。宋代婉约

派词人李清照，在这里收获了美好爱情，成就了千年的佳话，而一代名将史可法，更是在这里留下了无数动人的传说，至今依然为老街人所称颂。

读书可以让人见贤思齐，更能让人知耻而后勇。"我死，当葬梅花岭上"。这篇收录在中学语文课本中的《梅花岭记》，是清代文学家、史学家全祖望所写的一篇散文，文章追叙了名将史可法在扬州抗清牺牲的经过。

1601 年，史可法出生在开封的双龙巷，从家到贡院上学的路上，要经过书店街的北口。偶然一天，史可法在书店里发现文天祥写的《正气歌》。看后便爱不释手。

"天地有正气，杂然赋流形。"书中的英雄情怀感染着少年史可法，可是苦于囊中羞涩，竟没有交钱就把书带回了家。母亲知道后，马上带着孩子回到书店，用自己的体己钱付了书款，并教育史可法，要做一个诚实、忠厚的人，要像文天祥一样有气节，将来为国家多做一些事。

想要成为一名顶天立地的英雄，必须从做一个正直的人开始。在书店街的文化浸染下，在母亲的谆谆教导下，史可法修齐治平，严于律己，得以官居明王朝兵部尚书。

1645 年，清军大举围攻扬州，清军将领多尔衮给守城的史可法写书劝降。史可法给家乡的母亲留下一封遗书后，断然拒绝多尔衮："我为天

■ 史可法故居

朝重臣，岂肯苟且偷生，作万世罪人哉！"面对敌军的屠刀，史可法从容就义，以身殉国。那一刻，《正气歌》中所彰显的浩然正气在他的身上闪现着璀璨的光芒。

历史向前，文脉绵延。老街中的书香气息，始终萦绕在一代代开封人心中，开启着他们的心智，丰富着他们的生活。

三　冯翰飞为护典藏，"与狼共舞"

一座开封城孕育了书店街的书香，一条书店街浓缩着开封人的文化记忆。即使在战火纷飞的动荡年代，这一缕文脉也从未中断。

冯翰飞是河南早期新闻工作者，民国时期曾兼任 30 多年的上海《时报》记者，曾被《河南省志·人物志》称为全国三大报刊收藏家之一，也有人称他是中国近代最著名的报刊、字画收藏家。明末清初，祖上迁居北京经商。清同治十二年（1873 年），北京商会聘其父冯麟炳在河南省会开封开设宝兴隆金店，后充任河南总商会会长，冯翰飞即于此后出生在开封。冯翰飞对集报有着浓厚的兴趣和执着的信念，而且对藏报品相要求极其严格，保管收藏也极认真。冯家藏报一律一张 3 折、半年一叠，装箱摆放。他收藏报刊主要是自己订购，如果遇到缺角、孔洞等残次报纸，都要求调换，以便于保存。

1937 年抗日战争全面爆发，战火硝烟四处弥漫，书店街也未能幸免。1938 年 6 月，一队耀武扬威的日军冲进了位于书店街中段的冯翰飞家中。那时，冯翰飞在开封文化界已经享有很高的威望，日军通过秘密探察，得知他家珍藏着大量中国古代图书字画。日军兴师动众前来，就是要威逼冯翰飞为日本人做事，并妄图染指那些珍贵的文化典籍。

城池虽毁，但气节绝不可丢。冯翰飞自幼喜爱读书，书中那些古圣先贤为人处世的道理早就深深印在了他的脑海中。国难当头，他懂得不能为一己之私而屈膝求荣。为了妥善保管那些书籍字画，冯翰飞以打水井为名，避开日军耳目，请人在后院悄悄挖了一个防空洞，把它们藏了起来。冯翰飞家是四进大院，后来日军霸占冯家旧居，在四进大院的前两段宅院设"花酒馆",大门开向书店街。冯家人搬入后两进宅院居住,从三眼井街另一门进出。冯翰飞自此开始了"与狼共舞"的生活。

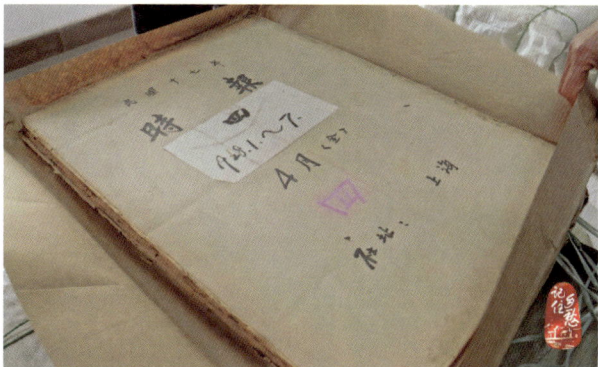

■ 冯翰飞捐赠的报纸资料

为了防止意外发生,抗战期间,冯翰飞始终待在家中,不参加任何社会活动。1965 年,冯翰飞身患重病,弥留之际,他把自己历经劫难收藏的图书、报纸捐献给河南省图书馆和河南省档案馆,成为研究河南历史的珍贵资料。

（四） 书店文气绕世杰,自学外语传国韵

现在的老街,虽然不像鼎盛时期那样书店遍布,但是仍然开有 20 多家大小书店、30 多家各类文化体育用品商店,年销售图书达 3000 多万册。漫步在老街,古朴建筑与漫卷书香相互映衬,各具特色的匾额楹联韵味悠长。

这种朴素的爱与行动,就是书店街世世代代翰墨飘香的力量与基因。

由于书店街的存在,开封有了中庸致和的文化气象。当地人早已习惯择一处书店,选一本好书,坐下来细细品读。这一本本带有墨香的书籍就像一把把神奇的钥匙,为他们打开了一扇扇通往美好生活的大门。

许世杰是一名土生土长的开封人。随着开封市旅游的发展,他当起了三轮车夫,每天带着游客往返于各处历史文化景点。

2003 年 5 月的一天,许世杰看到一位瑞典游客下火车后,连说带比画也没能让出租车司机明白他的意图,看起来万分焦急。当时,会说英语的许世杰鼓足勇气,走到这位外国游客跟前,一番交流之后,许世杰用三轮车把他送到宾馆,并热情地推荐了几条旅游路线。

一位普通的三轮车夫会说一口流利的英文，这还缘于他的生活环境。许世杰常年往返于书店街，只要有空，他都会进去转一转。《英语语法手册》《英汉大词典》《英语用法词典》等10多本词典，都是许世杰在书店街里买来的。

老街浓郁的读书氛围深深地影响着许世杰，尽管生活劳碌奔波，但依然没能妨碍他向往书本、渴求知识的热情。学习英语，让许世杰多了许多和外国游客打交道的机会，由此结交

■ 许世杰与国外友人交流

了很多朋友。后来，他的名字被写进了美国出版的一部关于中国旅游指南的书中，成为闻名世界的"开封红人"。

现在，预约许世杰的外国游客络绎不绝。他会将每次与外国游客接触、交流的难忘经历与愉悦心情记在他的英文日记中。他期望有一天能把这些故事出版成书，向世界介绍自己的家乡，介绍中国古老而厚重的文化。

河南大学教授王立群曾说："改变一个人的命运靠什么，靠读书。有了读书，那么你就有了文化，你就能做一些事情，你比其他人眼界更开阔。你可能就会走得更远，你可能会走得更稳。"书店街这一条重要的古街区，是开封文脉的象征，也是开封文脉的一种表现。对整个开封近代以来的城市发展起了很大的作用。

五　书香浸人心，书魂育乡人

生活在古城开封的人们，对书店街有种发自内心的亲近之感。离家远行的人们也对书店街魂牵梦萦，不曾忘怀。

这一天，电影导演翟俊杰回到了家乡。在他的青春记忆中，正是这条千年老街为他打开了一扇追求艺术的大门。

小时候在家人影响下形成的读书习惯，已经成为翟俊杰

■ 翟俊杰（中）与开封老乡相见

最大的爱好。翟俊杰从小就被家人带着去书店街看书，养成了一种读书习惯，一直到现在，他除读书之外，很少有别的爱好。翟俊杰搬了多次家，甚至一本小册子都不舍得丢，搬了 18 组书柜，还装不下。在中学二年级的时候，有一次他缠着他的三姑母到书店街来，只因为他看上了一本普多夫金的《论电影的编剧 导演和演员》，当时的定价是 8 毛多，只能求姑姑帮他付了书钱。

书中的文字，一直指引翟俊杰向着梦想奔跑，也赋予了他的作品铁骨铮铮的性格。在他的艺术生涯中，执导了《血战台儿庄》《共和国不会忘记》《大决战》等一系列影响深远的经典影片，初心都源自于他从前看过的书中所描绘的那些荡气回肠的故事。翟俊杰不仅自己读书写书，还鼓励母亲多看多写，他用了半年的时间帮她的母亲整理出了《翟母日记》，他认为这是给祖孙后代的一种念想，也是一种精神财富。

书店街作为八朝古都开封的一线文脉，一直熏陶着开封人的儒雅内心。不仅仅是开封的名人，在开封随便进入一户人家，就能感受到浓浓的文化气息。在书店街上，爱书的人从来不会孤独，为了分享读书的喜悦，岳善因也时常走出家门，与年轻的朋友来一场敞开心扉的"悦读"。

岳善因是开封一家工厂的退休工人，自幼喜欢读书。9 岁的时候，因为老师讲课时提到了"戊戌变法"，更被"少年强则国强"的文字所打动，有心的他收集了人生第一套藏书——梁启超先生的《饮冰室合集》。

这套书籍是一次偶然的机会获得的。有一次在放学回家的路上，他看见一个收废品的老先生，刚好被他看到老先生手里的书，因为上课刚讲

有心的他收集了人生第一套藏书

■ 岳善因老先生的藏书

到康有为、梁启超，燃起了他的求知欲。老先生见他求知若渴，开出了10元的价钱，但是岳善因只有6块钱，最后通过几轮的讲价，岳善因终于如愿以偿得到了这本《饮冰室合集》。

要知道，20世纪50年代，6块钱几乎是一个工人小半个月的工资，但岳善因的父亲却支持他买下来。正是这次与书结缘，开启了他毕生读书藏书的历程。现在他家里的书装满了39个柜子，其中还有很多是珍藏的线装本。

鼓楼巍峨，街市熙攘。现在的书店街已经发展成为一个多元业态共存的文化综合体。在这里，生意与生活从来并行不悖，世俗与精神始终相伴共生。它不仅浓缩着开封人的历史记忆，更凝聚着开封人的文化底气。开卷有益，文脉相传。

编　　导：董伦峰
撰　稿　人：卫凌熙
指导撰稿：赵瑞锁

广州西关历史文化街区

千年商都
务实奋进

广州作为享誉世界的"千年商都",沉淀了厚重的历史文化精髓,而西关文化则是广府文化的重要组成部分。西关是现广州市老城区荔湾区的俗称,明末清初著名文学家屈大均在《广东新语》的名园篇中对其有这样一段描述:"其在城西者,……又五里有荔枝湾,为南汉昌华故苑。……其在半塘者,有花坞,有华林园,皆为南汉故迹,逾龙津桥以

■ 广州西关历史文化街

西，烟水二十余里，人家多种菱、荷、茨菰、蕹芹之属，其地总名西园矣。"西关地处广州市城区的西面，这片总面积约 6.6 平方公里的老街区，东起人民路，北到中山八路，南面与西面濒临珠江。过去，人们把城门附近叫作"城关"，"西关"因地处老广州城西门之外而得名。

想要了解真正的广州，西关是最好的起点。走过那些盘根错节的大榕树，来到骑楼拐角的茶楼、冰室，耳畔响起若有若无的粤语广播，南来北往的茶客川流不息，品茶的、购茶的、选茶具的，到店里一坐，赏茶品茗，三指滚杯，高冲低行，在闲适的品茶中感受生活的滋味。西关人的生活，不只有眼前的悠然恬静，更有千年来务实奋进的传统，悄无声息地渗透进了老街的点点滴滴。

一 骑楼老街 内敛实用

"施恩载艺、宁静致远"，市井平民生活化的恩宁路是西关最负盛名的骑楼老街。恩宁路虽比不上上下九、十甫路车马喧闹，但人们对它的文化认知度是广州其他任何繁盛的路段都难以望其项背的。这里的老街旧屋记录了这座城市的历史变迁，也承载了一代代广州人最温暖的儿时记忆。据西关的饶原生先生介绍，这里有一种别具特色的门叫"三件头"，不仅安全，还有很好的通风和采光效果。但对于从小生活在这里的饶先生而言，它不仅仅是一扇门，更是童年在这里爬上爬下的满满欢乐。提起童年趣事，饶先生嘴角不禁露出幸福的微笑，满满的回忆顿时浮现眼底。

骑楼连接起一条条巷弄，一家家的店铺塞满了整个巷子。这里做的都是熟客生意，井然有序

我们会爬高爬低

■ "三件头"

中夹杂着些许忙碌，勾勒出了西关人最真实的生活图景。永庆坊里，传统手工艺展示馆、粤剧艺术博物馆、李小龙祖居，和一家家文创商店一起，串联起城市的昨天与今天，让都市人放下匆忙的脚步，感受生活的温度。当地流传着一句话"走在骑楼里，刮风下雨不用愁"，这不仅道出了广州人心中家乡的模样，更流露出了人们心底的信任和安心。这些岭南风格的建筑，不张扬、重实用，就像世代居住于此的西关人，低调务实，不图虚名。

（二） 商业理念 求真务实

西关的商铺一年四季客来客往，热闹非凡，几百年来西关人求真务实的商业理念，才带来今日的生意昌盛。历史上的岭南一带山多地少，耕地的稀缺让人们把目光投向了海洋。始于秦汉，盛于唐宋的"海上丝绸之路"为广州拉开了商业发展的序幕。西关靠近珠江主航道，自古商贸发达，是旧广州的商贸中心和中国对外通商的重要口岸。据史料记载，经广州进入中国的有暹罗与西洋诸国，数量不下 24 个，且都以入贡为名，附载货物，以求贸易。随着来粤的贡使和蕃商的不断增多，为加强管理，明永乐四年（1406 年）就在西关十八甫建有接待外国客商的驿站"怀远驿"。漂洋过海的贡品，只有少数会被运往京城，剩下的大部分在当地销售。各地商人不远千里前来淘宝，普通百姓也能凑个热闹。卖完货物的洋商就地选购中国的茶叶、丝绸和瓷器。那时的西关街头，人们叫卖着各种商品，既有本地特产，也有西洋奇货。和洋商的交易不讲虚情假意，只论货物好坏；不说亲疏远近，只要银货两清。长期的贸易往来中，西关人养成了务实的商业理念。

"西关五宝"（牙雕、玉雕、木雕、广彩、广绣）又称"三雕一彩一绣"，是具有广州西关鲜明特色的五种民间工艺，是荔湾重要的文化名片之一。其中牙雕、玉雕、广绣已被列入国家级非物质文化遗产名录，木雕、广彩也进入了省级非物质文化遗产名录。这五宝代表了广州匠人的最高技艺水准，所谓"苏州样，广州匠"，匠人们巧夺天工的手艺创造的不仅仅是一个个精美的手工艺品，更是西方人认识中国文化最初的标签。每一个玲珑的作品，都饱含了广州匠人们踏实肯干、勤恳务实的品格。而这"务实"的品格，还得追溯到清代。

■ 广彩瓷器

相传清代江西景德镇人杨快和曹琨来到广州候补官位，由于没有实缺，难以安置，坐吃山空的等待中，两人的生活陷入困境。旧时的中国，士农工商等级分明。是只顾名声继续挨饿，还是放下架子做点生意，成为摆在杨、曹两人面前的难题。一等就是一年、两年，一直都做不了官，拿过来的钱差不多用完了，再等不知道要等到何年何月。虚名终究敌不过饿肚子的真实，没钱生活的杨快和曹琨不得不重操家族旧业，在西关办起了一家制瓷作坊。没想到，他们生产出的瓷器大受欢迎，两人的生活有了很大的起色。他们干脆抛弃官职，一心从商，并把技艺传授给本地工匠。脚踏实地，不尚虚名的人生态度也就从那时起影响了一代代广州匠人。谭广辉就是其中的一位。作为广彩瓷烧制技艺传承人，30多年的从业经历，让他对这个行业了如指掌。经过1个月的精打细磨，一件光彩夺目的广彩瓷器才能制作而成。一圈金边夺人眼目，每一个作品都在诉说着自己的故事。除了秉承先贤务实肯干的精神，后辈匠人们面对市场，开拓思路，"岁无定样，来图加工"，根据客人的要求进行创作。不仅赢得了国人的喜爱，更是远渡重洋，销往异国。十三行博物馆收藏了一件西方商人来到广州进行贸易时定制的纪念品，大碗的中心标着"1757"的航海年号标识，碗周描绘的则是西方商人在前往广州贸易前，与妻子依依惜别的场景。这样的作品不仅仅凝聚了匠人精湛的技艺，更是沉淀了一方水土独特的人文气质。

（三） 为商之本　信誉为先

1757 年，对广州来说极为重要。这一年，清廷颁布法令，规定西洋商人只能在广州进行贸易，史称"一口通商"，广州由此成为中国的对外贸易中心。为了方便管理，官府指定一批商人在西关开设牙行，也就是贸易中介，逐渐形成了名噪一时的"十三行"。从那时起，广东商帮迅速崛起，他们行走于全国各地采办货品。每到一处，出手不凡的商人们都会建起广东会馆，同时也把重品质、明算账的务实生意经带到了全国各地。

潘振承是"十三行"行商之一，因为精通外文，洋商很喜欢和他打交道。有一次，他突然接到一家英国公司的退货单，要求退回 1400 多箱茶叶。当时，这些茶叶的包装已经损毁，根本无法证明是潘家发出的货，但他还是立马赔付了 1 万两白银，为的就是维护自己商号的信誉，换得更加长远的利益。这才是经商之道、为商之本。后来为了减少纠纷，商人们在交易前都会请专人进行鉴定，在文书契约上明确标注。重契约、守承诺的做法，从那时起成为广东商人重要的生意规则。当年，广州"十三行"的货物，在欧洲是品质的象征，即使售价颇高，人们也会争相购买。西关一带也随之繁盛起来，鼎盛时期，50 多个国家陆续在这里开设商馆，行商们缴纳的关税，占到清政府税收的 40%。春去秋来间，大大小小的驳船摇来一片财通四海、富冠天下的繁华。踏实肯干的工匠精神，开放包容的贸易思路，求真务实、追求品质的制作宗旨，正是广州商贸千年不衰的奥秘之处。

千百年的从商经验，让当地人信奉货真价实，而不是故弄玄虚，在西关，"重品质，明算账"才是真正的为商之道。这里的每一家店铺几乎都会明码标价，店家既不会漫天要价，也谢绝讨价还价。小到街坊邻居买的一块陈皮，大到跨国批量贸易，算好的价钱，不会抹去零头，也不会主动凑整，该收的一毛两毛，一定要收；该找的三分五分，也一定找全。如今，虽然电子支付兴起，但规则依然没变。广州市场井然有序的商业密码，就隐藏在这些大大小小的摊档里、店铺里。

作为中国最早的对外开放之地，今天的广州依旧延续着"千年商都"的繁盛，有"卖全球、买全球"美誉的广交会已经连续举办了 124 届，2018 年全年交易额高达 599 亿美元。洋商聚集的十三行路，如今变成了中国最大的服装批发交易市场，不远处的中药、鲜花、海鲜市场依然客流如织。人们用务实开拓的精神编织着生活梦想，用脚踏实地的经营赚取自己应得的利润。

四　铁路之父　务实创新

务实并不意味着保守。在这片"务实"的土壤中也结出了不少新潮的果实，詹天佑便是其中最饱满的一颗。他是清政府选派的第一批赴美留学幼童。从耶鲁大学土木工程专业毕业后，他主持修建了中国的第一条铁路——京张铁路。与西关詹天佑纪念馆一墙之隔的詹天佑小学里，至今仍保存着一段京张铁路"人"字形的铁轨模型。因地制宜的"人"字形设计，不仅解决了施工中的难题，也让务实奋进的精神成为中国近代工业发展的底气。

这条铁路见证了中国的百年风雨和梦

京张铁路人字形的铁轨模型

■ 京张铁路"人"字形铁轨模型

想，不仅是詹天佑吸纳新潮思想的充分实践，也是中外技术的一场较量。他在致友人的书信中，一次又一次地表达着强烈的民族意识。他写道："这条铁路约有 125 英里长，有三座山洞，最长的有四分之三英里长，这是第一次纯粹由中国工程师修筑的铁路，我希望我们能取得成功。"字里行间，流露着他对这个工程的用心，演绎着他的爱国情怀和踏实肯干的西关品质。透过文字，我们似乎还可以看到他无数个日日夜夜伏案工作、专心设计的场景。翻阅詹天佑的日记、书信可以发现，他通过同学、朋友向国外购买技术书籍、采购仪器设备的内容非常多。他自己也着手制定铁路建设的各种规章制度、规则标准。"各出所学，各尽所用，使国家富强起来，不受外侮，自立在地球之上。"这是詹天佑的名言，是詹氏家族的家训，也是务实求真的西关人自始至终流淌在血液里的珍贵品质。

在 100 多年后的今天，中国高速铁路总长已经位居世界第一，技术走向全球。密布的铁轨连接起了南国之城与中原大地，如同曾经远航的船只，火车让南来北往的客商把那些并不产自广州的货物集中在西关，又通过现代物流发往世界各地。2019 年京张高铁建成通车，京张铁路也迎来了自己 110 岁生日，这一里程碑式的辉煌跨越，是一代代中国工程师秉承先辈精神，不断努力创新的成果，日后必定开出更加丰硕的果实。

（五）　粤剧精粹　重放光彩

历史地理学家曾昭璇曾形容西关恩宁路，"乃岭南文化精英集中之地"。的确，这里是一块地方文化名人咸集的热土，除了"中国铁路之父"詹天佑故居、功夫影星李小龙祖居、李文田探花第书轩泰华楼外，更多的是粤剧名伶故居。如著名编剧家冯志芬、陈冠卿、何建青，舞美设计家洪三和、何碧溪，粤乐家黄不灭、崔蔚林，以及著名粤剧表演家千里驹、曾三多、红线女、罗品超等，名伶辈出，这里自然也就成了粤剧文化的摇篮。明清时起，这里就因富商大户的聚集，使得民间戏曲十分兴盛，咿呀婉转的粤剧唱腔，成为几代人怀念的乡音。

■ 咿呀婉转的粤剧表演

20世纪60年代，周恩来同志曾经说过，"昆曲是江南的兰花，粤剧是南国的红豆"，把粤剧与有"百戏之祖"之称的昆剧相提并论，可见粤剧在中国戏曲界的地位。然而粤剧在西关的发展并非一帆风顺。30多年前，随着娱乐方式的多元化，粤剧观众越来越少。就在粤剧陷入最低潮的时候，倪惠英所在的粤剧院收到了一名大学生的来信。信中说大学生之所以不看粤剧并不是因为不喜欢，绝大多数是因为不了解。就这短短的几句话，让艺术家们心中重新燃起了希望，他们希望再次将粤剧艺术发扬光大，让更多喜欢粤剧的人看到。他们心里很清楚，戏是演给观众看的，如果没有了观众，即便拥有再多的虚名，传承也终将无所依托。所以，尽管在国内外已经获得了多项大奖，但他们又重新把粤剧演给大众。从2003年开始，广州粤剧院发起了"大学生走进剧场"活动，学生们只要花费1元钱就能欣赏到一台粤剧大戏，这样的演出一演就是10年。越来越多的人有了听曲儿、看戏的地方，而且很多年轻人加入其中，这尤其令人欣慰。粤剧艺术之所以再次发光，依然离不开西关人务实的品质。他们从不一蹴而就，坚信只要付出就会有回报，粤剧的复活就是最好的例证。

西关为粤剧艺术提供了理想的空间，使粤剧艺术由此走向辉煌。这片土地承载了千百年来的民俗风情，也体现了人民大众的真善美，同时也构成了地方文化旅游景观的精华，为当地的旅游业发展注入了文化精髓。

六　食在广州　味在西关

1978年，当改革开放的号角吹响时，霍英东先生受邀在广州投资兴建了中国第一家涉外五星级宾馆——"白天鹅",30多年间,"白天鹅"作为改革开放的重要形象代表之一,记录下无数归国侨胞的思乡之情,定格下许多家庭的相聚瞬间。以"白天鹅"为缩影的广州也始终走在中国改革开放的最前沿。改革开放给广州人带来了无穷的机遇,也给西关的美食文化带来了机遇。20世纪七八十年代,很多人辞去了"铁饭碗",有的办起了企业,也有的在西关做起了餐饮生意。

广东民间素有"食在广州、味在西关、源自泮塘"的说法。汉时荔枝上贡皇帝,南汉后主在昌华苑大摆"红云宴",明代泮塘"五秀"(莲藕、马蹄、菱角、茨菇、茭笋)飘香,所谓"民以食为天","食"这件民间的头等大事,在西关更是备受关注,贯穿西关的文化之中,成为西关的一大特色。在这里,一排排的小吃店门口总是有很多排着长队满足味蕾的食客,虽不如山珍海味让人垂涎三尺,但这浓郁的广式味道亦让人回味无穷。

云吞面是广州人最喜欢的小吃之一。云吞,是粤语对"馄饨"的称谓,将云吞与面条同食,是为云吞面。传统云吞面使

■ 鸡蛋和制而成的云吞面

用的竹升面,要用鸡蛋和成,不加一滴水,再用毛竹反复碾压才能制成。吴锦云的这家小店是从父亲手里接管的,已经有几十年时间了。2018年,他的面馆登上了《广州米其林指南》,被评为推荐餐厅。在"美食之都"获得这样的荣誉,在很多人看来是难得的宣传资本,然而几个月过去了,老吴却并没有把奖牌挂出来。他看中的是品质和口碑,只有老老实实做好每一碗云吞面,才能赢得顾客的胃,更能赢得顾客的心。他所卖的云吞面,皮薄、馅滑、汤鲜,食后令人齿颊留香。虽然制作过程非常辛苦,但为了保证口感,每一道程序都是老吴亲自操作。久而久之这

家老字号声名远扬，每天被八方来客包围，有时为了吃上一碗老吴的云吞面得排几个小时的长队。在西关，像老吴这样的老字号还有很多，为了保证口感，这些店大都不会开设分号，他们舍弃利益、追求品质，守着一家老店本分经营，同时也守住了广州人的味觉记忆。

如今，在政府和企业的大力支持下，西关这片占地8000平方米的巷弄已经成为创业者的聚居地。不仅给年轻创业者带来了商机，他们开的各式各样的传统小店也留住了西关人心中童年的回忆。今天的西关人有了许多生活的选择，但在西关，总能找到一种遵循传统又顺应时代的生存方式。老街随着时代的发展日新月异，但务实奋进的品格却一直滋养着世世代代的西关人。在这座宁静与繁华共存的城市里，老街见证了它每一个前进的脚步，也沉淀下这里独有的文化。"岭南文化聚荔湾，西关风情最广州"，作为广州文化代表的西关，必须抓住机遇，以高度的文化自觉和文化自信，续写"千年商都"新的传奇。

编　　导：赵奕琳　吕　妍
撰　稿　人：王海涛　周　密　张海龙　赵奕琳
指导撰稿：赵瑞锁

巴东野三关 农亭街

通时达变
生生不息

在北纬 30°的武陵山脉，海拔 1200 多米处，深藏着湖北省恩施州的东大门——野三关。野三关镇扼川鄂咽喉，北望长江三峡，南濒清江，自古以来就是东进西出第一关，入渝达川第一哨。1000 多年过去了，野三关通时达变，生生不息，不断焕发新的光彩。铁路、高速公路的建成，改变了野三关的时空，这里已经由群山环抱的山野小镇变成了繁华的现代城镇。而静卧城镇中心、见证野三关发展变化的一条千年老街——农亭街，却在变化中始终保持着古色古香的韵味。

农亭街如同一颗璀璨的明珠镶嵌在群山深处，虽经历千年时光，但

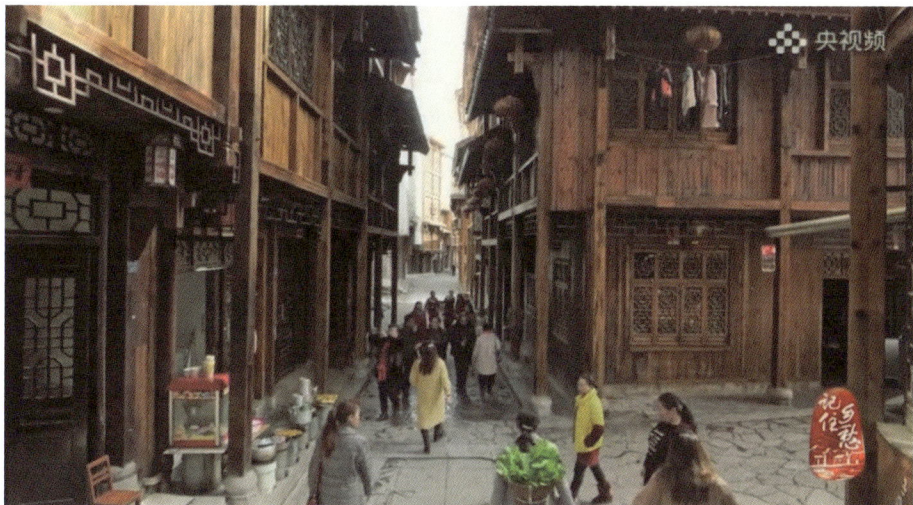

■ 古朴的农亭老街

依然保持着古朴的风貌。这里是野三关城镇的核心发源地，始建于公元981年，沿街两侧有清末及民国年间建筑130多栋，约60%保存完好。依势而建的"对合街"、鳞次栉比的吊脚楼和木板屋，无一不镌刻着时光的痕迹，记录着时代的变迁，也承载着一代代老街人那浓浓的乡愁。

一　老街农耕：弃猎从耕，巧变则通

"苍天在上，后土在下。效我神农，五谷丰登。挽草为业，定居稼穑。乐土归民，传之子孙。"这首耳熟能详的《劝农歌》是北宋名相寇准所作，传遍老街小巷。朗朗上口的歌谣，洋溢着孩童们的欢乐，也承载了几千年来农亭街的历史变迁。

效我神农 五谷丰登
■ 孩子们吟唱《劝农歌》

野三关镇是一座有着悠久历史的土家古镇，早至秦汉，巴人就在此地形成了自己稳定的活动区域，初期以牧猎为生。公元981年，20岁的寇准被派任巴东县令。当他来到野三关，看到这里的巴人还是以原始的渔猎为生，居无定所，生活十分困苦。他们常常因为一只猎物，弓箭长矛相对、大打出手，影响了当地的稳定。面对这样的野三关，寇准想起了中原的农耕文明，所以他奉劝大家弃猎从耕。由于当地人世代以渔猎为生，一时间不能完全适应农耕生产，于是寇准就结合巴人善歌的特点，把弃猎从耕的意义写成《劝农歌》，在山林中教唱。这首歌朗朗上口，很快便在当地传唱开来，道出了农耕的好处，同时也传达了人们安居乐业的美好愿望。随着歌谣的传唱，人们的观念也逐渐改变。他们在野三关附近的平坝，开荒拓垦，顺势修建农舍，从此过上了安居稳定的农耕生活，享受着劳作的乐趣和丰收的喜悦，老街初现雏形。一直处于原始文明的野三关由此发展为农耕文明，极大推动了生产力的发展。后来，人们为了铭记寇准劝农之恩，便把老街取名为"农亭街"。

一首《劝农歌》给当地人带来了丰收，更是将"变则通"的思想深深植根于他们心中。恩施自古交通不便，人们年复一年地沿着鄂西老林的山路把大烟、桐茶漆等山货挑到宜昌，再把换得的布匹、盐巴等物资背进深山，逐渐形成了一条从恩施至宜昌的人行大道——施宜古道，全长360公里，野三关就正好处于这条古道的中点上。"无农不稳，无商不活"，施宜古道中间的农亭街，起初是风餐露宿的背挑夫歇脚的站口，但随着物资的流通，这里成为当时商人们中转物资的主要驿站，南来北往的客商，让老街人开阔了眼界。他们见这里每日行人络绎不绝，充满商机，便开始置办房产，经营饭馆、客栈、商号等。老街上各式铺面云集，民国年间又将县区其他机关团体设置于此，加上天主堂、玉皇阁等宗教场所，使这里行人如织，香火不断，商贸繁荣，农商并重的发展之路也让老街人的生活变得愈加富裕，呈现一片兴旺景象。如今，穿一双传统手工编织的草鞋，踏着老街的石板路，再尝上一口香脆的三峡饼，便可感受到安居乐业的老街人满满的幸福感和满足感。

二　老街结构：土家尚火，以火攻火

作为土家族聚居的街区，这里具有少数民族特有的风俗风貌。群山环抱中的古街绵延1.5公里，总体呈现"一道、两街、三巷"的结构，俯瞰老街，一个大大的"火字"映入眼帘。土家人崇尚火，火寓意着他们对美好生活的向往和追求。这里的每一家都有"火房"，温暖的火驱散了山区的潮湿和寒冷，但同时也带来了危险的隐患。野三关老街历来火灾不断，20世纪30年代曾连发3次大火，使房屋损毁严重，所以当地人不得不采取措施。例如这3条巷道，虽说现在成为新街和老街的联系通道，两边店铺林立，但最初就是作为专门的防火通道来使用的。此外还增加了一条岔街通向镇北的一眼大水井。在岔街与主街交会处，设置

走在这条街上感觉很有特点

■ "火"字形老街结构

了一处圆形蓄水池专为消防使用。从平面上看，主街为"撇"，岔街为"捺"，当地人在老街西面布置的一座民房，与东面的一个土庙合为"两点"，使整个街道结构形成"火"字形意象，寓意"以火攻火"，更象征人民生活红红火火。

（三）　老街教育：重教兴学，求新求变

要说到老街人的幸福感，光靠农耕和经商可是不够的。百年大计，教育为本，要从根本上改变国弱民贫的状态，还得从教育入手。在群山环抱、各类资源落后的野三关，发展教育谈何容易？武昌起义重要组织者之一的邓玉麟便是这里发展教育事业的先行者。

古镇的戏楼旁边是曾经的一所小学，创办者就是从这里走出去的辛亥元勋邓玉麟。邓玉麟从小家境贫寒，14岁时，父兄早逝，为了照顾母亲，邓玉麟辍学回家，在老街卖肉为生。次年，母亲病逝，邓玉麟希望找块地安葬母亲，却没有想到，土地都被当地强绅霸占。看着母亲的棺木风吹雨淋，无处安放，邓玉麟悲愤欲绝，扶棺长哭："百姓死无葬地，此世道不改，我辈怎生！"痛心不已的邓玉麟决定参加革命。1908年，邓

玉麟加入共进会，成为武昌起义的重要组织者之一，在这场终结中国数千年封建帝制的革命中，作出了不可磨灭的贡献。后来，国民政府叛变革命，日益腐败。邓玉麟愤然隐退。1940

■ 邓玉麟创办的小学

年，邓玉麟回到老家，看到这里的百姓仍旧生活艰难，此时的他深感革命并不能完全改变国家、人民的命运，要想从根本上改变国弱民贫的现状，还要从教育着手。

在随后的几年中，邓玉麟先后筹建了简易师范和中山小学。由于是战争年代，这里长期缺乏教育资源，农亭街上目不识丁的人比比皆是，他便出台了一个特别规定：中山小学报名学生没有年龄限制。邓玉麟的堂孙邓习柏就是这里毕业的第一批学生。

■ 语文教师谭桂萍

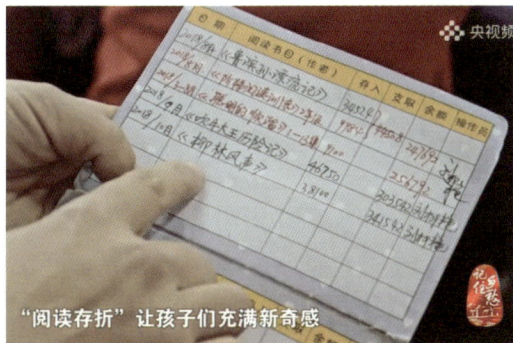

■ 阅读存折

邓玉麟以文育人，兴办教学，满足了大山深处的孩子们对于知识的渴望，为他们铺就了一片美好未来。70多年过去了，虽然这所小学已经转变为当地的文化活动中心，但邓玉麟留下的重教兴学传统，却依然在这里世代传承，如同校园里他亲手种下的桂花树，已是枝繁叶茂。

随着时代的变迁和当地经济的发展，这里的教学条件逐渐好转，先进的教育方式也走进了山里。位于老街上的野三关民族中心小学已经是当地的重点小学，吸引了不少周边乡镇的孩子来这里求学。宽敞明亮的教室、和蔼可亲的老师，带领着一群可爱的孩子，托起了老街的希望。家住老街的谭桂萍是这里的一位语文教师，为了让孩子们养成良好的阅读习惯，她一直努力探索新的引导方法。本着求新求变的教育理念，谭老师用"阅读存折"这一创新方法，让孩子们爱上了阅读。听着教室里传来的琅琅书声，看着孩子们存满一本又一本的阅读存折，谭老师深感欣慰。

四 老街交通：修路架桥，造福子孙

因材施教、通时达变的教育方式，使得野三关人才辈出。他们从这里走出大山，活跃于各行各业，但是无论离家多远，在他们的乡愁中，总是少不了对老街的记忆。2018 年初冬，生活在北京的作家叶梅，又乘坐动车回到故乡。如今有了宜万铁路，有了高速公路，游子跟家乡的距离就在一夜之间，但从大山通往外面世界的路，修得并不容易。矗立在老街北面的"川汉公路纪念塔"，就记录了当时修路的艰险，也讲述了老街人为了改善交通状况，不畏艰险而付出的巨大努力。

■川汉公路纪念塔

自古以来，野三关地势险峻，交通极为不便，不仅影响了当地的经济发展，更是阻断了年轻人通往外面世界的憧憬和梦想。1977 年，当修建 318 国道巴东段（即川汉公路）的消息传来，迫切希望改变现状的老

318 国道巴东段终于完成修建

■ 318 国道巴东段

街人纷纷加入到修路的队伍中。当时条件艰苦，没有钱，他们就自己带粮食，没有手推车就用木板车，每一块石头都是老街人亲手搬运，每一寸公路都是老街人共同铺筑。他们凭着血和泪，硬生生在悬崖峭壁开凿出了一条宽阔平坦的大道，带着老街人的希望一直延伸到远方。

1979 年，318 国道巴东段终于完成修建，从此山路不再难，国道上车辆往来不断，平原的大米可以进来，山里的生猪、土豆也可以出去，老街人的生活更加富足美满。许多山外的游客慕名而来，想要在这里体验正宗的土家传统文化。都说道路的更替是时代变迁的缩影，飞渡云间的四渡河大桥便是变迁历程中浓墨重彩的一笔，也是游客深入了解这颗"深山野岭夜明珠"的必经之路。

这座桥是 2009 年开通的沪渝高速的重要一环，当年为了建设这条高速公路，农亭老街的居民再次付出了巨大的努力。老街人向来目光长远，从不计较眼前得失。为了修桥，他们舍弃故土，克服重重困难重新修房建舍。因为这座桥对于他们来说不仅仅是一座通往外面世界的快速路，更是一座造福子孙后代的幸福桥。

让人感叹这神奇的雾中美景

■ 四渡河大桥

2009 年，沪渝高速公路通车，同年宜万铁路也铺轨进入野三关，往来经商、旅游的人越来越多，野三关的大蒜、核桃等特色农产品也由此远销各地，而农亭街这条承载千年历史的老街也因为便捷的交通，迎来了更多的发展机遇。

五 老街味道：浓厚醇香，热情酣畅

千年时光中，老街人顺势而为、因时而变，但血脉深处的文化传承却始终没有改变。每到秋天玉米丰收的季节，农亭街的居民都会酿造几斗苞谷酒，除了平日自家小酌，还准备过节、筵席之用。旧时的老街可谓酒旗林立，醇香满街。而今，野三关的酒已经通过便捷的交通走出大山，成为野三关的主导经济产业。在当地政府的支持下，野三关镇把白酒特色小镇作为推动全镇发展的重要抓

■ "喝二两"小酒馆

手，奋力打造"小而美、特而强、聚而合"特色鲜明的白酒小镇。

老街的南门口有一家叫"喝二两"的店铺，在这里已经开了将近40 年。醇厚的酒香飘满整条巷子，游客大老远就能寻着酒香找到这里。这家小店的老板叫邓习元，为了彰显老百姓之间的亲切之感，他把店名取为"喝二两"。318 国道修通的那一年，恰逢中国改革开放，市场经济日趋活跃，老街上来来往往的人也越来越多。邓习元的家就在老街南门口，走路的、赶车的，到这儿都要歇歇脚、垫垫肚子。当时，镇上只有一家集体食堂，经常人满为患，邓习元看到了商机，和家人一商量，说干就干，开起了全镇第一家个体小酒馆。一张泛黄的照片记录了小店刚开张时的场景，厨房的忙碌景象至今历历在目，谈起小店的第一张菜

单，邓老板如数家珍。一个烂熟的卤猪蹄，再配上二两小酒，聚齐三五好友，实乃人间幸事，美哉！美哉！

在随后的几十年中，邓习元秉承求新求变的老街精神，用心经营着这家白酒飘香、菜香四溢的小酒馆。"喝二两"也慢慢树立为一个品牌，甚至作为地理标志，成了街道、车站的名字。在邓习元的带动下，当年的一大批个体小饭馆如雨后春笋般出现在老街上。有的甚至把生意做到了318国道沿线，为过路行人提供可口饭菜的同时，也为老街居民带来了财富。

"三罐一老酒，泡菜土腊肉。盐菜鲊广椒，面饭懒豆腐。"便捷的交通推动了当地旅游业的发展，尝土家菜、喝摔碗酒成了游客最喜爱的体验项目。"土家山寨嘛好红火，贵客那个来了请上座……永远芳香永甘甜，祝

■ 游客唱歌喝摔碗酒

您那个幸福万万年，请您喝，请您喝，喝哟！"一首酣畅淋漓的摔碗酒歌唱出了土家人的热情，也将大山深处老街人的心与八方游客的心紧紧攥在一起。

沧海桑田，日新不敝。从过去到现在，一条千年老街在农耕文明中蹒跚起步，在商业文明中华丽蜕变，在现代文明中返璞归真，通时达变、生生不息的精神始终流淌，成为这方水土永葆活力的奥秘所在。这样的农亭老街在老人眼里，依然如婴儿一般，在大家的共同抚育下，不断成长蜕变，拥抱更加灿烂的明天。

编　　导：刘月红

撰 稿 人：张靖悦

指导撰稿：赵瑞锁

海河交汇
勇立潮头

清代，营口被称作没沟营。没沟营位于海河的交汇处，大河与大海在这里相遇，土地多为无法耕种的盐碱之地。为了生存下去，先辈们把目光投向波涛汹涌的大海。在风险莫测的大海上，唯有敢闯才能探索未来。凭借着水陆运输中转方便的优势，人们或投身海上闯大洋，或投身商海闯天下，这也奠定了没沟营改革创新、敢闯敢拼的文化基础。

1858年随着《中英天津条约》的签订，许多港口被迫开埠，其中没沟营代替牛庄开港，正式取名"营口"，被誉为"露天百年商埠博物馆"的辽河老街便坐落在这里。

辽河老街东起平安路，西至德胜路，至今已有280年的历史。老街上为航运贸易服务的"大屋子"、商号鳞次栉比，这条仅1.3公里长的老街，耸立着30多座有百年历史的商埠建筑，见证了东北第一大商埠的黄金时代。时光在这些古老的建筑上留下了斑驳的痕迹，也给今天的人们留下许多动人的故事。

（一） 李序园：破釜沉舟集资办厂破垄断

随着《中英天津条约》的签订，外来殖民资本不断入侵，营口的航运业迅速被各国轮船公司垄断，他们控制航线、哄抬运价，用尽一切手

记住乡愁 第五季（13）

营口辽河老街 —— 海河交汇 勇立潮头

■ 辽河上的轮船

段打压中国本土商号。由于支付不起高昂的费用，大量货物囤积在码头无法运出，老街上几十家商号面临破产的危机。

为了打破这种局面，李序园与弟弟李子初破釜沉舟，拿出全部家底购买轮船，但仅靠一己之力仍无法与外国轮船抗衡，生死存亡之际，李氏兄弟提出了一个让所有人都意想不到的办法：在老街上发行股票，大家集资共同购买轮船。勇于尝试、敢于拼闯的老街人迅速接受了股票这一新生事物，于是广大商人纷纷入股投资，一些家庭妇女甚至把编筐织篓挣的辛苦钱拿来支持船厂开办。1910 年，在营口被迫开埠的 50 年后，肇兴轮船公司终于打破了外商对航运业的垄断，它也是近代营口的第一家股份制公司。

航运兴则商贸兴。随着肇兴轮船的不断壮大，他们培养出中国近代较早一批航海专门人才，在民族危难时闯出了一条条通往关外的海上运输线，为老街商号的发展寻求到新的生存空间。今天的辽河老街上，依然能看到许多商号的招牌被保留下来，虽然大多已褪色斑驳，但对于营口人来说，它们背后的故事是一代代人的记忆，更是老街历史的凝聚。

111

二　潘达球：改革探索造榨油机占市场

　　营口开埠后，海外对豆饼和豆油的需求猛增，老街油坊的订单日益增多。但当时的榨油业普遍使用土法榨油，靠人工磨轧、锤凿，工人们起早摸黑、昼夜不停地生产还是供不应求。而营口作为东北大豆的集散地，榨油效率低下很可能导致大豆大量囤积。此时，东永茂的老板潘达球再也坐不住了，从老街的 30 多家油坊中挺身而出。

　　作为商人，潘达球深知，只有创新生产方式才能抓住机遇，迅速占领市场，于是他率先拿出收入的 30% 来研制榨油工艺。在没有任何技术参考的情况下，他只能自己日夜摸索。潘达球正是靠着一股敢于革新的劲头，在无数次潜心试验之后，终于制造出比以往每天能多生产豆饼 4680 片的机械榨油机。

　　新技术的出现，让老街的榨油工艺有了质的飞跃。正是营口人这种敢闯敢拼、改革创新的精神，使得在随后的几十年时间里，这里的大豆、豆油和豆饼出口量始终占据中国东北地区的 79%，成为营口最主要的支柱产业。

三　永成德银炉：因时而为统一货币促商贸

　　19 世纪中叶之后的半个多世纪中，营口地区的进出口贸易稳居东北第一，全国第六，老街每天的交易金额高达上千万两白银。然而，各地客商带来的银锭多种多样，它们成色不同、大小不一，严重影响交易。

　　1851 年，老街上一家老字号颜料庄，换成了"永成德银炉"的招牌。永成德银炉的出现，不仅创建了首家炉银商号，也开启了中国历史上炉银制作的先河。炉银的诞生，结束了老街交易滞后的状况，极大地加速了商业运转。之后，老街人又创新了票据信贷业务，营口银炉业在全盛时期与上海的钱庄和山西的票号并称为"中国三大地方金融机构"。小小的炉银

■ 炉银诞生

不仅带来了营口的产业升级和商贸繁荣，而且打通了营口到东北三省、关内，尤其是天津、山东、江西、江苏、浙江、上海、宁波等的商业之路，商人们在这里往来互市，繁荣无两。

炉银作为金融业领域的创新产物，在它所属的时代更成为老街商贸汇通天下的催化剂。时至今日，炉银虽早已退出历史舞台，但它所蕴含的精神，依然能在今天这个变革的时代找到延续。

（四） 袁阔成：独具匠心撤桌移椅讲评书

清末就有艺人在老街上表演评书，百年来从未中断。近代以来大批民族工商业崛起，造就了营口经济的空前繁荣，也使得西大街一度成为中国东北地区最重要的商贸金融中心之一。南来北往的客商在老街驻留，不同的地域文化也在这里碰撞与交融，滋养出无比灿烂的民间艺术，脍炙人口的评书表演便成为最受当地人喜爱的艺术种类。喝着大碗茶，听上一段评书，已经成为营口人最具特色的一种休闲方式。

1958 年，老街的评书表演艺术家袁阔成作为营口曲艺团的代表，到福建边防哨所慰问守岛战士。传统的评书表演，必须要有一张桌子、一

袁阔成开始站在百姓中间讲评书

■ 去掉桌椅道具的评书

把椅子作为道具。但袁阔成觉得，来到海岛本意是慰问演出，怎么还能让战士们辛苦地帮忙扛桌椅？而且一张桌子横在他和战士们中间，也显得没那么亲近。思考片刻，袁阔成当场决定把身上的长袍大褂脱掉，亲自动手，把座椅连同茶杯、扇子一并撤掉，之后袁阔成的海岛演出一直延续了这一习惯。回到辽河老街后，袁阔成继续站在百姓中间讲评书，几十里地外扛大苇的工人也纷纷赶来听袁先生的评书，下雪都阻挡不了他们的脚步。一次次表演让他真切地感觉到，这种开创性的评书表演形式是被人们所认可的，能够真正地走进观众心里。

如今，袁阔成的弟子们依然活跃在舞台上，在他们的传承下，独具特色的营口评书表演成为老街的文化符号，历久弥新。

（五） 文启东：勇于创新苦思索制垃圾袋

逢山开路，遇水搭桥。在传承中创新，在发展中求变，是营口人古老的生存法则。身处竞争激烈的时代，只有不断寻求向外开拓的机遇，才能拥有更好的未来。

1997年，26岁的"老街土著"文启东辞去了稳定的工作，从几间低矮平房和3台机器起家，做起了垃圾袋加工的生意。然而，一个完全依赖人工，没有丝毫技术含量的工厂显然无法适应瞬息万变的市场。到了2007年，文启东甚至半年都接不到一笔订单，企业走到破产的边缘。然而，有着一股闯劲的文启东并没有坐以待毙，而是每天都在寻找新出路。功夫不负有心人，观看棒球比赛时的一个细节引起了他的注意：散场以后，观众两只手拿的全是垃圾。于是他想，假如观众有方便携带的垃圾袋，在这个时候打开，把垃圾装进去，就会方便很多。从赛场回来后，文启东和他的团

■ 便携式垃圾袋

队没日没夜地研究，折了数不清的袋子，终于在 6 个月后成功研制出只需两步就完成垃圾收纳的小巧、便携、易操作的垃圾袋。这一小小的塑料袋看似不起眼，里面却藏着 20 多项专利技术。勇于创新的文启东终于把小东西做成了大生意，打开了国内外的市场。

近年来，随着人们环保意识的增强，文启东又迈出了新的一步。如今，他研发生产出可以实现 180 天在土壤中完全降解的塑料袋、包装袋。对于一个企业来讲，这不仅是顺应时代的商业视野，更是应当背负的社会责任和环保使命。

辽河老街，犹如一位端坐的历史老人，目送着穿梭来往的过客。数百年间，勇于冒险、创新的开拓精神，曾经改变了无数移民的命运，如今，走入新的时代，百年老街仍在奋进崛起、吐故纳新中，不断蓄积前行的力量。

编　　导：于　雪
撰 稿 人：李佳希
指导撰稿：赵瑞锁

遵义杨柳街

一心为公

　　位于遵义市中心的杨柳街，是一条充满着红色记忆的街区。每当提起遵义，人们都会想到那段战火纷飞的峥嵘岁月。当年，红军在长征途中辗转来到遵义，召开了举世闻名的"遵义会议"。

　　杨柳街历史文化街区东起凤凰山，西至老鸦山脚下，北起新舟坝，南至万里路，占地面积达 4.67 平方公里。80 多年前，一群满怀理想的年轻人，曾走进这条老街。他们的到来，不仅改变了这条街的命运，更是改变了整个中国的命运。直到今天，杨柳街的人们依然把这段红色记忆视作珍宝，无比珍惜，而这段历史也让每一个来到这里的人愈加想要亲近它，走进它，了解它。

　　1934 年 10 月，第五次反"围剿"失败后，中央主力红军为了摆脱国民党军队的包围追击，被迫实行战略转移，退出中央根据地，开始了艰苦卓绝的二万五千里长征。中央纵队到达遵义时，老百姓自发组织起来，为红军筹集资金，充实军费。药店老板捐献药品和医疗器械，筹办"太平洋医院"，救治

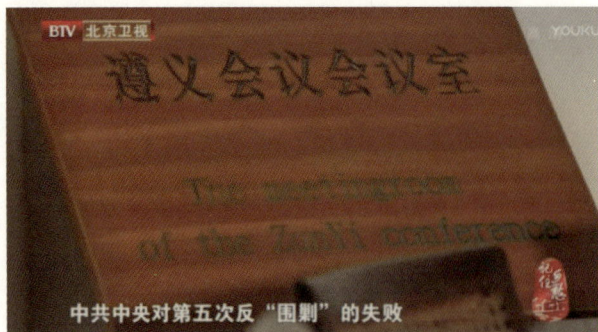

■ 遵义会议会议室

红军伤病员。遵义百姓的支援如同寒冬里的暖阳，让一直处于被动的红军，在这座西南小城感受到了温暖。1935 年 1 月 15 日晚上，在杨柳街这座中西合璧的老宅里，红军召开了一次具有历史转折意义的重要会议。

一　杨端：临危请命救百姓于水火，开太平之盛事

遵义古称播州，位于贵州省北部，是川渝南下的咽喉要道。唐朝末年，云贵高原的南诏国起兵叛乱，原属大唐的播州被叛军占领，为了收复失地，朝廷下诏招募骁勇之士，组织军队前往征讨。当时的会稽太守杨端听到消息后，决定领旨参战。

当时朝廷派给他的兵马不足 4000，加上召集的与杨氏家族血脉相连的八姓家丁共计 2 万余人，难以与基础强大的南诏相抗衡。在杨端的带领下，这支原本毫无胜算的军队跋山涉水，向播州前进。由于路途遥远，抵达播州境内时粮草已经消耗殆尽。当时，播州百姓饱受叛军侵扰，早已苦不堪言，见朝廷大军前来，百姓们纷纷"箪食壶浆，以迎王师"，他们不仅为军队提供粮草，还纷纷参与到对抗敌军的队伍中。历经两年浴血奋战，民心所向的杨端终于收复了被南诏占领的播

■ 杨端家兵出征实景表演

州。皇帝闻喜讯，肯定了杨端的能力，下诏叫他管辖这片疆土。他把中原的文化带来，把刀耕火种的地方加以整顿，从此开启了杨氏"世袭播地，永镇边陲"的土司王朝史。

在杨氏家族统治播州的 720 多年间，历经 29 任土司，"守箕裘，保

疆土"的家训，世代影响着杨氏子孙。为了让当地百姓休养生息，过上安稳日子，杨氏后人将播州治所迁到了今天杨柳街所在的地方。他们组织当地百姓，学习中原先进的农耕技术，开荒种田，兴修水利，以杨柳街为核心的播州城逐渐发展起来，成为西南大郡，被誉为"播州盛世"。

二　雍文涛、李炳文：敢担风险传共产之理念，守红军之约定

明末清初，大量中原文人为避战祸，来到大山深处的遵义，聚居于杨柳街一带，他们赋诗作文，讲学授徒，一时间遵义城文风兴起。对读书的重视、对先贤的尊崇，不仅让老街人才辈出，更是培养出一批批忧国忧民之士，"公车上书"签下了名字的举人中，就有13位遵义人。

五四运动爆发后，虽地处西南，交通不便，但遵义人没有落后于时代。"书生报国无他物，唯有手中笔如刀。"一批接受先进思想的遵义籍学生，纷纷向家乡寄回了《新青年》《每周评论》等进步书籍，民主与科学的思想，从杨柳街开始向整个遵义城广泛深入地传播开来。即使是在白色恐怖的笼罩下，杨柳街人也没有退缩。进步青年雍文涛以哥哥开办的书店为掩护，向外界秘密出售进步书

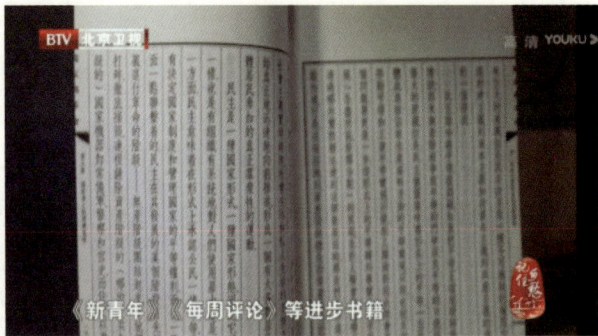

■《新青年》《每周评论》等进步书籍

刊和马列著作。雍文涛认准了只有共产党能够救国家，实现民主自由的理念，因此他冒着整个家族被牵连的风险，让一些进步青年阅读进步书刊，传播共产党的思想。

进步思想的传播，让地处偏远的遵义也保留了革命的火种。人口只有4万多的遵义城区就有3000多从事地下活动的共产党和进步学生，这

为红军的到来和"遵义会议"的召开奠定了良好的群众基础。红军到达遵义后，需要大量的宣传品，杨柳街上的"李记"石印社接受了印刷任务。形势突变，红军

■ "李记"石印社

匆忙离开了遵义，委托李炳文夫妇保存重要资料。面对敌人的大清查，李炳文夫妇没有贪生怕死、背信弃义，他们临危不惧、急中生智，把米倒在装了资料的帽筒里，覆盖了资料，成功躲过搜查。当红军再次来遵义时，李炳文夫妇主动找到红军，交还了资料。

这样一片文风炽盛的土壤，孕育出了一代又一代心怀天下的杨柳街人。也正是雍文涛、李炳文夫妇这样的有识之士遵守约定、敢担风险，才助力共产主义理念从星星之火发展为燎原之势。

（三）朱诚中：深明大义缩自己之开销，解学生之困境

遵义人不仅有为民族为国家担责任的勇敢，也有为老师为学生解忧济困的热心。1937年，抗日战争全面爆发。遵义因地处重庆和贵阳之间，成为抗战时期连接前后方重要的运输线之一。浙江大学的师生，先后经过4次搬迁，最终选在杨柳街落脚。

心底无私的老街人接到浙大要迁来的消息后，专门成立了接洽浙大的委员会。当时在战事与灾荒的双重影响下，各种生活必需品价格飞涨，老街人决定"每日以当日最低价供给"浙大3担大米，并且允诺紧急情况下，优先保障浙大师生使用。在自身住房条件十分困难的情况下，遵义人为浙大师生让出250多间房屋，并且在城西专门规划200多亩地，供给浙大办农场。

■ 杨柳街人帮助浙大师生

　　刚刚落户杨柳街时，浙大有 1 名教师、3 名学生患上了肺结核，由于医疗条件有限，被传染的师生越来越多，老街上的中医朱诚中主动提出为浙大病人诊治。战争年代，药品稀缺且极其昂贵，但是朱诚中却没有收取任何费用。面对邻居街坊的不理解，他解释道，学生是国家的栋梁、国家的希望，今后他们病好了，也代表民族的希望。

　　当得知人工气胸术对治疗肺结核病很有帮助时，朱诚中拿出了自己的全部积蓄，又从朋友那里东拼西凑，用相当于全家人一年的生活费购买了一套气胸设备。这一举动虽然使朱诚中从比较富足的生活转到缺吃少穿的境地，但他心甘情愿、无怨无悔。

　　7 年的时间里，杨柳街人用无私的胸怀接纳和帮助着受难的同胞，使得浙大在战乱中保全了下来。

（四）　李光：公而忘私洒爱国之热血，助家乡之教育

　　近代以来，长达百年的战争过后，杨柳街恢复了往日的宁静与祥和。青石板路历经了岁月的磨洗，在时光的流逝当中见证了老街厚重的过往。而无私的胸襟与气度也随着时间的流转深植在了老街人的心底，

在今天被赋予了新的历史内涵。

"只要还活着，就不会放弃帮助孩子"。一句承诺，30年坚守。李光老人从小在杨柳街长大，1935年红军到来时，只有14岁的放牛娃，

■ 李光老人在小学捐资助学

报名参了军，和5500多名遵义的热血青年一起，踏上了漫漫长征路，南征北战，东挡西杀，终于换来了天下太平。1985年，李光离休后，老人从每月的工资中，拿出一大部分捐给家乡的教育事业，先后向10多所中小学捐款60余万元。老人对孩子们十分慷慨，对自己的生活却从不舍得多花一分钱，吃穿住行极其简单。李光老人定期着军装、坐轮椅去学校看望孩子们，岁月蹒跚了老人的步履，光阴却没能改变他的信念。如今已经98岁高龄的老人，虽然因身体原因已经不能言语，但他的目光中依然闪烁着那如同当年参加红军般的坚定。

为了感谢老红军的捐助，遵义的原桂花小学、海龙中学分别更名为李光小学、李光中学。如今，3万多名义工分散在遵义的大街小巷，他们用实际行动践行着公益之路，把老人播撒下的希望种子和红色精神薪火相传。

（五）姜涛：宵衣旰食接焊接之任务，展中华之雄威

路走得再远，也不会忘记开始的地方；梦飞得再高，也离不开故乡的牵引。紧临老街的捞沙巷里，有各种遵义地方小吃，2018年10月，贵州航天天马公司技师姜涛又回到了这里，品尝着儿时常吃的味道——鸡蛋糕。在姜涛的记忆里，小时候他总会来老街，一份份家乡的美食，一

■ 奋斗在车间一线的姜涛（左）

个个激荡人心的故事，从那时起就在他心中留下了难以磨灭的印记。

参加工作后，姜涛从一名普通技工，成长为国家级技能大师。30多个春夏秋冬，他和团队一起参与了多个重大型号装备的研制。2009年的一天，姜涛所在单位接到了"长征六号"火箭起竖发射系统的焊接任务。当时由于长期高负荷工作，他的身体出现了问题，领导希望他转任技术指导，不要在一线生产车间继续辛苦工作，但从小立誓要当工人就要当一个好工人的姜涛没有答应。航天设备的焊接工作难度极高，在中国也只有少数技师能够达标。为了早日完成"长征六号"的焊接任务，姜涛继续拿起手中的焊枪，每天穿着厚重的棉质工作服，在近40摄氏度高温的车间里，一待就是十几个小时。

2015年9月，"长征六号"火箭成功升空，创造了"一箭20星"的亚洲纪录。看着火箭顺利升起的那一刻，姜涛内心充满自豪，在他看来，这或许就是"长征精神"在新时代最好的继承与发扬。

我们能够创造灿烂的中华文明，是无数的先贤、豪杰、志士为了国家利益、民族利益、大众利益奋斗的结果。他们一心为公。今天的杨柳街在遵义人心中是古老的文脉起点，更是星星之火点亮中国的重要转折点，老街上每天都会迎来各地的参观者，他们踏着红军当年的足迹，追寻着往昔的光荣。湘江河水涓涓流淌，带去的是流年，留下的是融入老街人血脉里的古老文化，先辈们一心为公的精神，让杨柳街绵延久远，走向辉煌。

编　　导：赵东青
撰 稿 人：李佳希
指导撰稿：赵瑞锁

重庆北碚老街

志存高远
敢为人先

　　"一舸东阳下，千山北碚开。"重庆市的北碚老街位于缙云山东麓、嘉陵江西岸，因江心有一道形似鱼背的石梁"白鱼碚"而得名。北碚老街就像一幅古朴天成的水墨画卷，镶嵌在缙云山下、嘉陵江畔的山水之间。

　　春秋时期，北碚就有人居住。唐朝初年，随着水运的发展，白鱼碚下游的江湾渐渐成为重要的中转码头，附近的船夫和茶农，在临江的山坡上建起吊脚楼，安家落户，逐渐形成了一片街市。诗人李商隐到访此地时，写下"君问归期未有期，巴山夜雨涨秋池，何当共剪西窗烛，却话巴山夜雨时"的千古佳句。诗中所描绘的"巴山夜雨"也从此成为代代游子心中最浓烈的乡愁。今天的北碚，仍保留着 3 平方公里的传统风貌街区，4 座水码头围绕着三横八纵的老街老巷，分布在嘉陵江两岸。

　　北碚伴水而生，因水而兴，特殊的地理环境塑造了老街人志存高远、敢为人先的品格，与此同时，老街人改革创新的气度和劈波斩浪的本色，都镌刻在江边的座座航标中。

（一）熊船长：知耻后勇，修文昌庙，办学堂

　　老街背靠缙云山，自古就盛产茶叶。明嘉靖年间，当地甜茶喜获丰收。大家把自家所产的茶叶聚拢到一起，托付给一位熊姓船长运到外地

■ 长江三峡上的航运

销售。可是没有想到的是，这位熊姓船长不识字，在签订契约的时候被人做了手脚，上等的新茶只卖出了陈茶的低价。回到家乡，面对大家绝望又无助的眼神，熊船长羞愧难当。为了不让悲剧重演，他当街跪倒，向街坊们立誓：一定要修文昌庙，办学堂。说完抓起桌子上的茶杯，"啪"地摔在地上，以表决心。

嘉陵江到长江三峡的航运线险滩重重，不仅需要智慧和胆量，有时候还得拿命去拼。但为筹集资金，熊船长决定打破小河木船不出川的惯例，开辟嘉陵江直到长江三峡的航线，把茶货直接销往外省。熊船长舍命开辟出的航线，使当地茶叶的利润成倍增加，他也很快攒够了修建文昌宫的资金。3年后，嘉陵江下游的第一座文昌宫就在庙嘴岩上建了起来。人们以文昌宫为中心，填沟平坝，修房造屋，建起了一条南北走向的河街，逐渐形成了今天北碚老街的场镇格局。

文昌宫为北碚老城开启了一方文脉，"力学笃行""诗礼传家"被写进了老街居民的家规祖训，而熊船长敢为人先、勇闯三峡的故事，也随着琅琅书声代代传扬。

400多年过去了，如今的老街依旧被书香浸润，沿街而建的博物馆、图书馆、阅览室成为当地人最钟爱的地方。门外的繁华与喧嚣，丝毫不影响他们在书海中畅游，即使是退休的老人，也把老年大学当成人生的新起点。30年来，到这里参加学习和培训的北碚人，已超过70万人次。有了诗词歌赋、琴棋书画的浸润，老街人平淡的日子变得诗意优雅起来。

（二） 卢作孚：实业救国，改造乡村，办科学院

"一个没有受过正规学校教育的学者，一个没有现代生活享受要求的企业家，一个没有钱的大亨"，是对近代著名的实业家卢作孚的最贴切概述。19世纪末20世纪初，中国社会面临巨大的变革，工业化的浪潮和科学的思想冲击着这个古老的国家。就在这时，思想开明的卢作孚入驻老街文昌宫，踏上了实业救国的道路，开启了一场乡村建设的实验，也让北碚老街在中国近代城市化进程中，留下了浓墨重彩的一笔。

1926年7月，卢作孚带领嘉陵江历史上的第一艘机械化轮船，开进了北碚码头。随着渝合航线的开通，江岸增加了货栈、街上新开了客店，老街也迎来了新的商机。动乱年代，老街商户饱受匪患侵扰，卢作孚给北碚的峡防局制定了"化匪为民，寓兵于工，建设三峡"的宗旨，平息匪患，建设工厂，让北碚人过上了平静踏实的日子。

北碚老街区房屋破旧、污水横流，缺少科学规划。沿街立着的9口粪缸，引来蚊蝇乱飞，臭气熏人。一天，卢作孚看到一位街坊患疟疾身

■ 现代城市标准的北碚老街

亡。这让他意识到，不仅要用新的观念去改变人，也要用先进的科学技术去改变环境。只有这样才能走出一条现代化的乡村建设之路。当时的北碚虽然还只是一处小场镇，却因卢作孚的到来有了追赶上海、北平的大理想。卢作孚把当年熊船长开办的学堂，变成了传播新观念、新知识

的民众教育馆。他聘请丹麦工程师守尔慈，以上海、青岛为参照，按照现代城市的标准重新规划设计。老街人一如当年修建文昌宫一样，出工出力，扩街建路。几年的时间里，医院、公园、体育场、图书馆、电影院等相继建成。北碚老街从一条不足 1000 米的破旧河街，扩展成 1 平方公里的街区。

在此基础上，卢作孚又制定了把北碚建设成一个"生产的区域、文化的区域、游览的区域"，使生活在这里的人们"皆有职业、皆受教育、皆能为公众服务"的宏伟目标。

■ 现代化的北碚老街

当时，卢作孚身为中国首屈一指的航运公司总经理，同时在 60 多家公司有兼职，却只拿 30 元月薪养家糊口，其他收入都捐给了西部科学院。当时的他甚至没有购置一处房产，全家 7 口人挤在一间 40 平方米的宿舍里，家中也只有借来的破旧桌椅和木床。

敢于尝试的北碚人，已经通过电灯、电话等，领略过现代科技的好处。当卢作孚提出要在老街上建立一所民办科学院时，立刻得到了大家的响应。在老街居民们看来，科学院就是开启北碚现代文明的"文昌宫"。为了实现这个梦想，老街的乡绅捐出土地，少年义勇队义务为科学院采集标本，峡防局的官兵变成了建设工人。1930 年 9 月，中国第一家民办科学院——中国西部科学院在北碚老街成立。它的出现，在中国西部腹地打开了一扇用科学与教育兴国的大门。老街人根据科学家们提供的森林、矿产、水资源等勘测报告，建起矿厂、水厂、染织厂等现代化经济实体，北碚成为中国同一时期所有乡村建设实验点中，最为成功的典范。

卢作孚瞄准了世界上最前沿的、最尖端的科学。这种胆识和气魄代表了中国传统的士大夫的一种"敢为天下先"的精神。

北碚老城的兴起，让卢作孚有了发展的底气，他采取集零为整的方式，从外国列强手中夺回长江上游的所有航运权。抗日战争期间，他又临危受命，在敌人的枪林弹雨之下，成功指挥了被誉为"中国版敦刻尔克"的宜昌大转运，以损毁16艘轮船、牺牲117名员工为代价，把沦陷区撤退下来的150多万平民和100多万吨航空、兵器以及轻重工业的机器设备，转移到重庆，为风雨飘摇的中国保存下工业的火种和经济的命脉。

70多年过去了，不断发展的北碚老街早已发生了翻天覆地的变化，但当年乡村建设时种下的上千棵梧桐树依然如亭似伞，在老街上搭起条条绿色的"隧道"。

（三）李善邦：一心报国，勇挑重担，办地震台

民族危急存亡之际，更是考验人民气魄与担当的重要时刻。抗日战争全面爆发后，国民政府迁都重庆。复旦大学、中国科学社生物研究所、中央地质调查所等科教机构相继迁入北碚。老街的人们"腾出厅堂、让出客房"，安置了晏阳初、梁漱溟、陶行知、老舍、竺可桢等3000多位文化科教名人。地震学家李善邦也是在那一时期来到了北碚。

李善邦在笔记中

■ 李善邦旧址

1941年6月24日下午，尖厉的防空警报打破老街的宁静，日本军机投下的大批炸弹和燃烧弹，让北碚变成了一片火海。李善邦在笔记中写道："一弹落于距离余住宅仅二三丈之地，弹由屋脊飞过，若早十分之一秒发机放弹，则余全家成尘粉矣"！劫后余生的李善邦对抗战胜利充满了信心，他意识到作为一介书生，既然不能上阵杀敌，就应该用所学知识来报效祖国，他决定重新启动因战争而中断了4年之久的地震监测研究。然而，在战争年代，要进行一项科学研究并不是一件容易的事情，李善邦在笔记中，记下了当年的景况："最艰难者，敌机不断轰炸，使人精神疲惫，濒于错乱。"当时不仅资金匮乏、物资紧缺，就连实验的场所都是临时搭建。而就是在坡底下的一个用竹子搭建的，只有屋顶、四面漏风的棚子里头，怀揣报国之志的李善邦，以极大的毅力带领团队，研制出中国第一台机械记录式水平向地震仪，并创办了战时中国唯一的地震台。

敌军的枪林弹雨并没有阻挡科学家们的探索脚步，抗战期间，无数像这样的科技奇迹在北碚老街诞生。中国第一个综合类自然科学博物馆在这里建成，中国恐龙骨架第一次在这里组装，中国第一座全国地形浮雕在这里制成。战时，中国科技的"诺亚方舟"在北碚老街上扬起了一往无前的风帆。

（四）　向仲怀：当仁不让，迎难而上，攻克家蚕基因技术

文化是发展的基石，科技是创新的推动力，把最好的地方让给学校和科研机构，是老街人始终不变的传统。老街人重视教育、尊崇文化的传统始终未曾改变。坐落在老街中的西南大学被建设得宛如公园一般，绿树成荫，典雅别致，学校的占地面积更是惊人，是北碚老城的一半还多。因此，就有了"一校占半城"的说法。

数十年间，一批批学子在这里学习知识，走向社会。也有人因为老街优美的环境和浓厚的文化氛围而留了下来。中国工程院院士向仲怀就是其中一位。西南师范学院里整齐的法国梧桐树和音乐楼传来的钢琴声

滋润了向仲怀的大学梦、科学梦。毕业后，向仲怀选择了留在西南大学从事家蚕遗传学研究。

1999年的一天，向仲怀得知国外的科研团队已经投入巨资，开始攻克家蚕基因技术，他深感责任重大，彻夜难眠。当时各国都把基因当成一个重要的资源，谁先占领，谁先完成，就有了对这个学科、对这个产业的主导权。在向仲怀院士看来，丝绸之路始于中国，中国对家蚕基因的科研也理应走在世界的前列。因此他没有丝毫犹豫，决定立即启动家蚕基因研究。由于事发突然，时间紧迫，能够使用的科研经费不到国外团队的1/5。是知难而退，还是迎难而上？向仲怀作出了一个惊人的决定：自己做担保，贷款启动研究项目。志之所向，无坚不摧。2003年，世界第一张家蚕基因组框架图研究成功的消息，从北碚老街传向了世界。

向仲怀科研实验室

如今，48种纯天然彩色蚕丝，成为中国独有的服装材质，通过对桑树基因的改变，使中国拥有了用桑树治理沙漠化、石漠化的独创技术。

五 邱占俊：力学笃行，善于发现，研制点餐机器人

敢为人先的精神激活了老街的创造力，也为这里的年轻人搭建起一个充满想象力的世界。历史上的北碚老街一直有着借各种节日开展科普教育的传统。20世纪30年代，每逢端午，老街就会举办火车模型、保险箱等当时一些最为新奇的事物展示，这既增长了当地人的见识，也开拓了他们的视野。如今，这个传统在兼善中学被保持了下来。

一年一度的科技节，是兼善中学师生最为重要的节日。这个节日从

1931 年迄今，已经延续了 80 多年。每到这一天，学生们都会把自己的发明创造拿来进行展示和交流。近 10 年间，兼善中学学生们的发明专利已达 550 多项。

14 岁的邱占俊是一名正在读初三的学生。2015 年的一天，邱占俊在一家餐馆点菜之后，迟迟不见送菜上桌。他正要起身去问，却见服务员红着眼睛走了过来。原来是客人太多，服务员送错了菜，又算错了账。情急之下还与顾客发生了争执。这位服务员感到非常委屈，嘴里嘀咕了一句："我又不是机器人。"言者无意，听者有心。小占俊突然间萌生出一个大胆的想法——用机器人来帮助点餐！"然后我就回家给我爸爸妈妈说，我爸爸妈妈都很支持我，给我买了很多相关的书籍。"

■ 邱占俊的实验模型

一个孩子要涉足人工智能领域，发明一个从顾客点餐到厨房配餐再到利用传送带精准送餐的智能机器人，并不是一件容易的事情。邱占俊失败了很多次，但在父母的支持下，在科技老师的帮助指导下，邱占俊一次次重新设计程序，经过不断改善，他的点餐机器人终于研制成功，并获得了中国青少年机器人竞赛三等奖。

不登高，难知天下之宽广；志不立，天下无可成之事。循着先辈的足迹，踩着巨人的肩膀，今天的北碚人正拥抱崭新的时代。新的时代会有新的机遇与挑战，而北碚人也定会沿袭着先辈们敢干敢拼的闯劲和能干会干的巧劲，在中华民族伟大复兴中国梦的新征程上留下浓墨重彩的一笔！

编　　导：刘卫国　吴　灿
撰 稿 人：李佳希
指导撰稿：赵瑞锁

绍兴书圣故里

正笔正心
正天下

书圣故里历史文化街区，地处浙江省绍兴市越城区，街区因是书法家王羲之的故乡而得名。它东起中兴路，南抵萧山街，西至解放路，北达环城北路，总面积为 0.8 平方公里。春秋时期，越国在绍兴建立。西晋永嘉之乱，大批中原移民迁居至此。到了宋代，随着手工业、商业的发展，戢山脚下这条老街日趋繁华。

如今沿河而建的街区依然保持着"四街六弄"的基本格局，这里水道纵横，古桥遍布，100 多栋明清时期的古建筑散落其中。街区如同一座没有围墙的博物馆，在青山绿水的环抱中，见证着老街精神的坚守与传承。

■ 书圣故里历史文化街区鸟瞰图

一　舍宅为寺表心正

东晋时期，王羲之从山东临沂迁居绍兴，曾住在这条老街上。平日里，除了练习书法，王羲之还有两大爱好：一是好养白鹅，白鹅柔美的曲线和伸颈行走的身姿常常给王羲之带来书法的灵感；二是玩赏宝珠，掌指把玩的过程既能放松手指，也让他心情舒畅。

有一天早上，一位方丈前来拜访，王羲之放下自己最珍爱的珠子前去迎接。两人在书房中下棋聊天，直到中午方才散去。老方丈起身告辞后，王羲之发现自己放在茶几上的珠子不见了，由于当时只有两人在场，他怀疑是方丈偷拿了自己的珠子。王宅失珠的事情很快在街坊中间传开了，老方丈听闻自己被怀疑是偷珠之人，觉得有辱佛门，忧郁而终。

很巧的是，老方丈去世后，王羲之家的一只大白鹅也死了。有人剖开鹅腹，发现了那颗珠子。王羲之这才恍然大悟，原来是大白鹅跑进书房，误吞了珠子。但当他赶到寺庙准备向方丈赔礼道歉时，却得知方丈已经圆寂。听闻这个消息，王羲之悔恨交加。因愧对老方丈，他把自家的宅院捐给了佛门，并亲自题写"戒

是绍兴城的八大名寺之一
■ 戒珠讲寺

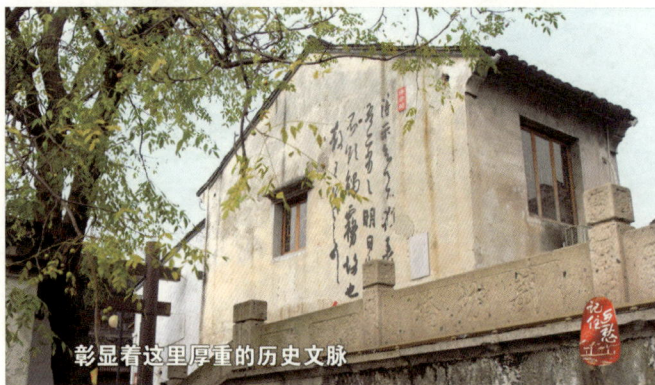
彰显着这里厚重的历史文脉
■ 老街的许多房屋外墙上都有临摹王羲之的书法作品

132

珠讲寺"挂在门楣，告诫自己，也启迪世人。从此之后，王羲之戒去玩珠之癖，一心钻研书法，兼善隶、草、楷、行各体，最终成为一代"书圣"。

今天，老街的许多房屋外墙上都有临摹王羲之的书法作品，这些笔力遒劲、行云流水的书法作品里不仅散发着书画笔墨的芬芳，也蕴含着"欲正其书者，先正其笔；欲正其笔者，先正其心"的人生道理。

（二）　为官清正作表率

北宋建立初期，宋太祖赵匡胤为了稳定朝政，欲收回封疆大吏符彦卿的军权，但碍于符彦卿势力庞大，便打算采用"迂回战术"——派兵部侍郎王祜前去搜集符彦卿的谋逆证据，并答应事成之后许王祜以宰相之位。

王钟铭对于先祖的故事十分了解

■ 槐树在古代是三公宰辅之位的象征

王祜曾仕后晋、后汉、后周，与赵匡胤同殿称臣。北宋建国后，颇得宋太祖赏识，官职不断升迁，以尚书、兵部侍郎知制诰。

王祜受命赴魏州接任后，对符彦卿谋逆一事，明察暗访。但历经数月的察访，王祜始终没有查到符彦卿谋逆的实据。他明白皇帝的意图，但也知道如果把莫须有的罪名强加给符彦卿，符家必将遭到灭族之祸。

考虑再三，王祐禀告宋太祖愿以自家百人性命担保符彦卿绝无谋反之意，并面谏宋太祖，劝其吸取前朝经验，万事以大宋江山为重，绝不能因为怀疑就滥杀无辜。王祐的直言进谏虽然保住了符家，却惹怒了宋太祖。王祐不仅相位落空，还被贬他乡。

后来，王祐在自家庭院亲植 3 棵槐树，曰："吾子孙必有为三公者。"以期望子孙努力读书，靠真才实学位列三公。令人欣慰的是，王祐的预言成真，他的儿子王旦在宋真宗时期成为宰相，三槐王氏一脉也始终人才辈出。今天的三槐王氏总人口超过 3000 万，是王姓分支中人数最多的一支。随着王氏子孙的足迹，三槐堂也遍布各地。三槐堂里，先祖清正为官的佳话激励着一批批绍兴学子发愤图强、以文报国。历史上，从这里走出了 27 位状元、2000 多位进士，绍兴也因此收获了"名士之乡"的美誉。

三　乱世方显家国情

蕺山书院曾是明代著名儒学大师刘宗周的讲学之地，也是蕺山学派的发祥地。书院既孕育、传播着先生的儒学理论，也留存、传扬着先生

■ 刘宗周提出"慎独""诚意"的理念

及其弟子以身殉国的文人风骨。

刘宗周所处的年代恰逢乱世，官场积弊、国力衰弱使得明王朝如同一座摇摇欲坠的危厦。面对如此惨况，刘宗周提出了"慎独""诚意"的理念，期盼以此唤醒民众心中的良知，以正心求天下清明。然而，他的理想和抱负还未能实现，清军的铁蹄已踏进大明的江山。救国存亡之际，他挺身而出，多次向朝廷进言主张坚持抗清，坚决不做亡国奴。遗憾的是，由于连年战乱，朝廷国库早已亏空，得不到补给的军队军心涣散，仅凭刘宗周的一己之力也难挽大局。几个月后，清兵南下，攻陷杭州。看到大势已去，刘宗周黯然泪下，留下一首《绝命辞》："留此旬日死，少存匡济意。决此一朝死，了我平生事。"绝食而亡，以身殉国。此后，他的许多弟子也纷纷跟随着先生，有的投江，有的绝食。

"贞松标于岁寒，忠臣亮于国危"，刘宗周和大批文人的离去，让整个绍兴城陷入了低迷，但"捐躯赴国难，视死忽如归"的民族气节却在那一刻被推向了顶峰，深刻影响着后世子孙。

令人欣慰的是，刘宗周生前开创的蕺山学派并没有因此中断传承，清初大儒黄

■ 蕺山学派

宗羲、陈确、张履祥等都是这一学派的传人。其中属黄宗羲与陈确最有影响，黄宗羲发挥刘宗周的本体论哲学思想，在《明夷待访录》提出许多社会改革的思想。陈确则发挥师说，提倡"事事求实"的学风，从人的自然本性出发考察人欲的合理性，提出"天理正从人欲中见"。在恩师刘宗周的感召下，蕺山学派的学者们以文人之力为时代的发展贡献自己的学术力量。

四 教育救国担使命

　　蔡元培的老师王懋修是刘宗周的崇拜者之一，因为十分敬仰刘宗周，平日里常会给学生讲起那段历史。深受老师的影响，蔡元培也被刘宗周深厚的学术造诣和高尚的爱国情操深深打动。

　　与刘宗周境遇相仿，蔡元培所处的时代也不太平。鸦片战争后，西方列强对中国的侵略逐渐加深，中华民族危在旦夕。1898年，"戊戌六君子"血洒北京菜市口的噩耗更是深深刺痛了蔡元培。看到国家深陷内忧外患，他意识到知识和人才才是一个民族兴旺的根本，重视教育或许是国家转危为安的一线希望。于是，他义无反顾地踏上了教育救国、学术报国的道路。

这样的一种志向

■ 蔡元培故居

　　在绍兴的中西学堂任校长期间，蔡元培开始尝试改变传统教育模式，不仅聘请外籍教员，还增设外文、物理学、动植物学等与世界近现代教育接轨的科目。这次尝试也为其之后在担任北京大学校长期间，提出"思想自由，兼容并包"的学术思想奠定实践基础，这一学术思想也成为他主持北大教育工作的重要指导思想和办学原则。在新观念的引领下，一批具有新文化、新思想的代表人物进入北大，北大因此而成为中国思想活跃、学术兴盛的最高学府。

　　不拘一格的教育模式唤醒了沉睡中的绍兴，兼容并包的教育思想为绍兴吹来了清新的风气。在蔡元培等人的推动下，以中西学堂与北京大学为代表的新式学校为国家培养了大批人才。新人才的出现促进了新思想的涌动，新思想的传播也为中华民族的复兴带来了源源不断的生机。

五　中国故事传四方

从小在老街长大的丁立清，或许从没想过自己有一天会带着原创动漫作品——《少年师爷》走出国门，亮相于各大国际电影节。更不承想自己的动漫作品能作为外国学生学习中国文化的媒介，在全球孔子学院数字图书馆播映。而这看似不可能的一切，都源于儿子的一个举动。

那段时间，每天下班回家，他总会被儿子送上一份"大礼"——一顿拳打脚踢。在一段时间的观察过后，郁闷的丁立清找到了儿子暴力行为的来源——动画片。那晚，他担心得难以入眠。丁立清知道一部优秀的动画片能够激发孩子们的创造力和想象力，但是未曾想过一部劣质的动画片，对心智还未成熟、善于模仿的孩子们来说，会有如此严重的危害。那一刻，丁立清下定决心放弃自己原本从事的服装行业，立志依托家乡的文化，为孩子们制作一些健康向上的动画。

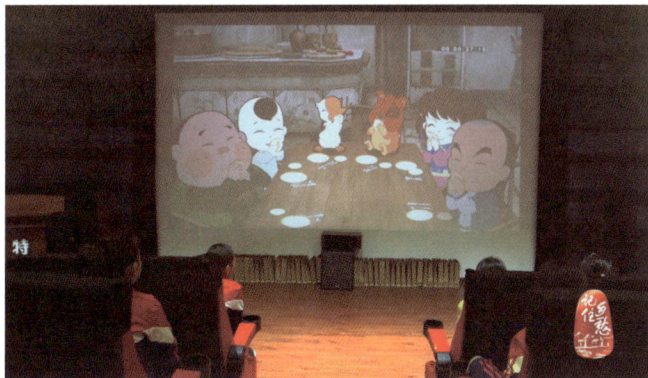

■ 孩子们在观看《少年师爷》动画片

但隔行如隔山，这期间十分艰辛，在经历无数次推倒重来之后，很多亲朋好友劝他放弃，继续做服装生意，但丁立清却异常坚定，为了孩子们的未来，即便倾家荡产，也要坚持到底。

■ 孩子们在《少年师爷》影响下健康成长

功夫不负有心人，在10多年的坚持和付出后，丁立清打造的《少年师爷》动画片凭借"家长放心，孩子开心"的良好口碑，走出了国门，传扬了绍兴文化，也带动了当地文化产业的发展。

如今，《少年师爷》已经出品了300多集。动画片中涵盖的绍兴民间故事、品德塑造、生活小常识等丰富内容深受孩子们的喜爱。但《少年师爷》的成功，并没有让丁立清停下脚步。剖析中国汉字结构，讲述中国文字故事的《汉字小精灵》；讲解中医知识，传播中药文化的《神医小知己》在丁立清团队的制作中相继问世……这些优秀的原创动漫背后呈现出的不仅是敏锐的文化嗅觉和新颖的创新思维，更是像丁立清这样的老街人对新一代成长的守护和对文化传承使命的担当。

不论是文人大家舍宅正心的故事，还是往圣先贤清正为民的佳话，都深深影响着一代代老街人在为官做事、经商做人中坚守正道，而这流传千百年来的老街精神也成为这座古城愈发繁华兴盛的永续动力。

编　　导：李金燕
撰 稿 人：高钰霞
指导撰稿：王利花

潮州太平街

勇者不惧
天下太平

　　坐落于广东省潮州市古城中心的太平街义兴甲巷历史文化街区，面积约 1.4 平方公里，总长 1900 多米的主街与 50 多条巷弄纵横交错，形成了一个方块形格局，伴随着奔流不息的韩江水，走过了 1000 多年的时光。

　　太平街之所以得名，缘于这里曾出土过一块刻于元代的石碑，碑身上镌刻着"太平"二字。虽然石碑从何而来、为何而立，已不可考，但向往太平的美好愿望，却始终深藏在老街人心中。历史上，为了谋求家园的安宁、天下的太平，无数老街人把生命和鲜血留在了这片土地上。

记住乡愁　第五季（17）
潮州太平街——勇者不惧 天下太平
大地变得畅然清晰

■ 太平街俯瞰图

时光流淌，岁月洗刷着这里的一切，却洗刷不掉已经融入老街人骨子里的勇敢与拼劲。

一　一座牌坊一殊荣，一里长桥一里市

潮州自古多牌坊，历史上潮州城共有牌坊103座，其中太平街上就有43座。老街的牌坊无论在种类上还是数量上，都堪称"中国之最"。四季轮转，时光易去，如今的老街只保留下24座牌坊。一座座古朴庄重的石牌坊整齐有序地排列在街道上，它们不仅承载着这方水土的历史与文化，更如同脊梁般支撑着老街从历史走到现在。

每一座牌坊都有它的意义与价值，或赞扬功名，或歌颂忠孝仁义，

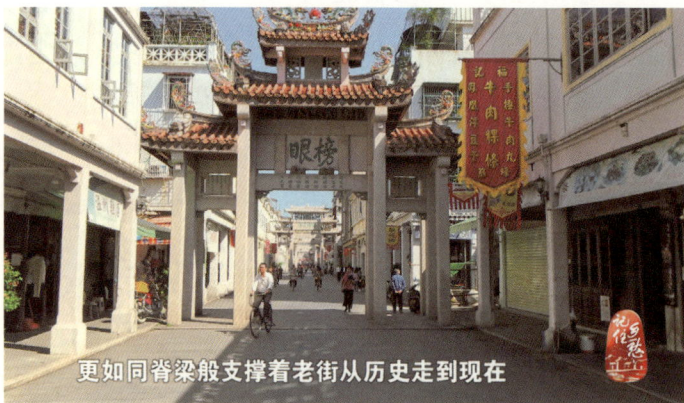
更如同脊梁般支撑着老街从历史走到现在
■ 牌坊

或表彰科举及第。牌坊上的文字，镌刻的是人生，阅读它们，就仿佛在阅读一部简明的潮州文化史。"三世尚书坊"是明万历年间的尚书林熙春所建，林熙春曾不顾个人安危，以一人之勇劝降叛军；"大理少卿坊"是为了表彰明大理寺少卿吴一贯经略边务、规划建造八达岭长城的功绩；"状元坊"则是为了纪念明嘉靖年间的状元林大钦，他20岁时便一举夺魁，成为潮州本土培养出来的唯一一位文状元；"木天人瑞坊"是清乾隆年间为纪念中国历史上"最年长的进士"刘振起所建，他17岁就考中秀才，但考了70年才考中举人，88岁才考上进士，皇上被他坚持不懈的精神所感动，将这座牌坊赐给他；"少司马"是为明代翁万达所建，他带兵4000，击退了10万元兵。文能提笔安天下，武能上马定乾坤。数百年来，潮州人勇者不惧的大情怀、大气魄都深藏在这一座座

牌坊中，它们纵贯古今，激励着一代代老街人。

牌坊记录着文化的延续，老街上的古桥则展示着人们的勇气和智慧。坐落在老街东部的广济桥，始建于南宋乾道年间，总长 500 多米，由梁桥、拱桥和浮桥三种不同类型的桥组成，是一座可分可合的活动石桥，是世界上最早的启闭式桥梁。广济桥的建成既方便了两岸百姓的往来，也成为了当时潮州通向闽浙唯一的陆路要道。它自古就有"一里长桥一里市"之称，当地的老百姓在桥上的亭台楼屋做生意，无论是柴米油盐酱醋茶，还是蔬菜瓜果衣鞋帽，桥上都可以买到。

老街上的古桥则展示着人们的勇气和智慧

■ 广济桥

那时，天南海北的客商，载着家乡的货物，从广济桥进入太平街进行贸易；老街人也载上陶瓷、茶叶到各地去售卖。四季更替，循环往复，他们用拼搏的双手，让老街日益繁华，也让整个潮州城充满了勃勃生机。如今，广济桥已成为老街旁的一景，游客络绎不绝。每天傍晚，这些浮桥就会被拆开，以便通航，形成独特的"过河拆桥"的景观。

（二） 视死若生佑国土，烈士之勇袭后人

历史上，太平街一直是潮州府的中心，许多名门望族都选择在此居

住，他们在老街上修建起无数深宅大院和一栋栋精美绝伦的家族祠堂。南宋名臣王大宝的故居就在这里，他的祠堂位于老街北部。

身上承袭着潮州人坚毅果敢的性格

■ 王大宝像

王大宝的身上承袭着潮州人坚毅果敢的性格，他在朝堂之上始终襟怀磊落，不趋炎附势，担任右谏议大夫时，曾不惧威胁利诱，秉公执法，查处了4名宰相级官员，名震朝野。隆兴年间，金兵大举南下。主和派以南宋刚建立为由，要求减少军队数量，力主议和。王大宝反对这样的做法，认为只有征税征兵来加强国防，南朝才能强固。宋孝宗没有听从王大宝的建议，和金国签订了屈辱的《隆兴和议》，割让一部分土地给金国。愤怒的王大宝多次冒死觐见，怒斥议和的懦弱行径。他的大胆建言，受到了主和派的连连攻击，也激怒了皇帝。他被迫告老还乡，直至生命最后一刻也没能实现收复国土的夙愿。王大宝的爱国热忱为后人所敬仰，理学家朱熹称赞他为"一代正人"。老街人为了纪念他，修建起一座"秋台坊"。如

元军一路南下 攻打潮州

■ 抵抗元军的城墙

今，这座牌坊依然屹立在太平街上，启迪后世子孙。

南宋末年，元军一路南下，攻打潮州。那时，南宋已处于亡国边缘，在没有任何朝廷军队驰援的情况下，守城将领马发率领为数不多的士兵，在老街东侧的城墙上与元军展开激战。国破家亡之际，本可以逃离的老街人却无一人离开，他们自发地组织起来，跟随马发一同抵抗元军，将家里的菜刀和所有能用来攻击的东西都拿出来，甚至在最危急的时候还将房屋拆掉取砖头来抵挡元军。这些举动体现了老街人与潮州城共存亡的决心，所以元军历时4个多月，都没能撼动这里的一切。

久攻不下之后，元将唆都恼羞成怒，调集更多元军，把潮州城围得水泄不通，把老街人逼入绝境。马发带领仅存的100多个士兵抵挡十几万元兵，坚持了整整三天三夜，最后以身殉国。100多人对抗十几万敌军，老街人的骁勇撼天动地，屹立在老街上的"忠节坊"，时刻提醒人们不仅要铭记为家国安定献身的老街人，也要把老街人的忠勇气概世代相传。

三　劈波斩浪渡远洋，风乘万里去复来

清代，太平街所处的潮汕地区由于人口增多，粮食短缺，老街人为了生存，搭乘"红头船"远渡重洋，到世界各地去打拼。凭借着一份敢闯敢拼的胆量，和一声亲切的"家己人"，让他们在海外相互团结，共同发展。"洋船到，猪母生，鸟仔豆，缠上棚。"一首朗朗上口的当地民谣，唱出了老街先人们外出拼闯的辛酸和不易。

如今，在太平街，有一半以上居民的先辈们，都曾到南洋去谋生。下南洋的过程有着"三死六留一回归"的说法，白手起家的潮

硬是在海外闯出了一片天地

■ 下南洋"三件宝"：市篮、纸遮和浴布

143

在沧桑中积淀

■ 如今的太平街

州人凭借着"商者无域"的商人之勇，踏上凶险万分的道路，硬是在海外闯出了一片天地，让"潮商"这个称号享誉世界。住在太平街70号的李炳炎的家中还收藏着不少先辈们下南洋时用的老物件。其中市篮、纸遮和浴布是早期潮州人下南洋的"三件宝"，3件简便的行李不仅是先辈下南洋时的宝贝，也是无数后辈宝贵的财富，它们代表着不惧艰难的勇气，传承着敢闯敢拼的精神。几百年来，无数的老街人凭借着这份过人的勇气和精神，下南洋闯五洲，不断地为老街拼出新的辉煌。

如今，散居在世界各地的潮州华侨达到了2000多万人，与一个潮州市的人口相当。对于他们来说，广济桥、太平街就是他们魂牵梦绕的心灵坐标，虽然身在海外，却从没忘记家乡。历史上，出外闯荡的潮州人，用一封封"侨批"（方言，指家书）寄回对家人的思念，也把辛苦积攒下来的财富寄回家乡，赡养亲人的同时也不忘捐资助学、扶贫济困。潮商的扶持，老街人的拼搏，两者相互促进，使太平街得到了新的发展。

四　凿险缒幽寻真知，不惧权威撼古今

富足的生活滋养着老街文脉的兴盛，一批批文人贤士相继涌现，其中

144

享誉海内外的一代国学大师饶宗颐就是老街人。人们赞誉他经史子集、诗词歌赋、书画金石，无一不精；甲骨秦简、梵文巴利、希腊楔形，无一不晓；业精六学、才备九能、已臻化境。

1917年，饶宗颐先生出生在太平街下东平路的饶家大院。他的父亲虽是商人，也爱好读书藏书。饶先生从小在父亲的耳濡目染之下，博览群书。知识的熏陶和牌

也爱好读书藏书

■ 饶宗颐先生像

饶宗颐生前资料

学贯古今 通晓中西的一代大家

■ 饶宗颐先生

坊文化的影响，让他的身上同时具备了文人的才情和勇者的血性。

饶宗颐20岁那年，在研究史料的时候，一段记载引起了他的怀疑。他觉得记载海阳向朝廷进贡大蟹的史料存在错误，因为潮州建制是在晋朝。包括潮州明代知府主持编修的《潮州志》，也引用了这个说法。为了弄清史实，饶宗颐查阅了大量古籍资料，通过各项考证，发现进贡螃蟹的海阳，其实是江苏常熟的一个海阳县，并非潮州，是古人将其混为一谈了。为纠正错误，饶宗颐写下了《古海阳考》这篇文章，文章发表后立刻引起了学术界的轰动，很多学者在进行深入挖掘后，都纷纷赞同饶宗颐的观点，并把错误的史料一一改正。

古代文人的精神，不仅在于挥笔如刀、为国为民，也在于以严谨的姿态求证学问，勇于勘正谬误，还历史以真相。如今，潮州人在老街上建起一座饶宗颐学术馆，激励后人要像老先生一样，读书丰富人生，并且在关键时刻，保有一份勇往直前的处世态度。

五　千磨万击还坚劲，古今自有潮州人

"云横秦岭家何在？雪拥蓝关马不前。知汝远来应有意，好收吾骨瘴江边。"唐代文学家韩愈被贬，初到潮州的时候，写下了这首《左迁至蓝关示侄孙湘》。古时的潮州，三面环山，一面临海。耕地面积不足，百姓苦不堪言。为了求得生存，人们不得不向大海讨食。在波涛汹涌的海面上，当地先民们必须以生命为代价，与惊涛骇浪搏击，才能有所收获。

恶劣的环境、贫苦的生活，随着韩愈的到来，得到了改变。韩愈为官期间，在潮州大力兴修水利，把中原先进的耕种技术传授开来，让百姓过上了安居乐业的生活。他还大兴文教，复办州学，起用乡贤为师，为潮州开启了一方文脉。从唐代到宋代，短短100多年的时间，潮州的经济达到了空前繁荣。这里的登科进士也从唐代的3人，激增到172人，成就了"海滨邹鲁"的美誉，太平街也渐成规模。现在潮州人依旧对韩愈怀有感激之心，为纪念他专门修建了韩文公祠。

■ 韩愈像

日月浮沉，光阴逝去，先辈们一幕幕视死若生、坚韧不拔的故事还在老街上世代传唱，影响着后人。前中国跳水运动员林跃也是老街人，他从小练习跳水，获得过两次奥运冠军。许多人都觉得他的"冠军路"是平坦且顺利的，实则不然，他

■ 林跃（中）与家人

是食客们最钟情的味道

■ 潮州小吃咸水粿

付出过无数汗水，克服过重重困难。在 2012 年奥运会上，他就失误了，创造了中国跳水队男子运动员历史最差的一个成绩。反反复复的伤病造成的身体上的痛苦和没有取得满意的成绩带来的精神压力，让他无比灰心，甚至想过放弃。但他仍选择坚持下来，"我觉得我不能轻易放弃，我可以输，但是我不能输得不明不白。"在 2016 年的里约奥运会上，他又重新站上了最高的领奖台。时隔 8 年，再次夺冠，证明了他一切的努力与坚持都是值得的。家乡的文化给了林跃追逐梦想的勇气，先人的英勇给了林跃勇敢前行的动力。

今天的太平街繁华依旧，不仅有精美的牌坊和古桥，义井巷、兴宁巷以及甲第巷中的 100 多座民居也是粤东地区最典型、保存最为完整的明清古建筑。商业街则保留着民国年间的风格，老街人在骑楼下开着商铺，店里琳琅满目，鸭母捻、咸水粿等地道小吃，是食客们最钟情的味道。泡一壶好茶，尝一道名吃，品一方文化。在潮州人心中，太平街就像是茶客手中的老茶壶，时间越久，越让人眷恋。

编　　导：李金燕
撰稿人：毕文林
指导编撰：王利花

147

自贡仙市老街

吃得咸
看得淡

老街诞生于四川省自贡市沿滩区，依河所建，塘荷街、釜溪河、自富路、仙和街据其四角方位。"因盐而生，因商而兴"——仅八字便将老街的"因缘际遇"高度凝练，其诞辰之年可追溯到隋朝。

太阳初升，熙熙攘攘的石板路上，杂乱无章的足迹迎接着每日的朝阳，老街两旁川南风情依旧的商贸建筑、气势恢宏的宫观庙宇在喧嚣的俗世中自成清流。形形色色的店铺茶馆，琳琅满目的百货商品，街头卢家兄弟的铁锤，刘大姐的缝纫机，街尾冯大哥的祖传杂糖，在丝缕阳光照耀的清晨中散发着历史今朝的光芒。

■ 仙市老街全貌

一　淡劳苦，重承诺，守繁华

老街的繁华始于自贡井盐的运输。东汉时期，第一口盐井——富世盐井应运而生，自此，开凿盐井成为盐工历代传承的工作。随着开凿数量的增多、深度的延伸，各地盐绅商贾慕名而来，促进了老街的繁荣发展。

老街的盐工们押运着一整船盐从仙市出发

■ 船运井盐

繁华之景尽收眼底，"四街一巷""五庙三坊"纵横交错，盐的故事口耳相传，千年不息。据说，老街的盐工们在一次运输井盐的途中恰遇狂风暴雨的侵袭，为了避险，他们将船停靠在附近集镇的码头。由于恶劣天气的影响，此镇盐货紧缺，避险的盐工们便成了客商眼中的"香饽饽"。客商高价收购的诱人条件令人心痒难耐，在暴富的利诱中，分歧冲突产生，盐工们各执一词，激烈的争论声中，一句"炒菜放一勺盐是美味，放一碗还能吃吗"点醒众人，最终幡然醒悟，选择坚持本心、重诺守信。待到雨过天晴，再次起航，不惧险阻，风雨兼程，赶在最后期限成功交货。

自此之后，"吃得咸，看得淡"成为盐工不忘本心的警语，也成为老街传承千年的盐商精神。盐孕育了"有盐却不咸"的仙市老街，而盐商精神滋养了吃苦耐劳、豁达淡然的老街人。斗转星移，沧海桑田，不褪色的墨书写着千年"盐都"的物是人非、时过境迁，一代又一代的老街人秉持着"咸淡精神"历经了千年时光，不畏苦、不畏难，不牟取暴利、不急功近利，用劳动和汗水世代经营着得天独厚的盐运资源，共同守护老街的历代繁荣。

二　淡名利，守本心，求图强

淡泊二字，提笔四点一撇，笔笔清晰明了，简单易写，但将其奉为圭臬，然后终生践行，又谈何容易？老街因盐商延续了数百年的繁荣，造就了老街人生活的富庶、眼界的开阔。暴利并没有熏心，老街人依旧恪守本心，将"咸淡"精神代代相传。

清末，西方列强将中国视为一只待宰的羔羊。内忧外患之际，救亡图存的新思潮深刻影响着各阶层人民，在老街生活长大的宋育仁也在其影响下成为维新派改革的坚定支持者。初进朝堂为官的他，便遭到了同朝保守派官员的排挤，尤其为掌管翰林院的徐桐所不喜。徐桐几次在公开场合言语斥责，将"妄生事端"的帽子扣在他头上，对他的"异想天开"也抱着不屑一顾的态度。究其根本，还是因为他支持改良的主张，但宋育仁从未将这些放在心上。

政见相悖意味着宋育仁的官道不会平坦，官涯不会顺利，所提的政治见解必然会遭到驳斥和反对。作为官场新人，在老谋深算、深谙此道的朝臣前辈面前，应对起来难免相形见绌。但争名夺利并不是他入朝为官的初衷，同僚前辈的攻击和排挤，并没有动摇他坚持图强的本心，朝臣同僚的阻力亦不

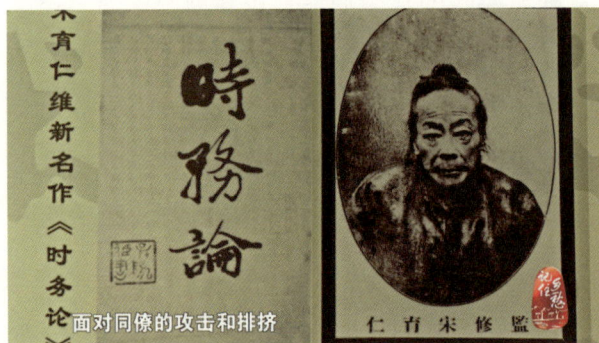

■宋育仁维新名作《时务论》

是他就此放弃的借口，在"言语暴力"中，他依旧心无旁骛，潜心著作《时务论》，将救亡图存、实现国家富强作为己任。

之后，他退出朝堂，回到家乡四川，创办了《渝报》《蜀学报》，宣扬西方先进的工商业法规和教育制度，将老街传统的家族式私塾改办成新式学堂，命名为"育仁学堂"。育仁学堂的新生进一步传播西方先进思想，启迪民智，促使更多仙市人享受到新式教育。在他的影响下，四川各地纷纷效仿创办学校，自贡盐商们亦认识到教育的重要性，筹资修建了蜀光中学，为千年老街的传承发展注入了新的活力。

"非淡泊无以明志，非宁静无以致远。"老街人始终将"淡泊名利"奉为圭臬，不忘初心，坚定志向不动摇，以己之力，共同奉献于实现思想解放、国家富强。

三 淡得失，秉良心，纾国难

"家国一体"，每个小家都是一个大国最坚强的后盾和依靠，国家危难之时，小家的团结能够化为大国冲破桎梏的强大力量。正如盐商王德谦所说的："家难大不过国难，国事如斯，安忍自利，出钱出力，一本良心。"

因为战争全面爆发，沿海一带相继沦为"炼狱"，海盐供应通道受到破坏。国难当头，老街人开凿新井，将井盐替代海盐作为重要的抗战必需品，通过仙市码头运往各地，以自己的微薄之力，纾解国难。此后，井盐成为支撑全国军需、民食的主力。

到了抗战的关键时期，资金成为短板和必需，于是，将领冯玉祥在自贡开展了"节约献金救国运动"筹集资金，鼓励自贡百姓捐款。王德谦得知这一消息并没有犹豫，也没有大张旗鼓，悄悄将1400万元和数百万元谷子尽数捐出，打破了全国捐款的个人纪录，却坚持不接受奖励和表彰。

冯玉祥因捐款一事深受感动，亲自到王德谦家中拜访。作为富甲一方的盐商，王德谦并不像世人印象中的商贾那样过着锦衣玉食的生活，其家中情景令人惊叹。当时的他并没有住在街市，而是住在一座小山上，没有精致的院景，没有宽敞的房间，住的是再普通不过的老旧房子。虽然没有精心的装饰、体面的家具，但也干净整洁，5 间房还不算拥挤，可是倾斜的墙体掩盖不了"危房"的现实。他有 3 个孩子，不像健康的同龄孩子那般白净，个个面黄肌瘦，一看便知是营养不良。很难想象这是一位盐商的家，过着如此俭朴的生活。可见，钱财于他而言乃身外之物，在国难面前，轻于鸿毛。

深受感动的冯玉祥亲自拜访

■ 王德谦旧宅

王德谦的爱国捐赠行为带动了众多自贡百姓，推广了"献金行动"，人们不约而同地赶到"献金大会"的现场，毫不吝啬地捐出钱财，"聚沙成塔"，一座小城由此创下了 20 多个全国献金纪录，为抗战提供了有力的物质支撑。除此之外，盐商们自觉主动缴纳盐税，不拖不欠，累计达到了 20 多亿元，维持了前线军费的巨额开支。

岁月如梭，老街精神薪火相传。老街人将爱国情延续千年，与国共渡新冠疫情大关。面对突如其来的"生命大考"，每一位中国人民都不能独善其身、置身事外，老街人亦然。在习近平总书记系列重要讲话精神指引下，老街人因势利导、精准施策，结合当地实际情况"对症下药"，与疫情展开一场激烈的"持久战"。

疫情防控迫在眉睫，自贡人以切实行动响应党中央的号召，党员领导干部带头捐款，以自己的绵薄之力，支持疫情防控工作，宣传防护知识，从源头上遏制不实言论，提供防控物资，助力复产复工，维持社会秩序，举全区、县之力奋战一线，共守家国。

在国家利益面前，老街人舍弃自身利益，不计个人得失，奉献财物渡国难，体现的是秉持良心的责任与义务，映照的是赤诚的爱国情，彰显的是民族大义重于泰山、为之倾尽所有的民族气节。

（四） 淡金钱，守初心，传技艺

走进仙市老街，大道小巷散发着美食的香气，充斥着令人向往的生活气息。传统手工艺品吸引了人们的目光，脚步不由自主地慢下来，比好奇心更快一步地走进小店停驻流连。

其中，值得一提的是非物质文化遗产——龚扇。龚扇扇面薄似蝉翼，柔似绸缎，光滑如凝脂，堪称"蜀中名扇"。如今，龚扇技艺已传至第五代。为了能让龚扇继续传承发展下去，第五代传承人龚倩招收了许多徒弟。刚入门的徒弟只能制作最简单的竹编，相较起精致的龚扇，这些竹编就相形见绌，很难有销路。为了能让大家有信心坚持下来，龚倩自己出钱买下这些竹编，贴补他们的收入。

手艺人稀少，龚扇的制作要耗费不少时间，容易造成供不应求的情况。有人建议说，利用现代机器压缩编制周期，提高产量、增加收入。但是龚倩将父亲的告诫教导一直牢记于心：一定要守得住清贫。因此，她毫不犹豫地拒绝了。龚扇最重要的特点便是轻薄，这不是用机器能够达到的，必须用手工才能精益求精，体现传统技艺的价值。

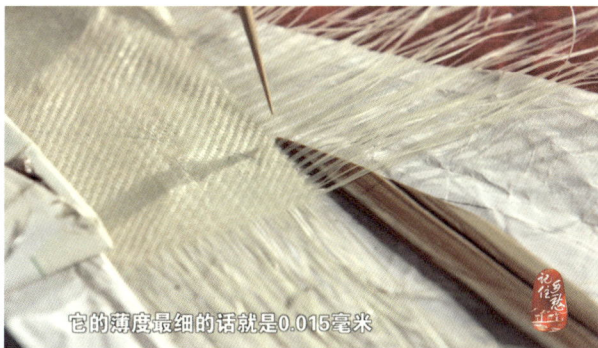

它的薄度最细的话就是0.015毫米

■ 龚扇技艺制作

它的薄度最细的话就是0.015毫米

■ 龚倩（右二）和她的徒弟制作龚扇

在老街，同龚倩一般的传承人还有很多。扎染传承人张宇仲历经挫折，始终坚守着对扎染技艺的热爱。最初，在印染车间设备出现故障时，他主动承担责任，尽管故障的出现同他没有任何关系，他还是因此被免去职务。作为工厂中扎染研究的先行者，被免职后，许多同事接连上门拜访求助，他每一次都欣然答应，无偿提供设计画稿。生活的清贫并没有改变张宇仲的初衷，在设计人员缺少

■ 张宇仲设计画稿

的情况下，十几年如一日地将画稿送至工厂来维持生产。名誉得失，张宇仲并没有看得很重，在他心里，扎染工艺的传承和创新才是首要的，在他的努力下，扎染艺术成为非物质文化遗产，站上了世界文化的舞台。

传承人的所思所为，依旧是将老街千年的"咸淡精神"一以贯之，淡金钱、守清贫。对于他们而言，能将优秀的传统技艺传承下去、将宝贵的文化遗产留住才是最重要的。

千年的岁月似乎并未给老街留下太多沧桑的痕迹，古朴的风貌被完整保存，喧嚣繁华之中透露着质朴淡然的气质，吸引着越来越多的游客。熹微的晨光中，老街独自闪耀，"吃得咸，看得淡"的传统延续着生命，像是日出东升后的阳光，洋洒在每个仙市老街人的心田，同样也滋养着来到老街寻幽访古的每一位游人。

编　　导：郭宗福
撰稿人：吴梦洁
指导撰稿：王利花

　　东阳，位于浙江省中部，是一座历史悠久的城市。在东阳市中心，东至树德路，南至吴宁东路，西至艺海路，北至环城北路，坐落着一片面积达 0.28 平方公里的古朴建筑群，这就是卢宅老街，这条老街已有 800 年历史。南峙笔架山，北枕东阳江，这片古色古香的建筑群落历史上曾是卢氏家族的聚居地，"卢宅老街"也由此得名。一座座古朴的门楼牌坊巍然耸立，被风霜打磨的字迹诉说着 800 年的历史变迁；一条鹅卵石铺就的街道贯穿东西，街道旁热闹的商铺描绘了卢家后人如今的幸福生活。

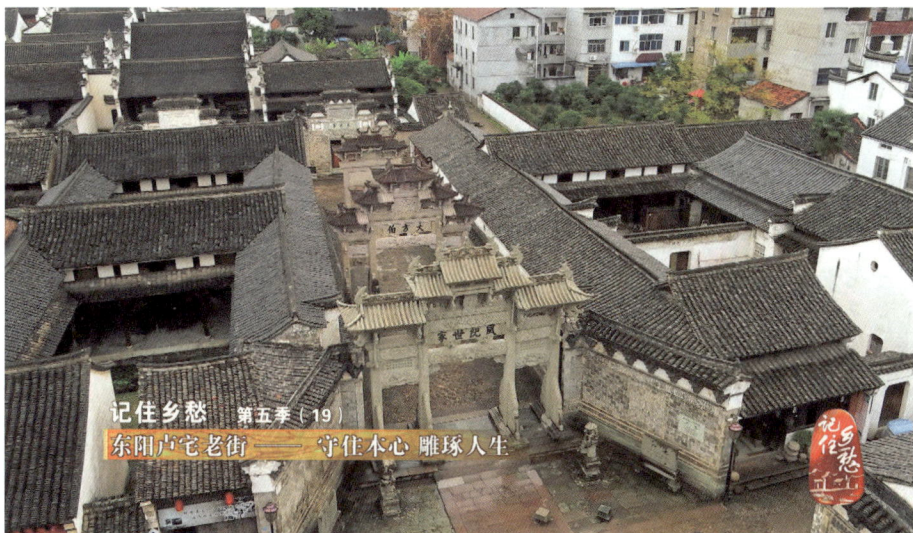

■ 卢宅老街俯瞰

155

虽然这条老街叫卢宅老街，但卢家其实并非当地家族，而是迁徙至此地的家族，一砖一瓦都靠自己的双手挣得，一米一粟都清清白白。卢家的兴旺发达在于凭本事吃饭，故而卢家留下了"养德器、端心术、肃威仪"的祖训，数百年来，代代相传。

一　养德器，友邻舍

虽然如今老街居住着数以千户的卢氏后裔，但卢氏是南宋初年才由河北涿郡迁至东阳雅溪，当时这里已经居住着腾氏、何氏等望族。初来乍到，卢氏先祖只能居住于偏僻的山脚下。有一日，何家人请来戏班，乡邻纷纷赶来凑热闹，卢家的小孩儿也跑到戏台前嬉闹。面对此景，何家人十分不满，自己出钱请人唱戏却只能坐在后排，于是把这几个卢家小孩赶了出去。卢家几位年轻气盛的小伙子听闻此事，大为恼火，怒气冲冲地要去与何家理论。然而，卢家的长辈们不仅拦下了他们，还狠狠训斥一番，"别人的东西就是别人的，做人的本分就是靠自己的辛苦努力"。这番教诲就是卢氏家训的起源。后来，卢氏先祖在祖训中立下"养德器、端心术、肃威仪"九字箴言以训诫后人。

此后卢家人发愤图强，凭借自己的辛勤挣来了偌大的家业，然而卢家先祖依然教育后辈要以德为本、以和为贵，兢兢业业耕耘。所以

被誉为"国之瑰宝"的东阳木雕

■ 老街牌坊

一次 何家请来戏班

■ 戏班唱戏

每当卢家人请戏班唱戏时，都要求自家人坐在后排，把最好的前排让给乡邻。此后不仅乡邻们称赞卢家胸襟宽广，何家也自惭形秽，最后搬离了此地。随着时间流逝，卢家不仅没有衰微，反而日益兴盛，到明代，这里已然形成了以卢宅为中心的老街。

时至今日，每一代卢氏族人都秉承卢家家训，踏实肯干，敦亲睦邻，以和为先。"腹中天地宽，常有渡人船。"卢家人用他们海纳百川的胸襟与脚踏实地的耕耘将这一古语践行到极致。修身养性，以勤劳为本；端正心术，走方正之道。

（二） 端心术，不贪宝

中华民族一直传扬的美德之一就是拾金不昧。"行道皆知，有子何如无子寿；不贪为宝，还珠正是得珠人。"这是卢宅老街入口处的还珠亭上的一副对联。在卢宅老街也有这样的一则口口相传的美谈。

元末，卢宅老街有一个普普通通的农民，叫卢岘民。一日清晨，他在通往农田的路上捡到了一个包裹，里面有价值千金的珠宝，这样的财富是一个面朝黄土背朝天的农民不敢想象的。但是卢岘民却没有因为这千金珠

■ 还珠亭

宝产生半分动摇，他坚持站在原地等待失主返回寻找包裹。过了许久，他才等到了这位"姗姗来迟"的失主，失主十分感激卢岘民路不拾遗的行为，因为这份钱财对失主极为重要，是其为救父亲而变卖家产的全部所得。为了感谢卢岘民的拾金不昧，失主坚持要分一半的钱财给卢岘民，卢岘民坚辞不受，就这样，卢岘民用他的诚信和坚持赢得了失主的尊重，也为卢家的匾额上增添一抹金色的光辉。多年之后，失主为了感谢卢岘民，便在老街的入口处修建了一座供工人休息的"还珠亭"。

沧海桑田，如今的还珠亭已经饱经风霜，岁月消磨了它曾经的光彩，但是每当人们走过这里，便会想起先祖的教诲。莫贪意外之财，牢记做人本分，是百年来卢氏族人必须恪守的准则。

诚为本，信立身。诚信是中华民族的传统美德，也是社会主义核心价值观的重要组成部分。诚以做人，信以立身，固守本心，德以修身。卢氏先祖们以自身为杆，为后世族人扬起猎猎红旗，即便是几百年后的今日，这祖训依旧振聋发聩，发人深省。

春夏秋冬，年年岁岁，还珠亭屹然矗立在这片古老而祥和的土地上，传承一方文脉，警醒代代后人。

三　勤耕读，建书院

东阳自古以来就有"兴学重教、勤耕苦读"的传统，朱熹、吕祖谦、陆游等都曾来到东阳讲学传道。卢宅老街上也坐落着一座古老的书院——岘峰书院。这座书院始建于明代，曾是卢氏人藏书、教学的地方，历史上，卢氏一门八进士二解元都曾在这里学习，明代大家文徵明也曾在此讲学授课。

岘峰书院的由来与卢氏四兄弟相关，至今仍为当地人所津津乐道。明洪武年间，老街上有一位姓贾的寡母，独自养育4个孩子。平日里，她以一碗霉干菜下饭，一袭土布衫着身，苦心积攒钱财，送孩子上山读书。

一天下午，母亲带着干粮上山看望孩子，却被教书先生告知，4个孩子吃完午饭后就离开了，始终未归。母亲急忙下山寻找，发现他们竟然在水潭边玩耍。母亲非常生气，狠狠地训斥了孩子们一顿。在把他们送回学堂的路上，不慎摔了一跤，母亲却也不生气。但是孩子们觉得很内疚，向母亲跪下道歉。母亲没有责备孩子，而是

在山上读书的四个儿子

■ 母亲的灯笼照亮卢氏四兄弟读书成材之路

告诫他们，做人做学问，要踏踏实实，像登山一样，一步一步走扎实。

此后，每到傍晚，这位母亲就在自家的屋檐上，挂出4盏灯笼，风雨无阻、四季不断。夜幕降临时，在山上读书的4个儿子，便会看到老街上那隐隐约约的灯光，仿佛母亲那殷切、期盼的目光，激励着他们发奋读书。一分耕耘一分收获，孩子们长大后都有所建树。卢氏四兄弟中两位官居要职，大儿子卢华侍读东宫，宜修《永乐大典》；二儿子卢瑞，官至都察院右副都御史，一生廉洁奉公，传为佳话。其余两个儿子在家创业，苦心经营，置田产数百亩，建房屋近百间，成为东阳屈指可数的富裕人家。

后来，老街人在四兄弟读过书的地方，办起一座岘峰书院。方圆几十里地的学子纷纷慕名而来，在此读书识字。直到今天，这里依然定期开班，教授儒学经典。每逢假期，便能听见岘峰书院中传来的琅琅读书声。

千年历史的长河中，每一位学子都传承着勤学好问的美德，在如今这个世界文化相互交融冲击的时代，我们每一位中华儿女更应该肩负将中华传统文化发扬光大的使命。

四 肃威仪，琢百木

卢宅老街上最为著名的建筑便是卢宅，是东阳市最具代表性的建筑

是一座熔东阳木雕与彩绘艺术于一炉

■ 卢宅

■ 东阳木雕

群落。栩栩如生的雕刻错落有致地分布在门楣、厅堂之上，精妙绝伦的彩绘为卢宅更添了几分惊艳。卢宅更为讲究的是它的格局，从门框远眺是笔架山峰，表示对教育的重视；方正、规整的布局寓意做人要品行端正；每个房头都有一个核心建筑，以此彰显家族荣耀，增强整个家族的凝聚力和向心力。

从集东阳木雕和彩绘艺术于一体的卢宅到雕刻着忠孝节义典故的肃雍堂，再到街道两旁质朴的铺面，都彰显着这条享有"百工之乡"美名的老街的精湛艺术。东阳木雕已有上千年历史，秦汉时期就有相关记载。唐代，东阳木雕开始闻名于世，及至明清，东阳木雕成为中国四大木雕之首。北京的故宫、杭州的灵隐寺，以及许多传统建筑的建造过程，都有东阳匠人的身影。如今，仍然有东阳人传承这份千年历史的手艺，他们不为名利所惑，在雕琢中固守本心，延续工匠精神。

已成为国家级木雕大师的吴腾飞仍然记得做学徒时师父的教诲：要么不学，要学就认真学好，人一辈子认认真真做好一件事就足够了。这份嘱托让吴腾飞无论面临怎样的环境都持守一名木雕匠人的本心。有一年，吴腾飞带领团队承接一项传统建筑的修复工程，修复过程中，他偶然发现老宅中用来支撑屋顶的"牛腿"的内部已经出现腐烂。"牛腿"是传统建筑中很关键的一个部件，稍有差池，房屋就会倒塌。更换"牛腿"便会延

■ 浙江省工艺美术大师吴腾飞（右）

误工期、违反合同；但倘若对此视而不见，便会一生良心难安。人有所为而有所不为，认真做事的教诲让他毫不犹豫选择更换"牛腿"。这一次，更换"牛腿"的费用全部由吴腾飞自己承担，损失很大，但是对于吴腾飞而言，无愧于心便好，这是身为一名东阳木雕匠人必须遵守的原则。

如今，吴腾飞已经是浙江省工艺美术大师。近年来，他在传承古老工艺的基础上推陈出新，相继创作出《盛世华钟》《中华耕织世纪大柜》《二十四孝顶箱柜》等作品，多次获得国家级金奖。

在千年匠心的薪火相传中，今天的东阳木雕已经世界闻名，年产值近千亿元。东阳木雕的作品出现在 G20 杭州峰会、北京 APEC 会议等国际外交大舞台上，向世界展示中国传统艺术的精致华美和磅礴大气。木雕艺术的动人不仅仅是其一笔一刀的巧夺天工，更在于它所蕴含的工匠精神——一辈子，认真做好一件事。

卢氏族人一直在传承、践行卢氏家训。他们勤学好问、不忘初心，故而及至明清时期，这条老

■ 吴腾飞作品《二十四孝顶箱柜》

街走出了120多位官居要职之人，但却没有一人贪腐。刚正不阿的忠臣卢仲佃、直言进谏的名臣卢洪春等，都是卢氏家族的杰出代表。时至今日，他们仍然秉承祖训，本分做人，尽职尽忠。恪尽职守的全国劳动楷模卢汉成、淡泊名利的顶尖木雕大师吴腾飞等，在新时代为人们树立榜样。先祖的丰功伟绩烙印在老街上的十几座牌坊之中，坚守本心的为人准则蕴含在他们的血脉之中。

一句家训，一传便是几百年。"养德器、端心术、肃威仪"，这9个字声声入耳，字字入心，不仅仅依靠每一代卢氏族人口口相传、谆谆教诲，更是依赖每一代卢氏族人身体力行、以身作则。过去的故事已然过去，但家风依然，当代卢宅老街的街坊邻居活出了行正道、守本心的样子，所以，行走在卢宅老街，逛一逛老街的商铺，可以感受到一种动人的力量。

编　　导：宋鲁生
撰 稿 人：刘紫玥
指导撰稿：王利花

北京大栅栏街区

京城商街
义利合一

正阳门下，伴随着铛铛车缓缓驶过的声音，一幅传统的商业风俗画卷在游人眼前徐徐展开，这便是北京城最具魅力的传统商业街区——大栅栏。大栅栏历史文化街区坐落于北京的南中轴线上，它东起珠宝市街、粮食店街，西至南新华街、延寿寺街，北至廊房头条、北火扇胡同、东南园胡同，南以大栅栏西街和铁树斜街为边界，总占地面积47.09万平方米。其中，天安门广场以南、前门大街西侧的一条商业步行街最热闹。300米不足的街道上会聚着26家"中华老字号"，它们传承着古老

■ 大栅栏是北京城内最具特色的传统商业街

163

的商业文化，也见证着大栅栏数百年的历史变迁。

元代，这里还属城郊，南方商旅经由大运河把货物送抵元大都后，在城门外上岸，就地搭建棚房、装卸存储货物，逐渐形成一片街市。明初，明成祖朱棣定都北京，重新疏浚运河，实现南粮北运，又从南方迁入大量人口来此居住，占尽天时地利的街区日益兴旺。明朝孝宗弘治年间，为了方便城市的管理，人们在城门外修建了高大的木质栅栏将外城围住，后被北京人亲切地称为"大栅栏"。清代中后期，凭借地理优势，上至皇亲国戚，下至平民百姓，都到大栅栏采买生活所需，数不尽的老字号在这里陆续开业。今天的大栅栏街区已经走过了数百年的沧桑岁月，这条古老的街道不仅见证着历史的风云变幻，更用它的繁华讲述着一个个商业传奇。

一　"同仁堂"与"瑞蚨祥"：经商有道　利民为先

"头顶'马聚源'，脚踩'内联升'，身穿'八大祥'，腰缠'四大恒'"，是老北京胡同里流传的一句顺口溜，这些有着上百年历史的老字号，为今天的人们留住了北京城的记忆，也为后世的商家留下了许多古老的商业智慧。如今声名远扬的中医药老字号"同仁堂"便是其中之一。

■ 坐落于大栅栏商业街的"同仁堂"医馆

清朝康熙年间，北京大兴发生水灾。大灾之后必有大疫，当地百姓陆续患病。朝廷派太医乐显扬前去医治百姓，并下拨大笔救济款赈济灾民。但由于地方官吏层层盘剥，到达灾民手中的银两不足救济款的 1/10。看到穷人无力看病，乐显扬心中万分悲愤，回到皇宫后不久，他决定辞去太医一职，到民间开设医馆。

　　"宁做良医，济世养生；不做贪官，残害百姓。"抱着这样的信念和决心，乐显扬倾尽所有，于 1669 年在老街上开起了一间医馆，取名"同仁堂"，寓意以医者仁心让天下百姓得到最好的医治。医术关乎生死，医德决定成败。在此后的行医生涯中，乐显扬时刻要求医馆的同行恪守"炮制虽繁必不敢省人工，品味虽贵必不敢减物力"的原则，即使在无人监管的情况下，也须恪守良心。

　　凭借精湛技艺和坚守原则，"同仁堂"从清康熙年间的一家小药房发展到今天扬名海内外的现代中医药集团，在全球五大洲 27 个国家开设 143 家分店，成为向世界传播中医药文化的一扇窗口。

　　"财自道生，利缘义取"的商道文化推动大栅栏成为北京城最繁华的商业中心。鼎盛时期的老街坐拥 26 家银号、87 家钱庄、782 家店铺，老北京的"七大戏楼"有 6 座在大栅栏。"京师之精华尽在于此，热闹繁华，亦莫过于此"，是当时人们对这片街区的赞誉。然而，清末的一场火灾却让大栅栏近乎覆灭。

　　1900 年，八国联军攻入北京，一场大火在大栅栏燃烧起来。偏逢当日狂风大作，风助火势，整个街区迅速陷入一片火海。大火整整烧了三天三夜，损失难以计数，一家来自山东的丝绸店铺"瑞蚨祥"也在这次火灾中成了一片废墟，店内价值 10 万余两白银的丝绸制品在大火中付之一炬。

　　火灾的发生，不仅让老街上的商家们损失惨重，许多已经下过订单的客户也心急如焚，纷纷赶往现场。面对一片混乱，"瑞蚨祥"掌柜孟觐侯宣布了一个决定：凡是"瑞蚨祥"欠客户的钱一律奉还，凡是客户欠"瑞蚨祥"的钱一笔勾销。一言既出，驷马难追。为了兑现诺言，"瑞蚨祥"不惜动摇根本，从全国各地的分号聚拢 16 万两白银到北京，倾尽全力赔偿客户。

■ 火灾中唯一保留下来的"瑞蚨祥"石质牌楼

165

做生意首先先要取义

■ 如今的"瑞蚨祥"繁华更胜往昔

商亦有道,得道者多助。深受感动的人们不愿看到"瑞蚨祥"就此没落,大家纷纷用自己的行动帮助"瑞蚨祥"复产,金融界为它提供免息贷款,客户纷纷追加订单。短短1年的时间,"瑞蚨祥"这块金光闪闪的招牌又重新被挂了起来。正所谓"真金不怕火炼",一场大火折射出世道与人心,也让大栅栏再一次浴火重生。大商无算,并非真的不算,只是心中有杆秤,经天纬地、利民为先。

（二） 京韵园与"大观楼":为艺开路　舍利行义

清乾隆年间,原在南方演出的四大徽班陆续进入北京,居住在大栅栏的胡同里。街区南边一处貌不惊人的公园——京韵园,成了他们切

记住乡愁　第五季（20）
北京大栅栏街区 —— 京城商街 义利合
也带动了休闲娱乐业的发展

■ 中国京剧的发祥地——京韵园

磋技艺的舞台，各地剧目、曲调和表演方式在此交流融合，最终形成京剧。历史上，京韵园里曾孕育出众多京剧名角，谭鑫培就是其中一位。谭鑫培与梅兰芳齐名，被世人誉为"伶界大王"，是京剧史上第一个老生流派——谭派创始人，其精湛的表演技艺为京剧老生界开拓了新的天地，对后世影响深远。

1905年，位于大栅栏商业街的中国第一家影院——"大观楼"的掌柜任庆泰向谭鑫培提出一个请求，希望能与谭老合作，将谭老的名作京剧《定军山》拍摄成"会动的照片"——电影。那时的中国才刚刚引进西方默片电影，没人通晓电影的拍摄技术，更不知道要花多长时间才能拍摄成功，风险之大，难以想象。但谭鑫培听闻请求欣然同意，并表示愿意不收片酬，义务出演。

■ "伶界大王"——谭鑫培

■ 中国第一家影院——"大观楼"的掌柜任庆泰

在拍电影的那段时间里，老先生放弃了许多登台演出的机会，没有收入，他只能用自己的积蓄供养戏班。任庆泰也只能独自摸索，筹划电影的拍摄方案。大到演员的体态表情，小至摄影机的方位摆布，任庆泰全部亲力亲为。在学习借鉴西方电影制作技术的过程中，任庆泰创造性地将声音运用到电影中，实现了声影同步的重大突破，为中国电影行业留下了宝贵的技术遗产。对于生活在现代社会的人们来说，电影《定军山》在制作中所面临的困难是难以想象的。但在当时，任谭二人不计个人得失，抱着对中国电影事业执着的追求与负责的信念，克服了资金短缺和技术落后等一系列难题，迎来了《定军山》影片的艰难出世，引领中国电影事业迈出了最为艰辛的第一步。

电影《定军山》首映当天京城几乎万人空巷，老百姓纷纷涌进"大观楼"电影院支持谭老的作品。《定军山》结束了中国没有国产电影的历

■ 中国电影诞生地——"大观楼"影院

史，标志着中国电影的诞生，"大观楼"也因《定军山》而留存百年，成为中国电影史上的一座丰碑。如今，《定军山》影片背后的故事在行业内代代传颂，任谭二人成为了千千万万中国"电影人"心中的行业典范，激励他们在中国电影事业发展的道路上坚定前行。

㊂ "老二分"茶摊与老舍茶馆：
沏茶待客　礼勤仁至

在大栅栏，生意与生活密不可分，商业氛围与烟火气息相交相融。傍晚时分，四合院里奏响了锅碗瓢盆的乐章，炸酱面的香味飘散开来。饭后，在正阳门旁的"老舍茶馆"里落座，呷一口茗茶，听一段相声，台上口若悬河、妙语连珠，台下笑声不断、掌声不绝，这些共同构成了老街人充满京味儿的日常生活。

"老舍茶馆"以老舍先生命名，馆内古香古色、京味十足。自1988年开业以来，"老舍茶馆"曾经接待过前国家主席杨尚昆、美国前国务卿基辛格、美国前总统布什等众多中外名人，成为北京这座六朝古都和国际大都市的"城市名片"。除了受老舍京味文化的影响，茶馆享有如此美誉也与茶馆创办人尹盛喜有着密不可分的关系。

尹盛喜曾是大栅栏街道办事处的一名普通干部。1979年，老街借着改革开放的春风日趋繁华。看着街区商铺林立、游人如织的热闹景象，尹盛喜内心十分欣喜。但是，一次办事途中无意间看到的一幕让尹盛喜的心里不是滋味。

由于街区没有出售饮品的商铺，南来北往的客人如果口渴，只能蹲

168

正巧这个时候

■ "老二分"茶铺影视资料

下身子用天安门浇花的水管喝自来水解渴。作为讲究礼数的京城人，尹盛喜当即决定做些改变。正巧这时，街道办事处为解决待业青年的工作问题想请尹盛喜出主意、想办法。想起自己在街上看到的场景，尹盛喜很快有了主意。他带领青年们在老街上支起一个小茶摊，售卖 2 分钱一碗的大碗茶。

几年后，由于物价上涨，茶铺的经营成本逐渐变高，但大碗茶的价格仍然是 2 分钱一碗。看着茶铺的收入越来越少，一些茶铺的老职工有些看法，认为铺内的大碗茶应该按照现今的市场行情改变原来 2 分钱的价格。面对涨价的建议，尹盛喜却不同意：开茶铺原本只是一件为游客服务的好事，并没有盈利的打算。为了能够按时支付员工工资，决定坚守初衷、不随意涨价的尹盛喜开始在茶铺里售卖一些北京的特色小吃和日用百货，维持收入。

一碗碗茶水传递出的好客与善意也感染着来来往往的游客，他们在喝茶歇息的同时也常常顺带买些小吃、百货，茶铺的生意随之红火起来。1988 年，"老二分"小茶摊升级成了"老舍茶馆"。

如今的"老舍茶馆"是一个展示京味文化的大舞台。每天晚上，原汁原味的京剧、单弦、杂技在这里轮番上演。不过，茶馆门口的"老二分"小茶摊里的大碗茶价钱却仍然是 2 分钱一碗。从小茶铺到新式茶馆，尹盛喜从一碗 2 分钱大碗茶起家的故

生意越做越红火

■ 如今的老舍茶馆

169

记住乡愁 第五季（20）
北京大栅栏街区　　京城商街 义利合一
每天来到这里的游客人数高达十六万

■ 改造后的街区将古老与时尚融为一体

事与仁礼先行的经营理念也随着一碗碗茶水传播四方。

热闹非凡的戏园茶社，古香古色的建筑商铺，五彩斑斓的手工艺品，构成了鲜活多姿的老北京风情，吸引许多中外游客来到大栅栏街区旅游观光。进入新时代，经历多次修整改造的街区街道变得更加宽阔平整，前门大街改造成了非物质文化遗产的展示平台，谭鑫培故居修缮成了京剧文化博物馆，钱市胡同也重现"小银号"，建成银钱业博物馆。修复后的街区北部的北京坊里，百年历史的劝业场，以及谦祥益、盐业银行旧址、交通银行旧址的历史建筑，与周围别有特色的小楼错落有致地组合在一起，一家家满含趣味的甜品屋、咖啡店点缀其间，把古老与时尚完美融合。新时代的街区繁华不分昼夜，生机不减当年。这里既承载着北京人的文化记忆，又蕴藏着与时俱进的现代精神，而传承数百年"小商勤勉做事，大商忠厚做人"的商业规则，依然是支撑着大栅栏街区蓬勃发展的精神内核。

编　　导：李晓晖
撰 稿 人：高钰霞
指导撰稿：王利花

长春一汽
历史文化街区

车轮滚滚
步履不停

在中国北方辽阔的东北平原腹地上，吉林省长春市这座年轻的城市正在迅速崛起，不仅有着"春城"的美誉，更是一座"车轮上的城市"——生活在这里的人们，每 7 个人当中就有一个人从事跟汽车产业相关的工作。它就像一颗镶嵌在东北大地上的宝石，时时闪烁着迷人的光彩。而长春第一汽车厂的成长和崛起，不仅改变了这座城市，也影响了亿万中国人的生活。

1949 年，持续百年动荡的中国迎来了新生，中华大地上百废待兴。

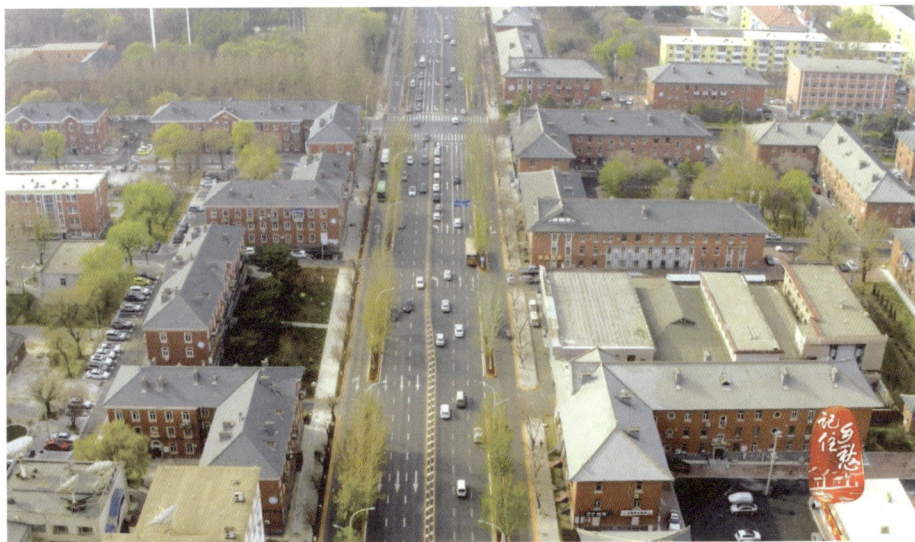

■ 俯瞰长春一汽历史文化街区

为了实现民族工业的振兴，刚刚成立的共和国决定用 3 年时间建起一座自己的汽车工厂。那是一个充满理想与激情的年代，当阳光洒向刻有毛泽东主席题词的"第一汽车制造厂奠基纪念"的汉白玉基石上，中国汽车工业便在茫茫荒野上夯下了第一根基桩，也在中国大地上树立起一座民族自强与尊严的丰碑。3 年后，一座崭新的汽车城在长春西南角拔地而起。横贯东西的东风大街，如同一条大动脉，连接生活、生产两大区域，构成了长春一汽历史文化街区的图景。半个世纪以来，无数"一汽人"就在这片土地上默默耕耘，锐意进取，不畏艰难，永远不曾停下前进的脚步。

■ 长春第一汽车制造厂

■ "第一汽车制造厂奠基纪念"的汉白玉基石

一 "解放"

"北国冰三开，一座车城现"，长春一汽历史文化街区 60 年的辉煌历史从此展开。1953 年，"三大改造"基本完成，"一五计划"顺利开启。出于建设社会主义工业化的需要，国家制定了率先生产载货汽车的方案，抽调了大量高水平人才前往长春。他们来自五湖四海，南腔北调各不相同。有的刚刚大学毕业，有的刚从战场上回来，这其中就包括分别来自福建和四川的林水俊及夫人张慧明，他们都是共和国培养的第一代大学生。而

■ 年轻时的林水俊、张慧明夫妇

从那一刻起，这些年轻人就有了一个共同的身份———一汽人。

在一汽建厂之前，中国从来没有自己生产过汽车，大部分的机床设备都是苏联援建的，技术人员看不懂俄语说明书。于是，大家几乎把所有业余时间都用在了学习俄语上。在林水俊看来，最困难的是俄语直译过来之后名词的不统一，比如一个最简单的名词"电圈"，在20世纪50年代以前的中国工厂里并没有这个名词，因此技术人员们需要找大量资料将俄语与中文名词进行统一，进而翻译。那时的汽车厂，是一所"没有围墙的大学"，几乎人人手里都提着个书包，在工棚里吃饭时都不忘拿着小纸条背俄文单词。他们夜以继日地学习，迎难而上，不仅初步掌握了汽车制造的基础知识，还学会了操作机床甚至汽车驾驶，变外行为内行。

在所有"一汽人"的共同努力下，1956年7月14日，第一批生产出的12辆"解放"卡车从一号大门缓缓驶出，结束了中国不能制造汽车的历史。那一天的老街，到处红旗招展，锣鼓喧天。成千上万的老街人站在道路两旁，争先恐后目睹国产汽车的风采，大家准备了花束、彩纸，准备了表示丰收的苞米、高粱、大豆，车一来就往上撒。清脆的喇叭声，震动了人们的心灵。

■ "解放"卡车出厂时欢庆的老街人

第一辆"解放"卡车的诞生，凝聚着全体建设者的辛勤汗水，也是党中央直接领导和高度重视的结果。"解放"两字包含很深的寓意，也充分表达了翻身后中国人民的心声。从此，

■ "解放"卡车出厂

这辆绿色的"解放"卡车成为中国几代人的记忆。一辆辆国产"解放"卡车驰骋在城市乡村，为那时的工业建设、农业建设和国防建设作出了巨大的贡献。而"一汽人"这种攻坚克难、勇往直前的精神，也同"解放"卡车一起，永远留在了全国人民心中。

二　"红旗"

"解放"卡车出厂 2 年后，一汽厂制造出了第一辆国产东风牌轿车，圆了中国人自主生产小轿车的梦想。1958 年 8 月，中央为新中国成立 10 周年庆典向一汽下达了制造国产高级轿车的任务。一汽的工人们以从吉林工业大学（现吉林大学）借来的一辆外国高级轿车为蓝本，把车完全拆开，对每个零件进行手工测绘，然后根据中国的民族特色进行改造。

吉林省委第一书记吴德在全厂万人大会时，正式给轿车命名为"红旗"。

当时的汽车厂技术条件十分落后。为了制造"红旗"，全厂上下总动员，成立了各种攻关突击队。车间请来了各种能工巧匠，这些老手艺人做生活用具个个是高手，但制造汽车的零件和车身却远远不行。水平最高的，也仅仅是当过汽车修理工，只能将变形的

车间按照样车实物

■ 制造"红旗"轿车时使用的工具

刘庆德当时所在的仪表车间

■ "红旗"轿车内部图示

汽车外壳敲平。但对于制造国产轿车，大家都有着极大的热情。不会就学、失败了再来，面对困难永不言败。仅仅用了 33 天，就"敲"了一辆"红旗"车出来。

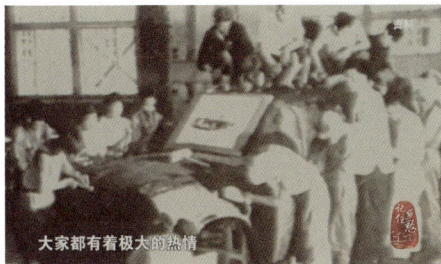
■ 一汽生产的"红旗"轿车

■ 汽车厂员工绘制"红旗"轿车图纸

1958 年 8 月 1 日，中国的第一辆高级轿车"红旗"驶出装配车间，这辆完全靠人工生产出来的高级轿车，几乎可以媲美现代化机械制造出的产品。每个零部件都严丝合缝，异常完美。它的引擎盖飘扬着红旗的标志，车身造型庄重典雅，尾部采用了独具一格的宫灯型尾灯，方向盘中央的向日葵造型及后尾标是纯金打造，车内采用了景泰蓝、福建漆、杭州织锦等，充满了浓浓的中国味道。9 月 19 日，邓小平等中央领导到一汽视察，赞扬了"红旗"，红旗轿车从此定型。1959 年 10 月 1 日，10 辆崭新的"红旗"在首都的国庆庆典上登台亮相，国内外竞相报道了中国第一车的消息。在此之后，中国的检阅车由"红旗"承担，已经成了约定俗成的事情。对中国人来说，"红旗"不只是一个简单的汽车品牌，更是一种深深的情怀和神圣的记忆。从"解放"到"红旗"，一辆辆中国制造不仅凝聚了老一辈人的无私奉献，也把自强不息、攻坚克难的精神留在了这方水土。

从此以后，"红

1958年8月1日
■ "红旗"轿车

我家住在汽车厂

■ 一汽幼儿园的孩子们

旗人"成为老街人的代称，汽车厂与老街早已融为一体。在老街上，各种配套设施一应俱全。为了解决职工孩子没人照顾的问题，大家盖起了幼儿园；"上班是工友，下班是邻居"，左邻右舍亲如一家，常常一起吃饭，聊聊早年几家共住一户的趣事；同栋的住户做了美食，便会分享给其他人家。这种独特的生活空间，成了很多人最珍贵的记忆。

三 "强大中国汽车产业"

历史的车轮滚滚向前。20 世纪 80 年代，随着改革开放，大量进口车涌入了中国市场，而中国汽车工业由于长期与世界脱节，技术水平严重落后。要想在这场国际化的激烈角逐中取得胜利，难度甚至超过了当年一汽建厂。

但是"困难"二字从不会困住"一汽人"。1988 年，汽车厂决心走技术引进、合资生产的道路，引进德国先进的技术，与国产轿车进行融合。当时 48 岁的张秀芝，作为汽车厂的技术骨干参与到研发设计中。1989 年过完春节后，汽车厂决定派张秀芝带队，到德国学习最先进的电脑绘图技术。接到任务时，她刚刚查出

虽然错过了治疗的最佳时间

■ 年轻时的张秀芝

身体内长了肿瘤，因为性状不确定，要马上进行手术。可是那个时候，正是研发的关键时期。作为主要的设计人员，她明白自己的缺席将会影响整体的进度。常年工作和生活在这片土地上的张秀芝，身上承袭着老一辈一汽人的情怀和担当——迎难而上、勇往直前。她没有考虑很多，决定舍小家为大家，毫不犹豫地踏上了前往德国的火车。虽然错过了治疗的最佳时间，留下了不小的后遗症，张秀芝却顺利完成了在德国的学习。国产汽车的研发有了突破，她并不后悔。

在当今世界汽车工业的发展趋势中，电子电气的研发比重越来越大，为了检测车辆在极端天气下也能保证良好的性能，新一代年轻的科研人员经常要到艰苦的环境下做试验。黑河位于中国版图的最北端，属极端严寒地区，也是一汽厂的测试场地之一。这些年轻人每天凌晨3点多起床，4点多就要来到黑龙江边。天寒地冻，有着坚强意志力的技术人员在发现电脑因温度过低而无法运行时，竟果断将自己身上的厚衣服脱下来包住电脑，抱在自己的胸前。如此实验得出的数据不再冰冷，它们同一汽人滚烫的血液和灼热的心脏一样温暖。

■ 正在进行汽车生产的一汽厂

■ 年轻一代"一汽人"进行技术攻关

"强大中国汽车产业"是一代代"一汽人"不曾改变的初心，而数十年如一日的坚韧，让新一代的一汽人在自主研发领域开辟先河。在他们的努力下，1990年中德合资公司成立，开启了中国汽车行业新的篇章。此后的近30年里，作为中国制造业对外开放的先锋，一汽与多个品牌合作，持续创新，始终引领着汽车行业的发展。如今，中国汽车产销量双双超过2800万辆，连续多年位居全球首位。作为中国汽车工业的代表，

60多年来，2300多万辆各类汽车从一汽生产车间驶出，销往世界各地。一汽的发展凝聚了一代又一代一汽人的心血与汗水，他们用不畏难的精神浇灌出了丰硕的果实。一汽也寄托了中国自主品牌发展的希望，让全世界看到了"中国制造"和"中国创造"的势如破竹、勇往直前。

■ 现代化的一汽厂

自从"第一汽车制造厂"的基石深埋进这方热土，"共和国工业长子"的担当便成为"一汽人"不渝的情怀。从当初的年产3万辆汽车到现在的300万辆，一汽成为中国最重要的汽车生产基地。在当今的中国，每生产5辆汽车，就有一辆来源于长春的中国第一汽车股份公司。从最早的解放牌卡车到现在的智能红旗轿车，无数"一汽人"用汗水和智慧续写了中国制造的辉煌。当一辆辆汽车从自动生产线上驶下，一汽影响的不仅仅是亿万人的生活，也推动着这个国家快速前进。

今天，作为长春市的名片，一汽历

■ 长春一汽历史文化街区

178

现在的老街人

史文化街区以东风大街为主，对整个老街区进行了整体规划，打造"一汽人"的宜居幸福家园。对他们来说，这片土地承载着几代人的光荣与梦想。而一代代"一汽人"排除万难、勇敢前行的精神也被永远镌刻在了历史的车轮上。无论是起步时的豪迈与激情，还是收获时的喜悦与荣光，都伴随着滚滚的车轮驶向了下一个崭新的篇章。

编　　导：王晓宇
撰 稿 人：汪瑞琪
指导撰稿：王利花

上海川沙老街

实干兴邦

在上海外滩矗立着一座座中西合璧、风格迥异的雄伟建筑，经过近百年的风雨洗礼，它们仍旧雍容华贵，尽显曾经"远东华尔街"的风采。这古老建筑群的建造者大都来自距离外滩 30 公里的川沙老街。川沙老街位于上海浦东新区东南部，长江入海口东南侧。历史上这里曾是一片海洋，在江沙积淀和海潮冲击的长期作用下，逐渐形成陆地。

如今的老街被一条 2400 米的护城河紧紧环绕，街道布局呈双"十"字状，延续着明末清初传统街市的风貌。历史长河中，老街人脚踏实地、求真务实，一砖一瓦筑高楼，一步一履谋前路，把生活过成了跌宕起伏的画卷。伴着丝丝婉转的沪剧唱腔，一桩桩、一件件实干成事的佳话在深深浅浅的巷弄中轮番上演。

黄浦江　长江

川沙老街

川沙位于上海浦东新区东南部

■ 川沙老街地理位置

记住乡愁　第五季（22）
上海川沙老街　实干兴邦
川沙老街上轰轰烈烈的实干精神

■ 川沙老街一景

一 乔镗筑墙抵倭寇，川沙作邑护一方

明代，东南沿海海防薄弱，倭寇横行，百姓备受烧杀掳掠之苦。川沙一带，因洪洼深阔，倭寇的船队可以从海上扬帆而来，由此登陆，因而成为倭寇肆虐最严重的地区之一。为除倭患，朝廷曾派兵10万围剿，但因内地兵不熟地情、不懂水性而屡战屡败。朝堂之上，有人提议堵塞川沙洼口，而名叫乔镗的太学生认为"塞洼莫若筑城"。经过一番激辩，朝廷采纳了乔镗的建议，命他领事筑城。那时的人力财力有限，乔镗便呼吁川沙民众有钱出钱、有力出力。为了护卫家乡，百姓们纷纷参与到筑墙的工程中，有的娘子没有工具，便用布兜兜土，有的人家把造房子的砖献出来，这些砖大小不一、厚薄不匀，却有力地在川沙的史册上书写了能干事、干实事的篇章。

自嘉靖三十六年（1557年）九月动工，川沙人仅用3个月时间，便建成了一座周长10里、高2丈8尺的牢固城池。筑起城墙之后，乔镗又带领百姓开掘了一条36米宽、5米深的护城河。自此，川沙城固若金汤，倭寇望而却步，不敢来犯。但乔镗却因率众筑城，得罪了一批妄想逃避责任的地方权贵，引起

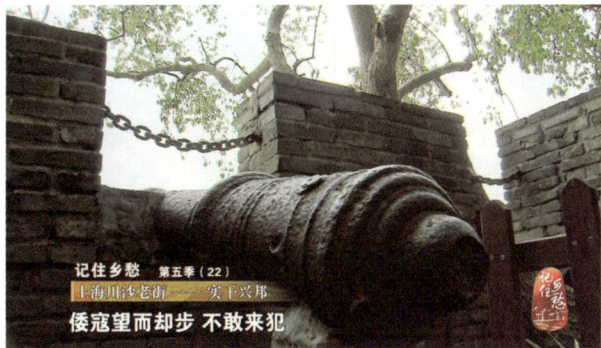

记住乡愁 第五季（22）
上海川沙老街——实干兴邦
倭寇望而却步 不敢来犯

■ 城墙一角

36米宽 5米深的护城河

■ 护城河

■ 纪念乔镗的牌坊

官场非议，郁郁而终。

"民食旧德，永矢勿忘"。川沙人感念乔镗"筑城作邑，保障一方"的恩德，追崇他实干成事的精神，在老街上建起了一座牌坊来纪念他。从那时起，脚踏实地、只争朝夕的实干精神在川沙落地生根，一代代老街人循着前人的足迹，用勤劳、智慧的双手创造美好的生活。

（二） 海关大楼拔地起，川沙营造远名扬

清末，川沙人用手中的泥刀、菜刀、剪刀和绣花针，把日子过得红红火火，不仅生活舒适安逸，泥瓦匠、厨师、裁缝和绣娘响当当"三刀一针"的手艺，也让川沙名噪一时。

1843年，上海开埠。本土工商业的发展受到了巨大的冲击。面对生存环境的变化，扎实肯干的川沙人揣着一身本领渡过黄浦江，去往十里洋场，寻求新的生计。杨斯盛13岁那年，变卖了婶娘给的一只老母鸡作盘缠，去往上海谋生。进入建筑行业后，他从小学徒做起，经过十几年的打拼，在上海滩成立了自己的营造厂。

1891年，英租界要在外滩建造一座海关新大楼。这栋大楼设计复

杂，施工难度极大，招标书一出，便在上海建筑界引起轰动。那时的本土建筑业在上海没有话语权，杨斯盛也只是位名不见经传的小人物，但他还是毅然加入了投标的队伍。结果可想而知，这场竞标旁落他人，一位意大利营造商将这项引人注目的工程揽入囊中。然而，海关新大楼要建在黄浦江边的流沙层上，施工的地基无法打桩。意大利营造商

成功地把木桩牢牢打进了

■ 川沙人脚踏实地造楼

记住乡愁 第五季 22
上海川沙老街——实干兴邦
尽显曾经的"远东华尔街"风采

■ 海关新大楼

在尝试了一段时间后，无奈放弃，一时间，项目陷入了无人能接的尴尬境地。在一片质疑声中，杨斯盛接下了这个难题。

杨斯盛把工匠们聚集在工地上，经过深入的研究，创造出一种土方法。他们把牛粪和明矾加在流沙层中，打桩时，先用棉絮将桩裹起来。按照这样的方法，川沙营造厂的工匠们成功地把木桩牢牢打进了江边的流沙层里。3年后，一栋现代化的海关新大楼矗立在黄浦江畔。自那之后，"川沙营造"声名鹊起，在几乎被外国建筑公司垄断的上海，树起了中国本土建筑业的一面旗帜。

当时的川沙，平均每两户人家就有一名建筑工人在上海盖洋楼。外滩那巍峨雄伟的建筑群超过一半都是由川沙营造建设的。川沙营造的工人们用自己的努力树立了中国建筑业的自信，也把在外学到的建筑风格带回川沙，建起了这条古朴、典雅的街巷。更多像他们一样的川沙人用灵巧的双手改变着命运，传承着勤恳务实的老街精神，也改变着家乡的模样。

三 黄母行必踏实训幼子，炎培学以致用救危亡

内史第是川沙老街上最负盛名的一处江南民居，原称"沈家大院"。清咸丰九年（1859年），沈树镛中举，官至内阁中书，故而改名"内史第"。中国民主革命家和教育家黄炎培就出生在这座古朴的宅院里。22岁那年，他参加科举考试，高中头名秀才。但他并没有困身书斋，流连纸上文章，而是积极奔走，寻求救亡图存的道路。

1915年，黄炎培以《申报》记者的身份调研各省教育情况，他发现当时的社会上弥漫着一种"君子劳心，小人劳力"的不良风气。黄炎培认识到，教育如果仅仅停留在纸面，国家便不能真正强大。他致力于推广"学以致用"的职业教育，认为实用之学可以造福一方，挽救危亡。

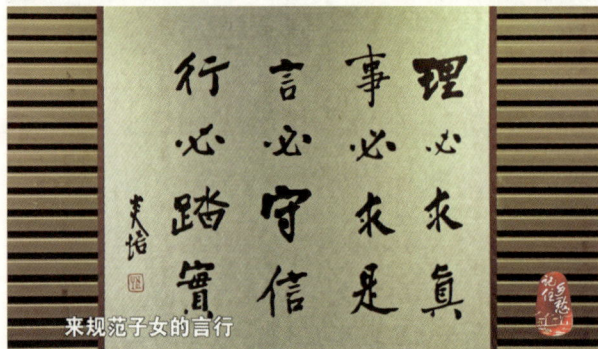

理必求真
事必求是
言必守信
行必踏实

来规范子女的言行

■ 黄家家训

守信和踏实

■ 内史第内景

1917年，黄炎培发起成立"中华职业教育社"，开设铁工、木工、珐琅等实用课程，为社会培养了大量的实用人才。1921年，黄炎培又号召几位川沙实业家共同出资修建了一条川沙开往上海的铁路。"求真求实，实干兴邦"的川沙精神在黄炎培的推动下，愈发深入人心，许多有理想、有抱负的川沙人踏上了成事立业的征途。

黄炎培求真务实

的思想离不开老街精神的浸润和家学的濡染。"黄母教子"的故事在老街颇为流传。儿时的黄炎培颇为贪玩，母亲便把他唤到身前来，让他看外面的叔叔伯伯都在专心做事，而他却只顾玩乐。母亲的话就像一颗种子，在黄炎培幼小的心里生根发芽，日后长成了支撑民族和国家的参天大树。如今，黄炎培母亲的训诫，变成了黄家的家训，高挂于内史第老宅中。"理必求真，事必求是，言必守信，行必踏实。"黄炎培用这则家训来规范子女的言行，勉励他们要不务虚名，实实在在地做事，才能对个人的成长、社会的进步有推动作用。

黄炎培学以致用的教育思想里蕴含着守信踏实的家训与实干兴邦的老街精神。正是在老街精神的引领下，川沙人才辈出，走出了黄炎培、宋庆龄、黄自等一批求真务实、追求真理的爱国志士。这座小县城在民国初期登上了更大的历史舞台，实干兴邦的老街精神也在中国历史上熠熠生辉。

（四） 立说立行展魄力，一村一厂务实事

1968 年的一天，随着汽笛的一声长鸣，23 岁的费钧德乘着火车离开川沙，到上海的一家国营大厂工作。在繁华的大都市，他感受到家乡与上海的巨大差距，便梦想着川沙能够拥有一家工厂。一天早上，他偶然听到一个消息，厂里准备在上海郊区选一处合适的地点，组织工人进行野营拉练。他惊喜地决定抓住这次机会，并立刻向厂领导推荐了自己的家乡川沙界龙村。接着，费钧德在脑海里一遍遍模拟国营厂在界龙村拉练的程序。为了做好万全的准备，他决定先

■ 费钧德

行探路。吃过午饭，费钧德徒步行走了七八个小时，回到了40公里外的界龙村。他向村长说明情况，并谈好了假设邀请成功如何接待国营厂拉练的种种问题和细节，又在月色的掩映下，连夜赶回了厂里。费钧德的做法感动了厂领导，领导当即拍板去界龙村。

正是这次拉练，让国营厂领导体会到川沙人立说立行的魄力、勤恳踏实的品质，看到了界龙村发展的潜力，这也促成了国营厂对当地的扶持。5年之后，小小界龙村开办了自己的印刷厂，当地村民便是最踏实肯干的工人。他们有的是叔伯兄弟，有的是姑嫂姊妹，在一次次通宵达旦的工作中守望互助，全心全意地坚守岗位。

凭借着拧成一股绳的干劲儿，村办印刷厂接到了越来越多的订单。几年后，借着改革开放的东风，这个村办小厂迅速发展壮大，成为川沙乃至浦东的龙头企业。近50年时间过去了，这家企业一直是当地人坚实的依靠，人们靠着勤奋实干的精神在这片古老的土地上安居乐业。

（五）　时代引吭歌，川沙阔步走

历史发展的车轮滚滚向前，只要脚踏实地，总能有所作为。当浦东开发的号角吹响后，经济迅速发展。昔日阡陌纵横、芦苇摇曳的农田，变成了一座高楼林立的现代化新城，越来越多的人想要一睹这座城市的风采，远道而来的游客日渐增加。位于浦东东南部的川沙老街因其古朴典雅、中西合璧的精美建筑吸引了众多游客驻足，能干的川沙人抓住机遇，利用老街独特的风貌，投入到经营民宿的事业中。

倪华山从小在川沙老街长大，大学毕

倪华山

民宿经营者

我要请某某设计师来设计

■ 倪华山

里面的家具用的是哪一张床

■ 倪华山民俗一角

业后在上海从事计算机相关的工作。2017 年，得知川沙要招标民宿经营权，一直惦念家乡发展的倪华山赶回了川沙老街。那时是川沙民宿发展的高峰期，招标竞争者众多。其他招标商大多以投资金的丰厚及设计师的名声为噱头，而倪华山的方案具体到房间的装潢、家具的采购、饰品的陈列。每一件事都要做实、做细、做好，这是川沙人一贯的风格。凭借这份方案，倪华山在众多招商者中脱颖而出，获得了民宿经营权。随后，他投入了自己的全部积蓄，跟伙伴们一起，用双手打造了属于自己的民宿。

用心营建一栋温暖的民宿，为南来北往的游客提供一段异乡的寄托。守着眼前的青瓦白墙，倪华山的内心也多了一分踏实。如今，川沙的发展也吸引了越来越多的年轻人回到家乡，实干精神在新时代又给老街注入了旺盛的活力。

回首望去，老街那轰轰烈烈的实干精神从古老厚实的城墙下走来，在古朴的宅院中传承，在精美绝伦的建筑群中溢彩，在浦东新区的高速发展中彰显。在时代的浪潮中，"实干兴邦"的川沙精神也必将以崭新的姿态融入大上海的发展，融入新的时代。

编　　导：卢肖伯
撰 稿 人：韩冉冉
指导撰稿：王利花

扁担街
挑千家

　　翘街又名"扁担街"，位于贵州省黎平县，全长 1000 多米，以中间低两头高的独特形态而闻名。翘街依地势而建，分为东门坡、东门街、二郎坡三段，北至正阳街，南达平街，东靠南泉大道，西临贡院坡，核心区域 0.4 平方公里。翘街初建于明洪武年间，当时，朝廷在黎平建立卫所，大量汉族士兵及其家眷迁移到此，屯垦戍边。明永乐年间，黎平府衙迁到翘街，府卫同城，翘街也因此成为黎平地区的政治、经济和军事中心。

■ 颇具古风韵味的传统徽派建筑

黎平处于珠江水系和长江水系之间，依山傍水，交通发达。陆上有4条驿道通往黎平古城，4条驿道可东进两湖、南下两广，也能通往省城和省内的其他地区。由于地处交通要道，翘街内外木材、茶叶、茶油等贸易络绎不绝，明清时期尤为繁盛。一时间，这里酒坊、客栈林立，当铺、药铺、裁缝铺无所不包，百工百业兴旺发达。然而，翘街繁盛至今的缘由，不在于得天独厚的地缘优势，而在于街坊邻里重情重义、守望相助的美德。

一　义先师春风化雨　贤后辈雁塔题名

黎平古街的青瓦翘檐之间，曾有明代著名诗人、画家陆沧浪在此弘文颂道、笔墨留香。陆沧浪曾任工部侍郎，明正德年间，因不满朝廷重臣依附宦官刘瑾，作诗讽刺，结果因此获罪被敲掉牙齿流放至黎平。在老街生活期间，他悬壶济世，教化乡邻，受到一方百姓的敬重。

老街初建时，屯居在此的士兵们忙于练兵、垦荒，家眷们忙于安家置院，无暇顾及子女，因此，疏于管教的孩子们经常聚集在街头巷尾闹事。一天，孩子们围着乞丐笑骂，甚至还要打人。这出闹剧恰巧被陆沧浪撞见了，他不满孩童欺凌弱小的行为，一边上前制止，一边教育孩子们，言辞恳切，有理有据。孩童们都被陆沧浪的言论所打动，有些孩子甚至哭了，连连表示自己知错了。这件事对陆沧浪触动颇大，他深感翘街民风淳朴，孺子可教，认为屯军的将士们在前线保卫家园，他们的孩子也理应受到好的教育和照顾。

善国者，莫先育才；育才之方，莫先劝学。陆沧浪下定决心创办学堂，向老街的子弟传授正统的经学知识，教他们读书明理，励志进取。他到各家各户去，请求他们把子弟送到他的学堂就读，不论贫富，均分文不取。陆沧浪不分贵贱贤愚，有教无类的做法让老街居民深受感动，他们纷纷把孩子送到陆沧浪的学堂，并尽己所能，供以束脩，孩子们也尊师敬长，一心向学。陆沧浪传教授道之后，翘街向学之风日盛，在书香的浸染下，走出了22名进士、184名举人，有着"群贤毕至，山川生

■ 象征"学优而仕"的朝笏山墙

色"的美誉。

桃李不言，下自成蹊。弟子们出于对这位黎平先师的敬重，也学着先生这种漏风的口音读书温习，代表愿承继先生的高洁志趣。这种口音流传下来，形成了独特的黎平话。老街顾氏也体贴先生一口无牙、饮食困难，遂做出一道香软易食、营养丰富的软糕，深受陆沧浪喜爱，这道美食就叫作"沧浪圆"。

每当经过老街里象征"学优则仕，读书明理"的朝笏山墙时，总会想起志趣高洁、弘文重教的黎平先师陆沧浪，总能感受到翘街人尊师重道、积极进取的精神力量。

二 子承父志行义举 修桥为民积善德

翘街不远处的福禄江畔，一座修成于明万历年间的石桥静静地立着，历经风霜而屹立不倒。

但在石桥修建之前，江上只有一座木桥，每到雨季，就容易被洪水冲垮。当地士绅梅孟春多次看见乡邻们在寒冬里挽裤脱鞋蹚河而过，心中不忍，决定修一座石桥，以解邻里乡亲渡河之苦。为了修建桥梁，梅孟春亲自下河蹚水丈量河床、设计图纸，为了支付修桥的费用，他还拿出了自家所有的积蓄，节衣缩食，只靠粥和咸菜度日。旁人见状，诧异道：为何不求助身为朝廷高官的儿子帮忙修桥呢？梅孟春说："我儿子虽然在朝廷里做官，但是他有他的事要做，我不能因为修桥这件事来干扰他。"

天不遂人愿，由于修桥工程浩大、银两不足，直到梅孟春过世，石桥都未能建成。曾任朝廷通政司副使的梅友月得知此事后，深感"父志未遂，子道之亏"，便拿出自己所有的积蓄，回乡组织工匠，原原本本地完成了父亲图纸上的设计。人们为了感念梅孟春、梅友月父子二人的功德，把这座石桥定名为"成德桥"。直到 20 世纪 90 年代初，西门河新桥建成通车，它一直是黎平往西通往各地的公路桥，为当地的发展作出了不可磨灭的贡献。

《中庸》说："夫孝者，善继人之志，善述人之事者也。"所谓孝，就是要继承先人的遗志，完成先人未竟的事业。子承父志，延续父亲的修桥事业之谓孝，父与子秉持毕生勤勉、一心为公的志愿，先后为邻里修建石桥之谓义。虹桥卧波、古朴苍老的石桥沟通了桥对面的邻里亲情，也连通了一乡人的热血道义。

■ 福禄江畔的成德桥

（三） 缮乡井同气连枝　聚人气一脉相承

水井，是人工的智慧与自然的灵秀相碰撞的集结地，它捧出一汪汪清冽甘甜的水，滋养生命，灌溉五谷。在翘街，人们敬井、爱井，不仅在于水井供养着一方水土，还因为它见证了这里的历史变迁，承载着故土乡愁。

傍水而居，是先民延续至今的智慧。经过修缮老井不断聚拢人气，是乡井文化绵延至今的重要途径。定居在水井旁的李华明一家很早就承担起守护水井的责任。2005年，施工队在进行路面修整时操作不当，挖断了引水渠，地表水、污水等全部汇入引水渠，整个水井随之污染，井水也变得越来越少。李华明不忍这口古井就此毁坏，他和邻居们商量之后，一同去和施工队沟通。他们找来几袋水泥，轮班加固小井的暗渠。通过众人不懈的努力，井水清澈如初，井身也得到了加固。在李华明等人的带领下，越来越多的人投入到对古井的保护中去。

这种自觉自愿的善举凝聚成一种抵御一切风霜雨雪的力量。2008年，中国南方大面积雪灾，恶劣的天气使整个黎平县城停电40多天，自来水厂无法运转。但靠着这一口小井，老街2000多户人家的生活没有受到丝毫影响。受老街人看护的水井也佑护着老街人，帮助他们度过平和而安宁的岁月。水井为老街人的生活带来福祉，而这里的百姓们也常怀一颗敬畏之心，虔诚地对待这口古井。老街的大井旁供奉着一尊井龙王，每到节日、添丁或家里有了重要的事情，大家都会带上些祭品来到井前祭拜，向井龙王细说家事，或感谢或祈

■ 世代供养着翘街人的古井

福。在一次次虔诚的祭拜中，人们将对家园的依恋牢牢地扎根心底。

一口老井，一汪碧水，鲜活了一方水土，也存续了几代人的记忆。共饮一口井水的街坊邻居们，在经年累月地打井汲泉中，流淌成风俗、孕育出哲思，联结成同气连枝的地缘整体，形成了中华民族博大精深的乡井文化。古井见证着翘街邻里同气连枝的精神和上善若水的美德，这种精神和气韵就像石井中的水，永远不会干涸，更不会销蚀。

（四） 奋不顾身救山火　古道热肠援孀妇

平和舒缓是老街生活的常态，但就在这波澜不惊中，也偶有不测的天灾。然而，老街人在以人力对抗天灾的过程中，却能显现出动人心魄的力量。

2008年的雪灾骤降，令人猝不及防，翘街附近的山林植被也多被冻死，漫山遍野都是枯草、残枝。雪灾过后，天气的持续干燥引发了山林大火。家住东门坡的顾天生看到熊熊的山火，当即奋不顾身地冲了上去。然而，由于风助火势，大火迅速向周围蔓延开来，顾天生不幸被山火吞噬，永远消失在这寒冷的旷野之中。妻子陆兰芳得知消息后，肝肠寸断，悲痛欲绝。原本知足而幸福的五口之家，失去了唯一的顶梁柱，顾天生微薄的工资收入也化为乌有。整个家庭的重担都落在了这个柔弱的女人身上。陆兰芳仿佛一下子陷入了冰窟，生活充满绝望。

邻睦风亦暖，家和人自康。同甘共苦是翘街人不变的传统。陆兰芳的丈夫因救火而牺牲，此番深重情义令老街人没齿难忘。看着陆兰芳独自外出打工，起早贪黑，难以支撑。街坊

■ 秉持"家是小家，街坊邻居是大家"信念的翘街居民

邻里于心不忍，纷纷前来帮忙，自愿承担起她家里的重活、累活，还帮忙照顾老人和孩子的起居。不久，顾天生被评为烈士，政府也为陆兰芳安排了水务局的工作。在翘街人的守望相助下，陆兰芳一家终于渡过难关。

同舟共济，才能渡过难关；休戚与共，方能守望幸福。古朴而别致的古街处处充盈着爱与善意，一如心态安闲、极少纷争的人间桃源般相互扶持，守望相助，处处充盈着平和与善意。也正是这份淳朴善良和古道热肠，使得翘街人或绮丽或平凡，永远香火不灭，人丁不绝。

（五） 返乡创业为乡童　携手合作共发展

翘街的风土乡情有一种感召人心的力量，让那些在外打拼的翘街人始终魂牵梦萦，心系故乡。从小在老街长大的翘街侗族人石修元，10 多年前，曾怀揣着理想，离开家乡到温州打工，想在那里闯出一番事业。然而石修元身在温州，依然心系故乡，经常观看家乡的新闻报道。当他看到孩子们在四面透风的教室里面上课时，深感家乡教育资源匮乏，学习条件艰苦。自己的孩子也不到 1 岁，将来如果也在这样的条件下学习，身为父亲的他也会深感愧疚。幼吾幼以及人之幼，为了能让老街附近的山村孩子拥有更好的教育资源，石修元决定回到家乡。

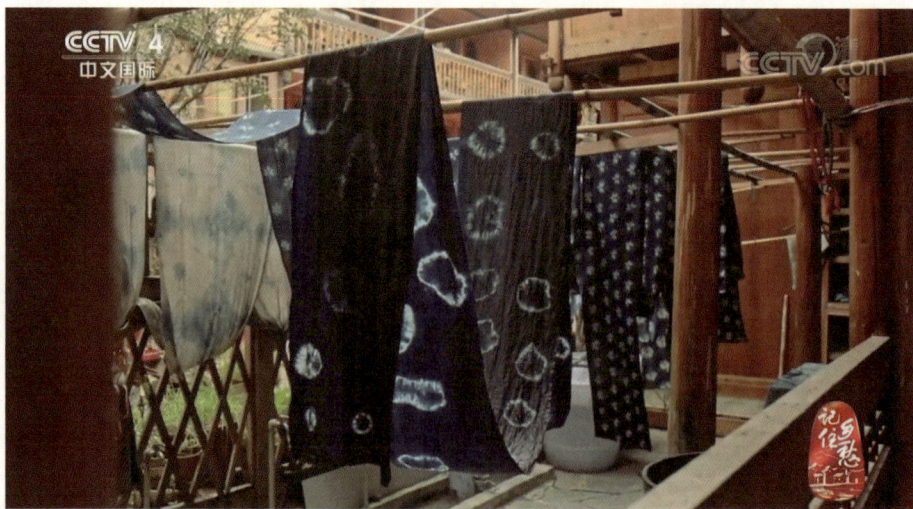

■ 侗家印染店内晾晒的精致布匹

靠着在外打拼积攒的经验，他带领当地农村的乡亲们养鸡、养黑山猪，还种起了山茶、时令的蔬菜水果等。众人拾柴火焰高，石修元和乡亲们一起合作、共同生产。他和朋友们在附近的岑湖村开设了生产养殖基地。养殖基地里的5万只土鸡占地600亩，共使用280个鸡舍。鸡群养殖均不使用饲料喂养，而是采用以农副产品为主的生态饲养方式。为了方便销售，石修元还做起了一个电商平台，虽然起步才3年，却已经带动了几个乡的经济发展，为800多户人家每年每家创造出数万元的收入。

二郎坡上的农畜产品店，不仅承接着石修元造福家乡的理想，更体现着翘街邻里相互帮扶、共创美好未来的勇气与决心。如今的翘街，正在时代的浪潮中迎接着新的发展机遇和挑战，但这里的人们知道，只要站在彼此的身边，他们就会拥有着无穷的力量。

走入现代社会，这条有着数百年历史的老街也在悄然发生着变化。凭借着厚重的历史积淀和浓郁的民族风情，翘街迎来了四面八方的游客。老街人也开始在临街的房屋内经营起各种商铺。侗家印染店内，漂亮的侗族姑娘扎起土布，烫蜡描图，将一条条待染的土布通过捆扎、蜡描备齐，染料由板蓝根的叶子发酵而成，多次水浸帮助土布达到最佳的着色效果，数千年来侗家人一直采用这种传统的手工艺。每一个女孩子都会在家人潜移默化的影响下学习印染、制衣，在母亲帮助下亲手制作出嫁时所穿的绝美盛装。美丽的印染延续着民族的文化，也记录着老街人幸福的时光。数百年间，千米长的老街始终安定、富足，汉、侗两族亲如一家，携手并肩地耕耘着美好的生活。

翘街之灵秀，不在于山水之美，而在于街坊邻里之德。乡邻间质朴友善、相互帮扶的品质已然与古街人融为一体，成为他们最自然的习惯，也成为这条老街独特的精神气韵，无声地昭示着老街人重情重义之遗风。这条状如扁担的老街，承载了乡人悠久而绵长的历史记忆，也挑起了万家灯火下的苦辣酸甜。在老街人的心中，也有一根扁担，一头是小家，一头是大家，只有相互守望，才能够拥有幸福的未来。

编　　导：范虹润
撰稿人：梁晓宇
指导撰稿：王利花

千年剑瓷
浴火而生

"龙泉就是西街，西街也就是龙泉"。西街历史文化街区，北靠中山西路，南临瓯江上游的龙泉溪，西起宫头村，东至新华街，全长1400多米，面积67万平方米。龙泉历史悠久，早在5000年前的新石器时代就有古人居住，更因地处浙闽交界，自古以来就是水陆交通的枢纽，有着"瓯婺八闽通衢"的美誉。

唐代龙泉设县，西街因地处县治的西部而得名。历史上的龙泉始终繁盛，1000多米的老街上，每隔一段就有一条南北向的小弄向外延展开来。三坊一照壁，三合四天井，粉墙青瓦的民居错落有致地散布其中，精美的木雕、砖雕和石刻随处可见。漫步其中，叮叮当当的清脆响声从四面传来，那是铸剑师日复一日的辛勤打铁，是烧瓷匠人的坯釉开出的精美青瓷，更是老街人千百年来遵循传统、勤劳生活的美妙乐章。

一 十年磨一剑，剑魂自古来

古剑寒黯黯，铸来几千秋。岁月悠悠，剑已经在中国历史中走过了3000个春秋。

自东周到秦汉，宝剑叱咤沙场，所向披靡，被誉为"百兵之君"。东汉之后，宝剑入鞘，逐渐成为文人墨客的防身武器和配饰，并成为权力的象征。因此，在中国古代，无论是帝王、高官还是文人墨客，都钟情宝剑。君子佩剑，刚柔并济，列松如翠，德厚流光。

龙泉被誉为"宝剑青瓷之乡"，著名的龙泉宝剑名扬天下。相传在春秋时期，欧冶子应楚昭王之邀铸剑。他一路寻访来到龙泉，见山中蕴藏着大量铁矿，山下有 7 口水井，像北斗七星般排列，于是在此安炉炼铁，历经千锤百炼，锻造出中国第一把铁剑。磨剑并非一件易事，欧冶子找来几十种石料都被轻易磨碎了，对于好剑的执着使他开始起早贪黑地寻找磨剑石。或许是这种勤奋感动了上苍，传说一天晚上，院子里忽然飞来一只大黄鹤。这只黄鹤俯下身去，驮着他向东北方一路飞去。最终到达一个山涧，深处有一块巨大的石块在黑夜中闪闪发光。这块石头细腻光滑，是天然的磨剑石。从铸剑到磨剑成功，欧冶子花了近 10 年时间，这便是"十年磨一剑"的来处。宝剑锋从磨砺出，梅花香自苦寒来。10 年岁月，欧冶子锻造出了龙渊、太阿、工布三把锋利无比的宝剑。相传这几把剑在水上可以砍断巨大的龙舟，在陆上能刺穿坚固的铠甲，当地也因剑得名"龙渊"，后来为避唐高祖李渊名讳，改名"龙泉"。

欧冶子是龙泉宝剑的精神象征，他点燃的铸剑之火从未熄灭，开启"五十步不缺打铁炉"的铸剑盛世；他留下的精神与品德万古流传，影响一代又一代铸剑师不惧辛劳、前赴后继。但辛苦不足挂齿，唯有精益求

■ 欧冶子铸剑

精、不断创新，唯有赋予宝剑魂魄与生命，才能不辜负赤焰利铁，不辜负远客到来。

有剑从亘古来，百炼千锤，隙月斜明。有朋自远方来，擎剑而归，幸甚至哉。

二 千年文脉勤中得，一枝红杏耀古今

时光在茶烟轻扬里更迭，寒暑在花开花落中轮回。欧冶子所铸之剑在岁月更迭中越发锋利，镇守着西街这一方热土。但对于龙泉来说，业精于勤、坚韧不拔的精神内涵不仅凝聚在铸剑师那千锤百炼的汗水里，其文化根脉也深深扎在叶绍翁那名垂青史的红杏中。

岁月迎来又送走代代学子，不变的是琅琅书声依旧清澈响亮，是杏林依旧一片金黄。当顺着西街向北望去，入眼的山坡在湿润的清风里被渲染得绮丽，那里坐落着一座"杏园"，在韶华流转间默默讲述着著名诗人叶绍翁的故事。

南宋时，随着政治中心的南移，大量北方移民涌入龙泉，他们带来了中原文化与艺术，将中原文脉扎根在这里，让古老的龙泉增添了浓郁的文化氛围。叶氏家族在龙泉耕读传家、繁衍生息，是这里的名门望族。叶绍翁从小便遵循"武惟耕读，谋在勤俭"的祖训，日日勤勉，从不怠懒。他每天晨间要赶到学堂读书进学，下午还要去农田帮助大人耕作。

金秋时节，麦浪滚滚。叶绍翁和小伙伴们都帮忙收割庄稼，直到深夜才各自归家。整日高强度的劳动对于幼小的孩子们来说辛苦异常，其他小朋友们都已早

■ 叶绍翁石像

早入眠，父母也劝他休息，明日再完成作业。但叶绍翁却执意背书到深夜，直到将当日先生所讲的每一字句都牢记于心才肯入睡。三更灯火五更鸡，正是男儿读书时。在次日先生抽查时，叶绍翁果然对答如流，先生对此好奇，在了解后得知叶绍翁挑灯夜读完成功课，于是对他大加赞赏，认为叶绍翁是难得一见的人才，前途无量。

三更灯火下埋头苦读，五更鸡鸣时孜孜不倦，这样的童年时光让叶绍翁受益匪浅。成年之后，叶绍翁没有为官入仕，而是回乡潜心创作，徜徉在湖光山色里，行走在天地旷远中。一番努力与才气让他成为江湖诗派的代表人物，更为后世留下"春色满园关不住，一枝红杏出墙来"的闪耀名句，惊艳古今。

两宋期间，龙泉先后走出了248名进士，他们兴建书院和义学，让琅琅书声一直环绕在龙泉上空。书山有路勤为径，学海无涯苦作舟。勤奋刻苦的精神会世代相传，更会随着文脉的继承逐渐深刻，指引着龙泉铸剑师与青瓷人执着前进、永不言弃。

(三) 千锤百炼剑影寒，烈烈乾坤浴火生

宝剑出鞘，坚韧锋利、刚柔并济，锋利寒光逼人眼，一剑可断碗口粗的草席。宝剑入鞘，纹饰巧致、含章素质，其中凝结的都是铸剑师日复一日的千锤百炼。在龙泉铸剑师们看来，业精于勤，无他捷径，唯有辛勤付出，才得举世无双的宝剑。

71岁的沈新培是沈广隆剑铺第四代传人，一生致力于龙泉宝剑的铸造与传播。他13岁就进入铁器合作社，跟着父亲学习铸剑。那时小

太苦

■ 沈新培铸剑打铁

小的他拎起 8 斤重的锤子都十分吃力，不到一个月的时间他就跟家人表达了不想继续学习的犹豫与困惑，对于年纪尚小的沈新培来说，铸剑实在是一件过于辛苦的事情。铸剑师的手便是铸剑师生活的体现。不论冬夏时节，他们的手永远伤痕累累，过于粗糙的手甚至可以撕裂布面。看到年幼的沈新培委屈伤心的样子和满手的伤口，父亲并没有训斥他，而是推心置腹地与他进行了一次谈话。

做事唯有用心，不管大事小事，只要用心去做就一定有结果。父亲的话让沈新培豁然开朗，也让他开始真正思考铸剑的价值与人生的意义。人生就如那一块乌黑冰冷的铁块，需要反复折叠、锤打，一次次烈火的炙烤、冷泉的洗礼，最终才能浴火而生，成为寒光逼人的宝剑。

天下事无难易，勤则难者亦易。沈新培花了几十年时间潜心打造出了"乾坤剑"，剑身花纹细腻，光亮照人，在传统龙泉剑的基础上，在两侧设计了凹槽，既减轻了重量，又增加了柔韧性。1993 年，乾坤剑在中国首届武术器材评审中获得金奖。直到现在，乾坤剑依然是中国武术队表演的首选宝剑。沈新培还将剑铺打造成了展示基地，让更多人了解龙泉宝剑。如今的龙泉，大大小小剑铺有近千家，从事宝剑锻造的匠人有上万名，先后走出了十几位国家级和省级铸剑大师。龙泉宝剑的产业越做越大，"十年磨一剑"的传统却始终如一。

■ 铸剑

■ 沈新培打造"乾坤剑"

燃烧的火光在无数个日月更替中映红了一家家简单的铺子，也守护着沉稳勤劳的老街人。铁与火相互结合，匠人魂魄与铁相融，共同锻造出令人叹为观止的龙泉宝剑，也让龙泉这座城市如凤凰涅槃般浴火而生，享誉世界。

（四） 青瓷兴则龙泉兴，文化盛则国家强

宝剑铸成了西街的铮铮铁骨，青瓷则典雅脱俗，柔美绚丽。龙泉青瓷始于1700多年前，宋室南迁后，大批手工艺人在龙泉建起了大量的制瓷作坊烧制瓷器。那时，群窑林立，烟火相望，江上运瓷船舶往来如梭，每年有1000多万件精美青瓷通过海上"丝绸之路"到达世界各地。时人将瓯江叫作"瓷水"，西街称作"瓷街"。如今龙泉青瓷仍旧繁荣，得益于西街匠人的代代传承与勤奋努力。

釉面布满开片

■ 精美的龙泉青瓷

50岁的徐建新出身于西街的一个木匠家庭。十几岁时，他接过了父亲传下来的斧锯，更接过了父辈身上的勤奋美德。但在木匠生意正红火时，徐建新却突然对制瓷产生了浓厚的兴趣。1998年，他拿出多年的积蓄开了一家青瓷作坊。但由于他的两根手指在做木匠时受过伤，无法完

枫桥月 潇桥柳

■ 徐建新烧瓷

全伸展，在最开始上手拉坯时软泥像野马般完全失控，进展异常缓慢艰难。可哪怕辛苦如此、哪怕是半路出家，他依然执着地追逐梦想。10多年的时间，他向老艺人拜师学艺，到中国美院进修学习，渐渐地形成了自己的风格。

天道酬勤，天助自助。2006年，徐建新开始尝试烧制仿古哥窑瓷器。龙泉哥窑紫口铁足、釉面布满开片，由于瓷泥和釉的收缩度不一样，想得到满意的哥窑作品全凭运气，不到开窑那一刻谁也不知道成败。哥窑开窑后温度迅速下降，釉面自然开片会发出叮叮当当的响声，清脆悦耳，若音符跳跃。然而成功不易，十数年间，徐建新花费了上百万元、烧坏了几千件作品，更经历了无数次开窑时的期待到失望。一勤天下无难事，烧瓷如此，人生亦如此。虽历经千万次失败，但徐建新终于在陶瓷之路上点燃了那盏属于自己的明灯。

九秋风露"哥窑开"，夺得千峰翠色来。老街的匠人精神不仅影响了徐建新，更影响了众多的青年人。卢湛便是其中的佼佼者，他所设计创作的青瓷系列茶具已经销售了近10万套，将龙泉青瓷传送到天南地北，将龙泉文化传播到四面八方。

与徐建新不同，卢湛从一开始便踏上了烧瓷的道路。幼年的他曾踏着鹅毛大雪，走过半小时路程为父亲送饭。那时的父亲打着赤膊，一直低头揉泥、修坯、上釉，不曾停歇更没有

每天待在工作室里拉坯 上釉

■ 卢湛拉坯、上釉

闲聊。天寒地冻，挥汗如雨，这画面如图，深深地烙印在卢湛的脑海中。大学毕业后，卢湛回到家乡跟着父亲学习青瓷制作，他试图创新但却屡试屡败。此时，是父亲短短一句"练好基本功"的教诲点拨了他，话语虽短，意蕴却长。卢湛思索了很久，深刻体会到扎实基础的意义。如果对于青瓷的各个方面的工艺特性尚未拿捏准确便想搞创新、搞大件，这绝无可能。

在那之后，年轻的卢湛静下心来，每天待在工作室里拉坯、上釉。慢慢地，卢湛开始掌握什么样的瓷泥成型最好，上釉到多少厚度能够体现出器皿的美感，温度控制在什么情况下能保证颜色鲜亮。原因无他，唯手熟尔。一块泥需经过匠人巧手捏制，上千度炉火的炙烤，最终蜕变成光洁如玉的瓷器。而唯有勤学苦练，千磨万击，才可领悟真谛，才能成功。

2009 年，龙泉青瓷入选了联合国教科文组织公布的《人类非物质文化遗产代表作名录》。2018 年，首届世界青瓷大会落户龙泉，对老街人来说，这是机遇，也是挑战。"青年兴则国家兴，青年强则国家强。"青年人代表着国家的希望、民族的未来。越来越多的年轻人回到了家乡，他们有思想、有创意，在继承传统的同时，让古老的龙泉青瓷技艺焕发新的容颜，也让这条千年老街始终充满活力，生机勃勃。

品读老街，从欧冶子千锤百炼铸造宝剑，到叶绍翁勤学苦读终成一代诗人，再到青瓷艺人的代代传承，一个个生动鲜活的故事成为这座城市的精神注脚。时代会犒赏辛劳勤勉的热土，也会给人民植入最坚挺的脊梁。脸上的灰遮不住眼里的光，手上的茧盖不住灵魂的亮。宝剑长啸，青瓷叮当，千年龙泉，浴火而生。

编　　导：韩　辉
撰 稿 人：王紫瑶
指导撰稿：王利花

把天下扛在肩上

在福建省东部，坐落着一座绿茵满地的古城——福州。天地旷远，山海相接，它仿佛带着天然屏障静默在东南沿海斑驳的树影里，沉稳地走过了2200多年的风雨岁月。这种偏安一隅的格局使它成为西晋末年天下扰攘之时中原世家避乱南迁的世外桃源。各士族仿照长安城里坊制度兴建宅第，在历史不断变迁中逐渐形成了一处千年不变的历史文化街区——三坊七巷。这条历史文化街区北起杨桥路，东至八一七北路，安泰河贯穿南北，总面积达661亩。如今，三坊七巷是中国唯一保留坊巷

记住乡愁 第五季（25）
福州三坊七巷——把天下扛在肩上
在乌塔和白塔的注视中

■ 三坊七巷

格局的老街。南后街上，宽大的石板平整而严密，200 多座古民居蕴含着浓浓的闽派风格，马鞍墙静静守护着人们的生活。

黄巷是最古老的一条巷，黄氏一脉举族南迁后在此读书传家，培养了文学大家黄璞等许多杰出子弟。黄巷隔壁便是"安民巷"，相传唐末黄巢率领起义军在深夜攻入福州，下令不去惊扰挑灯苦读的学子，并在第二天安民告示兵不扰民。这种对文人极尽尊崇之举深刻地影响了一方民意，也造就了三坊七巷书香满街的文化氛围。"谈笑有鸿儒，往来无白丁"成为三坊七巷最引以为傲的文化现象。经历数百年历史的沉淀与文化的潮涌，三坊七巷厚积薄发，走出了林则徐、沈葆桢、林旭、严复、林觉民、冰心、林徽因等 100 多位对中国近代史产生重要影响的人物，最终在中国近代史上写就了一段波澜壮阔的篇章，老街也就有了"一座三坊七巷，半部中国近现代史"的美誉。

（一） 林公千古：苟利国家生死以，岂因祸福避趋之

中国自古以来就有埋头苦干的人，有拼命硬干的人，有为民请命的人，有舍身求法的人，这就是中国人的脊梁。这些脊梁是黑暗中的炬火，星星点点燃成一片耀目的火光，撑起近代史的苦难辉煌。而一切挣扎与执着，一切血泪与忠勇都绕不开永远立在虎门前的身影——林则徐。三坊七巷中，"林文忠公祠"紧挨南后街，是林则徐儿时生活的地方。

清道光四年（1824 年），林则徐被派往江苏担任按察使，为官期间，母亲去世。按照传统礼制，他要回家守孝 3 年，可就在此时，江苏发生水患，朝廷紧急调派林则徐前去治水。林则徐陷入了守孝与治水的两难境地，在忠与孝的抉择面前，是父亲的一席话使"忠于国家"的信念深深扎根在他心里。为何告丁忧？为报答养育之恩。为何养育你？为报效民族国家。既如此，国家有难，怎能不挺身而出！有国才有家，这是父亲对林则徐的教诲，也成为他日后为国为民殚精竭虑、奋不顾身的精神注脚。于是，林则徐素服走上了前往高家堰的道路，也走上了拯救国家

与人民的壮阔征途。

道光年间，英国向中国倾销鸦片高达 200 多万斤，朝野上下吸食人数高达 200 万，披上"福寿膏"外衣的毒品不断侵蚀中国百姓的身心。洞察时弊的林则徐多次上书朝廷指出："法当从严，若犹泄泄视之，是使数十年后，中原几无可以御敌之兵，且无可以充饷之银。"林则徐的奏折令道光皇帝震动警醒，他任命林则徐为钦差大臣到广东查禁鸦片。但鸦片贸易利润巨大，各方利益牵连甚广，一旦查禁，万般隐忧，危机重重。林则徐的京中师友都为此深感担忧，劝他不要前往。

殚精竭虑 奋不顾身的精神注脚

■ 林则徐

可民族安危在前，国家存亡在前，生命又何足挂齿。对林则徐来说，这是挽救国家颓势的"千载一时"之机，哪怕血染珠江、身首异处，他都义无反顾。1839 年 6 月，林则徐在虎门销烟，向全世界宣告了中华民族决不屈服的决心。然而，这位披肝沥胆的民族英雄却无法躲过那个时代的悲怆。1840 年，英国政府以林则徐虎门销烟为借口，发动第一次鸦片战争。中国战败，签订丧权辱国的《南京条约》，香港自此沦为英国殖民地。林则徐被流放新疆伊犁，中国近代史开始了长达百年的漫长夜晚。

历史不会忘记这些英雄的付出，历史也不会辜负这些英雄的付出，虽悲剧不可阻挡，但林公精神千古。"若鸦片一日未绝，本大臣一日不回。"像林公一样的士大夫们在民族危亡之际毅然前往，是他们用精神点燃了黑暗中的星火，用脊梁撑起了民族的希望。

"苟利国家生死以，岂因祸福避趋之"，这光耀千古的名句掷地有声地落在近代史的岁月里，以鸦片战争为转折点，自此之后的 100 多年间，无数福州儿女踏上了为实现中华民族复兴而努力奋斗的伟大征程。

二 从绿水到深蓝：船政海防立生民

为天地立心，为生民立命，为往圣继绝学，为万世开太平。中国士大夫的文脉与魂魄从不曾断，随着林公在黑暗中擎起的火把，三坊七巷相继走出了无数仁人志士，怀着满腔滚烫的热血又向黑暗中阔步前去。

宫巷 11 号大院是林则徐的外甥兼女婿、清末重臣沈葆桢的故居。早在沈葆桢 11 岁那年，就跟在舅舅林则徐身边，接受他的教导。鸦片战争爆发后，福州成为最早对外开放的"五口通商口岸"之一。面对国土的沉沦和西方的坚船利炮，中国决定师夷长技以制夷。当时，正在三坊七巷家中丁忧的沈葆桢毅然决定接任船政大臣的重任。

在沈葆桢看来，要改变中国积贫积弱的现状，首先便要巩固海防。船政利于万世，如果事成，则子孙万代享受其利；如果失败，则会被外国人耻笑，令国人寒心。中国在绿水中摇荡的海军，必须开始向深蓝行进。于是他一边创办马尾造船厂，大力发展近代造船业，另一边又开设福州船政学堂，全身心地培养制造与航海人才。在沈葆桢主持船政的 8 年多里，共造出 5 艘商船和 11 艘兵舰，装

■ 福州船政

备起中国第一代海军舰队，培养出了包括严复、詹天佑、邓世昌、萨镇冰在内的一大批近代科技、军事、外交、教育以及社会人才，正是这些人才扛起了中国近代海军和近代工业的大旗。

历史的巨轮浩浩荡荡，1894 年，甲午海战爆发。浴血拼杀到最后一刻，致远舰上的将士们抱着为国赴死的决心撞向了敌舰，包括邓世昌在内的北洋水师 11 位海军将领全部壮烈牺牲。一座海是一座陵，这片湛蓝

与赤焰交融的海域盛放着无数忠义的灵魂，在海浪的浮沉里注视着民族的浮沉。著名作家冰心曾在《我的故乡》一文中写道："甲午战败时期，老家福州南后街家家户户挂满白幡祭奠亲人。阵亡的竟都是福州人，震撼人心，让人久久无法释怀。"

故土之上，苍穹之下，福州大地赤诚忠勇的血脉相传，福州儿女誓死报国的魂魄长存。

(三) 林觉民《与妻书》：少年不望万户侯，铿锵忠骨镇中华

一方素绢一张桌，一支兼毫一方砚，所有爱意都在烛光闪烁里渲染其中。虽然信鸽来自不同时代、不同作者，温情与坚韧、壮烈与敬意却都能在民族情感的共通中传递。就像林觉民一纸《与妻书》穿透百年的岁月，每每读来都催人声泪俱下。百年过去，在杨桥巷17号里仿佛仍能看到故人的音容笑貌。

1900年，三坊七巷巷口走出一对身影，这是父亲送儿子参加科举的第一关——童生考试。然而让父亲没有想到的是，这个年仅13岁的孩子并无意功名，他只提笔挥毫，淡然又坚定地考卷上留下了7个大字："少年不望万户侯"。少年时期的林觉民便拥有干净纯粹的灵魂，唯有报国才是唯一目的地。

就在他参加科举考试的那一年八月，八国联军攻入北京，烧杀抢掠，无恶不作。祖国在外来侵略者的百般蹂躏与摧残下变得遍体鳞伤，这使得林觉民痛心疾首。他告别妻子陈意映，前往日本学习。就在这个时候林觉民接触到了同盟会，被其"驱除鞑虏，恢复中华"的宗旨深深吸引，并愿意为它的实现付出努力与代价。1911年1月底，同盟会在香港谋划发动广州起义，林觉民接受任务回到家乡福州，挑选一批敢死队员。为了让起义能够顺利进行，这位年轻人甚至在面对最亲密的爱人时，都没有透露半点口风。

3个月后，林觉民带着20多人告别三坊七巷前往香港。广州起义

前，他抱着必死的决心，给家中的爱妻陈意映写下感动世人的绝笔书："吾今以此书与汝永别矣！吾作此书时，尚是世中一人；汝看此书时，吾已成为阴间一鬼。吾至爱汝，即此爱汝一

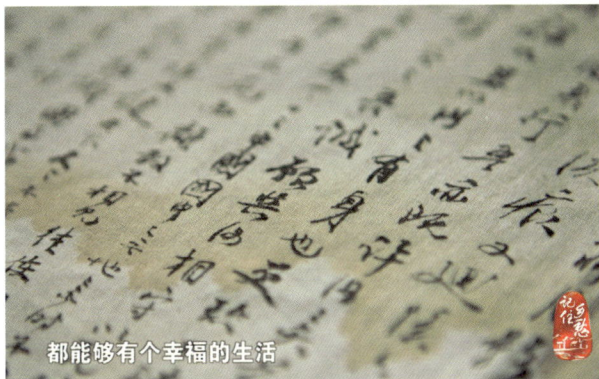

都能够有个幸福的生活

■《与妻书》

念，使吾勇于就死也。汝体吾此心，于啼泣之余，亦以天下人为念，当亦乐牺牲吾身与汝身之福利，为天下人谋永福也。"

字字泣血，句句深情。这是个人悲痛在时代主题里的放大，是时代悲壮在每个人生命中的具象。那些窗外的疏梅月影仍历历在目，那些低低切切的不尽私语仍近在耳边，但是如果国破家亡，那一切幸福都会随即烟消云散。为了天下人，为了天下所有夫妻，为了天下所有家庭，我必须去做牺牲的那一个。这是对发妻的爱，更是对天下人的爱。这封信道尽了时代的悲哀，没有人可以在惨烈的悲剧中拥有完美的结局，国破的沉重与痛苦将落在所有人身上。但幸运的是，一定会有人在这个时候挺身而出，将天下与未来扛在肩上，将民族与国家扛在肩上。

广州起义失败后，林觉民受伤被俘，英勇就义，牺牲时年仅 24 岁。在小家与国家之间，在小爱与大爱之间，林觉民像他的先祖林则徐一样作出了坚定的选择，承福州之血脉，负天下于己身。

四 古城保护：民族文脉未断，城市记忆长存

在中国近代风起云涌的 100 多年间，三坊七巷人始终站在历史的大舞台上，推动着这个古老的东方大国不断更新，奋勇向前。走过岁月的沧桑，收藏起锋芒的老街也渐渐归于平静。然而这种波澜不惊的日子，却在 20 世纪 80 年代末的时候被打破了。当时，作为沿海开放城市，福

州经济进入快速发展阶段，很多房地产商都看上了这块走出过无数历史名人的"风水宝地"。这一方建筑群落在狂风暴雨中傲然挺立，却在风平浪静之时险些被毁坏。

作为三坊七巷的后辈，李厚威举起了倡议修复古建筑的大旗。当时，34岁的李厚威还在福州一家工厂上班。偶然一次机会，他路过林觉民故居时，猛然发觉故居的大部分都要被拆掉，这样的情景令他十分震惊。李厚威的父亲和伯父都是辛亥革命志士。在他看来，保护好这些名人故居就是保存了一个国家的记忆，作为老街人，自己有义务出一份力。为了能更好地引起人们的关注，李厚威费尽心力，查找有关林觉民故居的相关资料和历史。从书籍到报纸，他都工整地誊写在稿纸上。一桩桩尘封往事，透过他的纸笔，渐渐清晰起来。

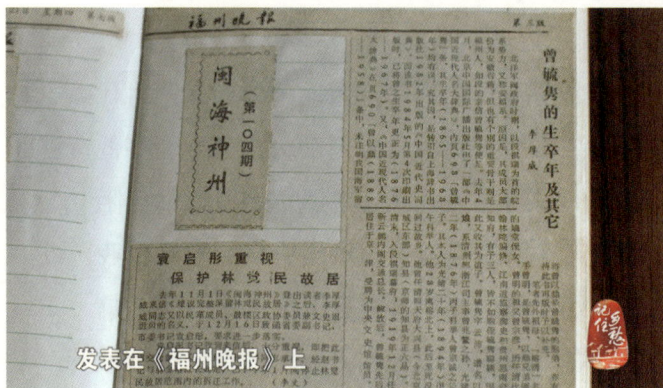
发表在《福州晚报》上
■ 4封"抗议书"

1989年到1990年间，李厚威连写4封"抗议书"发表在《福州晚报》上，发出"建议完整保留林觉民故居"的呼声，引起了政府的重视。最终政府及众人在紫藤书屋开会，高效迅速地解决了修缮的经费问题，福州市也决定把福州辛亥革命纪念馆设在这里。

这件事情引发了全体福州人的思考——在经济发展中如何留住城市记忆？在时代变迁中如何表达对历史的尊重？在大家的共同努力下，不仅林觉民故居得以保全，福州市更是开启了三坊七巷的整体保护工程。为了更好地维护老街原貌，留存历史记忆，许多居民自愿搬迁到新的居住地，离别之际，人们纷纷在老屋巷口合影留念。对当地很多居民来说，这是这一辈子拍到的最好的相片。身后是祖辈与历史，身前是当下与未来。这是身为后辈的民众对于先辈的牺牲与付出的尊重与敬意，很多人都像李厚威一样，心里怀着对历史的一片赤诚。

■ 修复后的三坊七巷

　　经过近10年的保护修复，现在的三坊七巷以崭新的面貌重新回归人们的视野。街边一组组铜雕作品复原着历史的场景，百年老字号里叫卖的还是传统的味道。直到今天，老街的每个角落仍然散发着从唐末传承而来的儒雅气息。南后街上不仅聚集了10多家旧书摊、裱褙店，还开设有许多脱胎漆器、寿山石雕等传统文玩商铺，有着"正阳门外琉璃厂，衣锦坊前南后街"的说法。以名人故居和家风家训为载体的一个个活态博物馆，在城市中默默闪耀，吸引八方来客。

　　一座三坊七巷，半部中国近现代史。时光倥偬，戎马金戈，无数仁人志士从这里向明灭影绰的前路里迈去，他们擎起的火把不曾断绝，在岁月更迭中连成一片，他们像从火光中走来，用身躯和魂魄照亮中国的未来。三坊连着七巷，如同血脉般把这个城市浸润得有声有色。千百年来，一个个历史人物在坊巷间来来往往，他们的故事就像发达的根系，支撑起了福州古城这棵大榕树，在明澈旷远的苍穹下肆意生长，福泽后世，绵延不绝。

编　　导：王晓宇　胡涵嘉

撰 稿 人：王紫瑶

指导撰稿：王利花

昙华林

兼容并蓄
敢为人先

"日暮乡关何处是？烟波江上使人愁。"诗人崔颢的乡愁穿越千年，绵延至今。在巍然的蛇山脚下，有一条历经数百年风雨变迁的老街——昙华林。昙华林历史文化街区位于武汉三镇之一的武昌，濒临长江南岸，以昙华林街为轴线，戈甲营、太平试馆两巷为辅翼。从空中俯瞰，昙华林掩映在高楼林立的都市里，浓荫庇护着白墙红瓦，每一扇橱窗、每一个角落仿佛都散发着大隐于市的气息。

武昌城始建于三国时期，此后不断扩建，到明初已经成为长江流域

古雅的江夏民居

■ 昙华林

仅次于南京的第二大都会。也正是在那个时期，三山环抱的昙华林被纳入武昌北城墙内。1861 年，汉口开埠，老街开始出现许多风格新奇的西洋建筑，武汉第一座近代西方医院、第一所洋学堂、第一座面向公众开放的图书馆、中国第一所私立大学都诞生在这里。昙华林像一位宽厚的长者。这里的一草一木，似乎都在诉说着来自不同地域的文化；一砖一瓦，仿佛都在记录着大武汉敢为人先的历史文脉。

一　会通中西办学堂　师夷长技以自强

1200 余米的老街上，数所小学、中学、大学紧密相连，这使昙华林厚重的历史，散发着浓浓的书卷气息。"天地泰，日月光，听我唱歌赞学堂。"这首朗朗上口的《学堂歌》是湖广总督张之洞 1904 年编写的。甲午海战中，清军不弱于日本，结果全军覆没，残酷的现实让张之洞震惊于中西方的差距，也让他清醒地意识到了解西学的重要性。

一天，张之洞来到昙华林，视察武汉市第一所洋学堂文华书院，看到孩子们正在上体育课，学习体操、强健体魄，不禁感慨万千。他特意把慈禧赐予他的洋玩意儿——一支黑管转赠给了孩子们，以示

视察武汉市第一所洋学堂文华书院
■ 文华书院旧址

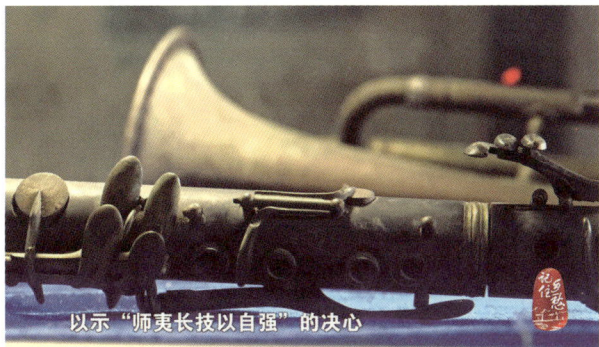
以示"师夷长技以自强"的决心
■ 张之洞赠与的"黑管"

"师夷长技以自强"的决心。

面对上千年的科举制度，张之洞深知像过去一样只重研读四书五经，而缺乏科学精神，必将落后于时代。他在《劝学篇》里强调，要汇通中西，"取中西之学而糅杂之"。他破天荒地开设了英文、天文、理学、算学、经济学等科目。当时，仅昙华林就建有不同类别的新式学堂十几所，培养了一大批少年英才：董必武、李四光、陈潭秋、恽代英、刘仁静、宋教仁……每个名字都在中国近现代史上熠熠闪光。

昙华林文华书院，标志着近代教育的发轫。这些站在东西方文化碰撞的最前沿、接受了新式教育的学子们，带着老街敢为人先的气质勇往直前，感染着更多有识之士，在当时暗流涌动的昙华林，创造了一个又一个"敢教日月换新天"的故事。

二 一心为公刘百万　勇担道义心神往

昙华林32号，这座房子的主人是共进会会长刘公，原名刘耀瑸。他从小接受新式教育，每当老师在课堂上讲到清廷腐败无能、签订卖国条约时就悲愤不已。他留学日本、参与组建同盟会时，被孙中山"天下为公"的理想深深吸引，这仿佛暗夜里的一丝光亮，让他心驰神往。孙中山感慨于他的热情，念其一心为公，便称他为刘"公"。

家境富裕的刘公，又称"刘百万"。他为辛亥革命捐献了2万多两白银，仅支持武昌首义就捐献了7000多块大洋，重达400多斤。当时，武

家境富裕的刘公
■ 刘公馆

这在当时 要承受极大的风险
■ 刘公馆内长廊

昌城内到处贴着他的照片，刘公随时有被逮捕、杀头的风险。面对艰险，他毫不畏惧，坚定地支持辛亥革命。

昙华林这片街区是武昌古城的一个缩影

■ 鄂军都督府

1911 年春，30 岁的刘公把早就设计好的铁血十八星旗图样，悄悄带回了昙华林，由 3 名学生秘密绘制。那一刻的昙华林，就像它的名字，在黑夜里绽放。1911 年 10 月 10 日夜，武昌首义一声枪响，这面象征辛亥首义胜

武昌首义一声枪响

■ 武昌首义纪念雕塑

利的旗帜迎风招展。武汉义旗天下应！一场轰轰烈烈的革命运动迅速兴起，中国历史上最后一个封建王朝就此坍塌。

昙华林这片街区是武昌古城的一个缩影，武昌首义在这里发生，既是偶然，也是历史的必然。它给了这座城市一个近代的标识：包容开放，敢为人先。武昌首义的枪声从未消散，它久久回荡在老街上空，让每一个追求梦想的人心潮澎湃。

（三） "朴诚勇毅" 干革命　剪辫明志不回头

位于昙华林涵三宫的武汉中学，是开国元勋董必武在 1920 年创办的，它是湖北省第一个实现男女同校、第一所宣传马克思主义的基地，被誉为 "湖北革命的摇篮"。这里走出了中共一大 3 位代表——董必武、

这里走出了中共一大三位代表

■ 武汉中学旧址

陈潭秋、李汉俊。1927 年爆发的黄麻起义，10 个指挥里就有 6 个毕业于这所私立中学。

董必武创办武汉中学，正是春寒料峭之时，为了筹集资金，他将身上最值钱的东西——一件皮袍当掉，加上找亲戚借的几个大元，凑了 20 大元作为入股办校资金。天寒地冻的日子里，他们睡在两条长凳和一条木板搭建的床上，尽管条件如此艰苦，董必武仍是"以中有足乐者"。

豁出全部身家干革命，对董必武来讲已经习以为常。在武昌首义胜利第三天，当时的他身为一个普通的教书先生，突然间做了一件很多人不敢做的事情——剪了辫子投身革命。他以此明志，干革命不回头。25 岁的董必武从湖北黄安赶到武昌，只留给了家人一首诗，其中最后两句便是："旋转乾坤终有日，神州遍种自由花。"

今天，武汉中学的校训依然是董必武当年留下的"朴诚勇毅"。"朴

豁出全部身家干革命

■ 武汉中学旧址

朴诚勇毅

董必武同志十分 ……教育事业，他走上新民主主义革命道路 …… 所做的第一件事，就是与陈荫 …… 汉中学。

依然是董必武当年留下的"朴诚勇毅"

■ "朴诚勇毅"校训

诚"源自董氏家训，"勇毅"则是建校时特意加上去的。朴诚是心，勇毅是魂，刚柔相济，敢为人先。这独特的气质历经百年风雨，依然在昙华林影响着一代又一代莘莘学子。

（四） 使命在肩"不服周" 中国高铁自建成

昙华林街上的翟雅阁，是武汉市第一所洋学堂文华书院的室内健身馆。2016年，修葺一新的"翟雅阁健身所"有了新名字——"武汉设计之都客厅"。三峡工程、桥梁工程、高铁勘察设计……穿越百年，古老的建筑不仅留下了城市记忆，也鼓舞着老街人不断创造新时代的辉煌。

傅八路是铁道部第四勘察设计院工程师，现工作在世界上规模最大、检修设备能力最强的检修基地，即俗称的"动车医院"。它融合现代最先进的传感技术、计算机以及网络技术设计建成。在这里，一列400米长的动车，3个小时就可以完成一次日常"体检"。

众所周知，中国高铁没有成熟的经验可循，也没有现成的资料，如果不能圆满地完成设计任务，只能请国外的专家来完成这项工作。傅八路是典型的武汉人，敢为人先、不服输，用武汉话说就是"不服

在昙华林拥有了一座别具特色的
■ 武汉设计之都客厅

傅八路
铁道部第四勘察设计院工程师
我们自己的人来完成
■ 傅八路

周"，她坚定道："这是我们中国人自己的高铁，要用我们自己的技术，我们自己的人来完成。"带着这份信念与使命，她一直走在中国高铁的一线，突破了一个又一个难关。

傅八路的儿子明睿常说，爸爸妈妈的另外一个孩子就是高铁。在昙华林的时候，奶奶照顾明睿的生活起居，他的妈妈几乎每周都要出差，就连明睿参加高考那年，妈妈还在上海参与京沪高铁的总体设计。爸爸更是在合肥驻场 5 年之久，读书时的明睿习惯在地图上找爸爸，合肥地铁 2 号线、南京地铁 3 号线，爸爸都是专业设计负责人。

时光荏苒，老街人追求梦想的脚步从未停歇。如今，明睿从国外学成归来，正致力于用互联网大数据打造智慧城市。他希望和父母一样，勇担使命"不服周"，为家乡提供更加安全快捷的服务。老街的精神代代传承，成为荆楚大地上生生不息的力量之源，它焕发的勃勃生机，激励着老街上的每一个人。

⑤ 与时俱进融众长　汉绣传承焕生机

2011 年，昙华林请来了当时湖北最年轻的工艺美术大师杨小婷，她在这条老街上开办了昙华林汉绣馆。作为楚文化的代表，汉绣在战国

■ 昙华林汉绣馆

楚绣的基础上，融汇南北诸家绣法，糅合成具有荆楚文化特色的独特技法，热闹瑰丽，丰华张扬，被誉为十大名绣之一。

针尖上缠绕着人间的幸福吉祥，还隐藏着时代的沧海变迁。随着现代人审美的变化，汉绣也曾一度没落下去，在一块大红布上绣一朵大绿花的样式已经不能被大众所接受。杨小婷意识到，让所有人接受一个历史点的一种风格，只会让汉绣越来越局限化，照搬传统，不加任何的创新，汉绣只能永远活在过去，而没有自己的时代。

面对纷至沓来的质疑，她决定打破传统条框限制，与时俱进，在继承汉绣精髓的基础上，融合汉绣、苏绣、宝应绣等多种针法，并且不断拓展现代题材，让古老的艺术焕发生机。杨小婷的创新，让越来越多的人喜欢上了汉绣，昙华林汉绣馆也像一只孵化器，以此为基地，辐射湖北全省，使湖北省绣友从不到 50 人培养到超过 1 万人，绣坊达到 20 家，除武汉外，分布在大冶、荆州、洪湖、阳新、通山、宜昌等地。

■ 绣品

■ 汉绣学员

历史与艺术相融，传统与现代共振。古老的昙华林，澎湃着包容创新的血脉、兼容并蓄的活力，成为繁华都市里时尚、充满艺术气息的聚合之地。可以说，这方古老静谧的土地，恰逢它的锦绣华年。

如今的昙华林，平淡的日子与历史的繁华仿佛只隔一扇窗、一条小巷的距离。武汉人习惯把吃早餐，称为"过早"，生活在昙华林的人们，每天"过早"来一碗热腾腾的热干面，平淡的生活便有滋有味；歇息后跟邻里居民练练武当纯阳拳，宁静的时光就充满活力；尤其是一年一度的百家宴，家家户户端出自己的拿手好菜，在欢声笑语中鉴赏"舌尖上

再配以萝卜丁的甘甜 豆芽的脆爽

■ "过早"热干面

家家户户端出自己的拿手好菜

■ 百家宴

的昙华林",空气中到处飘扬着浓浓的老街情谊。对老街人来说,他们安享的不仅是生活的美好,更是其乐融融的幸福味道。

岁月流逝,悠长的老街肩负责任和使命,把握着传统和时代的脉搏,在梦想和奋斗中,碰撞出天南地北文化交流的火花。古老的昙华林,秉江汉灵气,开首创风采,在历史的长河里从未止步。这片曾经在中国近现代史上叱咤风云的方寸之地,如今已经融入长江经济带的发展之中,和大武汉一起拥抱一个崭新的时代。

编　导:袁　玲
撰 稿 人:杜迟伟
指导撰稿:王利花

眉山纱縠行老街

一脉书香
润古街

纱縠行老街位于四川省眉山市东坡区，北与下西街、通惠街交接，南与苏祠路、启贤北路交接，东与上大南街、下大南街交接。老街分为南北两段，南段古色古香、质朴典雅，而北段则是车水马龙、熙熙攘攘。这一动一静融合了两个时空，今人和古人在这里展开了一场关乎文明的对话。

纱縠行，意即缫丝之处和蚕桑行市。据史料记载，古蜀王蚕丛氏，就曾在这里教民农桑。唐朝时期，纱縠行便因丝绸贸易而兴起，商贾云

记住乡愁 第五季（27）
眉山纱縠行老街 一脉书香润古街
缫丝之处和蚕桑行市

■ 纱縠行老街

集，一度富甲西蜀。宋代，这条老街上出了冠绝古今的"三苏"，一脉书香就从"三苏祠"绵延至整条老街，润泽整个眉山。从丝绸贸易兴盛的西蜀小城到享誉千年的诗书圣地，读书之风早已深入到当地百姓的日常生活当中。

一 孙氏书楼屡毁屡建，千年文脉经久不衰

纱縠行老街古朴的建筑群中，有一座孙氏书楼，最初由老街人孙长孺修建，至今已有上千年的历史。孙长孺生于唐代，他一生嗜书，好收藏典籍，是位藏书家。那时，纸张和印刷术尚未在民间普及，书籍大多掌握在贵族和士大夫阶层，知识传播十分受限。为了让更多平民体味到油墨书香的乐趣，孙长孺投入了全部家当，用数年时间在纱縠行修建起一座书楼，免费对当地百姓开放。唐僖宗在位时，感于他对百姓的贡献，给孙氏书楼题了横匾——"书楼"。孙长孺临终时，只给子孙留下一条遗训：日后不管遇到怎样的困难，都要誓死保护书楼。

到了五代十国，蜀地兵荒马乱，孙氏书楼也难逃厄运，沦为废墟。面对残垣断壁，孙长孺的第四世孙子孙降衷，暗暗下决心：一定要重建

在纱縠行修建起一座书楼

■ 孙氏书楼

书楼！机缘巧合间，孙降衷与后周大将赵匡胤一见如故，成为至交。宋太祖黄袍加身，平定后蜀之后，召见了这位昔日好友。宋太祖的原意是封官加爵，让他权力傍身，或是赐他满堂金玉，孙降衷一一婉拒了太祖的美意。他牢记先祖的嘱托，只求宋太祖将皇宫典藏的书籍分一半与他。太祖欣然应允。孙降衷带着万卷书籍回到眉山，投入到重建书楼的祖业中。经过家族几代人的努力，孙氏书楼终于在天圣初年重建完成，人称"万卷书楼"。

此后，书楼又多次遭灾罹难，但孙氏后人总是不遗余力地搜购补缺，屡毁屡建。孙氏书楼开启的千年文脉得以绵延，从纱縠行老街润泽至整个眉山，春风化雨般陪伴着老街的每个晨昏日落。

（二）　程氏夫人勉夫教子，一门三苏冠绝古今

在书香润泽下的古街，读书风气盛行，不仅男儿读书求学，女子也识书知礼。北宋年间，老街上出现了一位传奇女性，她成就了中国文学史上的一段佳话。

那时，纱縠行老街南段有一家贩卖丝绸的店铺。店老板是一位知书达理的女性，人们都亲切地称她为"程夫人"。程夫人出身书香门第，从小饱读诗书，虽是

■ 程夫人雕像

女儿身，却见识高远。娉婷年华，她与苏洵缔结连理，婚后育有二子，苏轼和苏辙。苏洵年轻时终日醉心游历，难以静下心读书，27岁尚未考取功名。当时的苏家不仅生活贫困，还要面对族人的轻视。可程夫人从不抱怨，她总是尽心尽力地操持家务、相夫教子。终于，苏洵感动于妻子的安贫守志，决心在学业上发愤图强。

为了丈夫能安心读书，程夫人毅然挑起了一家人生活的重担。她变卖了珠宝首饰，在纱縠行做起丝绸生意，随后为苏氏买下了5亩宅院。在教育子女方面，程夫人也有独到的见解。她认为读书明理、学史明智，教子先教德，有德才能成大器，便用"立其志，养其德，顺其性，然后强其骨"来要求苏轼兄弟二人。

1056年，父子三人离开眉山，前往汴京参加科考。放榜之日，父子3人同榜登科，名动京师。然而，未能等到父子三人高中的喜讯，程夫人就逝世了。程夫人读书识礼，勉夫教子，最终成就了一门三苏。史学家司马光在所作《苏主簿夫人墓志铭》中赞美她是一位"知力学可以显其门，而直道可以荣于世，勉夫教子，底于光大"的伟大妻子和母亲。

就位于老街的正中央

■ 三苏纪念馆

程夫人和一门三苏的故事在纱縠行老街世代流传，老街人以她的教育方式训诫子女，以一门三苏的佳话劝勉后人进学。在他们的影响下，从纱縠行发源的读书风气在眉山盛极一时。两宋300多年间，眉山共出了909名进士。宋仁宗曾惊叹道："天下好学之士多出眉州。"诗人陆游路过此地，提笔留下"孕奇蓄秀当此地，郁然千载诗书城"的诗句，赞美这块人杰地灵的宝地。在这灵气孕育下的老街人，自有一份如兰的气质，带着自信与从容走向明天。

（三）　三苏祠里存英灵，和平老人承遗风

三苏祠一直是文人墨客和当地居民拜祭先贤的圣地，经过数百年的营造，形成了"三分水，二分竹"的岛居特色。里面的一草一木、一亭一阁，似乎都带着饱满的情感，在这里伫立了千年。来凤轩是当年苏轼奋力苦读的书房。与书相伴的日子里，他把进取的精神和远大的理想融入词的世界。东坡词开豪放派之先河，在字斟句酌间，把词从"艳科""小道"转变为一种堂堂正正的文学体裁，对后世产生了深远的影响。

相传，苏东坡年少时，得意于自己的博闻强识。有一天，他在门前挂了一副对联——"识遍天下字，读尽人间书"。岂料，一位白发苍苍的老头拿着古书找上门来，说是特地来向苏公子求教的。苏东坡接过书本一看，诧异地发现书上的字大多数都不认识。他面红耳赤，随即提笔在对联的上下联各加两个字，成了截然不同的一副对联："发奋识遍天下字，立志读尽人间书"。

清末民初的邵从恩，自小便以家乡人苏东坡的诗句"未成报国惭书剑，岂不怀归畏友朋"为座右铭，积极投身于救亡图存的社会运动中。

融入词的世界

■ 东坡像

1947年5月，国民政府最后一次参政会在南京召开，当时已75岁高龄的邵从恩应邀参加，临行前曾对友人说："此行是拼老命争取和平。"会议中，邵从恩坚持停止内战，遂与蒋介石发生争论，急火攻心间，当场倒地晕厥。病床上，邵从恩手书"内战不停我不乐"7字见报，在全国范围内产生了巨大的影响。从那时起，国人称邵从恩为"和平老人"，他的故事也成为一段佳话。

书籍开拓了老街人的视野，也让他们拥有了放眼天下的家国情怀和为国为民的使命担当。邵从恩正是从"左牵黄，右擎苍"的英姿中，"会挽雕弓如满月，西北望，射天狼"的豪迈中，承苏先生遗风，在动荡的年代，为国家安宁而奔走疾呼。和平年月，在时代迅速发展的浪潮中，老街人的脚步也从不匆忙，他们袭苏先生风雅，带着一份旷达与乐观，迎接生活的挑战。

四　寻常巷陌书声起，纱縠老街墨香浓

如今的老街店铺林立，餐馆、茶馆应有尽有，书画室、音乐室、图书馆荟萃云集。许多宅院的围墙上镌刻着诗词，青瓦红墙间，少了一些都市的喧嚣；寻常巷陌处，多了几许诗礼人家的儒雅。在千年文脉的濡染下，老街人与书籍有着不解之缘。

1960年，刘小川生于距苏宅百米之遥的一户宅院中，自小在苏轼的影响下长大。少年的梦想是成为一名作家，即使无缘进入高等学府深造，他也从未停止过读书和学习的步伐。数十年间，刘小川躺在苏宅郁郁葱葱的柚子树上，阅读了大量的书籍，且坚持每日创作一篇千字文。在理想与现实的挣

刘小川
作家
就是唤起我们对乡土的记忆

■ 作家刘小川

扎中，他经历了中年下岗的人生低潮，正是油墨书香带给他希望，伴他走过那段艰难的岁月。终于，他的长篇随笔《苏轼，叙述一种》荣获了巴金文学院随笔奖。成名之后，刘小川曾受邀迁至沿海发达城市定居写作，但他还是回到了纱縠行老街。老街的生活，自在而安心，唤起了老街人最独特、最温馨的记忆。对于作家刘小川来说，老街的乡土文化就是滋养他的一片沃土。

袁春梅是纱縠行老街一家书店的创办人，也是东坡读书会的一名阅读推广志愿者。她的书店满载着浓浓的书香和浓浓的爱。从创办书店之初，她每年都向偏远山区的中小学生捐赠图书。20余载间，由她捐赠的图书已有上百万册。这样的坚持实属不易，可当孩子们流露出对知识的渴望，用那纯真清澈的眼神望向书籍时，袁春梅便觉得浑身充满了动力。2017年，袁春梅被评为"四川十大最美志愿者"。她希望把更多的好书送到更多孩子的身边，让更多的孩子爱上阅读，从而点亮他们绚丽多彩的人生。

■ 袁春梅办读书会

"外物之味，久则可厌；读书之味，愈久愈深。"书籍的力量是巨大的，读书这一好习惯也将使人受益终身。广场上，百姓们将亲手所绘的书画作品展览出来，倾心畅谈间，时而传出吟诵诗词的声音。纱縠行一隅，退休的老人们聚在一起，浅唱低吟，美妙的曲中词仿佛岷江水般缓

每日清晨都会聚在街边一隅

■ 纱縠行老街街边一隅

缓流淌，婉转动听。在这种无声的传承下，老街春风化雨，滋养着生活在这里的每一个人。

今天的老街既有诗画笔墨的芬芳，也浸透着浓浓的烟火气息。如果说读书是老街居民的日常，那么东坡泡菜则是他们必不可少的家常滋味。在老街，家家户户都有泡菜坛子，就如家家户户都有书架一样。冬天，人们将房上的积雪放到坛子里，来年再一一加入备好的蔬菜。不择菜蔬贵贱，皆可入坛泡制。在时光里，那些普通的蔬菜慢慢发酵成美味。老街人认为，读书和泡菜一样，只有经过长时间的浸润，最终才能改变与成就自己。在这个道理的启迪下，无论世间有多少变化，老街人都能从容应对。

千年前的孙氏书楼早已湮没在历史的烟尘中，而新的书楼却像雨后春笋般在这条老街上拔地而起。古风遗韵，一脉书香也将生生不息，世代相传，它会成长为这座城市的骨骼肌理，让古老的街道散发出新的活力，也让这座现代之城，拥有可以回首过去的历史底蕴和展望未来的文化底气。

编　　导：王　剑　余建明
撰稿人：韩舟舟
指导撰稿：王利花

百炼成钢

百色老街

位于滇黔桂三省区交会处的广西百色，是典型的喀斯特地貌。"百色"在壮语中的意思是山川塞口、地形复杂的地方。由于自然环境恶劣，这里自古就有"九分石头一分土"的说法。起伏的山峦波涛汹涌，贫瘠的土壤寸草难生，面对凶险的生态环境，百色人民并没有望而却步，而是凭借着"一根木棍敢搬山"的精神，在这山石嶙峋的荒岭之处，开辟了隐藏于群山中的世外桃源。

壮族人民"一根木棍敢搬山"的精神渊源，还要追溯到当地广为流

一条三百多米长 四米多宽的街道

■ 宽敞大气的百色老街

天神布洛陀和妻子受命创造万物

■ 天神布洛陀创世的传奇神话

在周边的荒地上造屋修路

■ 百色老街内的生活场景

传的民间神话。相传远古时期，天神布洛陀和妻子受命创造万物，带着5个孩子来到凡间。到百色之后，5个欢蹦乱跳的孩子却化成了5座沉默不语的大山。夫妻俩悲恸欲绝，但他们仍没有忘记自己的使命，在敢壮山一带开天辟地，创造万物。布洛陀创世的传奇神话，历经千年而不衰，成为壮族人民不惧艰险、百炼成钢的文化底气与文化信仰。

百色老城因水而兴，自古就是重要的水陆中转站。清雍正年间，人们沿河修建起一条长300多米、宽4米多的街道，街道宽敞大气，"大街"因此而得名。在此后的数百年间，以大街为支点，汉、壮、瑶、苗等多个民族在周边的荒地上造屋修路，逐渐形成了一片街巷纵横、人声相闻的热闹街区。直到1949年，为了纪念百色解放，大街改名为"解放街"。老街斑驳而纵横的街道里，处处充溢着百色人与世无争的生活态度和质朴纯净的生活气息。在这里，我们更见证了一代代百色人独特的坚守和韧性。

一 勠力同心，铁骨忠魂报家国

位于老街内的粤东会馆，迄今已有近300年的历史。清康熙五十九年，商人梁煜有意在澄碧河边兴建一所粤商会馆，作为邻里商贩的落脚

之地和议事场所。不
畏劳苦的百色人克服
艰难的运输条件，人
力运送建筑材料，在
任劳任怨和百炼成钢
的信念中，粤东会馆
修砌建成。随后，越
来越多的商人来到老

■ 粤东会馆

街安家落户。来自广东沿海的洋纱、香皂等日用百货，与来自云贵山区
的香料、药材在老街集散。当年最繁盛时，这条300多米长的老街上依
次排开近70家商铺。商贾云集、百货杂陈，老街成为云南、贵州、广西
三省交界处的物资集散中心。

1929年10月，邓小平、张云逸等率领一支武装部队抵达百色，老街
的商人主动把粤东会馆让给部队使用。2个月之后，百色起义宣告成功。
一面镶有斧头镰刀的红旗在百色城的上空冉冉升起，中国工农红军第七
军正式诞生。

从小受到家乡文化熏陶的朱立文，希望自己有一天也能成为一位顶
天立地的好男儿。百色起义时，他刚满20岁，风起云涌的农民运动让这
位年轻人热血沸腾。在理想和信念的感召下，朱立文带着弟弟报名参加
红七军，和4000多名家乡子弟一起，踏上了革命的征程。

天有不测风云，在红七军离开百色后，军阀特务开始排查参军家
庭。朱家突然少了两口人，引起了特务的怀疑，危急时刻，街坊邻居默契地和朱家保持一致，对盘查的特务声称朱家兄弟跑船去了广东。所有处变不惊，都来自百炼成钢的信仰和追求。

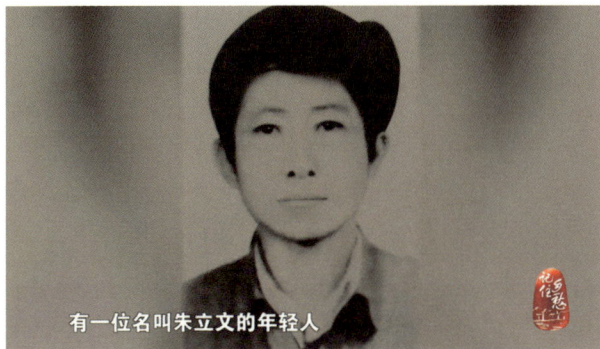

■ 朱立文

生死攸关时刻，老街上的人们冒着生命危险守望相助，各个纵横的小巷都成为家属的隐匿藏身之处。每家每户都帮着传消息、打掩护，共同保护那些送孩子参加红军的家庭。在大家的共同努力下，百色人民最终度过了这场腥风血雨的劫难。

誓为国家民族生死存亡而战的征途上，一位位百色好男儿带着壮乡勇者不惧的精神出发，在沙场上浴血奋战，直至生命的最后一刻。20 世纪 70 年代末，苦苦等待少年归来的朱家人，收到了朱立文早已牺牲的消息。噩耗虽在意料之中，却仍在证实之后让家人肝肠寸断、哀恸至极。

■ 为纪念百色起义修建的纪念碑和纪念馆

青山洒碧血，铁骨铸忠魂。百炼成钢的百色人，从来轻生死而重然诺。壮士虽已远行，但家乡的人们却始终不曾忘怀。为了纪念这段历史，百色人在俯瞰全城的后龙山上建起了纪念碑和纪念馆，它们宛如一座精神的丰碑，向后世的人们传递着为国为民百折不挠、可歌可泣的英雄情怀。

（二）　秉承信念，回望故土兴教育

当年，有人带着理想去向远方，如今，也有人循着根脉，回望故土。而老街也始终敞开胸怀，为那些出发的勇士送上祝福，也为那些归来的游子献上拥抱。

位于老街 74 号的"梁全泰"商铺，是梁宗岱从小长大的地方。梁家曾是老街上数一数二的大商户，对于子女的教育十分重视。梁宗岱从小受到家庭的影响，勤奋好学，留法归国后致力于翻译法国文学大师的作品，开中国现代法语教育之先河，成为受人尊敬的一代大家。

1944 年，作为广西抗战大后方的百色，聚集了来自各地的青年，但在动荡不安的时局下，百色城中却没有地方可以安放下一张安稳的书桌供他们读书。战火带来的是绝望，但意志坚强的百色人总是在硝烟的黑暗中绽放理想的火花，在战争的断垣中修筑希望的殿堂。国难当头，中国的文化火种不能熄灭，梁宗岱决定重返家乡，为青年学子创办学习之所。

筹办西江学院路程可谓举步维艰，一波三折。筹办学院之初，除了读书人的热情之外，其他教学物资几乎一无所有。但对于梁宗岱这位在老街上长大的学者来说，仿佛从来不知道困难为何物。办学经费不足，他就捐出个人积蓄；没有合适教材，他就自己编撰。在一切顺利进行之时，学校校舍突然被军方征用，梁宗岱索性带着师生们在树林里搭起简易竹棚。正如他所翻译瓦雷里的名诗《海滨墓园》中所说："起风了，唯有试着活下去一条路。"在梁宗岱坚持不懈的努力与老街商户的出资出力下，西江学院终于顺利开学，先后设立了法学、英文、工程等 5 个学科，为战争年

始终熏陶着后世子孙

■ 梁思薇与丈夫齐锡生

代希望救亡图存的年轻人打开了一扇看世界的窗口。当时所修建的西江学院，培养了大批专业人才，为日后百色教育事业发展奠定了坚实基础。数十年的时间里，在百色老街的学府里，先后走出了医学专家黄大斌、数学家梁宗巨、中国海军第一位女副舰长韦慧晓等杰出学子。

深受父亲影响的梁思薇，虽远在他乡，但她的心始终牵挂着故土。寻根故里、回报家乡是她多年来的心愿。20世纪80年代末，梁思薇的丈夫齐锡生受邀筹建香港科技大学。那时的齐锡生，已经是美国名校北卡罗来纳大学的终身教授，享有优渥的生活，"我们当时心里想最希望的就是可以回国，我们要为中国人做点事情。"梁思薇夫妇本着心中那份执着与信念，毅然决定回到香港，为祖国教育事业增砖添瓦。

三　百折不挠，披荆斩棘挑"希望"

老街所蕴藏的巨大能量，不仅在于那些创立了丰功伟业的革命烈士与文化名人，还有那些数十年如一日默默燃烧自己、照亮他处的普通人。

麦琼方正是这样一位不平凡的平凡人。一次偶然的进村探望，让20岁的她发现仍有许多困难村民缺衣少粮。从那之后，麦琼方的心就拴在了大山深处。此后的几十年，峰回路转间总能见到她挑着扁担蹒跚而行的身影。一根扁担、一双脚板，她为深山里的村民送去了温暖，为孩子们送去了百样色彩的未来。

1985年的一天，在经过一段山路时，麦琼方不慎掉入了10多米深的悬崖。由于失血过多，处于半休克状态的她直到深夜才慢慢恢复意识。

■ 麦琼方

■ 麦琼方（左二）为孩子们送去衣物

从那以后，她便落下了腰疼的病根。在所有人都劝她放弃之时，和死神擦肩而过的麦琼方，意志却更加坚定。"每当我想放弃时，我就想着山里的老人小孩都还需要我，我一定要坚持下来。"

百炼成钢，说的也正是麦琼方一心助人的坚决与韧性。婚后，她的丈夫也加入了助学助老的队伍当中。为了让山区里的孩子获得更好的教育资源，麦琼方夫妇将他们接到自己家中，为他们提供学费，供他们在城里上学。"最多的时候，家里住了19个人，一个星期就要吃掉90斤大米。"为了维持这样一个"大家"的生计，麦琼方不得不同时兼职3份工作，有时一天只能睡3个小时。生活虽然艰苦，但在夫妻俩的相互扶持下，平淡的日子总是充溢着欢声笑语。

然而风云难测，世事难料。2005年，丈夫意外去世，家中的顶梁柱轰然倒塌，失去挚爱的麦琼方疾首痛心，志愿工作也陷入进退两难的困境中。德不孤，必有邻。就在麦琼方最困难的时候，老街人纷纷向她伸出援助之手。大家有钱出钱，有力出力，点滴爱心汇聚成河，邻里携手共渡难关。

从1979年至今，麦琼方不知挑坏了多少根扁担，也不知送出了多少吨衣物。她用一根坚韧的扁担，一头挑起责任与担当，一头挑起正义与希望。她资助过的孩子，九成都考上了大学，其中不乏清华、北大等名校。在麦琼方的带动下，先后有600多人成为她的爱心"同盟军"。

"一根木棍敢搬山"，这正是老街人在遇到困难时，能够百折不挠、坚持到底的硬气和底气。尽管爱心之路是崎岖而坎坷的，但老街人不畏惧荆棘载途、助人为乐的精神已经在他们的身体里扎根，每一位老街人都秉承着这份亘古不变的信仰，不忘初心、砥砺前行。

点滴爱心汇聚成河

■ 麦琼方爱心同盟军

235

四 巧用电商，开拓芒果新销路

广西山区的气候十分适宜芒果生长，老街周边的乡民大多以此为生。过去，百色芒果的知名度不高，一些偏远山区的芒果根本无法走出大山，忙碌了一年的果农常常血本无归，村民的基本生活也难以保障。

眼看果农所有的努力将要付之东流，老街上的一位年轻人坐不住了。2002年，岑参开始尝试网上销售，试图为家乡的果农找到新出路。然而，下乡收购的过程并非想象中的轻而易举。由于当时互联网尚未普及，果农们对于电商这个"外来户"几乎一无所知。许多人无法接受也不敢相信，这个看不见摸不着的网络能够把滞销的水果卖出去。果农的不愿尝试，让岑参陷入了无果可收的窘境。

为了让果农放心，岑参开始挨家挨户去解释和收购。然而，好不容易收到了芒果，却由于没有保鲜和运输包装的经验，前几个月的订单不少都被退货和差评，刚刚起步的电商事业，眼看就要毁于一旦。好在，百炼成钢的百色人从来不知退却。让不可能成为可能，正是百色人世代传承和追求的精神。"我认定的事情，我就要坚持走下去，直到看到胜利的曙

■ 百色芒果电商岑参

■ 百色芒果通过电商分销中国各地

光为止。"岑参一家家上门道歉并且作出赔偿，同时改进包装工艺和运输方式，他的坚持让芒果电商逐渐有了起色。

电商打响了百色芒果的名片，让香甜的橙色飞出大山，也让更多人开始发现和了解这座城市。如今，在百色从事芒果电商的人已有1000多个，百色超过一半以上的芒果都通过电商分销各地。每年的六七月芒果季，老街就成了芒果的海洋，许多人专程到这里品尝芒果，在芒果中品尝多彩的老街味道，感受古朴的老街气息。百色，已经成为名副其实的"芒果之乡"。

也感受着宛如一家的温情

■ 百色长街宴

前有布洛陀不忘使命、开天辟地，创造万物的创世神话，历经千年不衰；今有百色人民不惧艰险、前赴后继的文化信念，开创盛世之景。如今的百色一改昔日贫瘠之样，如信念高仁之灯塔，使一代又一代的百色人奋勇前进，凭百折不挠之毅力，以百炼成钢之恒心，创百花齐放之势。无论时代如何变化，简单朴素的老街，都是百色的根脉所在，这里深藏着百色最厚重的文化底色，也跳动着最强有力的生命律动。

编　　导：李欣雁
撰 稿 人：郭于婷
指导撰稿：王利花

237

儒商发源地
经商先立德

　　周村古商城坐落于山东省淄博市西部，布市银街、茶楼染坊、食肆古玩、酒吧百货，古朴的传统产业和新兴业态在此交相呼应。它是山东商业文化发源地，多条古商街占地 20 多公顷，街区上有许多牌匾，沸腾火热的百年煮锅、生机勃勃的传统手工技艺、飘香诱人的周村烧饼……你方唱罢我登场，在这个拥有深厚积淀的街区续写着一个个商业传奇。

　　作为中国商业摇篮之一的周村古商城，从战国时期便开始了经商立德的征程。当时齐国沿海，丰富的鱼盐资源使其工商业发达；鲁国受农耕文化影响深远，强调诚信仁义。随着齐鲁两国的统一，文化碰撞出瑰

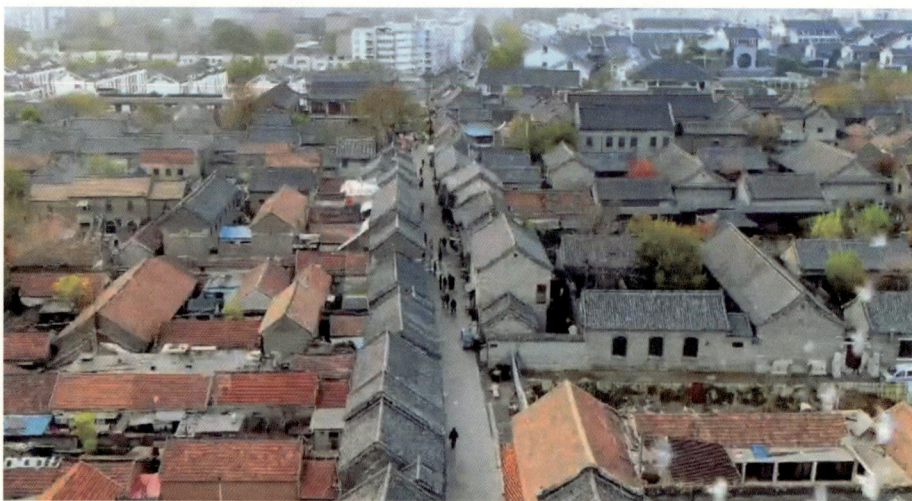

■ 传统产业与近代产业交相呼应的周村古商街

丽的火花，共同成就了儒家文化的发祥地山东，孕育了中国著名的商帮鲁商。周村作为鲁商商业文化的源头，曾因市集上波澜壮阔的商业盛景被乾隆皇帝赐名"天下第一村"。

一 天地一杆公平秤：以德立商，以义致利

淄博周村因商而起、因商而兴，它引以为傲、经久不衰的商业贸易，要从春秋战国时期一把小小的秤讲起。

范蠡是春秋时期著名的政治家，导演了"破釜沉舟""三千越甲可吞吴"的好戏；他是被中国人奉为座上宾的"商圣"，是商人的祖师爷"财神"；同时，他又是公平秤的发明者。

范蠡助勾践成功复国后，深藏功与名，来到了齐国经商。在政治上极富远见的范蠡，商业眼光亦是敏锐：初入商界，他发现竟没有一件物品可以帮助人们从事公平的贸易

一根木桩的两头分别吊着木桶和系着石块

■ 范蠡制秤源于井边打水的杠杆

活动！为了解决这一难题，他日思夜想，偶然的一天，他看到人们挑水时使用轻便省力的杠杆，这件事给了他制秤的灵感。回到家中他寻来一截细长的木棍，穿孔系绳后用手掂起，一头放货物，另一头用鹅卵石称重，根据货物重量来调节鹅卵石与绳的距离，他还借助天上的星宿进行标记，使得小小一杆秤颇具实用性。

范蠡发明的初代秤在市场上一炮而红，既解决了货物交易之间的计量问题，又为周村商街营造了公平良性的商业氛围。但范蠡渐渐发现市场上总有人在秤上缺斤短两，搅乱贸易秩序。望着天上的星星，范蠡计从心来。他巧妙借助当时"天人合一"的理念改造秤，在原来北斗七星、

南斗六星的基础上，又增加了福、禄、寿三星。秤杆上的最后三颗星，也蕴含了少人一两"损福"、少人二两"伤禄"、少人三两"折寿"的内涵。

公平秤几经波折，终在商业交往中一展身手，在保证了公平贸易的同时，也形成了为大家信守的"君子爱财，取之有道"的儒商道德原则。司马迁称赞范蠡"忠以为国；智以保身；商以致富，成名天下"。他所流传下来的商道精神，滋润着周村古商城这方水土，养育着讲求诚信、以义致利的周村商人。

（二）《聊斋志异》话周村：乐善好施，诚信重义

岁月推动着历史的车轮徐徐前行，行至清代初年，周村古商城已成为方圆百里最大的商贸中心，街区内车水马龙、人声鼎沸。人人艳羡其发达的商业，但商人们却终日面露愁容：私下里朝廷沉重的赋税令他们叫苦不迭，正常的贸易秩序难以为继。辞官回乡的刑部尚书李化熙面对此景，心有不忍，思量再三后决定以李府一己之力代缴周村商税。在他的声威震慑下，当地官吏不再上门向商户和百姓征税，这一举措也为日后周村自由贸易的发展铺石垫路。后期，周村除了吸引来更多的商人

刚刚来这里的时候

■ 蒲松龄石像

富贾，大文豪蒲松龄也定居于此，并将周村市井百态融入后来的创作之中，写就了中国志怪小说集大成之作《聊斋志异》。

青年蒲松龄带着《聊斋志异》的初成卷徐徐而来，于周村定居30余年。他除了在毕家坐馆，最大的兴趣就是在后花园的茶寮里听商人们闲谈，感受鲜活的市井生活。第一版《聊斋志异》便是在周村出版的。在书中，蒲松龄对周村商人的描写多达50余篇，在亦真亦假的奇闻逸事中塑造了有血有肉的士商形象。

《聊斋志异》的《鸮鸟》一文记载"周村商人数量多得像车轮上的辐条，从四面八方聚集于此"，大肆搜刮来的牲畜也多达"数百余头"，这也侧面反映了当时商贸之多、开放性之强；《义犬》中讲述了周村商人购置大量货物，乘船返乡途中，遇一屠夫杀狗，他"倍价赎之，养豢舟上"，谁承想遭船家挟持迫害，船匪将其投至江中，义犬见状跳入江中与之共浮沉，终被搭救的故事，其中也暗暗褒奖了周村商人的恻隐之心、仁义之举。

《聊斋志异》中也曾记载，在周村大德通票号有一枚古钱币，上下左右合成一围、共用一"口"，读出即是"唯吾知足"的意思。"唯吾知足"最早出现在汉朝的古钱币上，钱币中间的"孔方"含"空"的意味，经商亦是如此，人们不断积累财富、再散尽家财、再积累、再散尽，世世代代循环往复，若能保持"知足常乐"的良好心境，便是真正领悟了乐善好施、诚信重义的士商文化。

（三） 瑞蚨祥里"良心尺"：足尺加一，天地良心

商业繁荣、游人如织的周村有着"丝绸之乡"的美誉，丝绸纺织业是其支柱产业。其中，周村的瑞蚨祥在20世纪初便已家喻户晓，分号遍布中国大江南北。新中国成立后，天安门广场升起的第一面五星红旗的面料，就是周恩来总理指定由"瑞蚨祥"提供的。百年经营中，瑞蚨祥打出了"明码实价、言不二价、童叟无欺、足尺加一"的响亮口号。

在价格不稳定的年代，若顾客当天以某价格买绸布，第二天再来买

就告诉他你手里拿的是天地良心

■ 承载"孝、悌、忠、信、礼、义、廉、耻"的良心尺

同样绸布时，尽管价格已经提高，瑞蚨祥宁愿赔本，仍会以昨日的低价卖给顾客；遇到儿童前来买布，店员对于布匹的花色、品种、尺寸一定要特别问明，若孩子说不清，或是让他回去再问，或是派人到家中问明再剪；至于"足尺加一"，顾客购买 10 尺以内加放 1 尺的经营策略，要从几位盲人顾客量身裁衣的故事说起了。

1869 年，孟洛川开始主理"瑞蚨祥"商号，年仅 18 岁的他日常负责绸缎布匹及成衣定制。一日，店内来了几位盲人顾客量体裁衣，做衣服这件小事于常人而言再简单不过，在盲人身上却平添了诸多不便。挑选的过程中全凭商家介绍布料样式，总有店家因为顾客是盲人，看不到尺寸，做衣服时常常缺尺短寸，做好的衣服总是短一截紧一些，衣服穿起来实在难受。听闻盲人顾客的亲身经历，孟洛川内心受到了触动。

为了解决这一问题，孟洛川决定在尺子上做文章：瑞蚨祥店内的尺子比标准的尺子长出一寸来。尺上刻着"天""地"二字，中间还包含了"孝、悌、忠、信、礼、义、廉、耻"八德。孟洛川常告诫店员，"你手上拿的可是天地良心"。看似每一尺让利顾客一寸的布，实则每一尺赚回了一寸良心。顾客们也亲切地称之为"良心尺"。

小小的"良心尺"为瑞蚨祥赢得了好口碑，从中也可窥得孟洛川经营之道中"诚信不欺""履中蹈和"的儒家精神。在孟洛川晚年时，有人询问他成功的奥秘，他留下 16 个字："财自道生，利缘义取，大商无算，至诚至上"。周村商人把真诚融入血液，并通过"诚信"口碑赢得了深入人心的品牌效应。

（四）新时代的老街人：做事先做人，经商先立德

周村商业精神就像一杯浓醇甘润的陈年老酒，细品的每一口都是文化和底蕴。当你经过老街时，不妨走进来喝杯茶，和热情的老街人谈天说地，共同回望历史的车轮在老街碾过留下的痕迹，这样的痕迹还藏在现今的传统老字号中，藏在年轻人接过的商业使命中，藏在老街商人奉若真理的经商之道和从业之德里。

从一家东桑西移的丝绸厂，我们见识了老街商人的担当。丝绸厂的主人陈鲁出生在周村老街，从小听着大染坊的故事长大。银子市街的大染坊，是电视剧《大染坊》故事原型的发生地和拍摄取景地，也是清道光年间"东来升"绸布庄的旧址。受其影响，陈鲁 16 岁便进入染坊，历经几十年创业终于有了自己的丝绸厂。当时的周村"户户皆养蚕，家家织绸缎"，如何让传统的产业冲破桎梏焕发新生机？2007 年，陈鲁以响应国家"东桑西移"为契机，将厂子开到了广西上林县，建立了年产 180 万米丝绸面料和桑蚕丝 320 吨的丝绸企业。这一举措，既解决了原来土地和人力成本上涨限制蚕桑业发展的难题，又为广西厂区经济发展作出了巨大贡献。好风凭借力，扬帆正当时。老街商人不光有敏锐的商业远见，更具有利国利民的情怀与担当。

在一家"以仁取利，以德待人"的茶庄里，我们被商人的真诚打动。

老街商人牛俊海早年开办了一家"仁德茶庄"，因为一些变故导致茶庄关闭。30 年后为了重开老店，他回到曾经取货的炒茶车间，想看看现今的情况，顺便碰碰运气寻找以前的供货商。这时，没承想一位炒茶的老师傅停下了手，直直盯着他看，问道"你是山东的俊海哥吧？"老师傅一眼便认出了他，亲切激动之下决定和往日的老伙计继续合作，没有收

取任何定金就直接免费把货发到了周村，豪爽信任一如30年前。这是牛俊海怎么也不会想到的，信誉换来了价值十几万元的茶叶。茶庄慢慢立住了脚，生意发展渐入佳境的牛俊海，每年都会从收入中拿出一部分做公益。在周村，无论生意大小均如此，以德为本，无德人不立。

从一份薄脆诱人的烧饼中，我们品尝到周村商业厚道的品质。周村烧饼是老街人的家乡味道。国家级非遗技艺传承人王春花从16岁时就跟着师傅学习烧饼制作，师父常讲："薄的是烧饼，厚的是良心。"薄是对技术的追求，一斤面粉可制作60个周村烧饼，每个直径约在13厘米，烧饼上约有芝麻2000粒，这样的烧饼才会薄如纸、芝麻香、落地即碎、入口有响；厚是对品质的保证，在烧饼制作的过程中，关键工序必须靠手工用心完成。

周村人也曾尝试购置机器全自动化制作烧饼，机器第一次制作出来的烧饼形状统一、厚薄均匀，一时间引得大家争相采购，市场供不应求。但没承想，年还没过完，周村烧饼便遭遇了猛烈的退货潮：机器烧饼少起泡，吃起来少了松和酥，口感硬得像饼干。价值几百万元的昂贵

■ 周村烧饼店

■ 刚出炉的周村烧饼，薄、香、酥、脆

■ 街市中心的"今日无税"碑

■ 为赵运亨拾金不昧，在"还金处"特立铜像纪念

机器就此停用，虽然损失惨重，但王春花因此悟出了老字号传承发扬的秘诀，那便是坚持传统的手工艺技术，追求薄的品质和厚的良心。

走在周村的古商街上，所望尽是历代商人留下的珍贵遗产。街市中心的"今日无税"碑，见证了商街蒸蒸日上的自由贸易；老街中段的"赵运亨"铜像，无声教诲着老街人应当坚守拾金不昧的士商精神。儒家文化和鲁商精神共同孕育出的周村商人，重义、诚信、知足。他们在瞬息万变的商业中心，续写着一篇篇辉煌的商业传奇。

编　　导：周　栋

撰　稿　人：段彩虹

指导撰稿：王利花

重庆，古称江州，以后又称巴郡、楚州、渝州，乃双重喜庆之意。重庆城从嘉陵江两岸兴起，经历了从秦朝到明朝4次大规模扩城、砌城墙，见证了这个兵家必争之地2000余年的历史。重庆是一座地形独特的山水城市——远看是山，近看是城，城在山上，山在城中。黄澄澄的长江水、蓝莹莹的嘉陵江在"朝天门"牵手相抱，云天与高楼相拥，山峰与日月相吻，立体的重庆跃出了平面的地图。云轻雾重似少女手中舞动的浣纱，高楼大厦在薄雾中若隐若现，宛如人间仙境，"雾都"闻名遐迩。

渝中老街就隐藏在这座城市的繁华里。它东临长江滨江路，南临望龙门缆车遗址，西临解放东路，北临东水门城墙，自古以来就是重庆市的经济文化中心。如今，这里仍保留着三区、两路、十几条街巷的历

经过长江与嘉陵江的交汇处

■ "雾都"重庆

■ "朝天门"码头

史文化风貌带。千百年来，老街居民就在江岸爬山过坎、谋求生计，并依托长江、嘉陵江及其支流的水系，突破阻隔而通达四方。南乡北地的商贾在这里往来贸易，地域文化在这里融合交汇，孕育出老街人开放进取、包容并蓄的气质。

■ 渝中老街地理位置

■ 渝中老街风貌

■ 夜幕下的渝中老街

■ 坡坎众多的渝中老街

(一) 故步自封身名裂　胸怀天下美名扬

重庆在三国时期为益州所属，是享有"沃野千里，天府之国"美誉的四川盆地一大经济政治文化中心。然而，1700多年前，这里却一度成为高墙深锁的封闭之城。

当时的蜀国重臣李严驻防江州，发现这里民风淳朴、物产丰饶，而且三面临江，易守难攻，心里就动起了歪心思。他下达了一道荒唐的命令：挖断唯一的陆上通道，并在沿江处筑起厚厚的城墙，想把江州彻底变成一个四面环水的孤岛。李严想以此为筹码，向诸葛亮争取另外5座城池，然后闭关自守，做"重庆王"。

然而，城墙还未筑成，曹魏大司马曹真就派了3支军队进攻汉中。

而且三面临江 易守难攻

■ 老街中的古城墙

记住乡愁 第五季
重庆渝中老街 —— 开放包容
这座密不透风的军事堡垒

■ 重庆古城墙

命李严调兵征粮驰援汉中

■ 战争场景还原

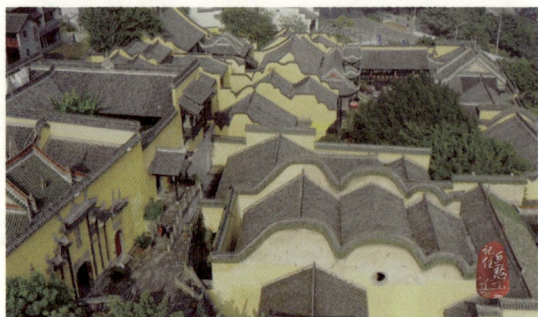

■ 湖广会馆建筑群

为了加强汉中的防守，诸葛亮要求李严率 2 万士兵赶赴汉中阻挡敌军。李严为了一己私欲竟不顾国家危亡，在这个关键时候向朝廷索要官职。胸怀大局的诸葛亮同意了他的要求，李严这才前往汉中作战。几年后，诸葛亮出兵祁山，李严负责督运粮草。他竟故意拖延，导致北伐不得不半途而废。班师回朝后，李严为了逃避责任，反而指责诸葛亮延误战机、决策失误，却被明察秋毫的诸葛亮当场揭穿。李严词穷理屈，只能叩头认罪。在蜀国群臣的弹劾下，他被贬为庶人，遭到流放。史书记载，李严后因得不到重用郁郁而终。

托孤重臣却流放而终，这是他故步自封、咎由自取的结果。封闭了城墙，其实是封闭了自己，最终将自己封闭致死。从那以后，当地人明白了一个道理，做人做事不能如李严一般封闭固守、只谋眼前利益。而应学习诸葛亮，纵览时势、放眼天下、胸怀广阔，才能持久发展。

（二）　开放包容整行规　协商管理校针秤

明末清初，四川地区屡遭战火荼毒，曾经热闹的老街几经劫掠，十室九空。清康熙三十三年（1694 年），为恢复民生，朝廷颁布招民填川诏。来自十几个省份的几十万移民千里跋涉来到四川，历史上将这次规模空前的大移民称为"湖广填四川"。来自各地的移民怀抱着祖先的牌位、带着家什、扶老携幼，走上数百级的台阶，迈进了东水门。从那时起，他们开始在渝中半岛这个陌生的地方，建设新的家园。

移民的到来让渝中半岛得以恢复生机、重续繁华。渝中老街很快成为川东地区山货、盐粮、棉布的贸易中心。当时，来自湖北黄州府的移民利用家乡特产，做起棉花生意。有一天，一位李姓商人押运着一船棉花刚刚靠岸，就被一群客商围堵在码头上。他们纷纷指责李姓客商在之前的交易中缺斤短两。争执愈演愈烈，整个码头陷入混乱之中。事后，双方对簿公堂才发现，这场天大的误会原来是因为计量标准不一致造成的。那个时候，虽然朝廷早已把一斤定为十六两，可是各省所用的秤砣重量却有不同。来自各地的移民沿用的

■ 康熙颁布招民填川诏

■ 重庆码头

都是自己家乡的称量工具，以致在大宗交易时，积少成多，重量就有了明显差异。

为了解决问题，各省商帮聚在一起商定协议，决定打破地域界限，制定统一的计量标准和交易规则。各地的移民和当地的重庆原住民互相达成了默契，成功地完成了兼容——面对差异，用协商取代争执；面对矛盾，用寻求和解取代对抗。有着开放包容思维的老街人一致决定把秤砣的重量统一，各地商帮按照相同的标准来做生意，并把"整理行规，校准针秤"的商业规则刻于石碑之上。一时间，渝中半岛的长江和嘉陵江沿岸，形成了"上下两条江，左右十三帮"的繁荣景象。

■ 刻着"整理行规，校准针秤"的石碑

■ 繁荣的江岸

大山大水养成了重庆人坦荡的胸怀、率直的性格、开放的气度和包容的情怀。他们对各地移民亲善、友好、相助，使移民们愿意留下来，并和当地人和谐地一起建设这一方水土。

■ 湖广会馆

■ 会馆里的戏台

（三） 实业报国"汤半城" 师夷长技以自强

在渝中老街幽静的太华楼巷当中伫立着一座中式宅院——谢家大院，这是一处两层楼的二进式穿堂建筑，毗邻湖广会馆。宅院外，是有着徽派建筑风格的八字门楼，院内却是川派建筑风格的穿枋斗拱。这座院落的主人汤子敬曾在重庆工商业的历史上有着举足轻重的地位，创造了令人瞩目的商业传奇。

汤子敬原籍江西，清同治年间，年仅 14 岁的他从老家流落到重庆。饥寒交迫之际，老街上一家布店的老板谢艺诚收留了他。做学徒期间，汤子敬聪明肯干，很快便能独当一面，把店铺经营得风生水起。后来，谢艺诚把汤子敬招为女婿，并分给他 8 万两纹银，让他去开创自己的事业。1891 年，31 岁的汤子敬在白象街上创立了自己的"聚福厚"布店。而恰好也在这一年，重庆被迫开埠，许多洋人穿过东水门，来到老街。当时，洋人用大船运来的洋布由于生产机械化程度高、价廉物美，很快占领了重庆市场，在两三年的时间里充斥了老街人的生活，而汤子敬的布店也面临倒闭的危机。是闭门抵制"洋货"，还是开门学习"洋技"？汤

■ 太华楼巷中的谢家大院

■ 谢家大院内部景观

■ "聚福厚"布店所在的白象街

占到重庆总额的三分之一

■ 民国历史建筑

子敬和全重庆的工商业者都在心里反复权衡，最终他们都认为，唯一的办法就是学习。

与其坐以待毙，不如破釜沉舟，变革图新。汤子敬当即决定停产土布，投入巨资从洋人那里购买先进的设备，办起了机械化纺织厂，甚至请了洋人来当他的雇员。"洋"技术和管理经验结合本地的优质原材料，工厂生产出更加质优价廉的产品，终于在这场民族资本与殖民资本的较量中取得了胜利。此后，汤子敬的商业版图不断扩大，到了民国年间，他累积的财富占到重庆总额的1/3，人称"汤半城"。

在汤子敬商业自强精神的带动下，各行各业的商人们怀揣着"实业报国"的梦想，纷纷创办现代化实业。面对外来商品资本的入侵，老街人没有闭关自守。他们用开放包容的心态，汲取其精华并化为己用，带动了重庆工商业的快速发展。

（四）　渝中青年显智慧　老街司机担荣耀

云威科技的创立人李力是一位90后的年轻人，他生长在渝中老街。

在李力的心中，老街既是他成长的地方，也是重庆历史文化最厚重的载体。近年来，渝中老街的旅游业快速发展，中外游客纷至沓来。但重庆是座山城，坡坡坎坎

直线距离看似十分近的两个地方

■ 重庆的坡坡坎坎

■ 美丽的重庆

■ "爬坡上坎"的老街人

■ 观赏重庆美景的李力

■ 重庆街头的 VR 体验设备

众多，有时候，直线距离看似十分近的两个地方，走起来却需要花上个把小时，对于很多游客来说，想要全方位游览完各个角落，是一件耗时耗力的事情。李力便产生了一个想法——通过技术和 VR 的创作，把家乡的美丽呈现给世人。

在李力团队的努力下，VR 全景重庆亮相老街街头。人们甚至不需要走一步，就能全方位地"游览"整座渝中老街。这套装备配有虚拟现实技术，人们可以通过戴上 VR 眼镜，轻松自在地遨游在全景还原的渝中半岛上空，用全新的视角体验重庆之美。在这里，可以无碍地自由飞越，沟通世界与未来。

虚拟以外的现实中，重庆这座城市也在不断拓展空中、地面的交通，最大可能地联通世界。即使是身处老街的人们，也能深切地感受到这股跳动的时代脉搏。

2010 年 8 月，为了更好地发展工业，与世界接轨。重庆市向海关总署、铁道部提出开行重庆至欧洲铁路大通道五定班列的请求。随后，重庆又与欧洲各国的铁路公司进行了洽谈，经过大半年的努力，完成了"渝新欧"国际铁路的贯通。2011 年 3 月 19 日，伴随着礼炮齐鸣，"渝新欧"专列带着一座城市的腾飞梦想，缓缓驶出站台，汇聚了全世界的目光。而驾驶这列满载着荣誉和责任列车的，就是生活在老街的火车司机江彤。经层层选拔，他带着一座城市的腾飞梦想，向着远方启航。

如今，中国开通的中欧班列共有17条，"渝新欧"作为开创者，成为首个突破千列的中欧班列。这条全长11000多公里的"新丝绸之路"打破了中国传统以东部沿海城市为重点的对外贸易格局，加快实现了亚欧铁路一体化建设，搭建起了与沿途国家的经济联系和文化交往桥梁。对于重庆而言，"渝新欧"彻底改变了重庆内向型经济结构，对于重庆发展世界性产业集群、成为内陆地区的开放高地功不可没。开放的精神使得这座有着悠久历史的古城再次行走在了时代发展的前列。

■ 老街走出的火车司机江彤

■ "渝新欧"货物集散地

■ 俯瞰重庆江景

所以说大家一人占两个格子

■ 重庆火锅

使移民留得下来

■ 繁华的渝中老街

快速发展的不竭动力

■ 日新月异的重庆城

如今，历史的尘嚣已经渐渐散去，唯有热络沸腾的百姓生活一如往昔。每当夜幕降临，渝中老街上的每一家火锅店都顾客盈门，热辣鲜香中，飘散出最地道的重庆滋味。无论荤素，都可在这麻辣汤底中共烫一锅；无论来自何方，都能围坐一桌把酒言欢。

开放则活，包容则兴。渝中老街走过历史长河，在战乱中饱受苦难，在盛世中飞速发展，却永远坚守本心，将"开放包容"的精神镌刻在了每一位老街人的血脉中。立足西南，联通四海。重庆这座山水之城以开放的态度、广阔的胸襟，担负着无数人的梦想，继续创造崭新的未来。

编　　导：郭　鹏
撰 稿 人：汪瑞琪
指导撰稿：王利花

255

　　风景宜人的惠山历史文化街区坐落于无锡市梁溪区的老街深处。它东起古华山路，北连通惠西路、江南名园寄畅园和南朝古刹惠山寺，与古老的京杭大运河隔岸相望。这里有着中国规模最大的祠堂建筑群落，被誉为"中国历史文化露天博物馆"。108座祠堂分布在大大小小的街巷中，供奉着80多个姓氏的祖先。每年祭祖时节，老街上游人如潮，游人因血缘牵引至此，共同追念先祖。祭祖便成为老街最大的特色，吸引了大批游人寻根追路。

■ 千年祠堂街

祠堂是中国人祭祀祖先或先贤的重要场所。惠山老街的祠堂文化延续千年而不衰，要从一个叫华宝的惠山人说起。相传，华宝幼年丧母，与其父相依为命，在他 8 岁那年，父亲去驻守长安，临别承诺"待我归来，为你行成人礼和娶亲"。然而远征的父亲一去不归，华宝从少不更事等到白首迟暮，奉父一言，终身不冠不娶，因大孝闻名于世。后世帝王为其修建华孝子祠，告慰先人、告诫后世。此后，历朝历代批准修建的祠堂有 30 多座，他们因忠孝仁义、礼智善守成为人生楷模。这些祠堂安放着一个个家族的信仰，这些信仰凝聚成一股力量，影响着一代代后世子孙。由此，建造祠堂以追念先人、教化后人也就成了这条街上的传统。

如今，老街历经了岁月长河的洗礼，祖先的训诫却依然历久弥新。它以一种出入相见、入眼入心的效果，传递着先贤的精神力量，勉励着一代又一代的无锡人见贤思齐、不忘根本。

一 邵氏祠堂：读书明理，道德接力

祠堂见证了家族的延续和繁衍，也书写了往圣先贤的生平史诗。而对于前人精神与信念的传续和接力也在这条青砖黛瓦的老街上不断上演，与贤者为邻，传贤者之志成为老街最为独特的标记。

明清时期，老街出现了鳞次栉比的家祠，与华孝子祠一墙之隔的庭院内伫立着二泉书院，这就是邵氏家祠的前身。邵氏族人主张"道德至上，功名次之"，认为读书是为明理，为官造福百姓，这也成为邵氏后人始终秉承的原则。祠堂记录了邵氏族人对于道德的推崇，也见证了几代人因崇尚道德缘聚于此，让这一信念得以永续。

■ 二泉书院 邵氏家祠

257

相传，明正德年间，都察院右副都御史邵宝因不满宦官刘瑾独揽朝政、陷害清官廉吏，却难凭一己之力改变现状，而选择辞官还乡，创建二泉书院，教导学生"道德至上，功名次之"。当时，祠堂群因书院的建立焕发生机，鼎盛时期，院内弟子达数百人。他们隐于山林，读书明理，却不忘国事。

而邵宝逝世80年后，同样的经历让跨越时代的两人汇聚。书生顾宪成及其同仁，因得罪了奸臣魏忠贤躲避山林，来到书院，却奈何报国无门。为传承先生遗志，顾宪成等将邵宝尊为"发轫者"，恢复了北宋文人杨时的东林书院，吸引大批有志之士聚集于此，使之成为江南地区人文荟萃和讨论国事的中心。顾宪成过世后，后人遵其遗愿，在二泉书院内建起家祠，以弟子身份传承，相伴先生左右。

"风声雨声读书声，声声入耳；家事国事天下事，事事关心"。读书是为明理，有德才能为官。忧国忧民、心系百姓的顾宪成与崇尚道德、为官为民的邵氏思想一脉相承。德不孤，必有邻。80年的时差并没有隔绝两代人，对于读书人品德的不懈追求，让未曾谋面的两个人执着于同一项事业，先有德，而后为官，为官为民。顾宪成将道德的接力棒幻化成家祠这一实体，凝聚着对于后人的深切寄托，勉励子孙以德为先，读书明理。

二　钱氏家训：修齐治平，世世遵循

"国有国法，家有家规"，"人必有家，家必有训"，家训即是家规。诵读家训既是祭祀活动的重要环节，也是传承祖训家规的重要途径，前人的训诫是后人言行举止的标尺与规范。晚辈以此约束行为，久而久之，家训潜移默化形成家风，以一种更加强大的向心力去影响后人。

儒家推崇"修身、齐家、治国、平天下"，而这正是《钱氏家训》的根本所在。《钱氏家训》内容涵盖个人、家庭、社会和国家4个方面，对子孙立身处世、持家治业的思想行为做了全面的规范与教诲。千百年来，钱氏族人始终以家训为行为准则，践行着"利在一身勿谋也，利在天下者必谋之"的训言。

20世纪20年代，中国著名科学家、教育家钱伟长先生的父亲猝然离世，当了一辈子乡村老师的钱父唯一的遗产只有一柜子书。父亲的离世对于原本贫寒的家庭来

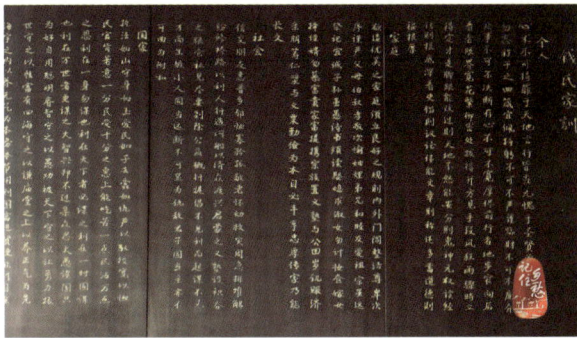
■ 钱氏家训

说无疑是一次沉重的打击。由于失去了唯一的收入来源，一家6口人竟无隔日之粮，面临严峻的生存危机。选择读书还是谋生，让钱伟长犯了难。然而，迫于现实压力，他做好了退学的打算，却遭到母亲的批评与强烈反对。"子孙虽愚，诗书须读"一直是钱家对于子孙的训诫，身处乱世的钱父明白，只有读书才能救国救民，才能实现祖辈"为天下人谋利"的愿望，因此儿子考上大学也成为他最恳切的嘱托与遗愿。

幸而山穷水复疑无路，钱伟长的四叔、中国学术界的一代宗师钱穆先生决定资助他念完高中，钱氏怀海义庄得知情况，也常年为他们提供救济粮，解决其温饱问题。在薪火相传的努力下，钱家渡过一个又一个难关，钱氏族人人才辈出，先后走出钱学森、钱伟长、钱三强等10位院士和学部委员，为中国科技与教育行业的发展作出了不朽的贡献。

"道德传家，十代以上，耕读传家次之，诗书传家又次之，富贵传家，不过三代。"良好的家训、家风是钱氏家族得以延续、世代繁荣的基石。族内人人自省、世世遵循、代代相传，而后人才辈出、源远流长。《钱氏家训》不仅是钱氏族人的成长训言，也是国家宝贵的精神遗产，值得每一个炎黄子孙去遵循、去践行。

㈢ 祠堂文化：光前裕后，守护传承

历史的发展造就了伟大的文明，家族的发展也离不开文化的底蕴。文化是一个家族、民族发展的内生动力，而其中就包含着无数先人祖辈

的奋斗与拼搏。家族的光荣照耀着后辈，同样也赋予后辈更多的使命与担当。因此，守护与传承是现代人对于逝去的人物情感最好的告慰。

明清时期，无锡走出了包括荣德生、杨藕芳在内的一大批爱国实业家，他们怀揣实业救国的梦想，大力发展民族工商业，为老街的繁荣作出了巨大的贡献。由于毗邻运河，便利的交通极大地扩展了人流量，推动了商业的进一步发展，赋予这个江南古城以全新的生机与活力，老街一度景色宜人，热闹非凡。前人种树，后人乘凉。前辈的努力让老街的面貌焕然一新，让老街的文化源远流长。为了让它们在新的时代展现价值，当地政府对惠山老街进行了整体保护。由祠丁负责打扫庭院，日常维护。

■ 祠丁丁国安和惠山泥人

丁国安是祠丁的后人，一家五代曾驻守在这里，重复简单的工作。然而，祠丁收入微薄难以为继，他们便自发用惠山当地的黑土捏成泥人，售卖给往来的游客。久而久之，捏泥人随着祠丁这一工作父退子承，成为一门手艺流传下来。年过古稀的喻湘涟和王南仙都是祠丁的后代，尽管已经退休多年，但每天6小时的工作是她们给自己的安排。对于她们而言，捏泥人已经成了生命中不可或缺的一部分，"比自己的爱人都爱"是喻湘涟对于这份工作的真挚告白，也是对祠堂文化十年如一日的守护。她们担负着传承祖先文化的一种责任和使命，也以"阿福"之名，表达了为子孙谋福报的美好寄予。"光前裕后"对于祠丁而言是一种担当，尽管工作简单，却为家族、祠堂、老街、国家增添了光辉，将先贤的遗志、家族的信仰、前辈的训诫传递给后人。

四 族谱家谱：追念先人，传续精神

如果说家训是家规，那么族谱就是家族兴衰延续的生命史。族谱是中华民族三大重要文献之一，是珍贵的人文史料，不仅记载着家族的世系繁衍与历史沿革，也记录了整个社会与时代的滚滚征程与流转演变。它回答了"我是谁，从哪儿来，到哪儿去"的永恒追问，一个个名字也意味着归属感与存在感。

自唐代起，历代都对撰修、研究家谱大力提倡和支持。因此随着家族成员的不断增加，族谱每隔一段时间都会重新修订。过家族谱上一次修订是在十几年前，那时过毓如发现关于父亲过智修的记载是"经商，卒于河南。"这与她印象中父亲逝世的原因大不相同。在她儿时的回忆中，河南发生旱灾，父亲跟随无锡的几个家族前往赈灾，留下怀有身孕的母亲和年仅3岁的她。与父亲离别的场景一直萦绕在她

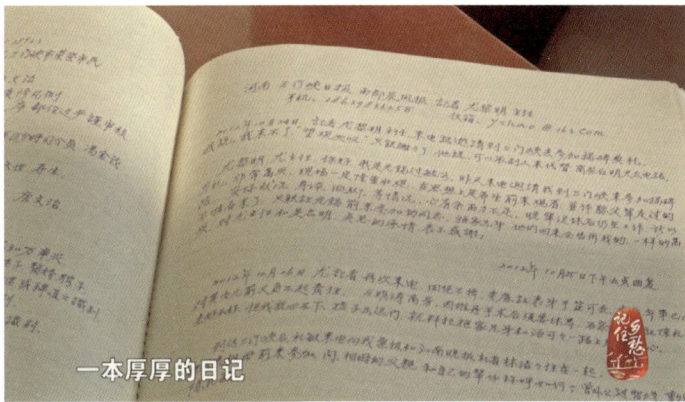

一本厚厚的日记

■ 过毓如寻求证据的日记

的心头，90年来挥之不去。那时，过毓如坐在藤车里，父亲跟她讲："毓如啊，你要乖一点，要听妈妈的话，不要让妈妈烦心，妈妈要生小弟弟了，我去赈灾，过了春天情况好一点就回来。"自此，父亲就再也没有回来。对她来说，两字之差不仅仅是与事实不符，更是难以告慰父亲的在天之灵。

然而，修谱并非易事，"一字增删，严于斧钺"，需要查阅大量的史料证据。除了记忆，她没有任何有说服力的证据。为了寻找真相，这位耄耋老人十余年间奔走于祠堂、档案馆和报社，打了一通又一通电话，见了一批又一批人，去查询细微的线索，却也经历了无数次的失望。幸运的是，河南省三门峡市在整理史料时发现了由国学大师唐文治先生撰写的《赈灾义士过智修》一文，其中明确记载了过智修赴三门峡赈灾，返无锡途中猝死于洛阳的经过。依据找到了，宗亲会不仅修改了家谱上的记载，还专门定制了一面旗帜，竖立在祠堂之内。十几年的执着终于有了结果，两字的修改承载了一位女儿对父亲的真情和追念。这是族人对真相的负责，也是长者对后人的交代。

在惠山老街，几乎每一个姓氏都有自己的宗亲会，他们定期向游客分发家风家训与先贤故事，为游客提供了寻根的途径。24 岁的倪平得益于《梁溪倪氏宗谱》，确认了自己的身份。10 年前，惠山老街成立了无锡祠堂文化研究会，如今已有数万人找到了自己的根脉。家谱对于每一个家庭而言，不仅仅在于寻根的意义，每一个名字曾是一个活生生的先辈，他们的生平经历于后人而言不仅是历史，也是责任感与自豪感的重要来源。

树高千尺，叶落归根。万里江水，亦有源头。寻根是中国人内心根深蒂固的渴望，是尊宗敬祖的一份信仰，也是证明身份的一种执着。一个人，无论他漂泊有多远，那份浓浓的乡愁依然是牵风筝的人，帮他找寻回家的路。人生明确了来路与归途，就能宠辱不惊、从容淡定。

人过留名，雁过留声。族谱上记载的不仅是一个个名字，更是一种精神与信念的传递。这种精神历经沧桑却历久弥新，见证着历史的车轮滚滚向前。不同的精神与信念构筑起整个中华民族的精神力量，教化了一代又一代的子孙，繁衍相传，生生不息。

编　　导：赵奕琳
撰稿人：张　璇
指导撰稿：庞慧敏

漳州老街

一街连两岸

在福建省最南部，发源于龙岩山区的九龙江淌动着蜿蜒而下，流经漳州平原，直至汇入东海，成为台湾海峡涌动的浪花。自古以来，这条江海相连的航道，延续着海峡两岸的友谊，传递了无数情思和记忆。世世代代，曲曲转转，坐落在九龙江西溪北岸的漳州老街，铭刻下一代代漳州儿女绵延不尽的乡愁，也寄托着无数台湾同胞斑驳深沉的思念。

老街由江水围合而成，占地 53 公顷，放眼望去，满是闽南传统的红砖古厝，混合着南洋风格的骑楼，连绵成片的红瓦坡顶，散发出舒缓与

■ 漳州老街鸟瞰图

恬淡，令人神怡。这座具有上千年文化历史的古城，至今仍较完整地保留着唐宋以来"枕三台、襟两河"的自然风貌、"以河代城、以桥代门"的筑城型制和"九街十三巷"的街道格局，东起新华南路，西至钟法路，北为新华西路，南面隔着博爱道与九龙江相邻。在江水环绕的滋养下，老街里的每块砖石、每格天井、每条小巷，仿佛在娓娓道来着一段段令人动容的故事，在幽幽暗暗中散发着迷人的气息。

老街曾是漳州府衙的所在地，老府衙前的路就叫作台湾路，虽然只有短短 500 米，却是曾经车马行人进出漳州府衙的必经之路，人们从四面八方汇聚而来，又从这里奔赴远去，上任、赶考，或是行商、落脚，古老的街区上存有最为完整的漳州记忆。

一 一脉相承：带过海峡的信仰和风俗

1000 多年前，漳州还不叫漳州，这片土地只是芝山脚下一个叫桂林的小村落，地处江南和岭南的交界处，环境恶劣，纷争不断，加上这里经常有野兽出没、瘴疠横行，人们只能靠着刀耕火种艰难求生。为此，朝廷派陈政、陈元光父子俩率军从中原千里跋涉而来，开垦荒原。唐垂拱二年，陈元光奏请朝廷，建立了漳州府，从此成为人们心中神圣的"开漳圣王"。等到了明清时期，漳州人颜思齐率先东渡台湾拓垦荒地，因此被尊为"开台王"。随后的数百年间，一批批漳州人从九龙江出发，越过危险重重的"黑水沟"，到台湾开辟新天地。

总共前后来的是将近一万人

■ "开漳圣王"陈元光

每次在出发前，人们都会恭敬地迎请"开漳圣王"神像一路同行，以保佑平安。在落地生根后，他们把来自家乡的神明供奉进庙堂，世代延续香火。直到今天，台湾岛上依然有300多座供奉"开漳圣王"的庙宇。每年都有很多台湾信众，回到漳州老街上的祖庙寻根谒祖。对祖先崇高的尊敬和虔诚的供奉支撑着一代又一代漳州后代不负先辈、不负韶华努力生活。这些庙宇不仅是祭祀和祈祷的地方，更是台湾信众与漳州人民的共同信仰。

一代代漳州人一路披荆斩棘，不畏艰难，靠着爱拼才会赢的精神，把他们的语言、风俗、建筑和文化都带去了台湾，甚至把家乡的地名也带到了那里：漳州叫莲子圆，台湾叫粉圆；漳州有芝山公园和圆山，台北也有芝山和圆山；漳州寮、漳州里、漳浦厝……在台湾，直接从漳州搬过去的地名就有160多个。更加让人欣喜的是，中华传统文化也被带到了台湾，并在台湾大规模散播开来，而文庙就是最重要的场所。

■ 老街文庙　朱熹塑像

文庙是老街上最大的古建筑群，始建于北宋年间。1190年，新上任的知州朱熹开始兴教育才、力倡儒学，并亲自到文庙讲学，因此，漳州有"海滨邹鲁，紫阳过化"之称。明永历年间，被称为台湾汉文化第一人的陈永华，在文庙学习朱熹理学并考中举人后，在台南建起了台湾第一座文庙——台南孔庙，他把福建的中华文化搬到了台湾，这里也就成了台湾传播中华文化的重要场所。此后200多年间，台湾先后考取了33名进士，他们或到大陆做官，或回台湾治理一方，成为延续中华文脉的重要力量。在今天的老街上，依然完整保留着4座明清时期的石牌坊，它们默默彰显着老街的荣光，记载了无数文人武将修身齐家治国平天下的眼界和情怀，也向世人讲述着一个个值得铭记的两岸故事。

台湾今日的繁华离不开漳州人民的勇敢和勤劳，今天的台湾居民，有 1/3 的人口祖籍地就是福建漳州。从地图上看，老街和台北也几乎是处在同一条纬线上。地理相近，气候相似，同样的街巷、建筑，同样的乡音、小吃，同样浓郁的闽南生活气息，这一切都在述说着两岸一脉相承的历史渊源，这就是漳州和台湾无论如何都剪不断的历史与真情。

㈡　乡愁怅怅：“杂碎调”唱不尽的相思苦

不改的乡音里包含着最浓的乡愁。在漳州传唱了上千年的锦歌，传到台湾后逐渐演化成为歌仔戏。歌仔戏以闽南歌仔为基础，还吸收了台湾当地的民歌小调和部分戏曲音乐作为补充，其中民谣诉说式的台湾杂念调，深受大众喜爱。

在 1948 年的冬天，一个叫“都马班”的漳州戏班带着邵江海创作的新曲调“杂碎调”，乘坐客轮从厦门港驶往台湾，此行前去便是去巡回演出。可谁承想，本是一次普通的外出却由于蒋介石制造的两岸政治对立，让戏班在台湾一待就是 40 多年。团长叶福盛带着戏班和“杂碎调”，也就是后来风靡台湾的“都马调”在台湾生了根，逐渐被大家喜爱，传唱开来，可对岸的师傅邵江海的心里永远地留下了遗憾。深深的海峡阻隔了近在咫尺的亲人，但骨肉同胞间的牵挂，却如同海峡中的暗流，悄悄地在两岸传递着。1980 年邵江海离世前，曾录制了一段口述记忆，在录音中，老人讲到 20 世纪 70 年代的一

戏班去向师傅邵江海告别

■ 漳州市芗剧团“杂碎调”表演现场

天，有一位叫陈焕泉的新加坡人，辗转找到了他，交给他一封没有信封也没有通信地址的信件，里面有五六个人的签名，第一个就是叶福盛。两岸中断通信的这些年，在台湾的弟子一直惦记着家乡的师父，于是费尽周折托人把信藏在随身行李中，为的只是向师父请个安、问个好。邵江海老人在离世前，知道了弟子的殷殷挂念，知道了自己创作的"杂碎调"成为台湾歌仔戏演员的必唱曲目，深感慰藉。

乡音不改的歌仔戏，从海峡这头唱到那头，又从那头唱回这头。作为海峡两岸人民共同创造共同拥有的宝贵艺术形式，歌仔戏已经成为维系两岸人民精神文化的一条重要纽带。乡愁不再愁，丝丝挂心头。

回首那段两岸隔绝的岁月，闽南地区和台湾一直保持着"官不通民通，明不通暗通，直接不通间接通"的状态，政治的隔阂怎么也挡不住两岸一家的亲情。

1949 年，家住老街的庄宗沛看着父亲庄世光去了台湾，从此两地相隔。直到 1985 年，在分离了近 40 年后，一封来自台湾的家书，辗转寄到了他的手里。这是庄宗沛第一次收到远在台湾的父亲的消息。两岸通航，再见父亲时，眼里已是白发苍苍的老翁。庄世光在台 40 年始终孑然一身，他以传授古诗词吟诵为生，每当想家就去同乡会里用都能听懂的乡音，聊家乡往事，慰藉乡愁。

同乡会里都是漳州老街人，在陌生的土地上，他们聚在一起，互相帮助，互相扶持。也许是离开的时间太久，家门前的那条小巷似乎变得模糊了，熟悉的街道和商铺也开始似有似无，于是，画一张家乡的地图被提上日程。这件事被老街人王乾造记在了心上，他回家画了一个草图，又带去同乡会让大家你添一笔，我补一块，慢慢地，凭着大家还熟悉的记忆，你画一座祠堂，他补一幢老屋，

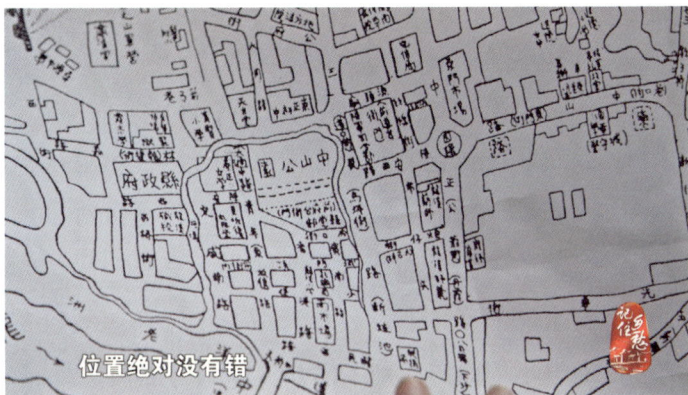

■ 同乡会手绘老街地图

一张家乡的地图竟然就完成了。定稿那天，同乡会像过年一样热闹，大家都争着抢着看地图，找找自家的老屋在哪里，好像自己此时此刻就站在房前，耳边有阿嬷的呼唤，眼前是笼屉上热气腾腾的水雾，鼻子里飘着院里的花香和饭香。一切都是那么熟悉，一切都是那么令人怀念和神往。眼泪在离家数百公里海峡彼岸的老街人脸上流淌，心绪却早已回到了家乡。这张手绘地图，也让老街人的后代铭记：即使漂泊在外，无论走多远，老街在，家就在。

三　创业启程：台商曾氏在大陆的售茶路

福建是台湾茶的故乡，200 多年前，福建茶种和制茶技术传到台湾，成就了著名的台湾乌龙茶。今天，在国家和政府的支持下，在优惠政策的带动下，台湾茶商纷纷回到"福地"寻求更好的发展。

改革开放后，随着大陆与台湾"三通四流"方针的提出以及惠台政策的陆续出台，越来越多的台湾同胞重新踏上了祖国大陆的土地。进入21 世纪，大陆经济飞速发展，很多台湾创业者也把目光投向了大陆。特别是在两岸经济合作架构协议（ECFA）实施之后，出口至大陆的台湾茶叶享受免税政策，大陆成为台湾茶出口的第一大市场。为了打开通路，提高知名度，吸引茶商投资，近年来，漳州市大力推进质量兴茶、品牌强茶，加快漳州茶产业绿色发展，为此，漳州市政府建立了海峡两岸茶业交流协会，还开展了生态茶园建设，目前漳州市建立规模化、现代化茶叶基地 31 个、茶叶种植标准化示范区 153 个，茶树良种覆盖率超90%。为了能"从茶园到茶杯"进行全程质量管控，漳州市还将茶叶类省级农业产业化龙头企业、农民合作社示范社全部纳入省级质量可追溯平台管理，并依托省级农药监管信息平台对重点区域的农药经销企业进行严格监管，全面推进源头赋码、一品一码、标识销售，确保茶产品绿色安全。如今，上万名台湾籍乡亲选择回到故乡祖地工作、生活，台湾茶商也不约而同回到了漳州，回到了老街，目前 2000 多家台资企业已在这里落户。

台商曾家就有着自己长远的打算，他们希望通过一代代接力，让自己家族的产业，在祖地发展得更好。20多年前，台商曾允杰的父亲曾玉荣率先回到故乡漳州，开辟了600亩果园种植台湾水果。2004年，曾允杰彻底放下台湾的汽车生意，来到漳州接手了父亲的果园。为了让下一代尽早融入祖国大陆，他还带上了当时只有16岁的儿子曾冠颖，让他入读当地中学。经过几年的发展，父子俩把果园重新规划为茶园，种植台湾高山茶和东方美人茶。现在，来自台湾的曾氏父子俩，在老街最热闹的地段置办了柜台，销售自家茶园的茶叶。曾冠颖也娶了漳州妻子，有了可爱的儿子，完全融入了大陆的生活。

今天，台湾茶树又经由曾家父子的手，栽回到出发时的土地上。在两岸的山水间，茶与人，完成了一次生命的回流与循环。海峡两岸的茶业更为一体化，离不开政府的支持，更离不开无数台湾茶商带回大陆的技术和理念，两岸在茶园管理、产品形态、消费者趋势等整个价值链当中呈现出密切合作的协同性，也建立了更平等更全面的合作关系。

今天的漳州老街带着千年的文化积淀，带着越发充盈的人文气息，是漳州市区里一处最安静的记忆，也成为一处闻名遐迩的旅游胜地，经过旧城改造后，香港

大陆经济飞速发展
■ 曾家茶园

■ 漳州老街夜景

269

路、台湾路等老街区重焕往日风采，再现富有闽南特色的建筑风韵；林氏大宗祠、台湾抗日英雄简大狮避难处、台湾"公车上书第一人"汪春源故居等众多古迹，仿佛一条时间线，串起了老街的过往与回忆，讲述着两岸一家亲的动人故事。

历经痛苦的人才会特别期待安宁，历经分离的人才知道团圆的可贵。岁月流逝，历史轮回，一峡之隔，曾隔断了两岸人民的来往，但台湾岛上从没有缺少漳州的影子：不能通信，可乡音未改；不能往来，可口味不变；不能见面，可风俗依旧；不能返程，可地名能勾起所有的惦念。漳州老街，这位饱经风霜的长者，见过了风风雨雨，见证了悲欢离合，却始终连接着大陆与台湾的一切，连接着无数子孙后代的情丝和怀念，连接着最久远的记忆和最殷切的期待。

编　　导：张曙丽

撰 稿 人：张婧伦

指导撰稿：庞慧敏

　　在"十三朝古都"洛阳的西部有这样一片地方，隋炀帝时是"皇家西苑"，武则天时是"神都苑"，直到1955年，因地处涧河以西，才有了"涧西"这个名字，而当地人更喜欢称呼它的外号——"小中国"。

　　为什么会有这样一个外号呢？在涧西这条不大的老街转转，你可以找到长春路、太原路等以各大省会名称命名的道路，还有山东路、陕西路等用省份名称命名的街坊间的小路，形成这种现象的原因，还要从20世纪50年代说起。那时，百废待兴的新中国，开始实施第一个五年计划，奠定中国工业基础的156个项目中，有7项放在了涧西。随着项目一起在这里安家的是来自五湖四海的10万名建设者，他们才是涧西工业遗产街区成为"小中国"的牢固支柱。南北方言在此交集，不同的生活

■ 涧西朝阳

■ 鸟瞰洛阳涧西工业遗产街

271

习惯碰撞出火花，许多年轻人将自己的青春年华和祖国的命运紧紧连在一起，谱写了一曲辉煌壮丽的奉献之歌。

在涧西人一代代的薪火相传中，始终不变的是艰苦奋斗、无私奉献精神，这是我们党在长期的革命和建设历程中形成的优良传统和作风，也是新中国成立以来一路高歌猛进的重要精神支撑。涧西人始终知道，只有自强不息、不懈奋斗，才能奋发有为、开辟未来。昂首走在新时代推动改革发展的新长征路上，更需要我们赓续艰苦奋斗的作风和精神，自觉涵养艰苦奋斗的政治品质，在接力奋斗、担当务实中成就更加美好的未来。

■ 涧西街景

一　归国专家：我为祖国造铁牛

社会主义建设时代，拖拉机厂有一个同志叫高林生，写过一首诗，表达了那一代人的心情，诗中写道："挥铁锤，热汗流，我为祖国造铁牛，三山五岳抬头看，黄河长江喊加油！"在那个挥洒激情和充满理想的年代里，不仅有十几万名来自天南地北的年轻人，把自己的青春年华奉献给这方热土，还有许多海外华侨，为了祖国的建设，纷纷放弃国外优厚的待遇，回到祖国。

1958年，技术专家刘寿荫辗转回到了祖国，当他了解到第一拖拉机制造厂急需专业人才，就义无反顾地带着妻子来到这里。当时，涧西工业街区到处是泥泞的工地，工厂也是边搞建设边生产，看到从美国回来的"洋硕士"在这样艰苦的条件下工作，有人问他是否后悔。刘寿荫如是回答：他回来只有一个目的，就是将自己所学知识贡献给国家，条件尽管艰苦，可他归国的初心并非享受，而是做出一番事业。

那时距离第一代"东方红"拖拉机交工验收，只有短短两年的时间。刘寿荫和工人们一起从早上8点开始工作，一直到次日凌晨1点，然后集体睡在厂房内。没有制造机器的设备，就自己设计研究图纸，自己制造。在这样艰难的条件下，他们硬是提前了1年完成国家下达的任务。当"东方红"拖拉机在人们敲锣打鼓的护送下，开出第一拖拉机制造厂的大门

■ 刘寿荫老照片

也在首届"中国农民丰收节"

■ 中国自主研发的"东方红"无人驾驶拖拉机

时，所有人的心中都充满了自豪与骄傲。

现在，在老街的"东方红农耕博物馆"里，陈列着"东方红"拖拉机从第一代到如今最新型号的代表性产品，它们见证一代代涧西人奋斗的故事，也激励新时代涧西人完成使命的信心和决心。如今，老街生产出来的100多种型号的拖拉机不但畅销全国，还远销全球50多个国家和

地区；2018年，中国自主设计研发的"东方红"无人驾驶拖拉机也在首届"中国农民丰收节"精彩亮相。

二　车间主任：创业艰难百战多

在涧西老街，每个家庭里都有来自天南地北的建设者，每个屋檐下都有说不完的故事。其中有一位家喻户晓的人物，他就是带领洛阳矿山机械厂的工人们一起生产出中国第一台大型卷扬机的车间主任焦裕禄。

1958年，国家急需一批大型卷扬机来完成矿山采掘计划，这个任务就落在了焦裕禄担任车间主任的一金工车间。当时，车间里没有完整的装配图纸，很多来自苏联的装配设备也迟迟不能到厂。在这种情况下，要制造出直径2.5米的大型卷扬机，几乎是不可能完成的任务。

■ 涧西工业遗产街内的焦裕禄像

焦裕禄带领车间工人和技术员，把卷扬机的上千种零部件，一一排列出来，每个零件安装在什么位置，他都认真地画到本子上。在一金工的职工们看来，他们要生产的不仅是共和国第一台卷扬机，更是亿万中国人的勇气和志气。

当时条件简陋，厂房连围墙都没有，只起了几根柱子。焦裕禄为了工作方便，将他在筹备组的办公桌也搬到厂里，放在看设备的地方。因为非常重视生产进度，他50多天没有回过家。据焦裕禄的工友回忆，在那50多天里，焦裕禄就睡在小东门二楼走廊头的一条1米多长的小板凳上，没有人可以在那样小的板凳上安然入睡，焦裕禄也只能暂时休息而已。这就是共和国创业时期涧西人敢吃苦愿吃苦的精神气质。

就这样，在焦裕禄的带领下，车间的工人们仅仅用了3个月时间，就研制出了中国第一台大型卷扬机，结束了国家卷扬机长期依赖进口的局面。2015年，中信重工把这台整整服役了49年的大型卷扬机接回了厂区，激励新一代涧西人不忘初心、砥砺奋进。

习近平总书记自小就有焦裕禄情怀，2019年3月，在主持召开学校思想政治理论课教师座谈会时，他深情地回忆起上初中时，一位政治课老师讲授焦裕禄的事迹数度哽咽，给同

在小东门二楼的走廊头上

■ 焦裕禄在工厂休息的小板凳

学们带来巨大的心灵震撼。总书记说："这节课在我的一生中留下深刻印记，对我树立坚定的理想信念也有很重要的影响。"

习近平总书记在1990年7月15日作《念奴娇·追思焦裕禄》一词，发表在《福州晚报》上。此词深深表达了习近平总书记对焦裕禄的崇敬之情和他自己爱民为民、责任担当的坚定情怀。词中写道："依然月明如昔，思君夜夜，肝胆长如洗。路漫漫其修远矣，两袖清风来去。为官一任，造福一方，遂了平生意。绿我涓滴，会它千顷澄碧。"

焦裕禄精神，即面对困难、问题、挑战等，不退缩、不逃避、不屈服，勇于、敢于和善于争而取胜，是一种不畏困难、坚忍不拔、奋发有为的意志品质。焦裕禄"敢教日月换新天"、敢于"在困难面前逞英雄"，坚信"就是有天大的困难，也一定能杀出一条路来"，"坚决领导全县人民，苦战三五年，改变兰考面貌，不达目的，死不瞑目"的精神，正是一

代涧西人的精神写照，也将激励世世代代涧西人砥砺前行。

③　刀具大王：屡败屡战造国产

如今，老街中的各处厂区里依旧活跃着一批七八十岁退而不休的老工程师们，他们把创业者身上的精气神，传帮带给了下一代。"刀具大王"张邦栋从 1963 年大学毕业来到洛阳矿山机器厂，80 多岁的他，至今都没有离开这个工作台。

1979 年，张邦栋所在的企业买不起一种急需的进口车床刀具，他就想通过自己的努力来为企业解决困境。张邦栋回忆，他参加在上海开的国际齿轮会议时，向日本的技术专家司道建一教授请教，中国能否做这种先进刀具。因为此刀具是消耗品，价格极其昂贵，而且 3—4 年便需更换一次，如果我们可以自主研发此刀具，那么便可以为国家省下一大笔开支。司道建一断然否定了这个想法，认为这是天方夜谭。

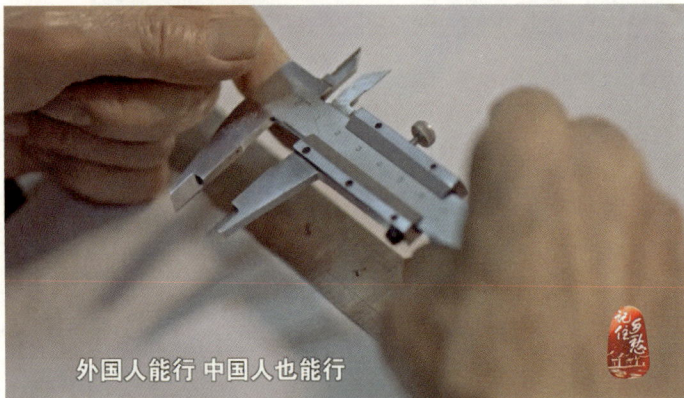

外国人能行 中国人也能行

■ 张邦栋在工作

那场对话之后，张邦栋心里始终憋着一口气，他认为外国人可以做到的事，中国人也可以。后来，他找到了这种刀具的宣传广告，对着广告上模糊的照片，开始反复琢磨、计算，和工人们一次次做试验。整整 4 年的时间，他屡败屡战，终于研制出硬质合金刀，结束了这种刀具的进口历史，他也由此赢得了"刀具大王"的美名。

如今，已经退休 20 多年的张邦栋，还在为研制国家需要的大型伞齿轮奉献余热，每天，他都会照常穿着厂服，沿着这条大道和工人们一起来上班。半个多世纪以来，涧西人就是凭借着这股打不垮、压不弯的韧劲，在国家最困难的时期，成为中国重工业装备的摇篮。

任何一个国家的崛起，都需要有一批人无私奉献。任何一个民族的昌盛，都需要一批人持续奋斗。就是有这样的一批人，他们用团队的创业、集体的拓荒，成就了洛阳这个工业重镇，成就了共和国的光辉。

四 涧西后人：努力争先创业绩

随着时间的推移，老街也迎来了第二代、第三代，他们一代又一代前赴后继，在自己的建设岗位上挥洒着汗水，奉献着青春。涧西老街无私奉献的精神薪火相传，后继有人。

1973年出生的周琳是涧西老街的第二代，大学毕业后，她就回到了当年母亲曾经工作过的洛阳轴承厂。那个时候，周琳怎么也没有想到，自己会与盾构机这样的国家重器联系在一起。

盾构机是一种隧道施工成套设备，是衡量一个国家工业制造水平的大国重器之一。2005年，随着中国基础设施的大规模建设，利用盾构机施工的方法开始普及。就在这一年，周

成为中国重工业装备的摇篮

■ 工业火花

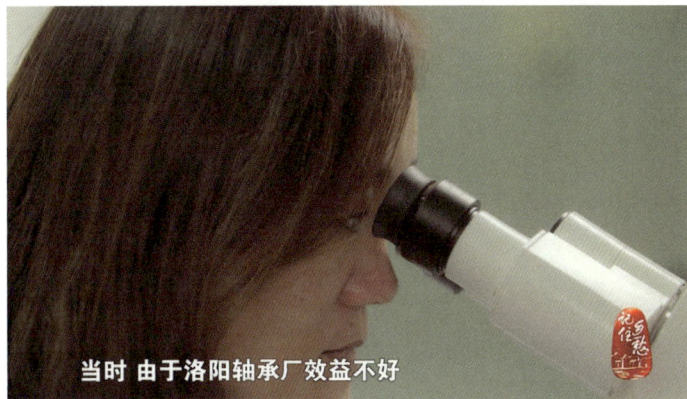

当时 由于洛阳轴承厂效益不好

■ 周琳在工作

277

琳也面临着人生的选择。当时，由于洛阳轴承厂效益不好，技术中心只剩下 4 个人在苦苦支撑。

周琳迁思回虑，如果大家都离开洛阳轴承厂，企业就此破产，她第一对不起父母，第二遗憾自己未能做出一番事业，更重要的是，如果洛阳轴承厂在自己这一代手中破产，后继无人，她无颜面对自己的小外孙女。

怀着这样朴素的想法，周琳决定不仅要留下来，还要让这家曾经承载过光荣与梦想的企业重获新生。为此，她开始奔波于各种建筑工地。一次次地研究，一次次地试验，2018 年 6 月 7 日，由周琳主导设计的国内首套复合国产盾构主轴承通过专家组评估验收，这标志着中国已经掌握盾构机核心技术。

郁岩是第一拖拉机制造厂的第三代子弟。他的爷爷从上海来支援第一拖拉机制造厂，那时爷爷在上海已经是八级技工，还有一个很有名的外号"车老八"。从小他就喜欢缠着爷爷，去厂里研究拖拉机的构造。

大学毕业后，郁岩应聘到上海一家外资企业，成了一位尾气污染设备工程师，待遇不错，生活也很稳定。然而，有一次，郁岩翻看资料时，看到了国家第三阶段污染物排放标准出台，对拖拉机的尾气污染排放有了更高的要求。他激动起来，也许第一拖拉机厂需要自己所学的知

每一道来自故乡的菜肴背后

■ 涧西街区的邻里宴

识，于是立刻联系那时还在厂里工作的父亲。

郁岩父亲鼓励他，"东方红"养育了他们家三代人，所以他也希望有一个子女能留在一拖，作点贡献。有了父亲的理解和支持，上海外企的合同一到期，郁岩就回到了涧西，如今，他已经成为一拖集团的工程师。郁岩坦言，他们这一代其实也非常有担当，当国家和企业需要的时候，他们也会像祖辈一样义不容辞地挺身而出。郁岩更是承诺，他们会一代一代地将涧西人无私奉献的精神传递下去，做到人在心在担当在。

随着时代的发展，曾经老一代涧西人所创造出的一个个"第一"，早已被新一代涧西人所超越，但他们的精神却一脉相承，延续至今。

走进洛阳涧西历史文化街区，一排排红墙红瓦的苏式建筑，仿佛穿越时空，将中国半个多世纪风雨兼程的工业发展和那段热火朝天的奋斗岁月全都定格在了这里。高大的厂区内，机器的轰鸣与安静、整洁、温馨的老街坊交相辉映。在这里，每一座厂房都承载了工业强国的梦想和情怀。从一穷二白到欣欣向荣，涧西的成就不仅是涧西人的骄傲，也是所有中国人的自豪。半个多世纪过去了，艰苦创业的拼搏劲始终在涧西人的血液中流淌，传承在第二代、第三代的血脉中，而一代又一代的涧西人，也在默默地为祖国的发展和建设奉献着一生。

编　　导：王星晨
撰稿人：荆中楷
指导撰稿：庞慧敏

在浙江省湖州市的中心地带有一条"小西街"。街区面积 3 万多平方米，3 条主街和 16 条巷弄错落有致。西苕溪水入清源门，一路向东，静静地流淌了 1600 多年，小西街就依河而建。

无论大街小巷，到处都能听到当地人说"百坦百坦"。"百坦"用普通话解释是"慢慢来，别着急"的意思。这里的"百坦百坦"不仅仅是声声问候、点点关心，更是一种文化，正是这种"百坦"文化使得生活在这片物产丰饶的土地上的人们远离浮躁，恬淡从容。

■ 小西街街巷俯瞰

湖州是一座有着 2300 多年历史的江南古城，自古就有"鱼米之乡""丝绸之府""文化之邦"的美誉。这份美誉的背后，是老街人的"百坦"生活。声声"百坦"中，荡漾着安逸平和的岁月，也把老街人古老的生活智慧深藏其中。

一　"百坦"隐居　研诗文书画

小西街不远处的莲花庄，是元代著名书画家赵孟頫的故居，距今已有 700 多年的历史。作为宋太祖赵匡胤的后世，赵孟頫祖上南渡之后，一直在湖州居住。

年幼的赵孟頫在湖州受到当地文化的熏陶，相传他从 5 岁起，就开始练习书法，以《千字文》为范本，每天写足 500 张纸，1 万多字。

因为是宋代皇室宗亲，14 岁时，赵孟頫便在朝中为官，正当前途一片光明之时，却遭遇蒙古大军一路南下，南宋王朝风雨飘摇。公元 1276 年，23 岁的赵孟頫弃官回到家乡。闲居的日子里，他沉浸于诗文书画之中。

闲居的 10 年，看似是游山玩水的悠哉 10 年，实际却是赵孟頫对书法艺术孜孜以求的"百坦"10 年。那段时间，他的诗文书画造诣飞跃，四乡八里的人都来重金买文，以得到他的片纸只字为荣。赵孟頫也从默默无闻，成长为"吴兴八俊"的翘楚。

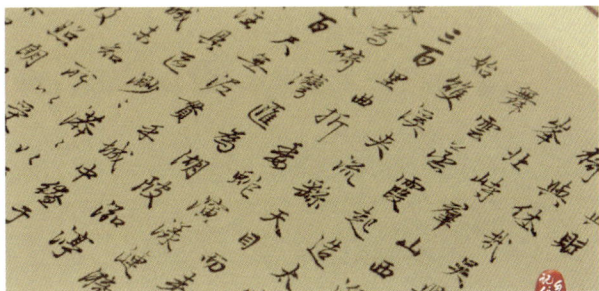
■《吴兴赋》局部

脍炙人口的《吴兴赋》就是他在隐居时所写，文中描写了太湖南岸的人文风光，也抒发了他无尽的乡愁。吴兴就是今天的湖州，一篇《吴兴赋》成为赵孟頫的传世之作，也让后人了解他对家乡宁静生活的向往。

"功名亦何有，富贵安足计，唯有百年后，文字可传世"。十年隐忍，赵孟頫成为湖州千年历史积淀、厚积薄发的象征。1987年，国际天文学会为了纪念他对人类文化史的贡献，用赵孟頫的名字命名了水星环形山。

"百坦"自古就是湖州人骨子里的性格。"湖州人是富足而安逸。在这个当中，不等于说富足安逸就不进取了，'厚于滋味，勇于进取'"，湖州赵孟頫研究会会长徐勇诠释了"百坦精神"。

二　廿载苦读　中一甲一名

为了熏染文气，湖州历代的名门望族、富商大家都喜欢聚居小西街。到了清代，这里又走出了一位对当地影响至深的状元钮福保。

清嘉庆年间，钮福保出生在湖州一个有着2000多年历史的名门望族，受家乡文化影响，他从小好学，14岁那年考取秀才，成为名噪一时的神童。然而小神童并未因此沾沾自喜，他还和往常一样，每日读书学习。

钮福保一学就是17年，后来在县学里考了教官，又教了3年书。据

作为湖州乃至整个杭嘉湖一带

■ 钮氏状元厅正门

第五代孙钮因敬介绍，他常说"一个人如果不学习的话，你这个人怎么会进步，怎么会立足于世呢?"

科举考试，是古代读书人为官入仕的重要途径。可钮福保却并不急于一时，他一边读书，一边教书。直到30岁那年，他才通过乡试，考中举人，34岁进京赶考，一举成名。中了进士以后，皇帝钦点他为头名状元一甲第一名。

从考取秀才到状元及第，钮福保用了整整20年。慢中求进，一步步从从容容、踏踏实实地走着。在他看来，只有守得安静，才能学问精进。

如今，"钮氏状元厅"被列为浙江省文物保护单位，作为湖州乃至整个杭嘉湖一带仅存的科举文化古建筑，老宅承载着江南水乡独特的历史韵味和家族情感。钮福保20年"百坦"生活，终成一番大业的人生态度，也潜移默化地影响着一代代湖州人。

㈢　静候十年　织优质丝绸

湖州地处太湖之南，气候温和，自古便是"丝绸之府"。近代，随着湖州商帮的兴起，小西街的丝绸业达到鼎盛。20世纪初，钮介臣的丝绸事业正是从这里起步。

1914年，钮介臣与他人合办达昌绸厂。绸厂主要生产传统绉纱销往上海。就在生意蒸蒸日上之时，钮介臣发现丝厂的原料质量成为提升产品质量的瓶颈。绸厂主要依靠的原材料是"土丝"。"土丝"是农村家庭用土法自缫的丝。这种丝不仅织出来的丝本身质量欠佳，容易断头，而且做出来的绸没有光泽。要想提高绸厂产品质量，就必须先解决丝的质量问题。

于是，钮介臣决定创办一家现代丝厂，他要做"全中国最好的丝"。厂址对于丝厂来说至关重要，它关乎丝厂的原料供应，周边的水质更是丝绸质量的决定因素。为了选定最合适的厂址，钮介臣一直待在杭嘉湖一代寻找优质水源。

一天，钮介臣顺苕溪而下，来到一处宽阔的水面，他把银圆扔到水中，发现银圆并没有像其他地方那样快速直接消失在水中，而是漂漂浮浮、慢慢下坠。原来这里是两股水流汇合之处，钮介臣仔细观察发现，这两股水是呈不断旋转的状态融合在一起的，非常适合建厂。

经过 10 年的筹备与论证，钮介臣不断创新工艺流程。直到 1927 年，苕溪丝厂终于投产。很多人都觉得钮介臣付出 10 年时间代价太大，以他之前绸厂的发展速度，早就赚大钱了。可钮介臣却不这么认为，在他看来，"百坦"不怕，就怕欲速则不达。

"十年百坦、百坦不怕"恰是湖州商业精神的缩影。这份不急不躁、追求卓越的宝贵精神财富，也福泽家乡近百年。直到今天，湖州丝绸无论在产量还是质量上，都稳居全国之首，全球 1/4 的绸缎面料出自湖州。

四　湖笔工艺　代代"百坦"匠

自宋代以来，湖州当地生产的毛笔即负有"湖笔"的盛名，与徽墨、宣纸、端砚并称"文房四宝"。湖笔的制作工艺处处体现着小西街千百年来的"百坦精神"。

小西街旁距今已有 270 多年历史的王一品斋笔庄，正是百年湖笔工艺的见证。湖笔之所以能够代代相传，主要得益于它的"颖"。所谓"颖"，就是指笔头尖端有一段整齐而透明的锋颖，业内称之为"黑子"。"黑子"的深浅，决定一支毛笔的品质是否上乘。深浅恰到好处的"颖"需要用上等山羊毛，经浸、拔、并、梳、连、合等近百道工序才能完成。

在这繁复的近百道工序中，择料、水盆、结头、择笔 4 道工序要求最高、最为讲究。其中，择笔

记住乡愁　第五季（34）
湖州小西街的"百坦"生活
始创于清乾隆六年的老店

■ 王一品斋笔庄

是重中之重。择笔时，笔工需要一边用手蘸抹碗里带黏性的胶水朝笔头上涂抹，一边用择笔刀挑出笔头上无锋、弯曲和断头的毫毛。择笔要求"眼、手、心，三兼合一"，用眼睛寻找笔毛的瑕疵，用手指感觉笔毛的逆顺。

笔工俞建华已经在笔庄"择笔"多年，左手食指第一关节上磨出了厚厚的长方形老茧。她说："慢工出细活呀，只有多花点时间，慢慢来。"是啊，慢工才能出细活，这是湖笔制作千年不变的定律。在一代代笔工长年累月的坚守中，湖笔制作技艺才得以传承至今，并愈发兴旺。工序在制笔工人手上留下了岁月的痕迹，湖笔则将"百坦"文化书写在历史的长卷上。

五　老街修缮　守从容之心

2014 年，小西街迎来了历史上规模最大的一次保护性修缮。千百年来沉淀下来的"百坦"文化，又给老街带来新的希望。

"修旧如旧"是小西街区保护性修缮的关键词。小西街区尊重历史，旨在通过保护性修复，展现传统景观风貌，复兴和延续街区传统功能。

修复莫宅时，为了达到"修旧如旧"的效果，工人们只把完全腐烂的柱子拆除重装，其他破旧的柱子则以修复为主。修复后，工人们还会给柱子涂上与原有色彩相近的油漆，与先前风格保持一致，尽可能还原莫宅昔日的风采。

除了莫宅，还有永安桥、10 处不可移动文物、10 处历史建筑、20 余处传统风貌建筑院落、1000 余米石砌驳岸、33 处河埠头、3 处古井和 13 株古树，这些都是重点

一条独特的"百坦"之路

■ 小西街保护性修缮工作

保护对象。它们都是按照"保持原有的高度、体量、外观形象及色彩"的原则进行修复。

声声"百坦"中，小西街在 2016 年年底修缮完成。还是原来的街道，还是熟悉的"百坦"。修缮整治后的小西街区，成为集文物保护、文化展示、休闲旅游、居住生活于一体的多元化民居街区。

回望老街，品味着江南水乡独有的"百坦"气息，会让人的心中油然生出一份羡慕之情。在感慨老街人安享着一份不疾不徐的生活之余，也会对他们心生敬意。正是这方水土所酝酿出的恬淡从容，让老街人懂得了"淡泊以明志，宁静以致远"，也让这条千年古街始终保有一份生命力，就像这涓涓流淌的西苕水，面向未来，生生不息。

编　　导：龚　群
撰稿人：张丛雨
指导撰稿：庞慧敏

第35集

哈尔滨市
老道外街区

白山黑水
热血丹心

坐落在松花江南岸的哈尔滨市老道外街区，距今已有上百年的历史。古朴而优雅的它北起升平街、南至南勋街，西起景阳街、东至十道街，在这仅有 0.53 平方公里的土地上，至今仍保存着 200 多栋老式建筑，寄托着哈尔滨人无限的回忆。一条条沧桑的胡同见证了老道外人创业的艰难坎坷，一幢幢深邃的大院保留了老道外人传统的生活方式，一道道精美的小吃封存了老道外人独特的味蕾体验，一门门精巧的手艺勾起了老道外人美好的童年记忆。

■ 老道外街区

287

人们来到这里，吃上一块"老鼎丰"的点心，买上一只"裕昌"烧鸡，再到星熠社的园子里听上一段评书、大鼓……老道外以这样温暖的方式讲述着难以磨灭的历史瞬间，诉说着亘古不变的热血丹心，同时也唤起了流淌于老街人血脉深处的浓浓乡愁。

一　傅氏两兄弟：开荒造舍，立业安家

现如今生活在老道外的居民大多是"闯关东"移民的后代。清代，许多山东人、河北人为追求更好的生活，踏上一条充满坎坷和荆棘的"闯关东"之路。

在这群"闯关东"人中，有一对叫作傅宝山、傅宝善的山东兄弟。勤劳勇敢的他们一路向北来到松花江南岸，开垦荒地、建造房屋，短短几年内便经营起客栈、药铺，吸引了越来越多的人到此安家落户。渐渐地，松花江南岸的这片土地，被称为"傅家甸"，也就是今天老道外的雏形。随着人气的聚集，老街上建起会馆、文庙、票号、商行，成为东北地区一处重要的商贸中心，后世也就有了"先有傅家甸，后有哈尔滨"的说法。1916年，傅家甸及周边的地区改名为"道外"，鼎盛时期人口高

记住乡愁　第五季（35）
哈尔滨老道外街区——白山黑水 热血丹心

■ 曾经的傅家甸是今天老道外的雏形

达十几万人，设有工厂 300 多家，商号 1000 多家。道外逐渐发展成哈尔滨，乃至东北民族工商业最发达的地区之一。

伴随着经济的繁荣与发展，老街人的生活也变得有滋有味。尤其是众多的老字号美食，吸引着八方来客："老鼎丰"松软、酥脆的糕点，唇齿间留存着几代人的儿时记忆；百年老店"张包铺"，还在延续传统的做法，皮薄馅大的包子，让食客体会到了东北人的那份实在；隐匿在小巷中的"张飞扒肉"，经过五六个小时的炖煮，不油不腻，入口即化；"裕昌"的烧鸡，几十年来，味道从没变过……而要说最有名气的，还要数发源于这里的东北名菜"锅包肉"。把肉条炸至金黄，加入糖

■ 东北名菜"锅包肉"

醋，用急火快炒，再把调好的浓汁淋到锅里，浸透到肉中。在年年岁岁的光阴交错里，老街人念念不忘的不仅是这"吃一口过瘾，再一碗不够"的家乡味道，更是这片白山黑水间风雨百年的热血丹心。

（二）赤胆老道外：抵抗外辱，捍权守土

在一代代老道外人的努力下，这里的生活从一无所有逐渐变得富足安定。然而从清朝末年开始，这片老街却不止一次地笼罩在前所未有的危机之中。

甲午海战后，趁火打劫的沙俄逼迫战败的清廷签下了丧权辱国的《中俄密约》，获得了在哈尔滨修建中东铁路的特权。随后，大批沙俄商人蜂拥而至，强占铁路沿线的大片国土。更有甚者意图凭借雄厚的资本，在傅家甸的江边荒地推土筑路，进一步蚕食哈尔滨仅存的这片中国人聚居地。

"寸寸山河寸寸金，侉离分裂力谁任"，警醒的老道外人为守护国土家园，决定修屋建舍，抢先经营江畔荒地。为此，商人傅巨川和武百祥每人带头捐献了3万大洋，这在当时相当于100户三口之家25年的口粮。两位商人倾尽积蓄，誓守国土的壮举得到老街人的纷纷响应。有人把传了几代的字画、玉器当掉，换成建房的物资。有人把自家的房子拆掉，捐出建房的木料。短短时间内，老街人就修建起江边的街道、大堤、房屋，开办了商业，彻底摧毁了殖民者的阴谋。

国土虽然得以保全，但老街人的抗争却从未停止。"庚子国难"后，沙俄强行侵占松花江的航运管理权，中国船只在江中运输货物，要被征收高额费用。当时腐朽懦弱的清王朝，为保住皇权而不敢与列强正面对抗，百姓只能眼睁睁看着沙俄把东北的木材、矿产一船船运走。

■ 临江而建的老街建筑

■ 清末哈尔滨最高行政机构道台府

面对这种"长此以往，国将不国"的凄凉景象，刚刚到任的道台施肇基，下定决心要通过谈判收回松花江的管理权。他不顾沙俄代表的百般抵赖，始终在谈判中据理力争，甚至还不惧对自己的恫吓与威胁，依法严惩在交涉总局附近抢劫、带枪等故意挑衅的沙俄人。面对施肇基强硬的态度，嚣张的沙俄代表扬言要对他展开绑架暗杀。但施肇基不为所动，反而撤掉仪仗和守卫，每天敞开府门办公，以此表明自己"血可流、命可舍，但国土不能丢"的坚定决心。

施肇基把对国家的一片热血丹心化作坚毅果敢的行动和寸土不让的决心，最终收回了松花江航运管理权，守住了国家主权与民族尊严。

（三） 英雄杨靖宇：献身抗日，血染霜天

走入近代，这片白山黑水间"为国为民抵御外侮"的抗争精神也从未消散过。1931年"九一八"事变爆发，从事中国共产党地下工作的杨靖宇同志被迫从沦陷的哈尔滨撤出，前往吉林重新创建抗日武装力量。几年时间里，他率领东北抗日联军积极开展抗日游击战，一度令日本侵略者闻风丧胆。为了"剿灭"这支中国东北大地上的抗日武装队伍，日本军队对占领区严防死守，不允许任何一名百姓为抗联军队输送物资。

然而，目睹了家园被毁、山河破碎的老道外人从未弯下不屈的脊梁。尽管当时的哈尔滨城内到处潜伏着日本特务，但居住在老街的哈尔滨粮食商会会长于佐周依然想尽办法捐出了自己粮行所有的粮食，并积极为抗日联军筹集药品。他鼓励部下和送粮的民众要不怕牺牲，要为抗

■抗日民族英雄杨靖宇

291

日联军物资运送战斗至最后一人。很快便暴露行动的于佐周壮烈牺牲在了日本人枪下，将自己最后的一腔热血洒给了这片深爱的黑土地。

在日本军队的围攻下，杨靖宇率领的抗日联军失去支援，陷入绝境。零下40多摄氏度的天气里，在没有任何物资补给的情况下，杨靖宇在茫茫林海雪原中与敌人周旋了整整六天六夜。1940年2月23日，耗尽所有能量的杨靖宇被敌人团团包围，他带着满腔国仇家恨，打出了枪中最后一颗子弹，壮烈牺牲。敌人为了泄愤，剖开了杨靖宇的尸体，竟发现他胃肠里一粒粮食都没有，有的只是未能消化的草根、树皮和棉絮。

1946年，为了纪念这位抗日民族英雄，杨靖宇曾经在老道外工作过的正阳街更名为"靖宇街"。老街上还设有一所靖宇小学，学生们常常来到校内的杨靖宇纪念馆聆听英雄的故事，在缅怀革命先烈的同时，也把"天下兴亡，匹夫有责"的历史担当和使命写入自己的心中。

（四）　无畏抗洪者：江水滔天，血肉筑堤

经年不息的松花江水淘尽了岁月，但英雄的情怀在老道外这片土地上却不曾消失。1957年夏季，连续20多天的降雨使得松花江流域水位迅速上涨。如果江面漫过江堤，紧临松花江的老道外便首当其冲。

一天下午，风云突变，堤坝在巨浪的冲击下突然塌陷出一个缺口。一旦溃堤，整个哈尔滨都会被淹没在洪水中。在此千钧一发之际，岸上巡逻的十几位年轻人毫不犹豫地跳入滔滔江水，用血肉之躯在缺口处筑成了一道坚固的人墙。

当时只有16岁的范震威还是一名中学生，他也是抢险队的一员。如今，站在当年一片汪洋的堤坝上，谈起那段惊

■ 曾经参与抗洪抢险的范震威

■ 防洪纪念塔

心动魄的时刻，他已经显得十分平静。但正是当年这群充满血性的年轻人，在关键时刻为抗洪队伍打桩固堤赢得了宝贵的时间，险情才最终得以排除。

那场洪灾持续了 3 个月，在这场与大自然的搏斗中，几乎所有哈尔滨人都自发加入到抗洪抢险队中。松花江大堤上，每天有 16 万人驻守奋战，在一次次抗洪抢险的行动中，他们每一个人都成为守护彼此的英雄。

1958 年，一座雄伟的防洪纪念塔在江边拔地而起。这座气势雄浑的不朽丰碑遥镇江天，伫立在哈尔滨人心中，激励着一代又一代的老街人。

（五） 热血工业人：投身国防，薪火相传

被誉为中国工业"钢铁脊梁"的哈尔滨，是中国共产党解放的第一座大城市。早在新中国成立之初，这里就成为中国工业的重要制造基地。在投身国家工业建设的洪流中，一代代老道外人也从未缺席。

20 世纪 50 年代初，大学毕业的张建业成为哈尔滨第一机器制造厂的技术员。当时，厂里接到研制轻型坦克的任务，张建业和他的同事负责传动部分的零件生产。面对从来没见过的机械构件，想要独立完成生

产，难度极大。更困难的是，当时厂里甚至连生产部件的工具都没有，只能自制土工具，靠人工蛮干。

这些热血青年们靠着改造原有设备、自制土工具的办法，一点点完成零部件的生产任务。为了解决精细度不达标的问题，这些拿惯了笔杆子的年轻人又拿起了锉刀、砂轮手工打磨。仅仅不到 1 年的时间，哈一机的员工们，便用最土的办法、最原始的工具，生产出了中国第一台轻型坦克。如今，半个多世纪过去了，当提及这些往事，张建业老人依然满怀激动与兴奋："一个国家假如说没有国防工业，就等于没有国防。能够为国家制作出好的产品，心里就觉得是最大的光荣！"

在那个如火如荼的年代里，哈尔滨电机厂、哈尔滨汽轮机厂、东安动力厂等数十家工业企业相继建成。第一台 1 万千瓦水轮发电机、第一台 25 兆瓦火电机组、第一台模拟式电子计算机……一个个"共和国第一"在这里不断涌现，为新中国打下了坚实的工业基础。

■ 张建业和他的同事们

■ 正在进行焊接工作的冯世毅

如今老道外的许多年轻人都继承了父辈们的志向，哈尔滨第一机械集团的冯世毅就是其中之一。1992 年，年仅 19 岁的他便接过父亲的班，成为厂里的一名电焊工。2012 年，哈一机研制了一种新型车辆，这种车最薄的地方仅有 1.5 毫米，两块薄板焊接后极易变形。尽管焊接难度极大,但时任重工兵器带头人的冯世毅仍下定决心攻克这一国内还无人能够解决的技术难题。

时值盛夏,车间内温度接近 40 摄氏度。由于板材很薄,每一寸焊接需要像绣花一样小心翼翼,有时连续几个小时站下来,冯世毅的腰和手麻了,就敷一下毛巾接着干。3 个月的时间里,最长几乎十几天没有合眼,他尝试了几十种材料,进行了数百次的试验,终于解决了薄板焊接变形的世界性难题。

江水滔滔,流尽岁月。一代代老道外人亲眼见证和参与了这座城市的进步与成长,他们用一腔热血和丹心,耕耘着脚下的这片白山黑水。而如今的年轻人,正从先人的故事里汲取力量,让敢闯敢为、勇于担责的精神薪火相传。这也成为如今哈尔滨振兴发展的巨大动力,在新的时代中续写辉煌。

编　　导:吕明月
撰 稿 人:张桂云
指导撰稿:庞慧敏

龙州老街

热血边关
义勇当先

在中国西南边陲，距离中越边境只有 30 公里的地方，有一座历史悠久的古城——龙州，自汉代开埠以来已经有 2000 多年的历史。在绕城而过的丽江北岸，坐落着一条老街。它依水而建，因河而兴，当年，无数外来商户沿着水路而来，打金器的、榨生油的、卖米糕的，商户聚集，繁荣一时。这就是龙州老街。

龙州老街区位于广西龙州县龙州镇，北到北门街，东至城北路，西临丽江河，南到利民社区。街道两侧大多是两三层的骑楼，临街的商铺

■ 依水而建，因河而兴的龙州老街

里热闹喧嚣，巷弄深处的老街人却生活得怡然自得。骑楼、青瓦、石板路，如果不身处其中，很难想象在中国西南边陲的国境线上，竟然还保存着这么一片完好的老街老巷。清代诗人农余三就曾经在诗句当中描绘过龙州老街昔日的繁荣景象："高门朱履三千客，夹道红楼十二衢。"相传，老街最早的居民是随马援将军征战而来的士兵。东汉末年，广西边境发生叛乱，百姓深受其苦，马援率兵来到龙州，他们骁勇善战，多次深入瘴夷之地，用了数年时间，叛乱得以平定。为了巩固边防，战争过后，马援率部留在了龙州，战时为兵，闲时为民。马援的到来，不仅带来了长久的和平，还改变了当地落后的生产生活方式。得以安居乐业的龙州百姓感念他的功德，在丽江南岸马援军队曾经驻扎的垒土之上兴建了一座伏波庙，四时供奉。伏波庙周围也渐渐聚集起人气，形成了繁华的龙州街市。

1000多年间，作为国之门户，边防重镇，龙州老街经历过无数次大大小小的战役。在金戈铁马、鼓角争鸣的岁月中，一代代将士勇往直前的血性和为国为民的豪情化作了这条老街不变的风骨，代代相传。这条历经沧桑的老街不仅见证了一座城市的变迁，也给今天的人们留下了许多英雄传说。

（一）苏元春：国难当前　舍我其谁

在老街上，有一座古香古色的岭南大宅院，历史上，这座宅院的主人就是清末的广西提督苏元春。1885年，广西提督苏元春和抗法名将冯子材率领中国军队在中越边境大败法军，取得了中国近代史上对外战争唯一一次胜利，史称"镇南关大捷"。当时，法国殖民势力剿而未灭，一直蠢蠢欲动，双方在边境线上形成拉锯之势。为了坚定战士们抗法守边的决心，苏元春决定把自己的祖坟从蒙山迁移到龙州来。在中国传统观念中，祖坟关乎着一个家族的荣誉，更关乎一个家族的血脉传承。苏元春选择把祖坟迁往边境，意味着一旦国门被破，敌军践踏，整个苏家必将遭受难以洗刷的耻辱。在国家命运与家族前途之间，苏元春毅然作出了选择。他劝说家人，自古忠孝难两全，国家不保，祖坟又如何保得住？誓死不退、寸土必争。苏元春破釜沉舟，把家族的命运与国之命运紧紧连在了一起。他的勇气和果敢感染着军中将士，也坚定了老街人戍边保国的决心和信心。

1886年，苏元春开始在边境修建防御工事。由于工程浩大，再加上需要购置大批洋枪、洋炮，估算经费超过40多万两白银，而当时广西全年财政收入不足30万两，完全靠朝廷拨付难以完成工程。在资金严重短缺的情况下，苏元春变卖了自己的家产，拿出了自己的俸禄。在他的感召之下，边疆的民众有钱出钱、有力出力，齐心协力为修建防御工事贡献力量。经过10年的时间，苏元春在龙州、凭祥等地延绵1000多公里的边境线上建成了165座炮台和碉楼，109处关隘，66个关卡，庞大宏伟的军事防御体系犹如南疆长城。在他戍边的15年间，不仅当地再无大的战事，老街也快速发展起来。为了广开财源、扩充军饷，苏元春在老街开办通商码头，兴办了广西第一个洋行、第一个电报局、第一个书院，南街、千总街一带逐步繁荣，街市规模日趋扩张，近代化的商业模式开始在这座边境小城出现。

■ 鸟瞰蜿蜒起伏的龙州边境军事防御体系

② 陈嘉：义勇铸就"钢铁"精神

龙州历史上有"四大怪"。第一怪，有火车站没火车；第二怪，有领事馆没领事；第三怪，有教堂没神父；第四怪，有飞机场没有飞机。这"四大怪"的由来，还得从法国领事馆旁的铁轨说起。

中法战争后，在清政府的妥协下，法国在龙州设立了领事馆，总理两国边境事务，为了进一步延伸自己的势力范围，法国殖民者在领事馆处囤积了大量的铁轨。后来由于越南的铁轨是小轨，与中国的大轨连接不上，所以谈判失败，铁路没有建成。尽管如此，法国殖民者妄图蚕食中国版图的野心却始终没有消失。他们多次在边境线上派出武装，制造冲突。在一次法军越境进犯中，驻守龙州的将领陈嘉率部奋勇抵抗，激战一个昼夜仍未击退敌军，军械损耗殆尽，急需补充。

■ 老街人打铁的场景

为此，陈嘉把老街上的铁匠召集到一起商量对策，就在大家为原料不足而无可奈何之际，有人提出，法国领事馆处存放有大量铁轨，足够打造军械之用。陈嘉一听大喜过望，连夜组织军民到法国领事馆运送铁轨，铁匠们也纷纷自发为守军打造军械，送往前线。在陈嘉的带领下，守边将士与老街居民同仇敌忾，最终取得战斗的胜利。自此之后，打铁街声名远播，"龙州四怪"，也成为以陈嘉为首的守边将士与老街人义勇的见证。

如今，打铁街是老街人平日里购买铁器的好去处，龙州菜刀也由此闻达天下，深受人们喜爱。铿锵作响的打铁声混杂着街道上熙熙攘攘的人群声，此起彼伏，一派火热安稳的繁华景象。或许，就是在这无数次铁与火的淬炼中，这条老街也就拥有了铁一般的脊梁，钢一般的信念。

三 龙州赤卫队：舍生取义 血洒滩头

从古至今，龙州始终是中国西南重要的战略要冲，也是兵家必争之地。20 世纪 30 年代，红色革命的星星之火已成燎原之势，各地武装运动风起云涌。1930 年年初，在邓小平的领导下，龙州起义获得成功。然而起义刚刚取得胜利，就面临着敌人的疯狂反扑。桂系军阀趁龙州城防空虚之际派出 1.3 万多人突袭龙州。那时，留守龙州城的只有以当地人为主的

■ 龙州赤卫队掩护红军撤退的还原图

龙州赤卫队以及部分红八军战士 1000 多人。在这场力量悬殊的战斗中，红军只能且战且退。当来到龙州铁桥时，红军被敌人强大的火力阻断了退路。就在情况万分危急的时候，为了吸引敌人火力，让红军顺利过桥，担任赤卫队队长的老街居民邓生带领民兵，举着红旗沿铁桥下的丽江河谷艰难前行，赤卫队在河滩下摇起了红旗，敌军看到红旗，以为是红军主力，集中力量进行打压。退后一步生，向前一步死。枪林弹雨中，龙州赤卫队的勇士们誓死抵抗，终无一人退却。他们以命换命，成功掩护了红军主力撤退，而 400 多名龙州赤卫队队员却在这次战斗中血洒滩头，壮烈牺牲。

硝烟终会散尽，但英魂却会不朽。400 多名龙州赤卫队队员的鲜血为龙州老街这条千年老街镌刻上了不可磨灭的红色印记，也在这里留下了铁血男儿舍生取义的动人故事，这些故事将留在一代又一代老街人的心中。

四 梁家父子：80年追求 英魂归故里

为了纪念轰轰烈烈的龙州起义，龙州老街上建立了龙州起义纪念馆。每年八一建军节，梁炳聪都要来到这里缅怀先烈，藏在他心头的是从来不曾平静的记忆。

1930年3月铁桥阻击战后，梁炳聪的父亲谢德成与战友林景云留下来殿后，共同掩护部队撤退，由于敌众我寡，他们很快被敌人包围。十几个敌人蜂拥而上，七八个人把林景云死死地摁在地上，在危急之中，谢德成拿起刺刀与敌人展开白刃战，但不幸的是，右边的敌人一枪打过来，谢德成便中弹晕死过去了。当谢德成醒来时，却发现林景云不见了，战场上也没有寻找到他的遗体，后来谢德成一路乞讨，一路打听追赶队伍。然而，他却再也没有见到自己的战友。新中国成立后，谢德成改名梁玉汉，仍然坚持寻找林景云的下落，直到临终前，仍未达成心愿。在弥留之际谢德成拉着儿子的手，叮嘱儿子一定要完成自己48年来未了的心愿，找到老战友林景云的遗骨。梁炳聪从父亲手中接过了寻找林景云的"接力棒"。此后，在当年发生战斗的鸭水乡一带，只要有人

■ 林景云烈士陵园 融于故乡山水之间

挖地、建房、修路，他都会过去看看，叮嘱人家若发现无主坟或尸骨，一定要告诉他。20年过去，寻找遗骸的任务始终没有停下。2009年上半年，一名曾经参加过当年战斗的亲历者，指出了当时林景云牺牲的地点，经过现场认证，最终找到了烈士的骸骨。80年的坚持，经过梁家两代人的苦苦寻找与努力，烈士的骸骨终于能够入土为安！梁炳聪也终于完成了父亲"生前同一条战壕，死后同埋一座山岗"的遗愿。

虽说"青山处处埋忠骨，何须马革裹尸还"，但对于老街人来说，能够让这些为国洒尽热血的家乡子弟魂归故里，融于故乡的山水之间，是他们所能做到的最大的尊重，也是他们最浓烈的情感表达。

五　谭国芳：边防坚守　义无反顾

作为边防重地，今天的龙州老街上，许多风俗都与军事传统相关。在这里，新人结婚时如果新郎不在，新娘可以一个人拜天地。这是因为早年间龙州人在外当兵的多，新郎参军打仗无法赶回来参加婚礼，久而久之就形成了新娘独自拜堂的风俗。谭国芳是合平边境哨所里的一名老兵，从18岁起就开始戍守边关。1983年，谭国芳迎来了人生中的大事，他的婚事定在农历腊月初十。然而，就在婚礼前几天，一项紧急军事任务打乱了谭国芳的婚礼计划。婚礼的请帖早已发出，酒宴也准备妥当，一边是婚期难改，一边是军令如山。在小家与大家两难选择面前，谭国芳选择了国家，最后新娘在亲朋好友的祝福下，如期举办了一场没有新郎的婚礼。

边防无小事，这是老街人永远记在心里的一句话。龙州下辖的边境线上山高林密，界碑所立之处人迹罕至，谭国芳所在的国防哨所，执行的边境巡逻路线长达19公里，共有25块界碑，士兵们每天都要巡逻一遍。在谭国芳的记忆中，20世纪80年代的时候，这条边境线并不太平，巡逻过程中也经常会有突发状况。有一次谭国芳与哨兵们去巡逻的时候，遇到一些武装人员，在对方先开枪的情况下，谭国芳与哨兵们不得不开枪自我防护，在这场意外中一名哨兵失去了自己的生命。这样的生死一刻，谭国

执行的边境巡逻路线

■ 合平边境哨所哨兵在巡逻

芳经历过许多次。他 18 岁入伍，从哨兵到哨长，一干就是 28 年，这些年来，他的足迹早已遍布边境巡逻线上的每一寸土地，行程超过 5 万公里，他也因此成为新中国成立以来，担任哨长时间最长的一位老兵。

多年来，正是许许多多像谭国芳一样坚守的军人，才换来龙州老街的安宁、老街人幸福的生活、祖国边境长久的稳定。他们以正气为笔，勇气为矛，书写着新时代老街人的义勇精神。

曾经战火连天的烽火边关，如今已经成为繁忙的国际贸易通道。当年，边远古道上的金戈铁马，变成了商贸之路上的繁忙货车。千年的边关已化作和平的通途，架起国与国之间友谊的桥梁。战争岁月早已离去，老街巷弄里的生活惬意又平常。千年时光中，老街人从来不曾忘记勇士们的热血付出，他们所流传下来的义勇精神，深深地刻在老街人的骨子里，让生活在这里的人们总能跨越崎岖和坎坷，找到通往幸福生活的方向。新时代里，老街的人们用自己的行动继续书写着永不磨灭的家国情怀。

编　　导：杨永坤
撰 稿 人：董雅如
指导撰稿：庞慧敏

重庆木洞历史文化街区

铁作脊梁
宜自强

极具传统巴渝风貌的木洞历史文化街区坐落于重庆主城东部，木构穿斗、撑拱窗花的古建筑沿街铺展。街区北临长江，顺势延展，距离重庆主城朝天门码头约40公里，便利的水陆交通让老街自古以来就商贸繁盛、热闹非凡。现如今，原本木洞水路航线的起点已于2016年建成了一条近1公里长的崭新街道，一侧是蜿蜒的长江水，一侧是飞檐翘角的仿古建筑。老街和充满现代化气息的新城区执手相望，这个巨大的改造创新，再现了木洞老街旧时的繁华景象。

■ 俯瞰木洞历史文化街区

"木洞豆花饭，胀得精叫唤"，豆花饭作为一种本味醇厚的食物，是木洞老街人的挚爱。每到木洞老街赶场日的时候，食客络绎不绝，无论是路边刚开门的油酥鸭店，还是吃在嘴里甜进心里的蜜枣铺，无不展现着木洞老街令人倍感温暖的烟火气息。在美食多、俗语也多的老街经常能听到这样一句老话："人有脊梁腰杆硬，顶天立地响当当。"说的就是当地人坚忍不拔、自强不息的性格。他们不仅有豆花般的质朴，更有顶天立地的坚韧和顽强。

一　木洞起源：敢为脊梁代代传

木洞的新老街道连接了木洞的过去和现在，也留下了许多远古的神话与传说。相传远在五帝时期，地处长江上游的巴渝地区洪水泛滥，众多百姓家园被毁，一时间哀鸿遍野。为了拯救天下苍生，刚刚新婚不久的大禹决定背井离乡，率领民众前去治理水患。

面对崇山峻岭中的滔滔洪水，大禹从父亲鲧治水的失败中汲取教训，改变了以"堵"治水的办法，转而对洪水进行疏导。大禹与天灾的搏斗持续了整整3年，他与部族一同奋战，披星戴月、挖山掘石，接连劈开了3座大山，斩出铜锣峡、明月峡、黄草峡3道峡谷，终将洪水放出。当大禹用锄头挖通铜锣峡的时候，锄头一甩，泥沙一线下去，长此以往就形成了长石梁。长石梁让长江之水折北东去，大大减轻了木洞地区的水患。事成之后，与大禹一起前来治理水患的水工们疲惫不堪，便在明月峡的下峡口一带驻扎下来，繁衍生息。

到了春秋时期，百姓安居乐业，却不忘大禹治水的功绩。正是在他的带领下，咆哮的洪水失去了往日的凶狠，昔日被水淹没的山陵露出了峥嵘，农田变成了米粮仓，人民又能筑室而居，过上幸福富足的生活。大家便想在长江边修建一座禹王庙，以此来纪念大禹对巴国大地的无私贡献。传说，工匠们为了建庙所需的材料上山伐木，却偶然间在一个山洞里发现了许多优质木材，数量不多不少，刚刚好够建庙所用。人们便相信这是禹帝深感诚意，显灵赐下神木。禹王庙建成之后，香客云集，

■ 如今的木洞街区

周边渐渐形成一片街市，人们便把此地称为"木洞"。

直到今天，每逢枯水季节，老街人都会到长石梁登高览胜。他们讲述着大禹开山劈峡的故事，也让敢为脊梁的精神在这里代代流传。"铁肩担众望，破浪踏川江。"长石梁早已成为木洞人的精神脊梁。

㊁ 老街商道：集聚众人之力量

"晴江一女浣，朝日众鸡鸣。水国舟中市，山桥树杪行。"唐代诗人王维的《晓行巴峡》描写的就是木洞码头的繁荣景象。这繁华盛景背后，是木洞人无畏艰险、勇猛向前的精神。

西汉时期，老街商业日益繁荣，为了更好地与外界往来，当地人决定修筑一条通商之道。然而，这里地势崎岖不平，沿路经过礁石林立、水急浪大的箭滩和险滩，稍不注意，就会船毁人亡。出于安全考虑，老街人最终决定在坡坎丛林中填筑一条陆上通道，也就是今天人们所说的"盐马古道"。谁承想，这条花费数年之功建成的黄金走道却潜藏无数危险。三国时期，木洞老街上一位姓苏的商人在运货途中遭遇劫匪偷袭。被洗劫一空的他在返回家后仍旧惊魂未定，和邻里讲起自己的经历才意外得知，原来不少同行都在这条商道上有过类似的遭遇。寻求一条更安全便捷的通商道路成为老街商人们的当务之急。

在当时那个只能依靠人工的年代，想要在有着"青滩泄滩不算滩，箭滩才是鬼门关"说法的险滩暗礁中开辟一条新的水路，意味着要以命相搏。为了木洞的商业，更为了后世子孙的福祉，木洞人还是凭借着"铁肩担众望"的胆识与万众一心的精神，选择了勇闯"鬼门关"，最终开辟出一条水路运输航线。这条航线，不仅为木洞开启了绵延千年的繁华与兴盛，也让这座隐匿在巴渝群山中的小城，连接上了更广袤的世界。

木洞码头的繁荣，吸引了众多外来人口在此经商定居。自明清以来，凭借着舟楫之便，木洞老街商贾云集，人口大增，热闹非凡。到了民国年间，云贵川湘鄂五省商会均在此地设立商务代办，外国客商也纷至沓来。一时间，"五里长街"商铺林立，"一里码头"货船如织，就连外国人都在"商贸标注"的图纸上提到了木洞这个小地方，足以见其影响之大。

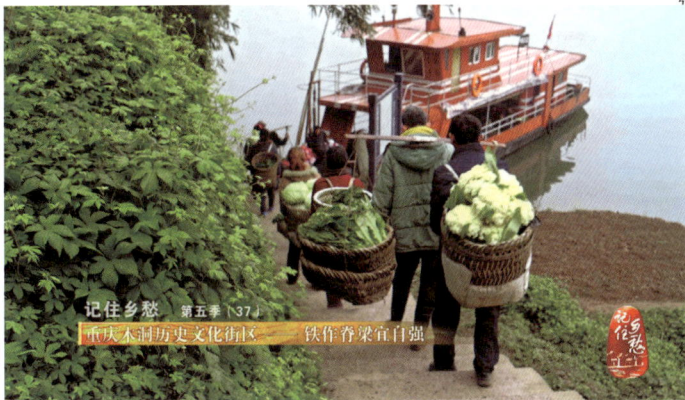

■ 木洞的水路运输

三　杨沧白：撑起民族之脊梁

"开国有诗人，沧白杨夫子。秀句兼丰功，辉映同盟史。"这首诗是对出生于巴县木洞镇的中国近代民主革命家、政治家杨沧白一生的真实写照。杨沧白的父亲杨辉之在木洞老街经营一家商号，他利用自家的商船把木洞的蜜枣、榨菜等特产远销外地，生意十分兴隆。杨辉之虽然是商人，但依然希望儿子有朝一日能够金榜题名，光耀门楣。杨沧白也不负众望，自幼聪颖好学的他在 19 岁那年考取了重庆府秀才第一名。

当时正值维新运动失败，杨沧白目睹了封建体制的腐朽、列强的侵犯，深感国难当头，便决定放弃科举仕途，另寻他路。面对自己与民族的未来，他不但自己要做到"人有脊梁腰杆硬"，也要让整个民族都能挺起脊梁。父亲支持杨沧白的远大理想，便让他坐着自家商船，沿着先祖们开辟的水路航线前往重庆。

1902 年，杨沧白为了宣传民主思想、传递信息，与朱必谦等人创办了《广益丛报》并担任主编。受孙中山先生倡导民主革命的影响，这群有志青年成立了四川省第一个资产阶级革命团体——公强会，以"寻求富国强兵之道为标志，以启迪民智为作用"为宗旨，为后来的重庆中国同盟会奠定了重要基础。革命爆发后，杨沧白领导的革命军发动武装起义，结束了清王朝在重庆的封建统治，将重庆推至时代的前沿。

1942 年，62 岁的杨沧白逝世。这位辛亥革命的赫赫功臣按国葬礼仪的标准被安葬于木洞老街东面的东温泉。据记载，老街人得知杨沧白落叶归根的消息后，灵柩所经之处香案沿街，比比皆是，大家扶老携幼，步行几公里为其送行。

■ 杨沧白故居

"铁作脊梁宜自强"，杨沧白用自己的实际行动向大家展现了他不屈不挠、敢为人先的勇气，正是他对国家对民族的一腔热血推动了重庆历史的进程。后来，人们为了纪念他的功绩，在杨沧白的事业发源之地重庆府中学堂旧址建立了杨沧白先生纪念堂，并将其所在的炮台街改名为"沧白路"。经过木洞人修葺之后的杨沧白故居整洁雅致，现在已经成为老街上一处非常珍贵的文化景观，它在为游客展现先辈革命故事的同时，也赋予了故居对面木洞中学里的"沧白亭"一抹神圣的色彩。一代又一代的木洞学子通过"沧白亭"感受到了杨沧白的忠骨丹心，也让这种敢为国家和民族探索新出路的精神在这片土地上延绵传承。

（四） 新时代英才：振兴华夏之荣光

从古至今，木洞老街人对于新知识的探索始终充满着热情。频繁的贸易往来不仅加强了木洞老街和世界的联系，也提高了人们对于探索新世界的积极性。

早在80多年前，木洞码头就有了小机动轮船载运客货，往来的人员通过这里传递外部信息。老街上开始出现传播新文化、新思潮的书店。位于老街中部的"三耳"书店，对于自幼喜爱读书的丁正兰有着莫大的吸引力。出生于木洞镇的丁正兰，作为新中国第一位女大使，先后出使荷兰和丹麦王国。在改革开放的形势下，为外交工作适应祖国四化建设的需要作出了可贵的探索。

书本中所描述的种种美好，为丁正兰插上了梦想的翅膀。于是，只有16岁的她努力说服母亲同意她外出求学，并且给自己改了一个更加铿锵有力的名字——丁雪松。离开家乡后的丁雪松又独自从重庆出发，奔赴延安，接受新思想，拥抱新世界。然而，不管世界多大，离家多远，丁雪松一直记得，是木洞老街教育的滋养成就了自己。1984年，她卸任回国，偶然得知家乡办学条件艰苦、教

■ 丁雪松为木洞中学题词

育水平落后，闯荡过世界的丁雪松深知，教育是兴邦之本，人才是强国之基。于是，她决定拿出自己的积蓄，用作木洞的学校建设。在丁雪松的带动下，老街人也纷纷慷慨解囊，一时间集资办学、捐资助学成为热

潮，木洞的教育从此旧貌换新颜。

丁雪松心系家乡教育、捐资倡学的善举，为木洞老街教育的发展奠定了基础。20世纪90年代正值我国经济社会快速发展的关键时期，木洞老街的教育也随之逐渐兴起，为国家培养了一批又一批杰出人才，他们成为各行各业的骨干力量，开始用自己的双肩挑起新时代的责任和使命。

从小生活在木洞老街的晏政，曾就读于木洞中学。吃惯了豆花饭、听多了先辈故事的他，对家乡有着特殊的感情。小时候的星空格外璀璨，和弟弟一起躺着数星星，看流星的时候，对浩渺星空的向往就在晏政心中悄悄萌了芽。带着从小就种在心里的航天梦，晏政成为中国文昌航天发射场工程师。2015年，投身航天事业的晏政迎来了新一代运载火箭"长征五号"的合练任务，挑起了测发总体工程师的大梁。2016年11月，中国最大推力新一代运载火箭"长征五号"从中国文昌航天发射场顺利点火升空。此次发射成功，不仅标志着我国运载火箭实现升级换代，运载能力进入国际先进行列，是由航天大国迈向航天强国的关键一步，更标志着对晏政等新一代杰出人才认真努力、锲而不舍精神的认可与肯定。

■ 新时代杰出人才晏政为青少年讲解航天知识

如今的木洞中学，沧白亭下书声琅琅，绿茵场上，孩子们奋力拼搏，争当第一。丁雪松"振兴华夏育英才"的题词，影响着一代代莘莘学子，也激励着新一代的木洞人勇挑重担，不断攀登新的高峰。

正所谓铁为脊梁，讲的就是一个人、一个民族，要有坚强的意志、坚韧不拔的品格，敢于面对困难，不断迎接挑战，不断超越自己，才能成就一番大业，才能自立于世界民族之林。现如今，江风阵阵，长江水奔腾不息，木洞老街人讲述着先辈乘风破浪、冲向世界的故事，也让"铁作脊梁宜自强"的精神在这里继续传承。

编　　导：陈雪梅
撰 稿 人：杜嘉慧
指导撰稿：庞慧敏

西津渡

守望相助

　　"京口瓜洲一水间，钟山只隔数重山。"宋代王安石应诏赴京，从西津渡扬舟北去，舟次瓜洲时，即景抒情，写下了这首著名的《泊船瓜洲》，"京口"指的就是西津渡。西津渡，位于江苏省镇江市市区西北云台山麓，是依附于破山栈道而建的一处历史遗迹，面积0.5平方公里，它形成于三国时代，时名"蒜山渡"，唐代时曾名"金陵渡"，此时已具有了完备的渡口功能，一直是我国南北水上交通、漕运枢纽。宋代以后，"金陵渡"又被改称为"西津渡"，沿用至今。

■ 西津渡古街

西津渡古街全长约 1000 米，始于六朝，建于三国，盛于唐代，整条街随处可见六朝至清代的历史踪迹。西津渡渡口历史 1400 多年，一直是我国南北交通、漕运枢纽。在镇江西津渡历史文化街区，除了游客，这里出现最多的就是各种各样的公益志愿者，他们常年义务为游客服务，成为这里一道独特的风景。在西津渡，公益传统的悠久历史，可以追溯到 1000 多年前。那时的西津渡是长江下游的重要渡口，处在长期战乱之中，人们逐渐形成了守望相助、共渡难关的意识。千百年来，作为兵家必争之地的西津渡，经历过数百次战争，人们在多次家园被毁与重建中，更加深切地懂得互相帮助、彼此珍惜的重要。

（一）救生会：水上义渡，苦海慈航

长江给西津渡带来勃勃生机的同时，也伴随着无尽的灾难。过去，镇江段是长江中下游水势最为险恶的地方，礁石众多，恶浪滔天，常常造成船难。南宋时，西津渡成立了世界上最早的水上救助组织——"水上救生会"。水上救生会从宋朝一直持续到清嘉庆年间，相互帮助、共赢共生的理念，不仅在西津渡代代传承，还随着红船传播到沿江各地。

救生会坐落在西津渡古街昭关石塔边上，是一幢不起眼的砖木建筑，门楣上镶嵌着 3 个苍劲有力的大字："救生会"。救生会，顾名思义就是济度救生的意思，是带有慈善性质的水上安全救助机构。由于西津渡特殊的交通位置和军事地位，加强安全管理就显得尤其重要。到了宋代，统治者更是将镇江视为漕运咽喉。于是，当时的镇江郡守蔡洸在西津渡创设了救生会，"命置巨舫五，仍采昔人遗制，各植旗一，以'利、涉、大、川、吉'为识，并植旗一。"并限定载客人数，这是兼具官渡与救生性质的水上机构。清代后期，镇江和扬州的绅士发起成立了京口救生会、瓜洲救生会和焦山救生会总局，专门从事义务打捞沉船和救生事宜。由宋至清，救生会长盛不衰，清代的救生船通体漆成红色，俗称"红船"。救生会的船头前，刻有康熙皇帝御赐的虎头金牌。当年镇江江面浪大水急，时有灾难发生，一旦发现江上有人落水，船只遇难，救生红船就立即出发营救。救

■ 西津渡救生会遗址与"红船"

生船鸣锣开道，其他船只听见锣鼓声、看见虎头金牌都必须避让，让红船用最短的时间赶到出事地点。当时的救生会，是老百姓心目中的"救护神"，有口皆碑。

在官办救生会的同时，民间救生也很活跃。崇祯年间，李长科、恫风涛两位绅士与超岸寺僧人联手，募集善款，打造10艘"红船"，并在渡口兴建"避风馆"。令人惊叹的是，"避风馆"存世50年之久，专为往来过渡之人休憩，却不收分文。另据《镇江志》所记，有一户蒋姓人氏，7代人从事救生。在140年间，不仅义务救险打捞船只，还免费渡穷人过江。此等义举，功德无量，康熙褒奖有嘉，钦命金山寺立《御制操舟说》碑以作颂扬。

如果把西津渡古街比喻成一条项链，那么，这条项链上最耀眼的明珠就是救生会遗址。因为这里留有最温暖的阳光，也承载着西津渡人守望相助的传统。

(二) 镇江蓝天救援队：取义从善，传承义救

"一眼看千年"的西津古渡，江面上南来北往的舟楫，曾催生出世界上最早的民间救生机构——救生会。在千年之后的今天，有一支蓝天救援队，同样在守护着西津渡的安宁平静。

镇江蓝天救援队的创立者徐五杰，最初是一名户外爱好者，经常看到意外情况的发生，亲身见证过一些挟尸要价的事，感触颇深，对此极为不齿。于是在2016年，他和玩户外的几个朋友一起组建了镇江唯一一支免费救捞队，所有的救援保障行动都是无偿公益性质的。

2017年9月的一天，徐五杰接到电话，有两名捕鱼的小伙子沉入河

314

底，遗体一直打捞不到，便立刻带着队员赶了过去。徐五杰回忆说："河道是被挖机挖过的，里面很多坑，我们的潜水员下去之后，没有办法进行搜索，后来被迫又上来。现场，他们父母那种焦急的眼神，我们两天两夜都看在眼里，哪怕我们去吃个饭，他们都会觉得你不能走，你不能走，你要帮帮我们。"别人眼里冰冷的遗体，对家人来说却是至爱亲情。为了慰藉遇难者的父母，徐五杰四处联络，终于调来声呐设备和专业潜水员。一群来自不同地方，甚至互不相识的志愿者聚集在一起，在大雨中奋战了 42 个小时，终于打捞成功。

■ 镇江蓝天救援队

　　2017 年 4 月，徐五杰创立的义务救捞队改名为镇江蓝天救援队，队里许多设备都来自个人捐赠。名字虽然改了，但救援队的公益性质没有变。目前，镇江蓝天救援队有正式队员和志愿者近 200 人，每年参与 20多次打捞搜救和各种大型水上活动保障，他们与志愿者一起开展潜水培训、溺水水上救援、抗震、防空、医疗、消防等各种应急救援培训和演练，致力于为各种灾害或意外事故提供紧急救援和人道救助领域志愿服务，同时，广泛开展防灾减灾、安全教育普及、群众性活动安全保障、社区应急响应等公益活动。他们与海事局组织的"水上搜救志愿者服务队"一起，共同延续着"京口义救"的佳话。

（三） 0511 爱心家园：崇德尚爱，无私奉献

崇德尚爱的文化，在西津渡得到一脉相传。走在西津渡，有爱心驿站在这里设点，常年开展文物保护、义务导游、文明引导、应急救护等，为游客提供有温度的服务。吴华芳从小生活在老街，11 年前，她上网浏览时，无意中看到一个为大病孩子募捐的帖子，平日里就热心肠的吴华芳报名参加了爱心义卖活动。也就是那次体验开启了她的公益之旅。如今，吴华芳是公益网站"0511 爱心家园"的版主，网名"仪人"。

■ 吴华芳（中）和"0511 爱心家园"志愿者

跟当年的"救生会"一样，"爱心家园"的善款全部用于受助者。为了给志愿者提供场所，吴华芳索性自己出钱在老街开了一家茶馆，一边经营一边做公益。由"仪人"吴华芳发起的"0511 爱心家园"公益服务社，成立了全国首支智障孩子茶艺表演队，两年时间开展了 200 场教学活动。随着西津渡公益茶馆的建立，"小茶花"们通过一技之长实现了就业。如今，"0511 爱心家园"网站已经办了 11 年，会集了数百名志愿者，每年为贫困地区的小学捐建图书室、救助大病孩子、走访贫困家庭，还成立了定期为孤寡老人服务的理发队、洗衣队，成为镇江志愿服务团队中的中坚力量。

（四） "爱心驿站"志愿队：奉献社会，温暖人心

位于西津渡景区的鸿禧广场南侧，有一间红色门窗的小屋格外显

眼，门前一面"爱心驿站"的旗帜更令人注目。这里常年为旅客提供免费服务，不仅有免费茶水、药品、雨伞、老花镜等，还可以为旅客提供义务引导、法律咨询等。小小的爱心驿站已成为景区的一道风景。"爱心驿站"在西津渡景区里为市民游客提供全年无休的志愿服务，目前固定的志愿者有29名，均是社区居民。社区负责人说："我们提供的是有温度的便民服务，'爱心驿站'还要进行提档升级，打造更专业、更便捷的服务，让志愿服务成为景区最美的风景。"

2015年加入"爱心驿站"服务至今的志愿者冯俊良说道，作为一名退休人员，能继续为城市的发展发光发热，特别有成就感。"其实我们也没有做什么，就是为游客提供一杯免费茶水、一张创可贴，提供指路服务等。"他表示，尽管如此，还要不断地提升自己，比如继续学习应急救护知识、防灾减灾知识等，以便在关键时刻用上。

西津渡社区建立的"爱心驿站"志愿团队，为景区游客提供文明引导和便民服务，同时积极参与社区组织的各项公益活动。他们全年无休，365天如一日，提供着有温度的服务，已经成为西津渡景区彰显爱心文化的闪亮名片。6年来，128名爱心志愿者按照排班表，风雨无阻坚持到岗，接力奉献，从没停过一天。充满爱心的红色驿站，已成为各地游客对镇江、对西津渡最温暖的记忆，成为大爱镇江一张闪亮的名片。

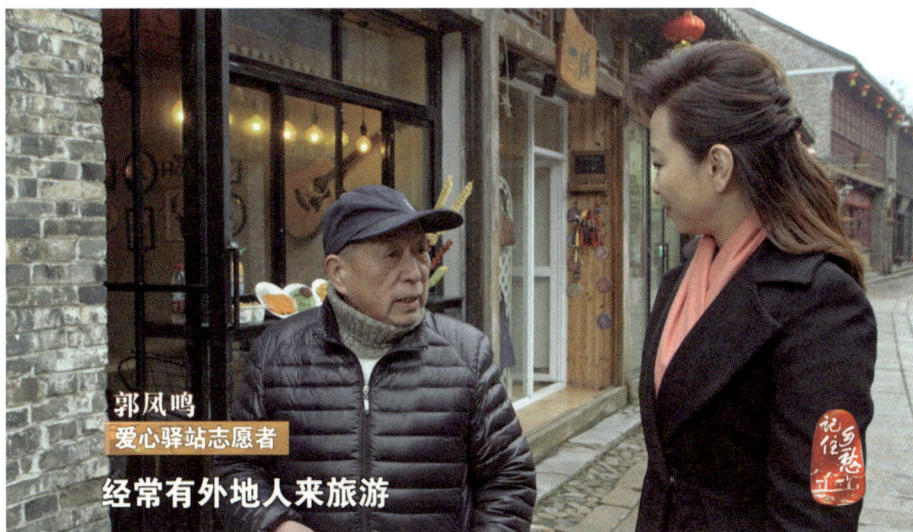

郭凤鸣
爱心驿站志愿者
经常有外地人来旅游

■ "爱心驿站"创立者郭凤鸣（左）

古有救生会，今有爱心驿站。爱心驿站里还有一本厚厚的游客留言簿，里面满是来自全国各地的游客受到帮助后写下的真情实感。每一条留言背后，都有一个充满爱心关怀的感人故事。正如游客曾雪萍所写的："我去过全国的许多景区，从来没有见过这样的爱心驿站……爱心驿站是景区里最美的风景。"

今天，长江镇江段依然是最险要的地方，"水上义救"的传统依旧，形式却变得更专业、更科学，年轻的志愿者们更加充满热情与斗志。沧海桑田，西津渡古街已远离长江，但公益传统与时代相结合，以各种各样的形式存在着。寒风中的热茶、雨雪中的雨伞、应急用的创可贴、充电器……每一个来到老街的游客，都能从点滴细节中，感受到沁入心脾的温暖。千余年来，守望相助的精神已融入西津渡人的血液之中，相互帮助、共赢共生的理念，在西津渡代代传承，成为这个古镇最独特的风景线。

编　　导：夏　健　戴鲁宁
撰 稿 人：姚文康
指导撰稿：庞慧敏

石泉老街

古风厚道

石泉老街，现位于陕西石泉县城的最南端。石泉县古称"安阳"，到明成化十七年，因"城南石隙多泉，经流不息"而得名"石泉"。这里的水码头兴盛，便利的水运推动了商贸的发展，促使秦岭一带的人们聚居于此，让这条长约 1000 米、宽仅四五米的老街成为石泉历史上最繁华的街道。

走进石泉老街，街道两旁是飞檐翘角的马头墙和青砖黛瓦的四合院，这一典型的明清时期徽派风格的建筑，便是江西、两湖、安徽一带

石泉也就成为秦岭深处

■ 鸟瞰石泉老街

的移民来到小城后留下的痕迹。置身其中，古意盎然的老街让人感受到它悠远的历史与质朴浓厚的气韵。秦岭深处的小城因汉江水运而兴，因各地商人的聚集而繁盛，来自各地的神灵也就共聚一处，这些不同地域文化的交汇融合，形成了石泉独特的民俗文化，也塑造了老街古朴厚道的性格。

一　厚道胸怀　情义献故乡

石泉人生长于浑厚的山水之间，质朴厚道的品性也日渐浸入肌肤。从古至今，石泉城都以一种包容的胸怀接纳着来自江西、湖南、湖北等地的移民。外来移民为石泉城带来各种新奇的文化，并在石泉建起各具特色的会馆，他们相互接济，互帮互助。久而久之，在这种会馆精神的影响下，为人厚道也就成了这个小县城的风俗民情。

彭懋谦出生在石泉老街的彭家花园，自幼天资聪慧，博闻强记。年少时，彭懋谦在跟随私塾先生读书的同时，也常随父亲辗转于石泉各地的会馆。有感于父亲的言传身教，彭懋谦也逐渐领会到父亲为人处世的厚道之举。卓越的能力与刻苦的钻研让他的仕途之路走得愈发平坦，35

■ 石泉老街的彭家花园

320

岁便进士及第，先任工部主事，此后长期在广东为官。然而，虽身在广东做官，但他心中却始终挂念着故乡的百姓。

有一年粮食歉收又下起大雪，彭懋谦

■ 彭懋谦插图

收到家中来信得知石泉的许多乡亲父老的生活难以为继，过冬的棉衣非常短缺。彭懋谦当即自己出资制作了1000多件棉衣，并派人将棉衣火速运往石泉，帮助罹难的乡亲们过冬。彭懋谦为故乡百姓千里送棉衣的义举，成为石泉城"为官不忘本，富贵念故乡"的一段佳话。

彭懋谦见识了大山之外的世面，那份浓浓的乡愁却始终牵扯着他。光绪十四年，彭懋谦为照顾父母从广东辞官回家。他深谙石泉城当地的水土特性，因此回到家乡后，便成立了"溥利公局"，为乡民提供蚕种，等蚕养成后，又收购蚕茧，对外销售。养蚕生意的兴起，使得石泉城变得逐渐富饶。此外，彭懋谦还注重石泉县的教育问题，他多次向当地的学校捐资、赠书，并亲自为石泉县的孩子们授课。彭懋谦的一举一动都渗透着对家乡的热爱，古朴厚重的深山小城因为彭懋谦的出现而变得不再平凡。

（二）　厚道信誉　本分做生意

为官清廉，不忘帮扶百姓，源于石泉人厚道重义的品性。而这份质朴的情感也注入了石泉的生意经。在石泉老街，人与人间的相互信任是勾连彼此的情感纽带，而这份信任来自石泉人厚道守信、相互帮济的处世之道。

阮太国祖上从湖北来到石泉，在其父阮本初经营生意期间，阮家成了当时石泉城桐油生意做得最大的家族。这与他独特的"生意经"有着

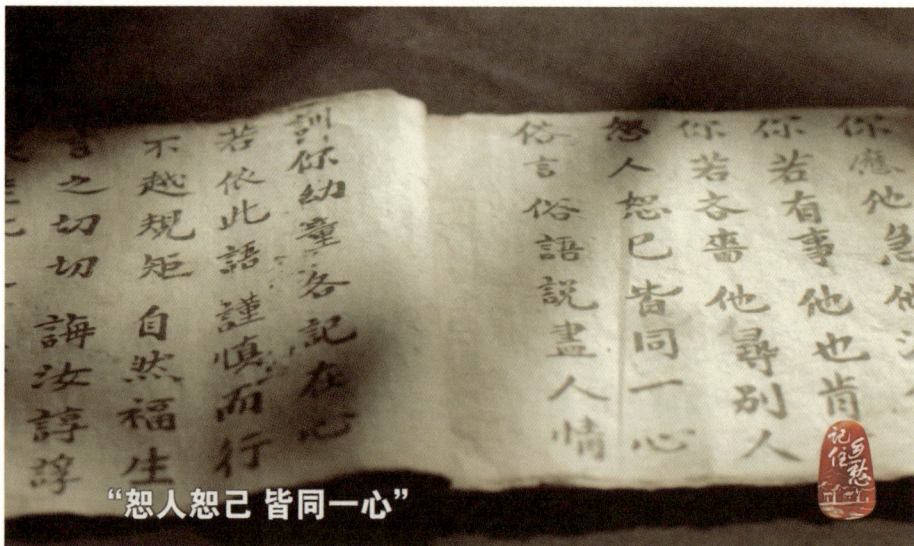

"恕人恕己 皆同一心"

■ 流传石泉城的《四字经》

密切的关系。阮本初除了做生意，还喜好读书，尤其是流传于石泉城的一本名为《四字经》的书，书中说道："你应他急，他济你贫。你若有事，他也肯行。恕人恕己，皆同一心。"这种互相帮衬、同甘共苦的精神，在石泉人看来就是做生意和做人的根本。

在石泉城，每到秋天，商人们从各个乡村收购桐籽，等到来年春天，便把榨好的桐油运往武汉销售，再买来山里所需的日常用品运回石泉。因为阮本初做生意厚道守信，供应桐籽的乡民们就与他达成了默契，桐籽交到油坊先不用付账，等到来年卖掉桐油赚回本后再结算桐籽费用。那一年，他将20吨桐油，装两船从汉江运往武汉。然而抵达武汉时却遭遇卢沟桥事变。日军侵华的罪恶行径让当时的汉口动荡不安，根本无人收购桐油。倘若把桐油再拉回石泉，付出的成本要比两船桐油还高。阮本初思索片刻只好将两船桐油弃于江边，带着空船返回石泉城。当阮本初看到那些盼

得享高寿87岁 无疾而终

■ 商人阮本初

望他归来的乡亲时，他并没有为损失的桐油做任何解释，而是选择一人默默承受。

后来，阮本初想尽各种办法用两年的时间把桐油损失的钱财悉数还给乡亲们。这趟生意让阮家几代人积攒的财富几乎归零，但即便如此，阮本初依旧无怨无悔。在他看来，厚道守信是生意人的本分。阮家人始终坚信，厚道之人必有后福。阮家经此一劫后虽家道中落，却依旧受到乡亲们的尊重。在那个战乱喧嚣的年代，阮本初得享高寿至 87 岁，且无疾而终。阮本初的 4 个儿女也都长大成才，成为各自领域的佼佼者。

三　厚道恩义　传续薪火情

人与人之间的互相帮衬让石泉城充满了温情，当地人对异乡人也总是怀有一份包容之心。这份理解与关心，构筑起石泉与外界沟通的坚实桥梁。

提起石泉老街味道，人们印象最深的是郭家点心铺的点心。90 多岁高龄的郭盛钟老人提起当年爷爷初到石泉创办点心铺的事情很是感慨。他的爷爷在光绪年间因逃荒从武汉来到石泉，路途遥远，饱受饥寒，晕倒在街上不省人事，幸得石泉一户彭姓人家救助，才活了下来。后来，乡邻得知他会做点心且手艺了得，还帮助他

由于郭家的点心铺选料严格

■ 郭家点心铺的点心

在老街开了家点心铺。于是，郭盛钟的爷爷就以分工占股的形式报答这些对他有恩的石泉乡亲。郭家点心铺的原料甄选细致，做工严整，很快就得到了人们的赞誉。

因为心怀感恩，郭盛钟的祖父用点心铺经营所得买了一块公地，为

六十多年前

■ 艺人张胜明（左二）指导戏曲汉调二黄

那些因经商或旅行途中客死石泉的他乡人入土为安所用。郭家的报恩义举诠释着石泉人互相帮扶的传统，也为石泉城添了许多温暖。

除却郭家点心铺，老街的另一处角落也演绎着知恩图报的感人故事。每当夜幕临近，人们便在禹王宫前的戏台上忙着准备汉调二黄的演出。清代时来自江西、两湖各地的移民也把戏曲带到了石泉，这一曲调与当地方言、山歌相融合后，逐渐演化成为石泉的地方戏曲，深受人们喜爱。

80多岁的张胜明是汉剧"胜"字辈里唯一健在的老师。60多年前他从汉中调到石泉汉剧团，虽孤身一人来到这座小城，可石泉人厚道的性格却让他深感温暖，不曾孤单。

春节是阖家团圆的日子，许多地方过年是忌讳外人到家里来的。但张胜明在石泉城度过的很多个春节都是被当地人邀请到家里一起过的，虽是异乡人，却倍感温暖。石泉人的厚重的恩义感动着张胜明，也让他明白人与人之间这份恩情需要继续传递下去。他曾偶遇从紫阳来的落难母子，发现母子3人饿昏在自己的街面，便为他们炖了羊肉，还出钱相助，帮他们回到家乡。

如今，张胜明已经在石泉城生活了60多年，他深爱着这片土地。老街人厚道处世的态度潜移默化地影响着他，他也将一腔心血回馈给了这片土地上自己所热爱的戏曲中。传承汉调二黄的戏曲是张胜明一生的执着，他对年轻一代的教诲也不仅仅停留在传承古老的戏曲艺术上，而是将石泉老街古朴厚道的风尚注入其中，传续下去，生生不息。

四 厚道担当 爱心结乡间

古时石泉作为蜀地通往长安的一个驿站，便有邮差快马送荔枝博贵妃一笑的典故。而今天的石泉，也有一位普通的邮递员，兢兢业业，为大山里的百姓传递温暖。十年如一日的坚守，是她作为石泉人的质朴厚道的表现，也是她作为一个普通邮递员的责任与担当。她就是赵明翠。

从石泉县城取到邮件后，先要去汉江南岸的曾溪乡，徒步走过 9 个乡村，再划船到汉江北岸。这是赵明翠每天的工作路线。这份工作对于一名女性来说并不轻松，但她没有丝毫退

■ 赵明翠在乡间路上往返送信

缩。从最初的徒步、单车，再到后来的摩托车、木船，交通工具的变化也见证了她对这份工作的执着。20 多年来，她为山里的乡亲们送去了 20 多万份邮件，她在这条蜿蜒曲折的山间邮路上走了近 40 万公里，相当于环绕地球赤道 10 圈。

20 世纪 80 年代，赵明翠的父亲赵文山也是一名乡间邮递员。赵明翠说，小时候看到父亲、大姐骑着自行车送邮件，她也想着自己有一天能成为一名合格的邮政投递员。如今的赵明翠不仅是陕西石泉县的一名基层邮递员，还是全国人大代表。从 1991 年成为一名乡间邮递员至今，她走过无数崎岖而艰险的邮路，还常帮着山里的留守老人与孩子捎些日用品。

她把乡亲们看作自己的亲人。在赵明翠眼中，每一封邮件都寄托着

乡亲们的期盼。在她负责投递信件的村落中，有很多孤寡老人一辈子都没走出过大山，全都依靠赵明翠传递在外务工儿女的信息。时间一长，老人们便把赵明翠当作了自己的女儿，而赵明翠也像对待自己的家人一般对待这些老人。送完了信，就在老人家里坐一会儿，帮老人们捶背揉肩或是炒菜做饭。

日复一日地奔波在大山深处，不善言辞的她总是说，送好信件就是自己的本职工作，而善待、帮助那些山里的老人也是自己做人的本分。当选为全国人大代表后，赵明翠努力为乡间群众代言。靠着20多年兢兢业业的邮政服务，赵明翠与山间的乡亲们处得很熟络，乡亲们都愿意与她说些心里话。她将送信途中收集的意见汇总起来，在两会举办期间为石泉县脱贫攻坚递交了许多具有建设性的提案。

回到石泉县习以为常的工作岗位上，赵明翠还是乡亲们眼中那位热心人。她在做好投递工作之余也变得愈发忙碌，为家乡建设与脱贫攻坚而不断努力奔走。赵明翠用自己厚道与朴实的性格诠释了何为责任、何为担当。

五　厚道义举　公益暖人心

厚道的品性滋养了这座县城厚实的性格，也推动更多石泉人投身于公益事业，将这份厚道弘扬与传承。石泉义工联是老街一道亮丽的风景线，由易守云发起的公益组织聚集了许多当地的年轻人，他们为了帮助石泉的乡亲们而加入到公益事业中。无数志愿者的默默付出，彰显了老街古朴温存的厚道之情。

石泉城一年一度的庖汤会结束后，老

■ 易守云（中）筹备公益超市

街脱离喧嚣而变得宁静。夜幕下，老街的一家公益超市还闪着微弱的灯火，格外引人注意。这家超市的位置处于老街游客流动量最高的地段，却不以营利为目的。易守云是这间超市的合伙人，低价销售各种农产品是超市主要的经营特色。石泉县所属的乡村大都分布在秦岭深处，农产品销售渠道不畅，易守云便召集大家伙儿商量，决定开办一家公益超市，帮助大山里的贫困人家。

其实，这一想法来自易守云的父亲。她的父亲医术精湛，为人热情，在石泉乡亲们心中留下了良好的口碑。父亲大病后，石泉附近村落的乡亲们纷纷拿来谷子、菜油、大米看望她的父亲。这一幕让易守云十分动容。义始于行，成为像父亲那样厚道为人而后受人尊敬的人也成了她的心愿。于是，工作之余，她投入到公益事业。

2014 年易守云发起成立了石泉义工联，超市就是义工联活动的一部分。他们收购偏远山区乡民们种植的农产品，帮助他们做好包装，以极低的利润甚至零利润销售。开办 1 年多来，公益超市已经和 10 个乡村建立了采购销售关系，有 40 个农户的产品加入他们的超市。在老街上，易守云负责的公益超市总是关门最晚的一个。

一颗厚道为人的种子萌发，却牵动了更多石泉人对公益的不懈追逐，易守云善举发扬了石泉人厚道质朴的民风，也推动石泉走向更光明的未来。

在新的时代环境下，石泉人也以新的方式将老街厚道古朴的品质发扬光大。数百年来，这里虽然没有叱咤风云的雄奇悲壮，却有着悠然亲切的淳厚绵长。南侧的汉江水流呜呜咽咽，像是老街熟睡后的鼾声。这一条古老江水与这条古老的街道，已经相守千年，须臾不离。就像老街上的人们和他们的古风厚道，相融相合，相守永远。

编　　导：王文汇
撰 稿 人：王崇伦
指导撰稿：庞慧敏

梧州骑楼历史文化街区

握手楼里看中和

　　桂江水碧如绿绸，自广西境内的猫儿山蜿蜒而下，向东与西江、寻江汇合，将广西东部的梧州城一分为二：河西的新城经济发达、高楼林立；河东的老城则遍布骑楼，透着一股久经岁月的沉稳。

　　骑楼街区的形成与19世纪末东南亚国家的建筑形态和西方装饰艺术的传入密切相关。那时，许多极具异域风情的建筑艺术与中式传统的建筑雕刻珠联璧合，造就了如今560栋骑楼连绵成片的街区。

　　漫步在老街纵横交错的街道上，扑面而来的是浓郁的岭南风情，陶

■ 碧水桂江，维系着梧州骑楼老街的灵秀

洽在心的是中西文化交织碰撞出的温润人情。人们禁不住放慢脚步，去寻觅这片土地的往事今生。

一 洪水来袭，龙母只身跃险江

矗立在老街一侧的龙母庙依山傍水，于北宋年间修建完成。每逢龙母诞辰之日，慕名前来祭拜的游客络绎不绝。关于龙母的传说至今依然在这里流传。

■ 龙母庙内刻画的温氏形象，举手投足颇具母性

相传龙母原本姓温，是2000多年前西江流域上仓吾部落的女子。她精通医术，常常救死扶伤，在氏族中深受拥戴。除了仓吾部落，这一带还分布着骆越和西瓯等多个部落。彼时的西江流域并非宝地，骑楼老街所处的地方洪涝频发，田地荒芜，粮食歉收是常有的事，所有的部落都系在一条关乎生存的绳上。

正是因为目睹了百姓生计的艰难，温氏便利用自己的威望把大家团结起来，共同抗击洪水，守护家园。

有一年，西江遭遇特大洪水。像平日一样，温氏带领族人前往水患之地，希望能遏制洪水猖獗的势头。然而事与愿违，他们采取各种措施都无济于事，眼看着河水就要漫过堤岸，家园要再次遭受洪涝之苦，众人心急如焚。

就在这万分危急的时刻，温氏纵身跳入江中，希望用身体去阻挡狰狞的洪流。温氏这种置生死于不顾的精神感动了众人，事后大伙儿就推选她为氏族首领。

传说温氏后来悉心抚养了5条小龙，5位龙子长大后感念温氏的恩情，就帮助她带领百姓疏洪浚流。自此以后，西江流域水患大为减少，

共同抗击洪水 守护家园

■ 龙母的形象从千年传说中走来

各部族子民也得以安居乐业。温氏也被人们尊为"龙母"，世代铭记。这不仅是为记叙这位奇女子抚养龙子的传说，更是追忆她毕生的善行。而在后人的不懈努力下，西江逐渐刹住了狂野肆虐的莽劲儿，摇身一变，成为黄金水道，吸引越来越多的人在这里安家落户，繁衍生息。

到了近代，借水道交通之利，梧州逐渐发展成为西江—珠江流域的重要商埠。最鼎盛时期，上千家大小商号分布骑楼街区，昔日广西进出口货物 10 斗，骑楼独占 8 斗，素有"一座骑楼半座城"的美名。

在历经 2000 多年的淬炼和传承后，"龙母"温氏、蛟龙和乡民携手并肩守望家园的遥远传说，早已成为这片水土的原始信仰和精神寄托，激励着当地百姓携手并进，不断缔造家园的繁荣。

（二）　邻里资助，父子同榜传佳话

100 多年前，梁嵘椿、梁廷栋父子从骑楼老街的大中路上走出，怀揣乡邻资助的路费赴京赶考，双双登榜，在梧州传为佳话。

梁嵘椿是个落魄举人，年轻时也曾致力于京试，但屡考不中，不得已只能落籍梧州老家，在老街上靠教书为生。梁嵘椿为人宽厚，即使自己的日子过得并不宽裕，也会对贫困学子慷慨解囊，故深

虽然自己的日子过得并不宽裕

■ 梁廷栋曾孙梁次山，对祖辈的故事耳熟能详

330

受街坊敬重。

清同治十三年（1874年），朝廷开科取士。囊中羞涩的梁嵘椿拿不出让儿子梁廷栋进京赶考的费用，街坊们闻讯，便你出一两我掏一钱，凑出了远多于路费的盘缠。但乡邻们的热心并不止于此，尤其是那些学生们的家长，他们鼓动梁嵘椿抓好机会，跟儿子同去赶考。

乡亲们的行为让梁嵘椿很是感动，那颗蛰伏多年的取仕之心再次怦怦直跳。于是他收拾好行李，和梁廷栋一同北上参加京考。父子二人不负众望，放榜之日，两人同榜中进士，喜讯传回家乡，众人皆拍手称赞。

进士中第后，梁嵘椿被派往山东做官，先后历任同知衔山东范县知县、调补掖县知县，受封奉政大夫。他为官清白，以勤政著称，且事必躬亲，办案公平严明，在当地获得了很好的官声，后因年迈致仕才返回梧州老家。

梁廷栋则被选入翰林院任庶吉士，同样为官清白公正，并因治理黄河有功而为人称道，后官至中宪大夫。辞官回家后，他感念街坊昔日的相助之情，就在家乡创办了广西蚕业学堂，大力发展种桑养蚕业，推动了当地经济发展，保障了百姓们的温饱。

一笔雪中送炭的路费，不光为国家培养了一对父子栋梁，也为家乡的发展建设注入了新的活力。前有梁嵘椿持书育人，后有梁廷栋兴办产业，他们和当地百姓守望相助、互济互利的故事在老街上代代相传，启迪老街人始终恪守"有福同享、有难同当"的箴言，同心勠力去守护美好的家园。

（三） 铁环声响，见诸人情显于善

如今城市的变迁日新月异，当现代社会的气息不断浸染老街古朴的面貌时，老街人却依然保持着他们帮扶他人、执手向前的人生温度。

穿行在老街，随处可见每家每户镶嵌在骑楼砖柱上的两只铁环，这些铁环浑身锈迹斑斑，看似年代久远。可就是这不起眼的物件，却在骑楼的百年历史中，担任过挑重梁的角色。

■ 在无数次洪涝中屡建功劳的铁环

1994 年 6 月，西江上游暴雨如注，最终酿成一场特大洪水。大水漫城，沿江布局的骑楼街区首当其冲。洪水来袭时，老街的居民们尚在睡梦中，第二天一觉醒来，大家发现街区已经被洪水淹过一半。但老街人并没有慌张，而是拧成一股绳，从容不迫。洪水上街，大家就拿出砖块来把货物垫高，照常开门营业；洪水淹没一楼的店铺，人们就打开二楼的水门，从竹梯上下，乘小船出入。这时骑楼上镶嵌的铁环就派上了用场，人们用其拴住小艇，既实现了正常的买卖交易，也为往来的居民提供了方便。单丝不足以成线，独木亦不可成林。在天灾面前，个人的力量或许渺小，但只要大家聚在一起，就有了可以对抗的勇气和力量。

2005 年，随着一条长约 3.6 公里的防洪堤建成，骑楼街区年年抗洪的情形终于步入历史，水门和铁环也再无用武之地，逐渐蒙上岁月的灰尘。但老街人在共同抵御灾难中结下的情谊永不磨灭，人们始终坚信，只要互相扶持就没有过不去的坎。

有形的铁环方便邻里，无形的铁环见诸人心，能挽救生命。

每周六早上 9 点，梧州市流动血站的采血车都会准时开进骑楼街区。在前来献血的人群中，经常出现陈斯雅的身影。

20 多岁的陈斯雅，从 18 岁开始就养成了一个习惯，每年都要无偿献血两次。她深知，自己的血液能维持一些特殊孩子的生命。

地中海贫血是一种常见于广西、广东的遗

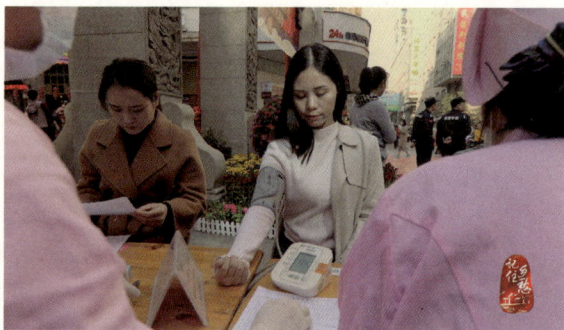

■ 正在献血的陈斯雅

传性血液疾病。由于患者没有造血功能，最有效的治疗方法就是移植造血干细胞，但微乎其微的匹配率使得大多数患者只能依靠不断输血来维持生命，有些孩子一次就要输血 800ml。如果不能及时输血，孩子的生命就岌岌可危。

花要叶扶，人要人帮。为了帮助这些饱受疾病困扰的儿童，梧州市启动了"十帮一"志愿服务，每 10 个志愿者一年献血 2 次，帮助一个孩子，作为活动的一名志愿者，陈斯雅自愿为这些孩子打造出托举生命的"铁环"。

2015 年，陈斯雅接到从南宁红十字会打来的电话，得知她的造血干细胞和一名"地贫"儿童成功配对。这位年轻的姑娘没有丝毫犹豫，先后两次为素不相识的儿童捐献了造血干细胞和淋巴细胞。

为了保持身体健康，每到周末，陈斯雅都会来到江边的防洪堤上锻炼身体，就是希望和许许多多志愿者一起，能够长长久久地践行"十帮一"的承诺。

纵然未曾谋面，陈斯雅也清楚地知道，自己的血液将一直流淌在那些孩子们的身体里，支撑起生命的温度与轨迹。一方有难，八方支援。老街人就是这样用一颗爱心温暖着需要爱的人，以照亮彼此的未来。

（四）　归途漫漫，父女齐心助民工

梧州地处两广交界，每逢新年将至，许多广西、湖南、贵州等地的民工都会纷纷骑着摩托车，借道梧州附近的国道返乡过年。近 20 年来，交警邓国强的新年都是在临近国道的东出口服务站里度过的。

2014 年春节前，骑着摩托车回乡过年的覃月玲夫妇发生事故摔倒在地，邓国强第一时间赶到现场，把夫妇俩带到了休息站照顾，细心的邓国强发现覃月玲的脸色不太对劲。

原来覃月玲已怀有身孕 3 个月，天气寒冷加上摔倒时受惊，她的身体十分虚弱。了解到这一情况后，邓国强立即开车把她送往附近的医院。经医院诊断，覃月玲有内出血的症状，亟须救治，否则可能导致流产。万幸的是，一番抢救之后，小生命保住了。现在孩子已经 4 岁，正是活蹦乱跳的年纪，小家伙虽然天性怕生，但第一次见到邓警官时，就和他有着一股天然的亲近感。

如果没有当初邓国强的帮助，或许就不会有这个宝宝的顺利出生。后来夫妻俩攒够钱买了车，回家过年也就不用再骑摩托车，但他们还是会专程来到东出口探望邓国强。

众人拾柴火焰高。如今，在邓国强以及梧州交警的倡议下，更多的老街居民和梧州市民加入服务摩托车大军的队伍，成为一场由政府主导、市民参与的公益活动。最美的风景不如回家的路，对于那些一心返乡、盼望着和家人团聚的民工来说，如果在回家途中，能在东出口服务点吃碗面，喝口茶，便是提前感受到家的温暖了。

在志愿者队伍中，女儿邓芷莹的身影总让邓国强倍感欣慰。

小时候，邓芷莹并不能理解邓国强的工作，只是埋怨父亲不能经常陪在她的身边。但是慢慢长大后，邓芷莹体谅到了警察这份工作的不易，也知道这世上有很多需要父亲去帮助的人，在这个人生阶段，她也受到了父亲的感染和鼓励，于是在读大学期间自愿加入服务民工的行列，和邓国强一同去做这件事情。

沿着国道，摩托车载着的是高高的行李，更是殷切的思念，回家过年，是每个游子最坚定的步

■ 覃月玲夫妇前来探望邓警官

■ 邓芷莹为歇息民工送上热面

■ 临近年关，骑楼老街上热闹无比

伐。回家的路再难走，总会有人伸把手。服务站里，邓国强和女儿送走了一批批骑着摩托车回家的人，为这些常年奔波在外的人点亮回家的明灯，并在心里期盼他们的团圆之路能一片坦途。

遥想从前，老街乡邻们的房子都连在一起，从自家窗户探出身去就能与邻居握手问候。正因如此，骑楼被老街人亲切称为"握手楼"。经年流转，人们一次次握住的不仅是炙热的双手，更是越贴越近的情感。闲暇之时，大家聚在一起，吃一顿香而不腻的纸包鸡，听一曲抑扬顿挫的铿锵粤剧，温一壶沁人心脾的清淡早茶，谈笑风生间，交响出老街人岁月静好的幸福曲调。这里有着当地人心底里最引以为豪的记忆，也承载着他们最深沉的文化根脉。纵然物换星移，未来依旧托举光明，眷恋着生活在此的人们。他们手手相握，共赴家难，同享福瑞，携手开辟出家园的小康生活。黎明降临之时，阳光总会穿破黑夜，人们呼吸着闲适与温暖的空气，行走在栋栋骑楼间的大街小巷，迎来又一个崭新而蓬勃的日出。

编　　导：刘　勇　何汉立　曾加颖
撰 稿 人：文烁棋
指导撰稿：庞慧敏

红砖古厝
贤为尊

　　"青阳蔡，五店市"，唐开元年间，蔡氏家族 5 人在青阳山脚下开了 5 家店铺，为经泉州踏上海上丝绸之路的旅客提供便利，后渐渐形成市镇，五店市因此得名。被誉为"闽南文化新街口，晋江城市会客厅"的五店市是福建晋江保护性开发的一个传统街区，晋江市地处福建省东南沿海，与台湾一水之隔，是闽南金三角的核心，不仅是福建经济最发达的县级市，更是一座人杰地灵、充满历史厚重感的城市，而这文化的根就在五店市。

　　五店市传统街区被誉为天然建筑博物馆，"红砖白石双坡曲，出砖入

■ 五店市传统街区俯瞰

石燕尾脊，雕梁画栋皇宫式。"一座座古朴雅致的传统闽南建筑在这里被完好地保存了下来。走进五店市，满目典雅大气的红砖古厝、精雕细琢的骑楼画栋，仿若置身历史的回廊，青阳山下上演着精彩绝伦、妙趣横生的布袋木偶戏和高甲戏，独具闽南特色的戏曲讲述着世世代代五店市人崇善向德、尊贤重义的追求与佳话。

一 仁贤先祖吴公：以身祭海，护佑后世

西晋永嘉年间，中原士族为躲避战乱，一路南迁，史称"衣冠南渡"。跋山涉水的人们来到晋江时，在这片山海之间寻得了一方安宁，也给这里带来了崇文重教、尊贤重德的儒家文化传统。

安居乐业的生活来之不易。晋江因三面临海，古时常常遭遇水患，肆虐的海水摧毁良田，淹没房屋，百姓生活苦不堪言。这样的情形让一位吴姓乡贤痛心不已，为了保护乡亲们赖以生存的万亩水田，他决定出资修筑堤坝。但当时贫乏的技术与艰苦的条件使得修筑圩堤难上加难，往往一冲就垮。就这样修了垮，垮了又修，几年之后，吴公家财散尽，却没能杜绝水患。为了让子孙后代能够在这片来之不易的土地上继续生活，无奈之下，吴公决心以身祭海，来求得海龙王的保佑，把圩堤建起来，使百姓不再受洪水之害。

■ 海边圩堤守护着世代晋江人

吴公投海的消息传开，乡亲们悲痛万分，人们为他建起一座庙宇，希望子孙后代能永远铭记这位先贤。虽然古老的庙宇已经消失在历史的更迭中，但五店市的人们却把这个故事流传了下来，也把吴公崇尚道义、舍己为人的精神延续至今。

二 铁血书生庄用宾：开城救民，忠义而贤

走进五店市老街的任何一间院落，最醒目的都是各个家族的家规家训，它们或惩恶扬善，或寓意深远，教导后人为人处世的道理，家庙更是凝聚起一个个家族的情感寄托。每逢清明、冬至，人们都会在家庙里举行隆重的祭祀，缅怀祖先，追思祖德。家庙的门前，功名旗迎风招展，记录着家族的荣耀，激励着后人发奋读书、求取功名、报效国家。在这种慎终追远、崇善向德的氛围浸润下，明清时期的五店市共走出了11名状元，成为远近闻名的状元乡，即使官居高位，五店市人却从不忘本。

明嘉靖年间，福建沿海倭寇横行。有一次，晋江百姓受倭寇侵扰，纷纷逃往泉州避难，却发现城门紧闭。不忍看到绝境中的乡亲哭成一片，曾任刑部员外郎的庄用宾找到泉州知府，请求打开城门。然而知府担心放难民入城会有奸细混入。当时已告老还乡的庄用宾当即表示不能在危难关头抛弃平日捐税交粮的百姓，并用全家人的性命担保不会有坏人入城。在庄用宾的极力劝说下，知府终于同意打开城门。为甄别难民，庄用宾不顾年老体衰，坚持亲自把全部乡亲接入城中。当庄用

■ 乡亲在家庙祭祀先贤

■ 庄氏后人庄少俊

宾发现官兵怯弱，不敢与贼战斗时，出资招募乡人 300，组织敢死队，与倭寇英勇作战，数次取得胜利。敌人大怒，竟抢走了庄用宾父亲尸骸。庄用宾与其弟庄用晦领乡兵直驰贼营，斩杀多名贼寇，抢回父尸。时任地方官把庄用宾兄弟英勇抗倭的事迹上报朝廷，赞其"在国忠臣，在家孝子"。

正是以家族先贤为榜样，以忠孝廉节为志向，使得当时只是一介乡绅的庄用宾敢于以整个家族的性命涉险，最终拯救了上万乡亲，至今在晋江还流传着"庄方塘救万民"的传说。

"乡有君子，名并石不朽，邦之典型，德与梅俱馨。"为了树立典范，庄用宾提出建立"乡贤祠"，把五店市的圣人贤士供奉进庙堂，永享后世香火，也成为后人的行事楷模。乡贤祠建在了两座神庙的中间，因为在庄用宾看来，神明是远在天边的护佑，但乡贤却能实实在在地引导民风，民风正，则代代贤，家国兴。乡贤祠的建立，让五店市人有了"不求成圣，但求近贤"的人生追求。老街里走出的官员大多刚正清廉、忠勇不屈，商人们也讲求"义"在"利"先，经商有道。也正是这份古老而厚重的文化积淀，为晋江的发展奠定了坚实的根基，成就了今天的辉煌。

㈢ 饮水思源庄朝北：大厝未竟，舍家为国

作为中国著名的侨乡，晋江一直有着"十户人家九户侨"的说法。闽南人世世代代重视亲缘，崇祖尚贤，每到年节，都会有很多从这里走出去的侨胞回乡探亲。当年，下南洋的华侨们作别故土，在异国他乡辛苦打拼，多年之后，他们不仅为家乡带回了财富，建起了一栋栋深宅大院，也把对故乡的深情和

■ 晋江籍企业家庄紫祥

眷恋深植在了这方水土当中。

始建于民国年间的"朝北大厝"是五店市面积最大的一处建筑。"朝北大厝"的主人庄朝北，早年因生活所迫在菲律宾谋生。生意成功后，为光宗耀祖，花费重金请来当地手艺最好的匠人，预备在老街上建起一座精美华丽的房子。由于资金充足，朝北大厝用尽建筑之佳材，极尽雕琢之能事，甚至白银可铺地。然而，就在大厝即将完工之时，抗日战争爆发，庄朝北当即决定停止施工，把建房余下的钱全部捐献出来，用于抗日。日寇攻占菲律宾后，华侨备受摧残，庄朝北工厂倒闭，建大厝的资金难以为继，留下了不着油漆的木质构件与片石未铺黄土裸露的院埕。

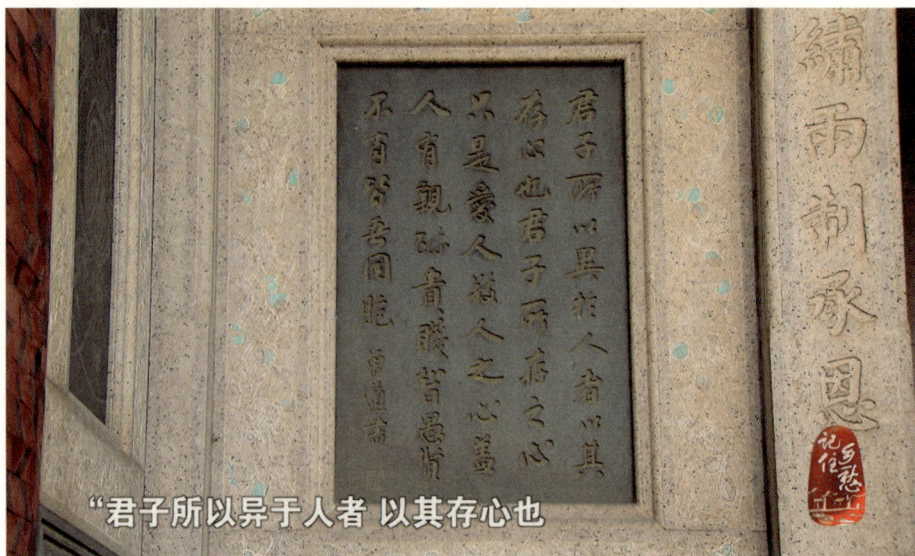

■ 朝北大厝大门两侧墙上刻写的家训

虽然尚未完工，但朝北大厝却最为晋江人所看重。未铺石埕的土地，没有上漆的木料，留下的不是遗憾，而是一代乡贤家国天下的情怀。大门两侧的墙上刻着家训："君子所以异于人者，以其存心也。盖人有亲疏贵贱、智愚贤不肖，皆吾同胞。"彰显了这个家族舍小家为大国的家国情怀。在世代五店市人的精心保护下，如今朝北大厝不仅成为了还原过去闽南人家生活场景的民俗展馆，更是镌刻前人德行的一座丰碑。

四 爱国华侨苏千墅：爱乡恋祖，崇文重教

1993 年，晋江机场动工扩建，却未花国家一分钱，所需资金全部由地方百姓几百、一千的捐赠累积而来。机场的建成为晋江经济插上了腾飞的翅膀，也方便了百姓出行和侨胞探亲。香港企业家苏千墅每周都会乘飞机回晋江，到五店市的老宅走一走。

苏千墅在五店市的老宅是一座静谧的洋楼，名叫"浼然别墅"——苏千墅的父亲别号"浼然"，母亲名叫"美英"。一副"浼泽长流晶丽美，然心建业蔚璋英"的对联把两个人的名字永远地镌刻在了这个家里，父母大爱无私的奉献精神也深深地烙印在苏千墅的心里。

童年的记忆在苏千墅的心里依然鲜活。60 多年前，他的父母和当地的几名乡绅一起，出资创办了一所青年补习学校，校舍先后设在关帝庙和蔡、庄两姓的祠堂。随着学校的发

■ 苏千墅与儿子回老宅

展，学生和教师越来越多，祠堂里已经无法容纳这么多人。在苏千墅 11 岁那年，父母把他和兄弟姐妹叫到一起，竟是决定要将别墅用作学校的课室与办公室。年幼的苏千墅并不情愿放弃舒适的生活，但随着年龄的增长，父母潜移默化的教育让他有了改变。父母亲告诉他："如果教育搞得好，整个社会都会不同。"年幼的苏千墅对此不甚理解，却在心里种下了崇文重教的种子。

如今，苏千墅继续完成着父母的心愿，虽然已是古稀之年，却仍然在为家乡的教育事业四处奔走。苏千墅一直十分关注华侨中学的建设，不惜捐资数千万元支持学校建设。其在教育方面的捐资助学涵盖了从幼

儿园到大学，还成立了多个助学奖学金，至今仍未停止过捐赠。晋江市政府曾授予苏千墅夫妇"晋江市捐赠公益事业功勋奖"奖章，并立碑表彰他们为晋江公益事业作出的突出贡献。不仅是苏千墅，对于 300 多万生活在异乡的晋江人来说，这方水土是他们魂牵梦绕的"摇篮血迹"，向前人学习，回报家乡，是一代代人不变的传统。

五   90 后蔡梦思：文化血脉，薪火相传

无论走得多远，晋江人都不会停下前进的脚步；无论走得多快，他们都不会忘记身后的故土。今天的五店市可以说是一个让老年人感到很怀旧，年轻人觉得很时尚，外地人发现很"闽南"，华侨们感叹很乡土的地方。游客们可以在红砖大厝当中品读一段历史，也可以在精致的茶馆里度过一段悠闲的时光。

对于 90 后的蔡梦思来说，五店市不仅是她从小生活的老街区，这里更有她作为蔡家人最引以为傲的家庙和家庙里祭拜着的先贤往圣。五店市改造的时候，得知老街在新型城镇化进程中不但会被保留，还被作为地方文化血脉得以修缮，蔡梦思特别兴奋。她辞去了原来的工作，拿

■ 导游蔡梦思（右一）在工作

着只有过去一半的工资，回到家乡做起了一名导游。蔡梦思希望通过导游这份特别的工作，把家乡的故事、先贤的德行讲给更多人听，更希望游客可以从五店市带走先贤留下的高风亮节。如今蔡梦思在她工作的展馆利用极具创意的高科技多媒体手段，让参观者通过更多的互动体验项目，了解晋江城市的昨天、今天和明天，为晋江构建"国际化创新型品质城市"奉献自己的青春与热血。

一座座红砖大厝记录着老街的历史，一位位乡贤祠中的贤者讲述着人生的智慧。五店市人生来与贤者为伴，那些口耳相传的故事不仅是老街的光荣，更是人们前进的动力。从荒乡陌巷，到邻屋而居、店肆贸易，再到今天的文化传承，五店市犹如一位饱经沧桑的老者，默默地讲述着晋江的过往，也提醒着生活在这里的每一个人，要在寻常生活中恪守本分，光前裕后。

编　　导：赵奕琳
撰 稿 人：黄　荣
指导撰稿：庞慧敏

昆明老街

敢担当
善作为

从浓香四溢的罐罐米线到别具一格的鲜花米线，从酥脆可口的蘸酱豆腐到酸辣诱人的云南米皮，在这里，既有家长里短的生活情趣，也有古宅人家的厚道热情。闲情逸致间，三五好友就能哼唱出一首老曲；一座庭院，几杯清茶，便能享受午后阳光下的惬意生活。这里就是昆明老街。

昆明老街位于昆明市主城区，东起正义路，西至五一路，南起景星街，北至华山南路，面积达到 0.21 平方公里。从"一颗印"到"走马转

记住乡愁 第五季（42）
昆明老街——敢担当 善作为

■ 昆明老街俯瞰图

角楼"，古朴典雅的民居造型，巍峨耸立的牌坊，无一不彰显着老街辉煌的过往。

历史上的昆明城，南临滇池，北接蛇山，因城形似龟，故而有着"灵龟之城"的说法。唐代，南诏古国在此建"拓东城"，并派兵驻守。元代，赛典赤建立云南行中书省，置昆明县，老街也由此成形，逐渐成为昆明政治、经济和文化中心。从先秦时期的古滇王国到明清的昆明古城，位于城市中心的昆明老街经历了数个朝代的风云变幻。这里的每一条街巷和胡同，无不记载着曾经发生过的历史往事，只有行走其间，才能体会到属于这座城市的气息和脉动。

从古至今，老街也从不缺乏热闹。商铺林立，酒楼茶肆鳞次栉比，游人络绎不绝。富敌云南的"钱王"王炽曾在这里开设商号；大旅行家徐霞客也在此歇马停留。老街浓缩着昆明经济和文化的精髓，也汇聚着百姓人家的生活乐趣。老街人常把自己称为"家乡宝"，平日里，他们"怡然自得、安于现状"，喜欢唱山歌，听曲剧；一旦有难，也绝不推脱，毅然扛起那份属于自己的职责和使命。殊不知，这样的性格和担当具有极其深刻的历史渊源。

（一）沐英将军：戍守边关　精忠报国

明洪武十四年（1381年），朱元璋平定云南，作为征南大将的沐英，接到朝廷指令，就地驻扎，留守云南。当时，沐英深知边陲之地异常凶险，但更知边境不稳，国家不安。身为满朝武将之表率，沐英留了下来，开始了一场极为漫长艰苦的边城建设。

在民族危难、国家存亡的关键时期，沐英毅然决然地带领民众修筑了昆明的第一个砖城。为确保一方平安，沐英又从江浙皖一带迁居移民，驻军屯垦。一次，一个部落首领思伦发，集结三十万大军进攻昆明。当时，城内守军仅有十万人，众人劝沐英据守城中，不要正面抗敌，万一失败也有退路，沐英却没有同意，他挺身而出，亲自披挂上阵，率军向敌方阵营冲杀而去。决战时刻，沐英立下誓言：今日之战，有进无退。凭借

离世前 他嘱咐子孙

■沐英将军任所

着破釜沉舟的勇气和义无反顾的决心，明军最终大获全胜。自此，西南边陲再无大的战事，而沐英不惧马革裹尸、一心守土护边的美名也由此传扬开来。

沐英将军和他的战士们不畏艰险、勇敢肩负起国家建设和发展边疆的重任，为了国家和民族的利益，他们早已将自身的生死置之度外。千百年来，这种精忠报国的精神在云南人民当中世代相传。自洪武十四年入滇，沐英和将士们始终生活在一起，勤政爱民，不辞劳苦。10年时间，他仅回朝觐见过君主一次，前后不过10天左右。明洪武二十五年（1392年），因积劳成疾，年仅48岁的沐英病逝于云南任所。离世前他嘱咐子孙：务要尽忠报国，世代相守。而这一守，便是200多年。

从沐氏家族开始，迁居昆明的老街人就将这份为国尽忠和为民尽责的精神延续了下来，而如今的老街人，也正以一身正气和勇于担当的精神，为世人所敬仰。

二 杨慎：铮铮铁骨 为民请命

"滚滚长江东逝水，浪花淘尽英雄。是非成败转头空。"每逢周末，喜好诗词书画的老街人便会相聚一堂，他们最常书写的是明朝大儒杨慎所作的《临江仙》。一首《临江仙》不知诉说了多少英雄儿女的壮志豪情，然而，其作者杨慎的一生却颠沛流离。在离老街不远的西山山麓有一所"升庵祠"，而这位状元的晚年时光便是在那里度过的。

明正德十六年（1521年），杨慎因直言朝中礼制问题而被贬云南。虽然身处异地，他依旧不减人生志向，以诗文表达民生疾苦。一次，杨慎发现地方豪绅以疏浚滇池出水口为名，勾结官吏强占民田，牟利自肥。

当时年近七旬的他，不顾友人相劝，为民喊冤。他连夜奋笔疾书，撰写了一首《海口行》，同时写了措辞比较强烈的一封信。杨慎的诗文强烈地讽刺了这些土豪劣

地方豪绅以疏浚滇池出水口为名

■ 西山山麓"升庵祠"内的杨慎雕像

绅，损害了他们的利益，而那封信的流传更是让那些为非作歹之人恨透了杨慎。他们勾结地痞流氓，百般阻挠他告官，但杨慎无畏艰险，不屈服于压力和强权，把这封信毅然地送到了官府手里。"士不可以不弘毅，任重而道远"，面对威胁时，杨慎一身正气。在他看来，这是君子的道义所在。最终，因为杨慎的坚持，官府终还百姓一个公道。

在长达30多年的流放生涯中，杨慎没有一刻消极颓废，始终心系天下苍生。当云南土司起兵反明时，他高呼"此吾效国之日也"，慷慨参战。当遇到地方官员盘剥百姓时，他挺身而出，仗义执言。在生命的最后时光里，他还写下一篇《自赞》来启迪后人，"临利不敢先人，见义不敢后身，谅无补于事业，要不负于君亲"。利益面前，他要避让三分，而面对"义"，他则勇往直前。站在"义"的高度，他始终维护老百姓的利益，真正地为百姓做事，为百姓担责。杨慎，这位赞誉昆明为"春城"的文人，以他的铮铮铁骨为世人所敬仰。一代代老街人传颂着他的故事，也继承着他的道义和品德。

（三）聂耳：谱曲救国　奏响时代最强音

1937年抗日战争全面爆发，在国家存亡的危难时刻，老街人挺身而出，毅然地走上了抗日救国的人生道路。在战火之中，昆明也成就了无数个爱国的进步人士和学者。钱穆、陈寅恪等学者，相继在这里写出了一部部史学巨著；华罗庚在这里完成了他的第一部数学名著《堆垒素数

论》；冰心完成了她的散文名篇《默庐试笔》；沈从文、穆旦、闻一多等人都留下了无数诗篇和文章。在动乱的年代里，他们唤醒着沉睡中的华夏大地。这些时代的最强音，一遍遍地奏响在中华大地上。

位于昆明老街的甬道街 73 号、74 号，是中华人民共和国国歌《义勇军进行曲》的作曲者聂耳的故居。就在他出生的前一年，改变中国历史进程的辛亥革命爆发。冥冥之中，这位少年的命运也和中华民族的命运紧密相连。

■ 著名的西南联大

■ 聂耳故居

深受家庭环境的熏陶，聂耳从小就对音乐产生了浓厚的兴趣。小时候，聂耳和几个小伙伴组建了一支乐队，每天在家练习演奏乐曲。如果只是在欢乐中成长，聂耳的童年也许是无忧无虑的。但是 20 世纪 20 年代的昆明，正处于时代变革的洪流之中。当时，地处西南一隅的昆明是各个军阀派系争夺的要地，在离老街不远的北门街江南会馆里堆满了数量巨大的军火炸药。一天午后，火药库突然爆炸，房屋被炸毁，许多乡民无辜惨死。那次爆炸现场，深深震撼了这位少年的内心。那是他第一次亲眼看见灾难中的人们是怎样的悲恸欲绝，更感受到了一个赢弱、动乱中的国家和民族所遭受的苦难。

1935 年，聂耳得知一部号召全民抗战的电影《风云儿女》有首主题歌要写，当他看到歌词时就已被深深触动。那时，电影主题歌的词作者田汉已经被国民党当局以"宣传赤化"的罪名逮捕入狱,聂耳深知自己一旦接手也会有性命之忧,但国难当头又岂能坐视不理。他毅然担起了谱曲救国的重任,因此也遭到了国民党的追杀。为了躲避国民党的迫害,聂耳前往日本避难。到达东京后,他很快就完成了谱曲,并把定稿寄回上海。就在定稿寄回后不久,聂耳在一次游泳中不幸遇难,年仅23岁。

1935年5月24日,电影《风云儿女》上映,由田汉作词,聂耳作曲的《义勇军进行曲》正式唱响。当时,这首激昂、奋进的歌曲深深震撼了正处于民族存亡之际的中国人,它犹如战鼓激励着无数中华儿女加入到保家卫国、抵御外敌的战斗中,这个时代的最强音伴随着中国人走过了抗日战争、解放战争。

由他作曲的《义勇军进行曲》

■ 聂耳画像

1949年10月1日,在中华人民共和国的开国大典上,《义勇军进行曲》作为国歌第一次在天安门广场响起。那一刻,当聂耳的家人得知消息后久久无法平复激动的心情。对社会有所贡献人生才有意义,聂耳的一生虽然短暂,但他却创造了无限的价值,他的事迹将永远被中国人所铭记。

四 周少碟：不畏牺牲 勇于担当

每逢周末的时候，老街的宅院里就会传来阵阵歌声，唱歌的人都是从老街走出的铁道兵战士。退役之后，只要有时间他们就会聚在一起聊天，谈得最多的还是当年修建成昆铁路的故事。

成昆铁路是共和国建设初期中国最重要的铁路干线之一，具有高度的战略、军事和经济意义。然而，由于地质环境特殊，成昆线上 2/3 是崇山峻岭，到处深涧密布、沟壑纵横，工程难度堪称世界难题。当时外国专家一致认为成昆线是一个"地质博物馆"，这条线上会出现各种各样的地质灾害，包括瓦斯、破碎段和地下水渗透等灾害。除了自然灾害频发，在全长 1100 多公里的成昆线上，平均 1.7 公里就要修建一座桥梁或是打通一个隧道。由于当时装备简陋，战士们只能徒手攀爬悬崖，在峭壁上开山凿洞随时都会遭遇危险，甚至牺牲生命。

■ 周少碟回忆修筑成昆铁路往事

■ 修建成功的成昆铁路

周少碟也是从老街里走出的一名铁道兵。当时，他主要负责成昆线的勘探和设计工作，因此，他深知自身的责任重大，对待工作格外认真，因为他知道自己画错一条线就可能让无数战士的努力付之东流，甚至会牺牲战友。为了确保线路设计的精准性，周少碟会亲自到达每一个勘测点。一次，在攀爬一个悬崖的时候，他遭遇

■ 昆明老街

了惊险的一幕。因为当时他只有一根绳子来保护自己，在璧山上勘探的时候绳子挂住了尖石，绳子荡来荡去被磨破了，绳子断开周少碟滚下山崖，万幸的是茂密的树林将他托住了，他从悬崖上捡回一条命来。

即使前面的路再危险也要闯过去，这就是一名军人的职责和使命。周少碟的那次任务有惊无险地完成了，但是这样的幸运并不会经常出现。根据相关资料统计，在 1000 多公里的成昆线上，有 1000 多名铁道兵战士牺牲，相当于每一公里就有一位年轻的生命逝去，他们用血肉之躯筑成了这条交通大动脉，为中华民族的复兴铺就了一条康庄大道。如今，战友们每年都会前往烈士陵园看望长眠在那里的兄弟们。虽然岁月易逝，但铁道兵们不畏牺牲、敢于担责的精神却永驻世间。

如今，行走在老街上，每一处都呈现着经久不衰的老街精神。在纪念馆感受沐英将军的英勇，在西山脚下静心聆听杨慎老先生的道义，在街道巷弄里寻找聂耳儿时的果敢，在成昆铁路旁感受周少碟战士的担当。昆明老街收藏着人们世世代代的集体回忆，无论世事如何变迁，老街人始终都热爱着它，更传承着勇于担当、善于作为的老街精神。

编　　导：宋鲁生
撰 稿 人：宋冠琪
指导撰稿：庞慧敏

抚州文昌里街区

才子之乡
读书明理

文昌里街区位于江西省抚州市的东北部，抚河西岸，北到赣东大道，南至戴湖。这里曾经是老城最繁华的商业街区，也是抚州的"历史档案馆"和"老城博物馆"。

抚州古称"临川"。西晋永嘉之乱，北方王、李、曾、晏等士族相继避难南迁，定居临川。到了隋唐，随着手工业、商业的发展，抚河边的这条老街日趋繁华。唐代中期，为了解决抚河水患，修筑了蓄水堤坝"文昌堰"，附近区域则被称为"文昌里"。

这里也被人们誉为"才子之乡"

■ 抚州文昌里街区全貌

千巷古韵扬，万物风情生。行走在文昌里街区，强烈的文化气息扑面而来。街道两旁，一栋栋赣东特色传统民居古韵十足、赏心悦目；谢灵运纪念馆、王羲之洗墨池等古老建筑，再现了文人墨客的历史文化印记；当地特色小吃琳琅满目，令人垂涎三尺；竹器店、木器店、雕刻店遍布街区，人们在此感受着传统手工艺的魅力。

历史上，在这里为官的文人大儒们，造福一方百姓的同时，也开启了老街的一脉文风。他们大兴教育，提倡儒学，把崇文重教的风气带到了这里。从此，琅琅的读书声不绝于耳，书香墨韵的儒雅，浸润着老街千年的时光。

一 王安石：迷途知返 读书明理

在距离老街不远的地方，有一条荆公路，北宋著名思想家、文学家王安石就出生在这里。相传，少年时代的王安石，并不安心读书，他喜欢舞枪弄棒，向往行侠仗义、习武济贫，常常惹得教书先生生气。

有一天，附近村子里来了一位精通武艺的江湖豪侠，王安石知道后，便和小伙伴偷偷溜出了书院，想去拜师学艺。第二天，私塾先生看到王安石，对他结伴逃学十分不满，随手从身边的一棵荆树上折了一根枝条，边打边呵斥，"叫你不好好学习"。面对先生的怒打，王安石不敢躲避，但对先生的呵斥，他辩解道："江湖豪杰，练得一身武艺，路见不平，便可拔刀相助，将来还可战场杀敌，实现报国安邦之志。"

先生愣了一下，他随即反问王安石，"那你想学'一人敌'还是想学'万人敌'呢？只学武，你可以打赢一个人，这叫'一人敌'。如果学文，将来可以经时济世、治国安邦，可以组织千军万马去抵御外侮，这叫'万人敌'。"

先生的一番话犹如一股清泉，使王安石幡然醒悟。读书方能明理，知书才能治国。从此以后，他手不释卷，苦思精读。庆历二年（1042 年）赴京应试，王安石得中进士，最终官至宰相。在他当政期间，主持了"熙宁变法"，开创了"荆公新学"，使得宋朝国力日渐强盛。

就建了一个亭子叫"荆条亭"

■ 王安石建"荆条亭"纪念先生

　　一年夏天，王安石回到临川，未进家门，先去拜见日思夜念的恩师。当年的私塾已破落不堪，老先生也早已亡故，只有私塾门前的老荆树依旧葱郁。王安石心中万分悲痛，想起当年的情景，他百感交集，睹物思人，不由朝着老荆树俯身跪拜，以此感激当年老先生的教诲之恩。之后，王安石还在此处建了"荆条亭"，以纪念这位让自己迷途知返的先生。

　　先生的教诲和启蒙教育，为王安石打下了扎实的文学基础，也开启了家乡的一方文脉。无论岁月如何变迁，"读圣贤书、明世间理"，始终是老街人不变的精神追求。

（二）　陆九渊：教育之本　以德为先

　　陆九渊是抚州人，南宋哲学家、官员。乾道八年，因不满官场腐败，他毅然回到家乡。回乡后，他热心于讲学，将自家宅院的东偏房"槐堂"辟为讲学场所，一时间，前来求学者络绎不绝。每次开讲，听众多达二三百人。他的教育主张是"尊德性""道问学"，强调学习要以德为先。

有一次，朱熹邀请陆九渊前往江西九江，为白鹿洞书院的学子讲课。当时读书人追求利益、执着科举之风盛行，陆九渊节选《论语》中"君子喻于义，小人喻于

刻在书院门前的石碑上

■ 白鹿洞书院石碑上刻印着陆九渊讲学讲义

利"一章进行讲学，告诫大家读书志在圣贤、为官心存君国，要明理做人、造福百姓。朱熹深受触动，令门生把陆九渊的讲义刻在书院门前的石碑上，让后世的读书人时时躬身自省。

在槐堂书屋讲学期间，陆九渊创立了儒家重要流派"心学"的雏形，他的思想与王阳明一起，被后世称为"陆王心学"，对中国哲学思想产生了深远的影响，文昌里也因其思想的光芒成为众多读书人的朝圣之地。

"尊德性""道问学"，陆九渊德育为先的教学思想，影响了众多学子。如今，抚州一中、临川一中等重点中学每年都会培养和输送大批可造之才，在注重学业的同时，当地人更看重学生人格和道德的塑造。老街人见贤思齐、身体力行，用实际行动将德育为先的精神内涵发扬光大。

（三）汤显祖：与书为伴 其乐无穷

王安石去世 500 年后，文昌里又走出了"东方莎士比亚"汤显祖。他的"临川四梦"，特别是《牡丹亭》，成为中国戏曲的巅峰之作，是世界戏剧艺术的珍品。汤显祖生于文昌里，也归根于文昌里。

汤显祖出生于书香世家，家中藏书 4 万余册。他的少年时光就是伴随着这些书籍度过的。一年除夕，邻居失火，火势很快蔓延到汤宅，人们赶紧组织救火。汤显祖也冲入了火海，但是他抢救出来的却不是金银细软，而是一本本书籍。尽管尽力抢救，但大部分书籍仍被大火付之一炬，让他懊恼不已。

房子毁了可以再建，但没有藏书的房子却仿佛失去了灵魂。自此之后，汤显祖节衣缩食，每到一个地方，都会搜罗当地的图书古籍，10多年的时间里，他买了几千套图书。在汤显祖看来，读书是"立身之本、塑身之道"，不可一日无书。在日复一日的学习中，他还养成了一个好习惯，凡是读过的书，他都要誊抄一遍。他认为只有这样，才能把知识牢记在心，也就不会再失去书籍。

汤显祖一生为官清廉，辞官归里后，他捐出自己的俸禄，为家乡修建书院和文昌桥，生活变得十分清贫。有人劝他去攀附当地的官员，但汤显祖却以"吾不能以面皮口舌博钱刀"之言断然拒绝。物质的清贫并没有让他沮丧。只要有书为伴，他就有足够的精神力量，所谓"由此不贫也"。

大量的阅读提升了汤显祖的文学素养，长期的积累奠定了他扎实的写作功底。在文昌里的老宅里，他写下了享誉天下的"临川四梦"，用大众喜闻乐见的戏剧形式，把一腔热情透过笔端流淌于作品的字里行间，潜移默化地警醒着世人。

■ 老街戏台上上演汤显祖的戏剧《牡丹亭》

"良辰美景奈何天，赏心乐事谁家院……"一曲盱河高腔《游园惊梦》，将观众带入了如梦似幻的戏剧世界，悠悠的唱腔唱出了故事的婉转曲折。千百年来，人们喜欢的不仅是《牡丹亭》的故事，其作者高洁的人格，也成为一代代老街人品格操守的楷模。

（四） 刘骏文：才子故事　今朝续写

如今的文昌里已经成为一座文化宝库，许多热爱家乡文化的人聚集在一起，成立了数十家文化团体。时常与先贤圣哲为伴的日子，让老街人有了一种"腹有诗书气自华"的豁达与从容。每逢周末，老街上的年轻人就会聚在一起，分享自己读书的喜悦与心得。刘骏文就是这些年轻人之一。

刘骏文小时候，最喜欢与小伙伴在青砖灰瓦的街巷里嬉戏玩耍。由于十分顽皮，爷爷就常常把他关到书房里，渐渐地，他喜欢上了阅读，最感兴趣的是有关家乡历史与文化的书籍。

大学毕业后，刘骏文回到了家乡。一代代先贤的故事、千年一脉的文化传承是老街不可多得的财富。那时，刘骏文就想做一档介绍抚州"当代才子"的节目，让"才子"的精神品德可以影响更多的人。几年的时间里，他和同事们采访了数百位抚州"当代才子"，一档《乡贤》节目也就此诞生。随着《乡贤》的热播，节目也在潜移默化中影响和

《乡贤》节目就像一本厚重的书

■ 刘骏文（左一）做《乡贤》节目现场

改变着更多年轻人的人生轨迹。

2017年初，刘骏文在当地已经小有名气，一家文化类的企业找到他，想高薪聘请他去做管理工作。反复思考后，他没有接受。对他而言，做好《乡贤》节目是一件有意义的事情。《乡贤》就像一本厚重的书，记录着的不仅仅是一个个从老街走出去的才子，更是这片土地的一段历史和文化。

滴水虽微，却能汇聚百里江河。虽然力量有限，但许多抚州才子通过《乡贤》节目，又回到了家乡。他们在老街上开设文创中心，投资艺术体验馆，帮助更多的年轻人成长，延续当代的才子故事，也延续老街千年一脉的文化涵养。

光阴流转中，文昌里的古朴和温柔别有一番韵味。老街人不仅把日子过得明白通透，也把生活经营得有滋有味。每到冬至前后，家家户户会把芥菜和辣椒一起腌制，做成菜梗，然后入坛封存，在时光的酝酿下，慢慢发酵变成美味。这一过程如同学海无涯，只有漫长的积累才能成就人生。

千年的文墨书香伴随着老街一路走来。文昌里作为临川文化的发祥之地，它挥洒着永不黯淡的"临川之笔"，书写着"才乡代有才子出"的故事，以不变的情怀温润今朝、惠泽未来。

编　　导：吕明月
撰稿人：李　茜
指导撰稿：庞慧敏

长汀店头街

客家首府
不忘本源

长汀，古称汀州，是福建西部闽赣交界处的一座古城。小城边上，汀江穿流而过，如一幅水墨长卷徐徐展开。江畔的店头街东临惠吉门，北起兆征路，是长汀最重要的一条老街。

历史上，汀州山多地少，交通不便。自晋以后，由于战乱，中原汉族不断南迁到达汀江流域。历经几代人的努力，他们将原来的荒芜之地建造成适宜居住的家园，汀州一带由此成为福建客家人最集中的聚居区域，因此被称为八闽"客家首府"。南宋时，长汀县令宋慈和当地民众修河治道，打通了汀江航道。汀江航运主要码头之一的惠吉门，逐步发展

■ 长汀全貌图

359

成汀州最繁忙的街市，形成了"店头街"。店头，在客家语中是"最好的集市商铺"的意思。

从数千年的时光里一路走来，老街依然保留着热闹与繁华。漫步街巷，满眼是不失古朴的景色，仿佛置身于古韵悠长的诗画之中。传统的木构建筑相对而建、错落有致；酒坊、饭庄、雕刻店、裁缝店等传统行业样样齐全，生意红火；猪血米粉、籴羊肉等客家特色小吃遍布，令人垂涎三尺……全长453米的店头街，到处散发着浓郁的客家风情。

光阴流转、世事变迁，但一代代老街人的精神追求却从未改变过。他们崇拜祖先，有极强的寻根意识，无论离开故土多远多久，经历过怎样的艰辛与磨难，始终牢记木本水源、不忘来路。

一 游酢：作诗传祖训　劝学醒后人

在店头街上，至今保留有20多处宗祠，它们被称为客家人的"精神家园"。中国传统的祠堂必有堂号，堂号代表着一个家族的族源和血统、历史和荣誉。走进店头街古老的祠堂，通过堂号与堂联，人们可以知道自己的姓氏家族来自哪里、祖先是谁。游氏一族"广平堂"的堂号就来源北宋理学家游酢。

游酢又称"广平先生"，被后世尊称为"道南儒宗"。他与杨时一起侍立于老师程颐门前，雪地求教而留下了"程门立雪"的典故，成为中国人尊敬师长、求学心切的典范。游氏一族"广平堂"的堂号由此而来。

要用心读书以成为国家栋梁之材

■ 为劝学而建的游氏祠堂

店头街的游氏祠堂最早建于宋代，是为劝学而建的。宋徽宗政和年间，已过花甲的游酢写下了一首诗。"三十年前宿草庐，五年三第世间无。门前獬豸公裳

360

在，只恐儿孙不读书。"游酢遥想 30 年前，在家乡草庐中刻苦学习的场景，以及家族 5 次科考出了 3 个进士的盛景，感慨万千。到了晚年，他最担心的事情就是儿孙不读书。这首劝学诗作为游氏的祖训被代代传承，朴实的诗句告诫后人不能忘本，要用心读书以成为国家栋梁之材。

明崇祯年间，游氏一族对祠堂主体建筑进行了扩建，墙上的"忠、孝、信、弟" 4 个大字就是明代留下来的真迹。时光淡褪了字迹的颜色，但没有抹去它所传递的精神内涵。老祖宗几百年前留下来的 4 个字，已经成为游氏做人的根本准则。

对于祖先的崇敬，成为客家人精神的信仰。代代相传的家规祖训，是后人的立身之本，处世之道。牢记自己的人生出处，才能不愧先祖厚望，成就一番人生。

二 傅连暲：岁月不改志　永葆赤子心

漫长的历史变迁中，老街也经历过动荡的烽火岁月。宋代，文天祥曾在惠吉门募兵抗元，留下了"江城今夜客，惨淡飞云汀"的悲壮诗篇；明末，隆武帝逃难至汀州，引发了一场抗清斗争；辛亥革命时期，汀州革命志士在这里进行过殊死斗争。不屈服于命运的勇气与决心，让客家

■ 位于新新巷的傅氏祠堂

人积淀下了光荣的革命传统。

1929年3月，毛泽东、朱德率领的红四军穿过惠吉门，来到店头街时，受到了长汀人民热烈的欢迎与支持。中央苏区时期，店头街成为红军重要的物资供应地，依托水运的优势，长汀成为中央苏区的经济中心，被誉为"红色小上海"。从小听着老街叫卖声长大的杨成武、傅连暲、何廷一、张元培，从这里走向革命，成长为共和国的开国将军。

位于新新巷的傅氏祠堂，对开国中将傅连暲有着特殊的意义。作为中国人民解放军和中国医疗卫生事业的奠基人、创始人之一，傅连暲被誉为"红军华佗"。少年时的傅连暲，随父母流浪到汀州，寄居在傅氏家庙中。父亲病危，家里借债为他治病，欠了300块大洋。大年三十，债主跑到家里来要债，这件事对年少的傅连暲打击很大。

少年时的苦难并没有动摇傅连暲救民济世的梦想，反而让他深刻体会到百姓生活的疾苦，更加坚定理想信念。医校毕业后，他从普通医生做到一家医院的院长。当时，无论是南昌起义部队南下途经长汀，还是中央苏区时期，这位在当地颇受尊重的医生，都积极地参与到革命事业中。

1932年年底，傅连暲作出了一个重要决定。他决定跟随红军，把医院搬往瑞金。他还倾尽所有，把自己价值2000块大洋的药品全部捐献了出来，并用多年积蓄的4000多块银圆，购买了当时苏区急需的物资。

从寒门子弟成长为受人尊敬的名医，傅连暲用努力改变了自己和家庭的命运，但在面对民族和国家前途命运的抉择时，他坚持自己最初的理想与信念，走向了一条光明之路。

据统计，从1931年到1934年的4年时间，长汀就有1.72万人跟随红军走上了革命道路，成为中国革命道路上的中流砥柱。如今，历史的硝烟早已远去，店头街不仅恢复了往日的繁华，更在新的时代传承着文化，书写着辉煌。

㈢　赖木生：荒山变绿坡　家乡换新颜

最初客家人南迁，就是为了寻找一处居所，远离战乱，过幸福安稳的生活。千百年来，对美好生活的渴望，始终是客家人不变的精神追求。老街人也不忘初心，为建设美丽家乡而不懈奋斗。

汀江给老街带来了富足，但也带来了水患。过去的长汀是中国南方红壤区水土流失最为严重的地区之一，被称为"红色荒漠"。"山光、水浊、田瘦、人穷"是对当时水土流失区生态恶化、生活贫困的写照。如何改变家乡的面貌，让家乡变得更好，成为新一代老街人共同思考的问题。

赖木生是土生土长的长汀人，从小在店头街长大。在他的记忆里，老街时常暴发洪水，给人们的生活带来很大的伤害。20世纪80年代初，长汀拉开了水土流失治理的序幕，赖木生就是最早的参与者之一。1980年，他开始承包荒山种植果树，把荒坡改造成梯田、用积肥改造土壤，获得了成功。果树种起来了，山上果园连绵，处处啼鸟声声，绿树成荫……环境也变得美了起来。

在荒山地里种植杉树保持水土
■ 赖木生在山上种植果树

30多年的时间里，赖木生一直坚持在荒山上种植杉树，不断扩大果树种植面积，保持水土。仅凭他的一己之力，就改造了1300多亩荒山。每一次来到店头街的汀江畔，赖木生都会感慨万千。正如他的名字"木生"一样，他为木而生，深沉地爱着他的果林和家乡的土地。

如今，荒山变成了绿坡，许许多多长汀人也像赖木生一样，加入了这项"种树事业"，为建设美丽家乡贡献力量。在这些长汀人的共同努力下，家乡的生态环境已经有了极大的改善。

汀水汩汩，小城不老。波光粼粼的河水、嫩绿的山峦和田畴，围抱着黛色的老街，一幅如画的美景缓缓展开卷轴。山绿了、水清了，人们的生活更加幸福，日子越过越红火。

四 游灿章、王秀峰：孝敬必躬亲　画笔敬前人

在日常生活中，老街人身体力行、孝亲敬老，以实际行动践行着家规祖训、做人根本。

游灿章老人是长汀游氏家庙管理理事会秘书长，已经80多岁高龄了。退休后，除了偶尔帮忙组织一些家族祠堂的活动，他最主要的事情就是照料百岁高龄的母亲。母亲牙口不好，他就把鸡肉、青菜、胡萝卜等搭配好的食物搅拌在一起，打成糊糊，一勺一勺地喂给她。对于母亲的生活起居，他凡事亲力亲为，精心照料，不曾有丝毫懈怠。

同事问他，"您年纪也这么大了，为什么不请个保姆照顾老人呢？"游灿章回答，"虽然我已是耄耋之年，但作为子女，照顾母亲是应尽职责，是为人子女的本分。只有老人身体健康，家庭才算圆满、幸福。"就这样，在游灿章与兄弟们的悉心照料下，百岁老母亲身体健康、精神矍铄。

儿子照料百岁母亲，成就了一段佳话。在这样的家庭环境影响下，一家人母慈子孝、兄弟和睦，家族中先后走出了4个博士、6个硕士、几十个大学生，如今已是五世同堂。这样的家族在店头街上还有很多。在客家人心中，守住了尊祖敬贤、孝亲敬老的人生之本，就会收获幸福，福泽后世。

这样的家族在店头街上还有很多

■ 孝敬母亲的游灿章老人

在客家人的生活中，对待老人，不仅在世时要孝敬，离世后也要表达敬意。他们在家中设置龛位，并供奉亲人画像，以表达追思。

不仅在世时要孝敬

■ 王秀峰和她的画室

王秀峰是一位画师，在店头街经营着一家画室。她画技精湛，每天都有顾客慕名而来，请她为家里离世的亲人画像。传统的画像容易发霉、褪色，保持时间不长，王秀峰所作的炭精画像可以保持150年不褪色。

每次作画，王秀峰都充满虔诚。纸张铺开，指尖的笔轻轻移动，由浅入深，细腻勾画。每年冬天，是她最忙碌的季节。许多人家都希望在春节前能够拿到画像，在合家团圆的日子里能把亲人的画像迎请回家。

王秀峰在老街上开这家画室，已经有30年了。30年，从一份职业慢慢变成一种坚守，她和众多老街客家人一样，执着地坚持着自己的初衷。如今，王秀峰已经记不清曾为多少人家画过像，但她清楚地知道，自己的笔下，是一代代客家儿女慎终追远的心情，是他们对先人的思念。

富足安逸、幸福喜乐，这就是店头街上的生活。在快节奏生活的今天，虽然很多事情变了，但老街人内心坚守的孝亲敬老、慎终追远的观念，似乎千百年来都不曾改变。老街人就这样守着这份观念，延续着传统，传承着责任，构建他们的精神家园。

每年的春、秋两季，老街上的各家祠堂都会举行祭祀活动，用庄重严谨的仪式，表达他们对祖先的追思。对老街的客家人来说，他们始终眷恋着故土，怀念着祖先，坚守着古老的文化传统，那一份浓浓的乡愁已经沁入客家人的血脉之中——他们知道自己要走向何方，但也永远不会忘了来路。

编　导：马　维
撰稿人：李　茜
指导撰稿：庞慧敏

365

北海老街

重情重义
海阔天空

在中国南部的海滨城市北海，坐落着一条百年老街，街道建筑中西合璧，风格鲜明，被誉为"近现代建筑年鉴"。老街以珠海路—沙脊街—中山路3条主街为核心，呈鱼骨状、巷巷通海的街巷格局。因此，这里的人们可以在房前屋后尽览海港的迷人景色。老街人世代傍海而居、以海为生。新鲜生猛的海鲜和绚丽夺目的珍珠是老街最引人注目的特色，吸引大批游客慕名而来。

骑楼斑驳的痕迹揭示了老街的年代感，而历经了旧时发达与战时摧

■ 北海老街

残，如今老街依然繁华。这与老街人"在海上谋生重情相帮，在路上求财崇信重义"的理念分不开。其实，北海自古就是海上丝绸之路的始发港之一，自乾隆年间，已是"商贾辐辏，为海舶寄碇之所"。作为中国西南沿海的商贸中心，这里会聚了四面八方之商客，也形成了海纳百川之气势。南来北往的商客、渔民和游人之间形成了一种乐观包容、相互尊重的相处模式。然而，由于北海独特的战略地位，其曾被迫开放为通商口岸，尽管在战争中饱受摧残，但帮扶与情义、尊重与崇信已然刻入老街人的骨髓之中，不曾磨灭。

历史与环境共同塑造了老街人重情重义的品性，也塑造了开放包容的城市性格。如今的北海已经是一座旅游城市，老街里游人如织，早市码头的叫卖声、微风席卷的浪涛声、人与人间的问候声，构成了老街祥和从容的生活样貌，而重情重义的性格就隐藏在不经意间的小事和人与人相处的温暖细节之中。

（一） 守护双井　帮济后人

重情重义的品性塑造着老街人颇有温度的生活态度。不同于大都市的距离感，这里的邻里不以距离定义亲疏远近，无论住在街的东头还是西尾，他们大多彼此相熟，甚至是数代的世交。"祖祖辈辈都走过同一条桥，饮过同一口井"是老街人对于这份兄弟情谊的直观表述。而这口井也确实是真实存在的，它见证了老街人相互帮扶、重情重义的情感渊源，是老街情义品性的标志。

庞家的双水井在老街赫赫有名，已经有大约 200 年的历史了。每天清晨庞叔都会早早起来，把自家的铁门打开，供来往的邻里和游人取水。200 年前，庞叔的先祖来到北海，挖井以卖水为生，供往来船只补给，补贴家用。然而，庞家虽是白手起家，却在挖井之初便定立了规矩，除去给大商船送水收些铜板，贫苦渔民和街坊邻里取水则分文不收。由于经历了贫困的年代，庞家并不看重钱财，而是讲究一个"义"字。200 年来，井水不枯，情义也从未中断。双水井传到庞叔手里已经是第六代，在没有自来水的年代里，街坊邻居从双水井取水回家洗衣烧饭，一直是老街充满烟火气的和谐景致。

"财产、房屋可分给子孙，但井不可分"，"无论贫富，井不能卖"是庞家先人给后代立下的规矩。水不是自己的，而是大家的，是后人的，后人就是整条老街。有水就有人，有水就有生命，有水就有发展。庞家一直以来都把双水井视为老街人的共同财产，是老街得以延续的生命之源。老井的水味道清甜，通过水泵和水管流向家家户户，用它煮出的老井豆腐始终是老街人最爱吃的家常菜。

每天免费向游客开放

■ 庞叔免费向游客开放取水

如今，庞家已经不再做淡水生意，但80多岁的庞叔依然守护着双水井，每天免费向游人开放取水，庞叔也成为老街历史文化的义务讲解员。守住水井、守护老街、传承情义是庞叔一生的真实写照，也是老街人情义相惜的源头。老井的百年延续，传递着老街人的情深意重，让老街更加温情有爱。

（二） 茶亭互助　重义轻利

良港避风浪，水陆通商贸，街邻重情义。前有老街井水源源不断、传续情义，后有老街茶亭守望互助、重义轻利。百年来，老街的格局依然如旧时，但穿越年代感的青石板路，温暖的情感依然浸满了这里的一砖一瓦。

茶亭路因一担茶一座亭而得名，义茶的故事在这条老街上口耳相传，是老街人重情重义的佳话。关于茶亭的故事还得追溯到100多年前。那时茶亭路尚未修茸，道路崎岖，斜坡陡峭，从合浦到北海的买卖人经过时，推车挑货十分吃力，爬到坡顶时脚下打飘，总得歇歇脚。陈同鸣的祖父陈觉裕看见大家爬坡十分辛苦，便出钱捐建了一座茶亭，并摆上茶桶茶具，供人歇脚，免费饮茶止渴。每天早晨，陈觉裕都让家里的工人挑 1 担茶、10 个碗、2 个勺，从老街走 2 公里到茶亭，晚上再将茶具挑回来。茶亭建好之后，路过的行人都会进去休憩，饮茶解乏。

■ 茶亭路

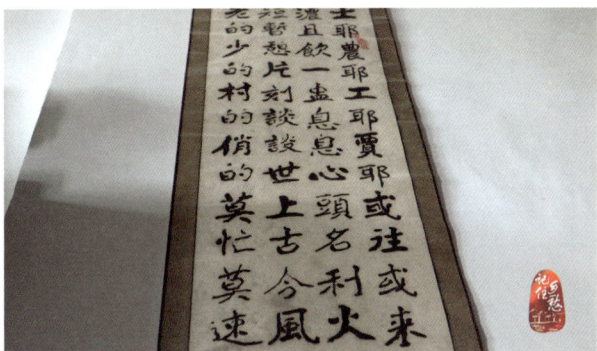
■ 亭柱上刻下的箴言：息息心头名利火，谈谈世上古今风

"息息心头名利火，谈谈世上古今风"是陈觉裕请人在亭柱上刻下的箴言，告诫来往的行人互帮互助，淡泊名利。久而久之，茶亭不仅是目不识丁的渔夫的歇脚处，路过的商贾文士也都慕名而来，进亭小叙。众人在亭中不问出身、不求名利、喝茶畅饮、心平气和，这样的闲适也成为茶亭的日常。后来，茶亭成了大家的茶亭，亭中茶水断了，总有人主动续水，茶具用了几十年也未曾丢失或损坏。从老街到茶亭，有顺路的工人也会主动去陈觉裕家挑茶，晚上再把茶具捎回来，久而久之就成了习惯。就这样，在邻里街坊、过路行人的共同守护下，茶亭成了老街的一道独特的风景线，它昭示着老街人的包容与奉献，也向后人传递了重义轻利的训诫。

然而，遗憾的是，茶亭在动荡年代被摧毁，但茶亭的故事却一直是老街人的集体记忆。茶亭不在，但茶亭路以另一种实体的力量传续前人对后辈的谆谆教导，告诫子孙为人处世，重义轻利。

（三）　同舟共济　护街救国

老街重情重义的传统不仅体现在人与人之间的情感，也体现在个体和国家、民族之间的无法割裂的联系。骑楼斑驳，岁月侵蚀过后的痕迹见证了老街的蜕变，也陪伴老街经历了过去的战乱与磨难，更是老街人守护情义的历史标记。

■ 老街骑楼斑驳

北海因独特的地理位置和战略地位，曾遭西方列强觊觎。1876 年，英国威逼清政府签订《中英烟台条约》，北海被迫开放通商口岸。作为"居粤南桂南出入之要冲"，在卢沟桥事变后不到 2 个月，日本侵略者就企图侵占北海，进而侵略中国西南。正值国家危难之时，人民流离失所，钟轼的外公陈寿卿主动向避难群众提供地窖，帮助同胞躲避飞机轰炸。地窖最多时藏了 40 多人，有时难民一整天都不敢外出，终日躲在地窖之中，陈寿卿便叫家里人给大伙做饭吃。陈寿卿还曾担任过两届北海商会主席，抗战爆发后，他动员北海工商界大量购买救国公债，支援前线，先后接纳和救助了 1 万多名逃难避难的同胞。

然而，在日军的步步紧逼下，最危难的时刻终于来了。1939 年 11 月的一天，日舰海上集结，准备炮击北海。为了阻止日军侵略，军政当局决定实施"焦土抗战"，即便将北海城摧毁，也不能将一砖一瓦留给日寇。当时，家家户户都已经作好准备，箭在弦上，只等一声令下，点火焚城。焦土抗战，不仅意味着百年基业付之一炬，当地百姓也将流离失所，处于水深火热之中。陈寿卿看在眼里，急在心头。千钧一发之际，他一边派人监控海上日军动向，一边同商会人士力劝当局，不到最后一刻绝不能轻易焚城。最终，日舰在炮击数小时后撤退，北海老街幸存了下来。

在危难之秋，因为重义，老街人才会同舟共济，与非正义作出誓死抗争；才会在面对生死抉择时，义字当先，守住祖先留下的基业，护住老街，救国救民。这是老街人对于情义的守护，也是对后人的交代。而历经磨难后，重情重义的影响也随着老街的发展愈发深远。

（四） 以心换心，长久经营

一人不成众，独木难成林。老街人重情重义的品格让他们在面临困难时，总能够抱团取暖，同心协力，跨越障碍。也正是这样的信念感与相互支持，让老街生意兴隆，充满活力。

北海自古是南珠之乡，老街的珍珠明丽炫目，这里出产的珍珠史称"南珠"，从秦代起就作为贡品，进贡给皇帝。20世纪60年代起，经过科研攻关，北海实现了人工培育养殖海水珍珠贝，南珠逐渐发展成为当地的一项重要事业，北海由此成为"南珠之乡"。

然而，到20世纪90年代末，由于受到国际金融危机的影响，南珠市场一落千丈，黄愈雄的珍珠事业也跌入谷底。香港商客的毁约让这批珍珠成了积货，砸在

这个亮亮的是吗

黄愈雄
北海老街居民

■ 黄愈雄邀请游客体验取珠过程

手里，损失惨重。香港商客的钱不到账，珠农的钱也就还不上，黄愈雄只好给珠农打了 300 万元白条。然而正在他一筹莫展、几近绝望之际，珠农们却给他带来了鼓励，用信任化解了黄愈雄的难题。面临巨额欠款，他没有逃避，那 100 多户珠农也未曾堵门逼债，最终黄愈雄用了整整 5 年的时间把欠款一一还清。

相互的信任，让双方达成共识、共渡难关；相互的扶持，让北海南珠产业再度成长，恢复繁荣。如今这间老街的珍珠小店，就是当年为卖珍珠而开起来的，黄愈雄把海水贝拿到自己的店里，给游客们体验取珠的过程，生意愈发红火起来。

洁白光润的珍珠，经过加工装饰，成为精美的首饰，装点着人们的生活。而事业与人生也如同这珍珠一般，破壳而出，挣脱泥沙才能焕发出最亮丽的光彩。珠农和珠商的相互支撑、抱团坚持让黄愈雄的事业转危为安，也让北海南珠的事业有了全新的发展。而这一切，都源于老街人的重情重义。唯有真心才能交换真心，唯有以诚相待，才能有所收获，未来可期。

五　志愿之家　义始于行

100 多年来，重情重义的老街人已经把对他人的关爱，当成了一种习惯，而这种习惯也成就了这座城市特有的精神气质。情出于心，义始于行，每一个人的小爱汇聚而成大爱，大爱就有了新的载体：北海老街志愿者之家。

春节前夕，老街的志愿者们筹备去看望一群特殊的老人，他们都是麻风病康复者。在医学不发达的年代，疾病的污名化让老人们遭遇非议与误解。而今，麻风病早已可防可治，不再是令人恐怖的怪病。这些康复老人作为历史留下的特殊群体，在政府、志愿者的共同帮助下，都得到了妥善的安置。

把老人当作亲人，是志愿者服务的初心。他们每月都会定期来帮助老人打扫卫生、理发和陪伴聊天，还自发捐赠了 100 副老花镜，解决了

■ 志愿者陪老人聊天

老人的实际问题。老人希望得到的不是金钱，而是一种陪伴、尊重与存在感。志愿者明白他们的所思所念，于是选择了一种特殊的方式帮助他们——义卖。老人们经常种植蔬菜水果，志愿者每次来都会开展网上义卖，卖蔬果的钱再返给他们。自己的付出收获了成果，老人们自然欣然接受。在晚年无依无靠的情况下，志愿者给予这个特殊群体更多的安全感与信赖，更多的爱戴与尊重。在这样的帮助下，老人们自食其力，过着知足、悠闲的生活。

如今，北海志愿者协会已经有超过1200名成员，他们来自各行各业，却都热爱公益、热爱北海，在老街重情重义初心的指引下，为北海公益事业贡献了自己的力量。

一片港湾孕育出一条老街，一种情义滋养了一座新城。100年来，老街从战乱走向繁荣，却依旧保持原初的模样。老街的墙面愈发斑驳，老街的情义却依旧鲜明，未曾褪色。在这里，人与人之间没有陌生和疏远的距离，守望相助、重义轻利是老街人团结奋进的精神内核，这使得人与人之间、人与城市之间、人与国家之间的发展更加紧密。而北海，也将在老街重情重义精神的指引下，走向更加海阔天空的未来。

编　　导：罗慧钧
撰 稿 人：张　璇
指导撰稿：庞慧敏

椰风海韵
向阳而生

　　北枕海安、南近交趾、东连七洲、西通合浦，海口自古就是海陆交通要道，宋元时期，这里成为海上丝绸之路的重要码头，素有"琼州门户"的美誉。明代，为了抵御倭寇，朝廷在海口修建所城，会馆、商埠、沿海街道相继兴建。而今，记录了海口历史的"活化石"骑楼老街已成为海口市最具特色的景观。它北靠长堤路，西临龙华路，东接和平路，南到解放西路和文明中路，面积有 121.3 公顷。

　　骑楼是南方炎热地区临街楼房的一种建筑形式，楼下部分做成柱廊

■ 海口骑楼老街

或人行道，楼上部分骑跨在人行道上。1858年，《天津条约》将海口开辟为通商口岸，海口渐渐成为面向东南亚的一个商贸中心。曾经"下南洋"的琼籍人士，衣锦还乡后或兴屋架楼，或将生意做回故土，"前店后厂、下店上宅"的骑楼就被他们带回了海南。1924年，军阀邓本殷主持拆掉海口城墙，新建城市马路，大量的骑楼在新马路两边建立起来，成街成片。这些骑楼，或中国传统式，或欧亚混合的文艺复兴式、巴洛克式，或独特的海口南洋式。这种混搭的风格正如同海口这座城市，既有着海纳百川的胸襟与气度，也有着顺势而生、搏击风浪的勇气与韧劲。

一　海口五公虽贬不悔其志益坚

今天的老街依旧人来人往，热闹非凡。在这尘世繁华之中，有一座五公祠遗世而独立，它仿佛一位老者，在向今天的人们讲述着这方水土所经历的历史与沧桑。

五公祠始建于清光绪十五年（1889年），供奉的是内制宦官、外抑藩镇的唐代名相李德裕；力主抗金，反对议和的南宋四大名臣李纲、赵鼎、胡铨和李光。历史上，这些忠义之臣都因性格刚直不阿而被奸臣构

这方水土所经历的历史与沧桑

■ 五公祠

■ 祠内供奉的李德裕、李纲、赵鼎、胡铨和李光牌位

陷，相继贬谪海南。

据《崖州志》记载，南宋时期，担任枢密院编修官的胡铨，因不满秦桧主和，向皇帝上奏一封"斩桧书"，声震朝野，就连金国君臣也大为震动，连连感叹"南朝有人""中国不可轻"。然而，奸臣势大，胡铨无功而返，也因此与秦桧结下不解之仇，被陷害贬至海南。当时，海口一位张姓官员，受秦桧党羽指使，对胡铨百般折辱。

胡铨始终忍辱负重，他盼着有朝一日，还能北上抗金，再度报效国家。那段日子里，胡铨每日在家讲学授课，帮助百姓改进耕作技术，倡导水利建设以抗天灾，一时间，海口文风日盛，民风向好。

老街人性格耿直善良，他们敬佩这位贬官的所作所为，也对当地官员欺善怕恶的行径心生不满，一位黎族头人竟冲动地把那位张姓官员披枷戴锁抓到胡铨面前，任由他惩处。他觉得这个人对胡铨不好，对乡邻也是百般剥削压迫，做了很多坏事，现在抓到他，问胡铨该不该杀了他。但胡铨却认为杀了他虽能解一时之愤，但国法是不允许的，决定让他写一份反省书，以后按照大宋律法，他该判什么罪就判什么罪。胡铨没有因一己私利去泄愤，而是把国法看得比什么都重要。

宋孝宗隆兴二年（1164 年），胡铨奉调回京，不久后出任兵部侍郎。当时已经 62 岁的他，仍旧带兵前往江浙一带抗击金兵。战斗中，他身先士卒，将士们深受鼓舞，血战到底，

■ 胡铨塑像

击退了金兵的一次次入侵。

直到今天，五公祠依然保留着这样一副对联：只知有国，不知有身，任凭千般折磨，益坚其志；先其所忧，后其所乐，但愿群才奋起，莫负斯楼。

历史上先后有 200 多名官员被贬至海南，他们如"五公"一般，都是精忠报国之士，他们从未把流放视作畏途，而是当作河流的入海，把自己完全投入进去，让海南这座曾经的孤悬之岛、蛮荒之地也能绽放出文明的花朵。

（二） 两袖清风一颗丹心，三度起落千载留名

如果说五公祠代表着海口流徙文明的特质，那遍布街巷的椰子树就是海南本土精神的象征。不怕旱也不怕涝的椰子树，烈日晒不死，大风刮不倒，几乎无求于人，却把一切都奉献给了人们。椰子树坚韧挺拔，就如同海口人愈挫愈勇的性格：为心中之所向，虽九死而不悔。

出生在老街的一代名臣海瑞就有着椰子树般的精神。他一生为官清廉、执法公正，始终心系国家百姓。这位海口官员秉性刚直，也因此在朝堂之上遭到排挤。隆庆四年（1570 年），海瑞回到海口"候用"，一等就是 15 年。这 15 年间，海瑞并未消沉度日，而是像当年五公一般，尽己之力为民谋利。

"居江湖之远则忧其君"。海瑞赋闲期间，仍十分关心家乡的建设事

海瑞一生两袖清风一颗丹心
■ 海瑞故居

好在不久之后 皇帝病逝
■ 海瑞塑像

业。帮助当地官府实施清丈田地、均徭、一条鞭法等政策。为了防止百姓在清丈田地的过程中被剥削，海瑞数次给琼山官员唐敬亭等写信，告诫他们要秉持公正，并草拟"则例"，绘制图样，亲自参与到清丈田地的事务中。

离海口大概 40 多公里的一个地方，常年缺水，为了解决当地水利灌溉的问题，他就利用曾经治理吴淞江跟白茆河的经验，指导当地的官府百姓新建了一条水渠。直到现在这条水渠还在使用，而这里已经变成了远近闻名的蔬菜之乡。清代琼州人王承烈所书的《海忠介公庙碑》碑文，记述了海瑞在琼州兴修水利的功绩，其盛德后人永记。

历劫不磨，几乎就是所有海口名士的精神写照。明万历十三年（公元 1585 年），海瑞再度出任吏部右侍郎。两年后，他因病与世长辞。临终前 3 日送来的薪俸多出 7 钱银子，他也要算清退回。当他的灵柩回到老街，道路两边站满了祭奠哭拜的百姓，绵延 10 多里。

海瑞一生，两袖清风，一颗丹心，就如同那逆风生长的椰子树，可以在强风中伏倒在地，也能在风过之后依旧挺立，既有坚韧不拔的品格，又有决不低头的傲骨。

㈢ 生死不顾何况一屋，红旗不倒立于骑楼

在连片的骑楼中，隐藏着一座兴建于元代的天后宫。从前，那些下南洋的海口子弟就是在这里拜过妈祖，转身走向码头，登上生死未卜的南海之行，廖开振就是其中的一员。

每个周末，廖美娟都会到天后宫祭拜。70 多岁的廖美娟出生在越南，她的父亲廖开振很小的时候就乘船出海，到越南闯荡世界，最终在越南小有名气。虽然远在南洋，但是廖开振始终心系故土。得知家乡呼唤游子开发建设的消息，廖开振和妻子阮玉兰回到海口，购置了三间骑楼开办旅店。同时，他们还重修了廖家祖屋，在院子里建造了一幢两层高的小洋楼。

谁料风云突变，1939 年日本侵略军占领了海口，在一次扫荡中，发

现了廖家大院的二层小楼。站在小楼上可以看到整个根据地的情况。看到廖家老宅居高临下的地理优势，日军决定征用这个地方，建立俯瞰整个海口的瞭望台。如果日本侵略军的计划得逞，不但可以监视整个根据地，也会威胁到海口的抗日运动。

得知日军企图之后，当天晚上，海南琼崖纵队负责人冯白驹就派人找到了阮玉兰，希望能想出一个好办法来阻止日军阴谋。民族危难之际，国家利益高于一切。第二天，阮玉兰和家人当机立断拆掉楼房。几天之后，日军惊愕地发现楼房早已夷为平地，他们恼羞成怒，一把火把廖家大院烧为灰烬。

虽然祖屋沦为一片焦土，但是廖开振夫妇并未后悔。不仅如此，在抗日战争期间，廖开振还回到越南筹措资金、组建青年义勇军归国抗战，因此获得抗战一级勋章。

在海口人的心中，骑楼老街不仅是华侨精神的延续，也是海南红色文化的发源地。

在老街上，有一座古色古香的传统院落，1903 年，邱秉衡就出生在这里。18 岁的时候，他进入广东省立第六师范学校读书。在那里，他接触到了进步民主思想，并和很多共产党员结下深厚的友谊。1926 年，几名共产党员找到邱秉衡，希望他能够提供一个安全的地方，召开中共琼崖一大。

在这里缅怀历史 汲取力量

■ 中共琼崖一大纪念馆

379

当时，这座宅院内还有几位族内老人居住，为了不走漏消息，邱秉衡不得已向长辈们撒了一个谎。他跟老人们说："咱们这偏僻，闹鬼，大家都搬走吧。"就这样，老宅成为中共琼崖一大的会场。

除此之外，他还主动承担起联络、放哨的任务。在他的帮助下，中共琼崖一大得以顺利召开，从此之后，海口成为中共琼崖地方组织开展革命活动的中心，开创了琼崖革命23年红旗不倒的奇迹。

捧着一颗心来，不带半棵草走。海口解放后，邱秉衡把老宅无偿捐出，如今这里已经成为中共琼崖一大纪念馆，每天都有无数游客前来，在这里缅怀历史，汲取力量。

100多年来，骑楼老街的发展史就是一部当地可歌可泣的爱国史，那些曾经旅居他乡的游子无论身在何方，为了家乡的建设、民族的自由和祖国的昌盛，他们不惜奉献出自己的一切。如今，骑楼当中很多人与物都已不再是当年的模样，但是老街人的精神却永恒地留在了这里。

四　古艺传承匠心不惑，向阳而生继往开来

作为海南特产，椰雕是老街上最吸引游客的艺术品之一。早在2000多年前，海南的黎族先民就学会把椰子壳一分为二，做成盛水的容器，也做成艺术品。明清两代，椰雕一直是进贡朝廷的"天南贡品"。到了近代，椰雕开始成为海南人生活中不可或缺的物品，许多重要场合都少不了它的身影。

也做成艺术品
■ 椰雕容器

吴名驹今年44岁，是海南椰雕技艺传承人。在他的手里，坚硬的椰壳经过造模、雕刻、通花、嵌镶、抛光、修饰等几道工序，变成小巧玲珑的茶盒、果盘，栩栩如生的动植

说起海南椰雕

■ 椰雕艺人

物工艺品，甚至是极致精巧的各类高档挂屏、座屏等。在这几道工序中，雕刻的技艺最为重要，吴名驹能熟练运用平面浮雕、立体浮雕、通花浮雕以及贝壳镶嵌雕刻等多种手法，让每一件作品都值得驻足观赏。

1999 年，受市场的影响，原本很红火的椰雕作品无人问津，吴名驹连最基本的生活都无法保障。最困难的时候，连一包一两块钱的烟也买不起，只能一根一根买来抽。

境况不好，生活拮据，家人和朋友都曾劝他放弃椰雕，改做其他工作。吴名驹没有多说什么，他依旧每天白天到老街给游客画肖像挣钱，晚上回来接着雕刻。在他看来，即使生活再艰难，也不能放弃椰雕这门手艺。因为，他是师父的关门弟子，曾承诺师父，一定要将椰雕这门手艺发扬光大。

风雨来袭，椰子树没有倒下，吴名驹也没有放弃，他的坚持让他熬过了那段困窘的时光。这些年来，随着文化市场日渐繁荣，喜欢椰雕作品的人越来越多，吴名驹也成为海南椰雕代表性人物。如今，他把工作室设在了骑楼老街，就是想让更多的人见识到椰雕的美。

向阳而生，是老街始终不变的气质。如今的骑楼老街历久而弥新，古朴的街道上到处充满生活的气息：早晨，在巷口茶馆吃上一碗海南粉，鲜香滑糯；午后，街头排档吃上一份特色清补凉，清凉润喉，一天满足；晚间，古

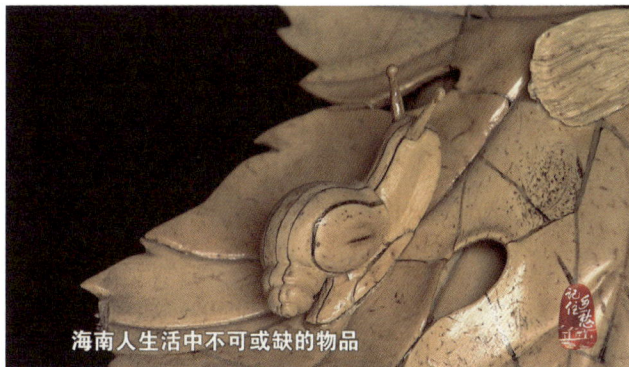
海南人生活中不可或缺的物品

■ 椰雕蜗牛

色古香的院落里看一台传统琼剧，咿咿呀呀，人情百态。

以史为鉴，面向未来。2018年，海南全岛建成自由贸易试验区，并逐步探索、稳步推进中国特色自由贸易港的建设。作为海上丝绸之路的重要港口，海南已经成为海上丝绸之路从中国东南沿海到东南亚的"商贸枢纽"。如果把海南看作一艘大海中的航船，那么海口骑楼老街或许正如船头的瞭望塔，从几百年的岁月沧桑中走来，灯火通明，始终充满活力，从来看向远方。

编　　导：李晓晖
撰 稿 人：李霞飞
指导撰稿：李彩霞

赣州郁孤台街区

知行合一
见贤思齐

赣州之地历史悠久，古称"虔州"。秦朝时，赣州归属九江郡。汉初，大将灌婴在此驻军，建立赣县，由此开启了赣州2200多年的历史。自两晋时起，中原灾荒战乱频发，百姓一路向南迁徙。千百年漫漫长旅，赣州是客家人南迁的第一站，因此又被称作"客家摇篮"。

"八境见图画，郁孤如旧游。山为翠浪涌，水作玉虹流。"这是苏东坡在《过虔州登郁孤台》一诗中写下的名句。正如诗中所说，章、贡、赣三江在赣州老街最北端的八境台交汇，而郁孤台就坐落在街区的最高

那么 山上的这座郁孤台

■ 郁孤台

处。千年来，它就像是一位诗人，郁然孤峙地耸立在章江边，默然不语，守望着赣州城。

一条宋代古城墙沿江而建，环抱老街，老街南边以西津路、章贡路为界，把旁边的解放路、中山路两个社区收入其中。老赣州城，面积大约3平方公里。不到1平方公里的郁孤台历史文化街区，自古以来就是官府所在地和文脉汇聚处。苏轼、岳飞、辛弃疾、文天祥、王阳明……数不尽的古圣先贤，都曾登临郁孤台，在这里抒怀明志，写下了满江词赋，诉说着他们的家国情怀。

纵然这些文人墨客、古圣先贤已成为历史，但他们坚韧踏实、言出必行、知行合一的精神气节始终影响着一代代赣州人，一脉传承，成为今天赣州的精神象征。

一　兴水利，筑城墙，世代护城，实干兴邦

登高远眺，脚下三江相伴，远处群山环绕，和古城墙共同构成了一幅水墨画卷。不过，在这看得见的美好背后，却是一代代人看不见的艰辛付出。

■ 赣州古城墙

赣州城墙三面环水，年年都会涨大水，山洪暴发的时候，赣州很快就会被水淹。城墙受了水淹，必须年年修缮，这是一个很艰巨的大工程。1000 多年来，从宋代到民国，一直到今天，每一个朝代、每一个时代的郁孤台人都在修城墙。

历史上，为保护家园免受战乱之苦，当地人沿着章贡两江，建起一道土城墙，宽阔的江水成了天然的护城河。然而，让人们意想不到的是，水能护城，亦能覆城。

北宋嘉祐年间（1056—1063 年），孔子第四十六世孙孔宗瀚来此担任知州。他到任后不久，一连几天几夜下暴雨，引发山洪，土城墙被冲垮，大水灌入城中，赣州成为一片泽国，百姓流离失所。眼前的惨状令孔宗瀚悲痛万分，内心非常焦急，他下定决心：必须建一座固若金汤的城池。可是，该怎么办呢？他想得把土城墙修成一座砖城。但修成砖城，也是比较困难的。而且即便是砖砌城墙，地基也禁不住暴雨的反复冲刷。为此，孔宗瀚访遍全城，终于有一位老工匠提出：可以用铁水浇铸城基，不过，这个方法从来没有人尝试过。孔宗瀚当即号令全城百姓，照此方法烧制城砖，修筑城基。

照此方法烧制城砖 修筑城基

■ 赣州百姓烧制城砖，修筑城基的场景

历经数年之功，城墙终于建成。此后千年，每年夏天，城外洪水滔滔，城中生活依旧。物阜民丰的赣州，也由此位列宋朝 36 座名城之一。

蜿蜒的古城墙环

历经数年之功 城墙终于建成

■ 赣州古城墙

抱着老街，千百年来，默默地守护着赣州城，无论是天灾，还是人祸，在面对这座城墙的时候，仿佛是面对着一座巍峨的高山，始终无法跨越，也成就了一段段传奇的篇章。

想到了就去做，这就是赣州人实干的精神。为了保障水运安全，他们凿通了包括惶恐滩在内的赣江险滩；随后又修建了精密的排水系统福寿沟，既能把城中积水排入江里，又可以防止洪水倒灌入城。建春门外，赣州人还建成一座浮桥，方便两岸居民通行。这座浮桥由 100 多条木船组成，横跨在宽达 400 米的贡江之上。直到现在，赣州每隔三五年就会维修一次浮桥。这些有着近千年历史的老工程依然持续运转，方便民生。

建春门外 赣州人还建成一座浮桥

■ 建春门浮桥

㈡ 言必信，行必果，无畏生死，保家卫国

南宋时期，北方战乱不断。中原货物只能经赣江至北江、珠江出海，再转往南洋及欧亚贸易。一时间，赣州"商贾如云，货物如雨"，空前繁荣。但是，在赣州百姓心中，半壁江山已经沦陷，满目繁华难掩家仇国恨。那些祖上来自中原的客家百姓，时常登临郁孤台，远望北方。他们期待终有一日能收复故土，重回故乡。

"西北望长安，可怜无数山。青山遮不住，毕竟东流去。"800 多年前，南宋词人辛弃疾就在郁孤台，看着滔滔三江水，遥望故都汴梁，写下《菩萨蛮·书江西造口壁》这样的千古名篇，郁孤台从此被世人所熟知，赣州也因此名满天下。

"了却君王天下事，赢得生前身后名。"这是辛弃疾一生的光荣与梦想。但在那个动荡的年代里，已经拼尽全力的他只能在郁孤台上发出悲叹，感慨家国飘零的命运。

百年之后，又有一名南宋书生登高远眺，忧心如焚，和他仰慕的先贤辛弃疾一样，他也热望这片大好山河不再破碎，百姓不再生灵涂炭。这名有着一腔热血的书生，就是赣州知州文天祥。

■ 赣州知州文天祥

文天祥自幼就在赣州读书，这里的文气与血性深深感染着他。1275 年，蒙古 20 万铁骑进攻南宋，都城临安岌岌可危。朝廷不得不向天下发

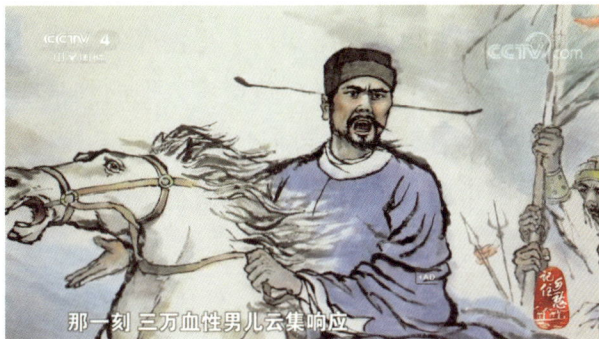

■ 文天祥带兵起义

出哀痛诏，希望各地起兵勤王。文天祥毫不犹豫地变卖所有家产，组织起一支义军。但是，作为一个文官，他从来没指挥过打仗，手下也没有兵，打元军无异于鸡蛋碰石头。

但求为国捐躯，何惧马革裹尸！文天祥在郁孤台上面对全城百姓发出呐喊："正义在我，谋无不立；人多势众，自能成功。"那一刻，3 万血性男儿云集响应。他们放下锄头，拿起刀枪，向先贤看齐，与敌人誓死一战。

起义军大部分是赣州的农民，他们虽然没有很强的军事素质，但是有满腔的爱国热情、报国的志向。在 20 万训练有素、强悍善战的蒙古铁骑面前，3 万普通百姓组成的义军明知不敌，也决不退缩。他们在文天祥的带领之下，屡败屡战，直至热血流尽的最后一刻。最后，文天祥带领的部队仅剩 6 人，仍然坚持抗击，没有一个人投降，直到义军全军覆没。文天祥兵败被俘后，面对元帝忽必烈的威逼利诱，不为所动，视死如归。1283 年，文天祥以身殉国，年仅 47 岁。直到今天，学生们仍然在文天祥的千古名篇《过零丁洋》里一遍遍感受着那份浩然之气。

郁孤台上，极目远眺，惶恐滩正是险恶的赣江十八滩最后一滩。但对于"言必信，行必果"的赣州人来说，他们即使陷入绝境也从不惶恐，有的只是坚定的决心和必胜的信念。

（三）　心即理，事上练，潜心教化，物阜民丰

千年的时光里，无数人来到赣州，无论是定居还是暂留，他们的印迹都在这片老街区当中积淀下来，成就了赣州这座千年古城不朽的文化底蕴。历史上就有这样一位贤者，他的到来改变了赣州，教化着赣州，人们说：他不是赣人，胜似赣人。他就是一代心学宗师：王阳明。

明朝中期，赣州周边盗匪横行。朝廷多次派兵围剿，匪盗却依然猖獗。明正德十一年（1516 年），王阳明临危受命担任南赣巡抚。在此之前，他已经在贵州龙场悟道，体悟到"心才是世间万事万物的根本"，由此创立心学。而心学最重要的思想就是"知行合一"，即"把知识、对事物的了解和实践统一起来。"这次消除匪患，就是王阳明最好的一次理论实践机会。

这座文气充沛的庭院
■ 阳明书院知行堂

在王阳明看来，破山中贼易，破心中贼难。百姓生活困苦才是盗匪屡剿不灭的根源。他认为，人人心中都有良知，人人都可以做圣贤。只要有为善的条件，人人都会向善。这种"致良知"的核心思想，就是王阳明治理盗匪的方向。

他先派出几路奇兵，剿灭几伙悍匪。接着，他又写了一封《告谕浰头巢贼》：对于没有犯下大错，弃暗投明的盗匪，可以原谅罪责；继续冥顽不灵为非作歹的，一律清剿。这封信作用明显，各个击破，一下子就把几伙盗匪分成两派。良知对内心的拷问，让这些盗匪或选择投降或帮助王阳明对付其他悍匪。仅仅一年时间，肆虐江西、福建数十年的匪患就被彻底消除。

不过，王阳明却清醒地认识到，只清剿盗匪不过是治标不治本。如果不从根本上作出改变，很快又会有新的盗匪出现。于是，他实行了一系列的管理制度，如《南赣乡约》，让老百姓安居乐业。他还在阳明书院、通天岩进行讲学，教化百姓。心即理，事上练。这就是王阳明一生所强调的"知行合一"原则。在他的治理下，赣州更加兴旺，百姓生活富足。

接续"见贤思齐"的传统，王阳明再次登临郁孤台。当他远望四野，心中的思考再上一层楼。此后，他又提出了"心存良知，虽凡夫俗子，皆可为圣贤""知者行之始，行者知之成"的全新认知。王阳明的

■ 王阳明像

■ 通天岩

心学从此成为经典，对中国文化的演变产生了深远的影响。

直到今天，文脉依然在郁孤台老街得以传承。每到年末岁尾，军门楼下的广场都会举行文化节。句句诗词，声声激昂，大家聚集在郁孤台下，追思先贤，感悟当下。

■ 首届章贡文化旅游节

无论过去还是现在，见贤思齐，知行合一，就是赣州人传承的智慧与基因。往事已经随风飘散，而乡愁永远深埋心底，就像那鹧鸪鸟，就算飞过千万里，也依然会回来。家乡那片山水，令人永远无法忘怀。行走在郁孤台历史文化街区，往日的岁月仿佛都凝滞在了这古老的建筑里。它经历着历史，见证着历史，本身也成为历史。

编　　导：韩　辉
撰 稿 人：李霞飞
指导撰稿：李彩霞

志于道
游于艺

黄桷坪老街位于重庆主城西南端，奔涌的长江在这里回头一望，就绕成了一座半岛。老街就坐落在半岛上。街区两街四路十二条巷弄，沿着江岸，顺着山势，高低错落，逐层铺展，形成了约5平方公里、错落有致的街区格局。

老街上有非常多的黄桷树，关于这些黄桷树的来历，关于老街名字的由来，有一个代代相传的故事。

在元代以前这里只是一处无名的江滩，普通树木难以生长，一到夏

记住乡愁 第壹季（48）
重庆黄桷坪老街 —— 志于道 游于艺
与浓烈的艺术氛围

■ 黄桷坪老街全貌

季，骄阳直射台地，炎热难耐。到了明永乐年间（1403—1424 年），一位名叫黄阁的官员卸任回乡。家乡的酷热让他想到了任职地榕城福州，那里满城的大叶榕树遮天蔽日，处处荫凉。为了子孙后代的福荫，黄阁拿出积蓄充作盘缠，往返数千里外的福州，把大叶榕树的树苗带回家乡。

之后他和家人一起，把一棵棵树苗插进岩石缝隙，栽种在房前屋后。日子一天天过去，等到榕树长成遮天大伞，投下一地清凉的时候，黄阁已经去世多年。为了纪念黄阁，大家就把大叶榕树叫作黄桷树，把这个地方叫作黄桷坪。黄阁对美好家园的追求、对诗意生活的向往，也如同黄桷树的根须，扎根在了这片土地里。

如今，这里已变成了诗人、艺术家的聚焦地。坐落于街区的四川美术学院、坦克仓库艺术中心、501 军备艺术库、涂鸦街使黄桷坪老街成为一个超现实的艺术空间。黄阁的追求与向往渐渐发展成为老街人对精神境界的追求和对过程方式的把握，这种"志于道，游于艺"的精神内核已深深植根于每一个黄桷坪人的骨血之中。

投下一地清凉的时候

■ 老街黄桷树

也充盈着让人印象深刻的

■ 老街艺术画

（一） 九龙书院：墨染书香，开启一方文脉

俗话说"地灵人杰"。黄阁打造了桷坪绿树成荫的景致成就了黄桷坪

的"地灵"，让老街的居民们在满眼青绿的家园享受与体验着美。日久年深，在美景的浸润中，老街的居民自然生出了对道的向往。

清乾隆元年（公元1736年），饱学鸿儒龙为霖倾心于黄桷坪绿树成荫的景致，从县城搬到了这里。龙为霖的山房就建在东街的古黄桷树下，观山听潮，自得一番幽雅风月。入住的第一天，他就在家门口挂出了一副对联："正心事道孤心事艺，知者乐水仁者乐山"，横批："以文会友"。然而，十几天过去，来来往往的乡亲们竟无一人在对联前驻足品评，更没有人能够与他交流探讨儒学中的道与艺。他主动问询之后才知道，老街虽然风景优美，但知书识礼的人却很少。

为了开启一方文脉，龙为霖决定开办书院。宣讲仁、义、礼、智、信五常之道，教授礼、乐、射、御、书、数六种技艺。乡亲们得知龙为霖的想法后，都非常支持，纷纷为书院建设投工投劳，捐赠钱粮。

书院建成之后取名"九龙书院"，川渝两地的重量级诗人都慕名到此跟龙为霖交流、讲学，附近的老百姓也都在书院中学习识文断字。一时间，此地文风大盛，老街上书声琅琅，琴声悠悠。从九龙书院里走出来的不仅有秀才举人，更有乡间的贩夫走卒。巴蜀地区的诗人们在这里缔结了东川诗社，对清代诗坛产生深远影响。

从此，"志于道，游于艺"的优雅情怀开始在黄桷树的树荫下代代沿袭。"志于道"，就是我们要立志高远；"游于艺"就是要有恰当的措施、方法，养成对道的向往，对德的体验，对仁爱之心的追求。九龙书院便是老街"志于道，游于艺"思想的开端，使得老街积淀出厚重的底蕴与浓厚的学风，吸引更多的诗人、艺术家聚集到这里，为老街的发展带来了新的气象。

（二）四川美院：传承艺术基因，光大漆器传统

前人种树后人乘凉，或许是龙为霖所带来的文风、诗风，黄桷坪老街吸引了天南海北的人会聚到这里。抗战时期，国立交通大学、国立女子师范大学相继迁往这里办学，其中四川美术学院便是在国立交通大学

393

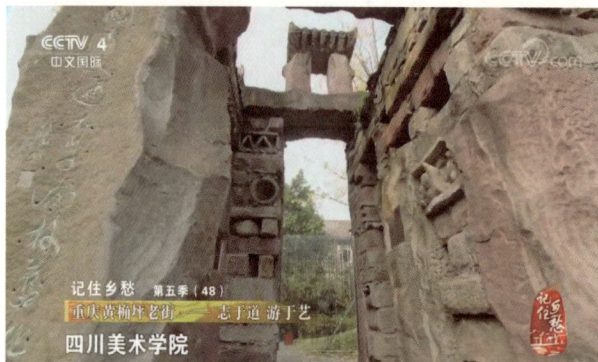

■ 四川美术学院

■ 沈福文（中）和老街工匠

的旧址上建立的。

1950年国立交通大学的旧址上矗立起一所新的学校，这就是以"艺术建设新中国"为宏愿的四川美术学院。麻雀虽小，五脏俱全。校园优雅宁静，老建筑、雕塑鳞次栉比。

四川美术学院中有一个很特别的专业——漆器艺术专业，这个专业的老师除了学院派之外，有一大部分人是老街上的手工艺人和漆匠，他们被请进学院里的漆器实验工厂，与漆艺专业的师生们共同研究创作。关于这个专业的创办还有一个小故事。

时任四川美院工艺美术系主任的沈福文有一天在老街上闲逛时，被一个小地摊上摆的几件传统漆器吸引。与摊主攀谈之后，沈福文得知，这几件漆器是街上的老艺人临终前留下的。如今，人已经没有了，手艺也失传了。摊主的一席话，深深刺痛了有着"中国漆艺大师"之称的沈福文。

从那时起，沈福文就下定决心，要在四川美术学院开办漆器艺术专业，让这门以"慢工细活"著称的古老艺术能够传承下去。然而，开办一个冷门专业，生源、师资、材料、作坊，一切都只能从零开始，其难度可想而知。经过沈福文3年的奔走努力，漆器艺术专业终于在四川美院成立。

沈福文强调工匠精神，他有一个宏大的目标，就是要把民族传统的工艺美术发展壮大，重新复兴。沈福文的这一目标同"志于道，游于艺"完全吻合。

如今，"志于道，游于艺"已经成为四川美术学院的校训，播撒在一届届学子的心田。四川美院的师生们，在黄桷坪老街这方山水间汲取灵感，不惑于外道，不追随俗流，守着这条幽静的老街，创作出一件件精妙绝伦的作品。而黄桷坪老街也因四川美术学院而成为享誉世界的艺术之角。

三　艺术商店：烟火生活，交融雅致艺术

老街人既可以沉浸在一撇一捺的书写里，也可以陶醉于鲜活热辣的生活中。得益于四川美院艺术气息的加持，各类艺术商店在梯坎路沿上一字排开，遍布街巷。龙吟路渐渐成为一条热闹的街道。

每天天亮前，豆花店便开始了忙碌。厨房里，点卤熬浆，每一个步骤毫不含糊；店门外，石锤起落间，一天的油辣椒要手工春上好几个小时；备料间内，十几种作料在小勺翻动下，汇聚成一小碗豆花蘸料。在

■ 老街艺术商店

热气蒸腾与麻辣鲜香间，老街人将平淡如水的日子过得有滋有味。

到了晚上，夜市成为一个城市烟火气和热闹的象征，我们可以在夜市上看到贩售杂货、衣服、食品、烧烤、电器零件、游戏等几乎任何东西，那么艺术品呢？这便是黄桷坪老街夜市的特别之处了。这里的夜市有专门的艺术摊位。素描、手工艺品，配合独具特色与风情的美食，把老街的夜晚映照得格外热闹。

"志于道，游于艺"思想似乎深刻在了每一个老街人心中，哪怕是一个小商贩都有对美的理解与追求。不要害怕来到这里会像个艺术的门外汉，在这里走上一遭，得益于这份得天独厚艺术气息的耳濡目染，不知不觉地就会浸润在艺术的海洋，包括普通商贩也能得到艺术的指点，黄桷坪老街居民陈敏便是得到指点的店主之一。

陈敏在黄桷坪老街夜市上出售吊篮（由不同颜色的纸制作而成）。陈敏售卖的吊篮样子和颜色都很别致，吸引了很多人的注意。然而陈敏制作的吊篮并不是一开始就是这样的，在这之前陈敏制作的吊篮并不是现在的颜色，而是五颜六色，各种颜色都混杂在一起的，当时售卖效果并不好。

后来四川美术学院的一位教授经常来陈敏摊位前逛，教授告诉陈敏吊篮的颜色做得太花哨了，应该做成一片色，在教授的指点下，最终做成了现在的单色，售卖效果很好。

"志于道，游于艺"，来往有鸿儒，谈笑无白丁，因为有了艺术氛围的加持，这些手艺人也不断精进自己的手工，艺术品造型愈发精致，颜色愈加别致，把老街的夜晚映照得格外热闹。

（四）交通茶馆：自在自然，生活便是艺术

在黄桷坪老街上，充满烟火气的生活，总与雅致的艺术自然地交融，自在地生长着。在重庆有这样一种说法，想要了解黄桷坪、理解黄桷坪，最简单的办法就是常到交通茶馆来坐一坐。

在黄桷坪正街的中段，从一间毫不起眼的门面走进去，穿过只能容

一人通过的木质小门，另一个世界便会展开在眼前。这是老街上的交通茶馆，从 1987 年开业到现在，它一直在这个角落里自在地存在着。几块钱一杯的盖碗

■ 交通茶馆

茶，一副棋盘，一手长牌，便可以过上半天。老街人哪怕再忙碌，也习惯坐下来喝杯茶，放慢脚步。在这个不起眼的茶馆，发生了无数艺术故事，画家陈安健便是其中一位。

1994 年，在老街上生活了 20 多年的画家陈安健，走进了这家茶馆。进入茶馆的一瞬间，他被这里丰富的生活场景震住了。

这里有年轻的面孔，还有公务员、学生、下岗工人，这里像一个浓缩的社会舞台，在盖碗的开合与龙门阵的摆谈间，老街人的喜怒哀乐自然上演。这一切，让当时处于艺术创作困境中的陈安健看到了方向。

陈安健打开了一片新的艺术天地。从那一天起，他时常到这里来采风。而在陈安健的镜头前，老街人不忸怩作态，也不拒绝成为他的模特，他们乐于将自己的故事延展到画布上。

时间在茶盏中悄然流逝，陈安健画茶馆，一画就是 20 多年。这 20 多年间，他和茶客们一起留住了老街的时光，创作出了动人的画作。

陈安健在画布上完成了自己对于"志于道，游于艺"的理解。如今，

■ 陈安健画茶馆

茶客们也拿起了相机、画笔进行创作。他们甚至将陈安健也纳入取景框，成为自己的作品。在这里，艺术创作与生活难分彼此。这一切，让老茶馆和老街有了年轻

的生气。今天的交通茶馆，已经成为人们了解黄桷坪老街风土人情的一扇窗口，吸引着各地人们的到来。

五　实体书店：教以化之，育成满街圣人

黄桷树下的生活，充满趣味，色彩斑斓。生活在这里的人们，时常都会与一些文化大家不期而遇。喜马拉雅书店的店主刘景活，就幸运地遇到了一位。

2011年，由于电子书的兴起，实体书店纷纷倒闭。有人建议刘景活，把书店改为餐饮或咖啡厅。开了十几年书店的刘景活一下子失去了方向。

这一天，空荡荡的书店里走来一位白发苍苍的老人。刘景活上前攀谈才得知，老人就是大名鼎鼎的词作家庄奴先生。当刘景活向庄先生谈到书店所面临的困境时，庄先生的言行让他终生难忘。

■ 实体书店摆放的书

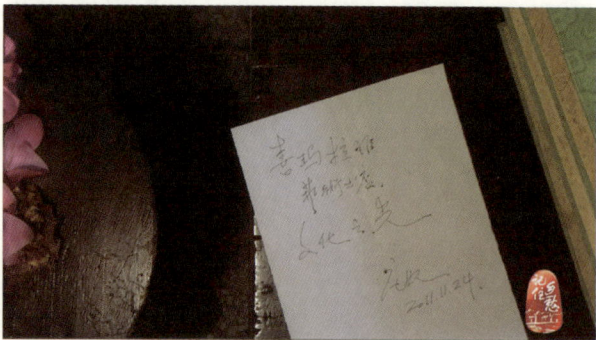

■ 庄奴先生留给喜马拉雅书店的话

刘景活问庄老先生，你能不能给我一些好的经验。庄老先生就说了一句话"书店可以让满街都是圣人。你是圣人，你就不能随地吐痰，你就不能骂脏话，你就要约束自己的行为。"当时90岁的庄

奴说完这句话之后给刘景活鞠了一个躬。

刘景活在庄先生的话中加深了对"志于道，游于艺"的深刻理解。庄先生的一席话，让刘景活想到当年做艺考生时街角的那盏灯。是那盏灯温暖了他每夜晚归的心，照亮了前路，使他最终在四川美院完成学业。刘景活决定要守着这家书店，在倏忽变化的数字时代，为老街留住一盏读书灯。

十几年间，老街人渐渐习惯了这家艺术书店的陪伴。街坊们常到这里喝茶、聊天；孩子们课后更愿意到这里做作业，将画画当作游戏。每当夜幕降临、亮起灯光时，晚归的人们会进来歇歇脚，看会儿书，为老街的夜晚平添一抹诗意与一份温情。

如今"志于道，游于艺"的情怀，如同黄桷树的根须，扎根在这片土地，流淌在每一个黄桷坪人的血液之中。看一场展览，读一本好书，今天的老街人浸润在艺术当中，生活得自在、悠然。黄桷树下的山城人家扎根生活、志存高远，却也懂得回归自我，深养本心。他们在岁月的浸润中打磨自己，也在时代的潮流中潜心向前。这是世代流传下来的精神力量，也成为黄桷坪老街不竭生命力的重要源泉。

编　　导：王　祯
撰稿人：王　坤
指导撰稿：李彩霞

宁德鹏程老街

鹏程万里
始于足下

顺着三都澳的潮水，经战场溪，从南门进入，就是宁德老街的范围。老街总面积 0.23 平方公里，四周环绕着八一五中路、南环路、蕉城南路及环城路。以大华路和学前路为核心，千年老街的沧桑与辉煌在这里交织。有关这座城市沉甸甸的回忆，都铭刻在 30 多座明清时期古老的建筑中。

人们说福建是"八山一水一分田"，那么宁德便是"八山一水半分田"，还有半分是丘陵。中国沿海唯一高山直逼海岸线的，就是闽东。被

他拿出相机 拍下了这张照片

■ 宁德风景

险峻的高山和汹涌的大海环绕，历史上这里一直交通不便，耕地稀少，方圆百里没有一个繁华的街市。

"地瘦栽松柏，家贫子读书"，自古以来，渴望走出大山的宁德人，把教育视为家族的头等大事。北宋嘉祐三年（1058 年），宁德县学文庙在老街落成。为了方便城外的孩子到城里上学，人们在南门内的小溪上修建了一座石桥。大家希望从桥上走出去读书的孩子们都能拥有锦绣前程，便把桥取名为"鹏程"。这片老街区，名字也叫作"鹏程"。带着鹏程万里的美好愿景，代代老街人走过了鹏程桥，走向更广阔的天地。

一　千秋基业易毁，老街精神永存

宋朝 300 多年间，宁德共考取 60 多名进士，状元及第、父子登科屡见不鲜。然而明代的一场灭顶之灾却让数百年的繁华毁于一旦。

嘉靖年间，倭寇侵袭沿海，1000 多个贼兵趁着涨潮，从海上直抵城下，3 天后，城门失守，宁德沦陷。倭寇烧杀抢掠，然后纵火焚城，宁德城被焚烧了九天九夜。两年后，戚继光率领军队，在横屿岛消灭了盘踞的倭寇，为了重建宁德，朝廷派林时芳出任宁德知县。

那时整个宁德县城已经被夷为了平

■ 宁德明城墙遗址

地，满目疮痍，整座城里没有一座像样的房子。林时芳痛心疾首，决意带领百姓重建一个固若金汤的新家园。此时的宁德已被倭寇洗劫一空，惊魂未定的人们躲藏在深山。整个县城既没有钱粮，也缺乏人力。林时芳带着衙役翻山越岭，找到躲藏的人家，劝说他们回到老街。

1563 年初秋，新城墙动工，为了把新家园打造成"千秋不拔之基"，林时芳带着老街人召集了大批优秀的工匠，采集一块块巨石运到山下。大家每天劳作在工地，席地共餐、甘苦与共。第二年夏天，一座更加雄伟、更加坚固的新城墙拔地而起。

建成后的城墙全部用巨石砌成，宽达5米，高7米，周长近2000米，修建有40个炮台。因为城墙像海中的礁石一样坚固，围合起来的形状又很像蕉叶，宁德便渐渐地被人们叫作"蕉城"。老街所在的南门，也有了新的名称"永宁"。浴火重生之后的老街，愈加兴旺发达，也让生活在这里的人们拥有一往无前的底气和信心。

这座城墙一直使用到1939年抗日战争期间，当时日本全面侵略中国，为了城内的百姓能够逃难，便把城墙拆掉了。

城墙虽然毁于战争年代，但是这块题为《林大尹重城宁德记》的石碑，依然矗立在白鹤岭山下，述说着老街的往事，也把知难而进、踏实做事的精神留在了这方水土。

依然矗立在白鹤岭山下

■《林大尹重城宁德记》石碑

（二） 从零开始的"红色听风者"

清代，老街商贸逐渐繁荣，永宁门内商号连绵、大厝栉比。大华路上人来人往、车马喧闹，吸引着周边十里八乡的人们来此置业兴家。

蔡氏家族的发展足迹仿佛老街商业历史的微缩版本。蔡家先祖白手起家，在宁德山区种菁种茶，历经7代累积，终于得以让后人进入老街读书、经商。又经过100多年的发展，到第十六代蔡志谅时，靠着经营茶叶和陶瓷，积累巨万家资，成为宁德首富。为了传承先祖艰苦创业、

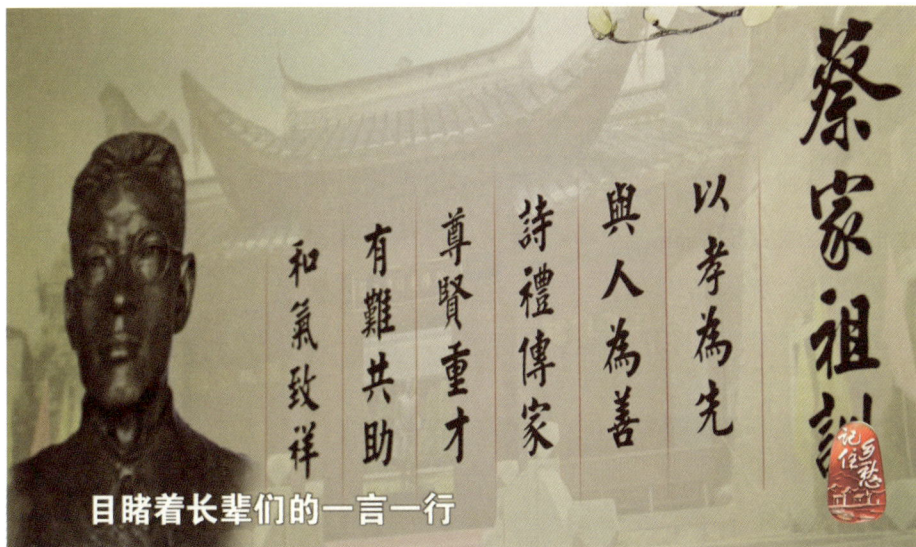

■ 蔡家祖训

务实力行的家风，蔡家在老街的前林路上修建了家庙，并在家庙中设有一座私塾。1913年，6岁的蔡威就是从这里开始了他的求学生涯。

蔡威从小在这个私塾里面接受良好的教育，中国的传统文化、英语、数学都打下很好的基础。而蔡威的父亲不仅思想开明，还有深深的爱国情怀，这深深地影响了他，让他知道了社会的不公、民生的艰难。

家族长辈的言传身教始终烙印在蔡威的成长过程中。就在蔡威入学前后，他的外祖父林理斋，在老街上创制出闽东最早的茉莉花茶，他的舅父林振翰刚刚翻译出版了中国第一部世界语著作。生活在老街，目睹着长辈们的一言一行，年幼的蔡威在心中立下了远大的志向。

1926年，蔡威加入中国共产党。他在上海接受了秘密培训，成为中国共产党最早的无线电专业技术人才，并奉命前往鄂豫皖苏区筹建无线电台。当时，苏区被敌人完全封锁，没有一部完整的电台，没有技术人员，缴获来的器材损毁过半，凌乱地堆在屋角，没人看得懂。然而，当蔡威看到这堆零零散散的配件时，他的眼睛却亮了。

在老街长大的蔡威深知，路就在自己的脚下。从那时起，苏区的人们总是能看到一位穿着西装的斯文小伙，围着满桌的零部件，日夜忙个不停。饭顾不上吃，整洁的西装上也满是油污。靠着一次次拆拆装装，仅仅2个多月，从零开始的蔡威和战友们就成功组装出了完整的收发报器材。1932 年 2 月，鄂豫皖苏区第一次向中央苏区发送了一份密码电报。有了电台，被重重包围的苏区便如同长了一对通达四方的顺风耳。

从此之后，蔡威开始带着这台笨重的设备，跟随部队转战南北。白天行军，晚上大家休息了，他还要架设电台，侦听破译敌军密电。一盏小油灯陪着蔡威度过一个个漫漫长夜。为了提神解困，他经常用冷水冲头和吸烟，苏区条件艰苦没有烟，于是他就卷大黄叶、芝麻叶、荷叶来代替，这些习惯影响了他的身体健康，导致他后期经常吐血。

没有技术人员

■ 蔡威塑像

长期超负荷的工作，让蔡威积劳成疾。1936 年，29 岁的蔡威长眠在甘肃的黄土高坡，此时，老街上的家人还在苦苦等候他回家。由于隐蔽战线工作的需要，蔡威离开老街后隐姓埋名，战友们只知道他来自福建。为了让英魂重归故里，战友和家人一起经历了半个多世纪的寻找。1998 年，蔡威的遗骸回到老街。小小的前林路上挤满了前来迎接蔡威回家的老街人。

如今，家庙泮池前，百年的桂花树依然年年散发着清香，"红色听风者"的故事在家乡的街巷回荡。在战争年代，为扫清世间的不公，许多老街的儿女迈出了艰难的第一步。正是千千万万这样的第一步，走出了共和国鹏程万里的今天。

（三）　舍小家，为大家，六载时光抢救濒危大黄鱼

站在老街的高处向东眺望，一望无际的三都澳官井洋海域，繁育着一种中国独有的珍稀鱼种——大黄鱼，又叫黄瓜鱼。因为这里水流最

急，因而成了大黄鱼产卵最集中的地方。

海洋给予人们的丰厚馈赠

■ 宁德特产大黄鱼

自古以来，大黄鱼都是海洋给予人们的丰厚馈赠。每到四五月的鱼汛季节，老街上一片欢腾。"官井洋，半年粮。黄瓜叫，渔民笑。"这首歌谣，在老街不知传唱了多少代人。然而，到了20世纪70年代，大黄鱼数量急剧减少，甚至濒临灭绝。

当时是水产局科技员的刘家富心里非常着急，他知道如果不采取措施，以后黄鱼就没有了。所以他希望利用官井洋大黄鱼的种源来进行人工繁殖。

但是根据大黄鱼的生物学特性，人工繁殖极为困难。没有任何成功的先例，也没有任何经验可循，刘家富却没有犹豫。他从基础知识学起，一到节假日，他就坐船挨家挨户拜访渔民，向他们请教。

经过几年的学习，刘家富终于摸清了大黄鱼的洄游规律和繁育习性。这种鱼类每个月只有短暂的几小时，会在潮水的刺激下，释放出最适合人工繁殖的种源。为了抓住这珍贵的时机，刘家富几乎住在了海上。可就在那段日子里，他的妻子患病住院，年幼的女儿没有人照顾，只能把女儿寄养到同事家、同学家或者老乡家。

有一次刘家富出海，刚好他女儿放假，于是就给女儿带到了海上。

释放出最适合人工繁殖的种源

■ 宁德官井洋大黄鱼省级自然保护区

那一天，海上风浪很大，渔船上下颠簸，女儿晕船晕得厉害，哭喊着要回岸。而这时正是采集种源关键的时刻。刘家富咬着牙，在女儿沙哑的哭声中狠着心就是不返航。

为山者基于一篑之土，以成千丈之峭；凿井者起于三寸之坎，以就万仞之深。6年的努力，刘家富育出了100多尾全人工繁殖的鱼苗。量虽不大，却承担起大黄鱼香火传承的重任。他向宁德地委报告了自己的科研成果，也述说了自己面临资金短缺的困难。让刘家富欣喜的是，地委很快有了批示："应把网箱养殖珍贵海鱼当作星火计划发展。"

靠山吃山唱山歌，靠海吃海念海经。这个珍贵的批示，成为大黄鱼养殖产业的新起点。如今，濒临资源枯竭的大黄鱼已经成为中国最大规模的海水网箱养殖鱼类，中国85%以上的大黄鱼产自这里，年产值超过100亿元。今天，老街人仍然保留着用大黄鱼赶鲜、馈赠的古老传统。当贵客到来，热情的主人必然摆上一桌黄鱼宴，这是老街人待客最高的礼仪。

（四）　脚踏实地，从无到有，致力领跑新能源

21世纪，宁德进入了飞驰电掣的高铁时代，纵横交错的高速公路通山达海，曾经闭塞的交通不再是发展的瓶颈，千年古城渴望更大的腾飞。

2008年，在外打拼多年的左允文回到家乡，和几个宁德同乡一起，

左允文从小在老街长大

■ 左家宗祠

创办了一家新能源企业，生产锂离子电池。左允文从小在老街长大，左家是老街上历史最为悠久的大家族之一。有 500 多年历史的左家宗祠，记录着左家先祖的故事，也留下为人处世的道理。厚德载物，淳朴勤劳的家训对这一代左家人的影响非常深。

老街的人和事，点点滴滴烙印进左允文的生命，成为他人生路上源源不断的精神动力。当时，新能源产业在中国还属于起步阶段，在工业基础薄弱的宁德，创办新能源企业是一个冒险之举。左允文却想得很明白，家乡需要更大的腾飞，而自己的企业更需要借助家乡发展的势头。万事开头难，但没有开头，哪有后续的发展。最终，以左允文为首的几个宁德同乡人努力劝服家人回乡创业。

新能源领域，锂离子电池是一个很神奇的产品，小到手机，大到汽车，处处都有它的身影。当时，锂离子电池面世仅仅 20 年，生产中可供参考的经验非常缺乏，同行之间的竞争更是十分激烈。为了攻下一个个技术难关，左允文抱着睡袋住进了车间，带着科技团队 24 小时守在生产线上，吃在会议室，睡在车间边。

经过 10 年的努力，这个以宁德同乡为主体的创业团队，从零起步，追跑，并跑，又领跑。如今，他们生产的锂离子电池和动力电池销量已经成为世界第一。千年老街鹏程万里的美好愿景在新时代已经聚合成一股改变世界

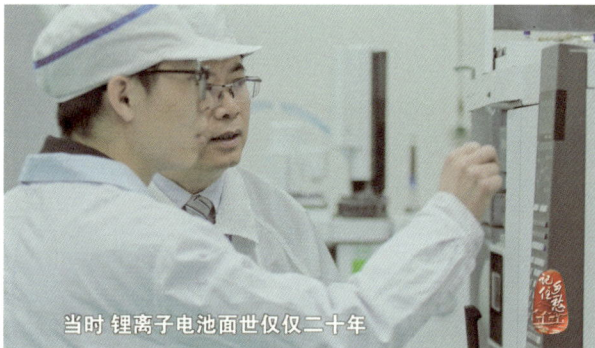

■ 锂电池生产车间

■ 锂电池生产车间

的力量。左允文讲道："我们描绘未来的景象，将来在街上跑的所有的交通工具，里头装的全部是我们中国芯、宁德芯。"

当鹏鸟翱翔于天地，它的视野将是更广阔的山河。八山一水半分田的偏远小城宁德，用脚踏实地的一步一步，在山海之间走出了新兴产业领域的许多世界第一。

"亿万千百十，皆起于一。""一"是开始，是初心，更是持之以恒的坚持。山与海，曾经禁锢了脚步，如今却带着从一开始的信念，承载着宁德老街千年的愿景，在新的航程上逐梦而行。

编　　导：张曙丽　陈　宏
撰 稿 人：李霞飞
指导撰稿：李彩霞

晋中太谷老街

打个颠倒
求公道

在山西省中部的晋中市太谷县，坐落着一处古老的商业街区——太谷老街。它东起北顺城街、南河街，西临西环路，南临新建路，北至108国道，以鼓楼为中心，4条大街连接着周边72个巷子。走进老街，耳旁萦绕着充满地域风情的小曲，明清时期的商铺旧址林立其间，让人有种穿越时空的错觉。

据《太谷县志》记载，"太谷"是太行之谷的意思，自古以来就是太原通往晋东南的要道。明清时期，随着晋商的崛起，老街发展至鼎盛。

■ 古色古香的太古老街

如今的太谷老街，依然是熙攘的人群，热闹的街市，尽管四周林立的商铺早已不再是过去货行四海、汇通天下的商号，但这里的老街人依然传承着"信誉至上、诚实守义"的晋商精神，保持着"崇尚公道、追求公道"的质朴本色。而这些宝贵的精神财富也深刻地影响着一代代老街人，伴随老街经历千年风雨，成就老街的辉煌。

一　箕子明夷，贞正之心

太谷老街历史悠久，千年历史孕育了众多光耀故里的名人。商代，这里是箕子的封地，古称箕城。箕子作为中国文化史上有可靠著作传世的第一位思想家，给后代留下了治国安邦的著作《洪范》，孔子在《论语》中，也将他与微子、比干并称为殷商的"三仁"。

相传，殷商末年，纣王昏庸，荒淫无度，整日不理朝政，微子、比干、箕子看到这一情形，就去劝诫纣王，忠诚的比干被杀，微子投奔周文王，正直的箕子多次谏言，伸张正义，也惹来了杀身之祸，为保全性命，他不得已装疯卖傻，披发佯狂为奴，隐居山林。

10多年后，周灭商，求贤若渴的周武王找到箕子，询问他殷商灭亡的原因，箕子不愿讲自己故国的坏话，却把夏禹传下的治国方法"洪范九畴"陈述给

■ 箕子雕像

■ 箕子浮雕

周武王听，史称"箕子明夷"。他特别指出，作为君主一定要正直，对底下的臣民要好，要站在他们的角度，要关心民间的疾苦，统治要刚柔并济，不要采取残暴的手段。

箕子的主张，得到了周武王的认可，让刚刚经历战乱的百姓得以休养生息。后来，周武王邀他出山治理国事，箕子以旧臣不入新朝婉拒，他担心周武王再次来请，趁其不防，迅速离开箕山向东而去。

"内难而能正其志，箕子以之。"在国家遇到危险的时候，箕子决不背叛商纣王，对其忠心耿耿，不做背弃商王朝的事，坚守住自己的志向。临危而不改节，安守心中贞正，箕子的这份贞正之心，天地可鉴，正道不悖，而关于箕子存公心、守正道的故事也被世世代代流传下来，影响着一代代老街人。

二　人要公道，打个颠倒

在老街的一处广场上，立有一位女子的雕塑，她就是中国著名思想家孟子的母亲。孟母姓仉，是土生土长的太谷人。相传，有一次，年幼懵懂的孟子看到小伙伴院子里有西瓜，很想吃，就和小伙伴商量，用自己的一个桃子换取大西瓜。当孟子抱着大西瓜高兴地回家时，被孟母发现了。

孟母对孟子说：怎么能拿小桃子换大西瓜呢？不能这样占便宜，遇事情应该换位思考，自己拿了西瓜，是不是人家拿桃子的吃了亏。人要公道，打个颠倒。

母亲的一席话触动了孟子，他主动把

■ 孟母雕像

西瓜送回小伙伴的家里，并诚恳地赔礼道歉。后来，在孟母的悉心教导下，孟子开始发奋读书，留下了"爱人者人恒爱之，敬人者人恒敬之"的醒世格言。

为了纪念孟母，教育后世，人们在老街上建起了一座孟母庙。每年，孟母诞子之日，人们都会来到这里为她敬献鲜花，祈福平安。"人要公道，打个颠倒"也成为当地一句耳熟能详的民间谚语流传至今，深刻影响着他们生活的方方面面。

厚重的文化积淀涵养了老街人的品性，也让他们有了更加豁达的胸襟，懂得凡事唯有推己及人，才能求得公平，换取心安。

■ 白塔村白塔

在太谷老街的南边，矗立着一座白塔。1000多年前，这里还只是个小村庄。当时，白塔村适合种小米，而邻村大多适合种玉米。所以两个村子之间会进行物物交换，按照约定一斗玉米换半斗小米，各取所需。

有一年，邻村种的玉米遭了灾，收成很不好，如果按照往年的约定，他们能换回的小米远远不够果腹，全村人的生活都将难以为继。规矩是死的，但人心是活的。正当大家一筹莫展时，白塔村人主动找上了门，提出了一斗小米换一斗玉米的新换物标准。

那一年，在白塔村人的帮衬下，邻村的百姓平安度过了灾荒之年。

而"白塔村人讲公道，一斗小米换玉茭"的故事也吸引越来越多的人来此安家落户。后来太谷的县城也迁于此，于是就有了"先有白塔村，后有太谷城"的说法。如今，老街人还把这段故事编成秧歌戏，世代传唱。

三　诚信经营，古今公理

潜移默化之下，不论是在当地经营小买卖的，还是外出做大生意的商家，都能坚守一颗公道之心，赢得了人们的尊重和信任。

明末清初，太谷老街已经成为山西最重要的商业中心之一，开设了大量商铺、票号。浓郁的商业氛围，培养出一大批优秀的晋商，"志成信"票号的创始人贠成望就是其中之一。

康熙年间，15岁的贠成望，跟着本家的一个掌柜到北京

■ 晋商院落

分号"志一堂"当学徒。有一次，掌柜不在，客人来买东西，他就把一件放在柜台上的货物卖了出去。没想到，掌柜回来之后，发现东西不见了，脸色顿时有些难看。原来放在那儿的东西是损坏的，把坏的东西卖给顾客，这怎么能行？

"我们做生意，必须讲诚信，讲公道。"掌柜立即让贠成望带上钱和完好无损的货物去给人家说清原委。年少的贠成望拿着钱和货，跑了十几条巷子，才找到买主，把钱退了，并向对方赔礼道歉。掌柜的一席话贠成望一直铭记在心，也影响了他之后的经商之路。

多年之后，贠成望创办"志成信"票号，做起了金融汇兑生意，因为诚信经营、公平处事，很快赢得了声誉，逐渐发展为当地最大的票号，北京、沈阳、上海、南京、广州、开封、济南等24座城市都开设有

分号，生意遍布中国。

明清时期，在太谷老街上像"至成信"这样的票号有 20 余家，占据山西票号大半壁江山，人称"金太谷"。那时的太古老街不仅是金融集散中心，也逐渐成为金融借贷重地。全国各地的商家们在这里专门成立一个独立标期，叫"太谷标"，就是约定还贷款的日期。每逢标期，万商云集，各路运来的现银，一车接着一车。城内的大小商号到处都堆满了银两元宝，就连商号内的伙计睡觉的炕上也全部堆满了元宝。

"太谷标"成了生意人的信用保证，票号客户如果顶标违约，不按期还钱，所有的商人就都不会和他做生意，经商之路也就走到了尽头。秉承诚信，依托商业、金融业的发展，老街开启了绵延数百年的繁华。

四　医者在心，心正药真

走入近代社会，票号业逐渐淡出历史舞台，太谷老街金融中心的地位也成为过去，但与票号齐名的中药产业却在这里一直延续了下来。

"蔚成德"是一家传承了百年的老字号，店里不仅卖药，还有大夫出诊。虽是一家小诊所，但每天前来看病的人络绎不绝，为了维持秩序，大家需要排队取号。常年生活在老街的人都知道，诊所里有个传承于祖上的铁规矩：即使排队排在第一个，领到的号却不是第一号，而是第五号，前四个号永远放在大夫的抽屉里，当地人把它们叫作"公道牌"。这前四个号，第一个给急诊，第二个给老人，第三个给孕妇，第四个给婴儿。

■ 百年老字号"蔚成德"

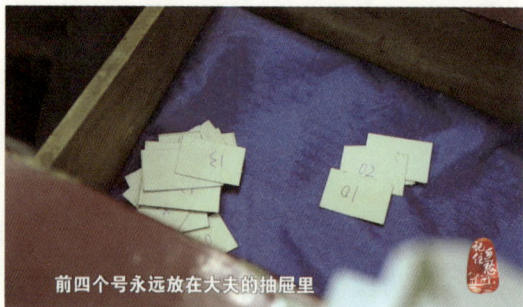

■ 公道牌

有一次，一位外地人前来看病，天没亮就到店里排队，可明明排的是第一个，领到的号却是第五号。不了解情况的他误以为是店里有意把号留起来，用来招呼自己人或本地人，委屈之下，就和店里的工作人员理论起来。孙志成耐心与他们解释：老吾老以及人之老，幼吾幼以及人之幼。如果自己是这4种情况的某一种，会怎么想？我们要换位思考，推己及人。医者仁心，这正是太谷中医药产业能够持续数百年繁荣的奥秘所在。

中药产业最鼎盛的时候，太谷老街上大约有60多家中药铺。其中最有名的是创于明嘉靖二十年（1553年）的"广升远"，它在清代曾与广州"陈李济"、北京"同仁堂"、杭州"胡庆余堂"并称为"四大药店"。

1949年后，老字号实行公私合营，"广升远"与另外一个药厂"广升誉"合并，起名字时，为求公道，干脆各取一字，命名为"广誉远"。

作为有着400多年历史的药厂，"广誉远"传承的多项古

■ 柳惠武向父亲学习

法制药技艺被列入国家级非遗项目，主导的"龟龄集""定坤丹"现为国家级保密品种。广誉远历经400余年的发展，始终遵循着"修合虽无人见，存心自有天知"的传统古训，始终如一的药品品质及童叟无欺的经营原则，正是古训中的精义体现。

柳惠武，现任广誉远非物质文化遗产传承人，自幼师从其父柳子俊学习中药鉴定，从事中药理论研究与实践40余年。对于柳惠武来说，医者要做到"心中有道"，宁愿自己少赚点钱、药上生层灰，也不愿意老百姓得病。"非义而为，一介不取；合情之道，九百何辞。"做生意以诚实守信为本，不能赚取"不义之财"，对于合情合理的利润，也要坦然取之。这正是广誉远创造辉煌、历久弥新的原因，也是中华老字号诚信至

上的精神写照。打个颠倒求公道，早已成为老街人日常挂在嘴边的口头禅，也深刻影响着他们生活的方方面面。

五　以诚为本，良心买卖

如今，人们依然可以从钱市巷、卖珠寺巷、门楼道巷等名称中感受到这里曾经缔造的商业奇迹。店铺里，摆在柜台上的秤始终把读取数字的一面对着顾客，卖布的总习惯喊一嗓子，提醒买家数清几尺，最后还会多给几寸。这些小小的细节都让来到这里的人们感觉无比贴心和自在。

在老街鼓楼的西北角，有一家卖驴肉的小店，也是祖传百年的老字号。每天一大早，63岁的王拉友都要来店里看看。自接手店铺的那天起，他就一直坚持祖传手艺，选材工序不敢有丝毫马虎。

■ 王拉友制作驴肉

■ 酷似驴肉的公道石

每天从5点开始煮肉，到8点多9点肉才开始熟，一块两块慢慢挑出，等全部肉都煮熟出完的时候，就得到晚上六七点，非常耗时。在他看来，对手艺负责，也就是对顾客负责，这样才能让买卖做得更长久。这些年，王拉友的生意始终红火，每天都供不应求。

2006年，有个超市看到商机，想跟他合作，要求每天至少卖出3000斤。如果接下这单生意，一年下来利润就可以翻倍。但王拉友却很为难，因为按照传统工艺加工，即使一天干满24小时，也制作不了这么多驴肉。当时有个外地人为他出主意，让他改用机器加工，再混些好煮烂的其他肉进去，这样就能轻松把钱赚了，话还没听完，王拉友就一口拒绝了。在他心中，"良心"二字重千金，以诚信擦亮品牌，这样的规矩无论传到第几代都要守下去。

如今，37岁的王敏继承了家族这门老手艺，也继承了一块祖上传下来的石头。这块酷似驴肉的石头被郑重地摆放在大堂中央，老祖先的教诲就隐藏在其中。如果肉的色泽做不到石头这个样子，是坚决不能卖的，这个石头是公道石，同时也告诫后人：做人处世要公道，不要弄虚作假，要像这石头一样，有过硬的人格。

在太谷老街，商业的兴盛并不是一种偶然，他们缔造出商业传奇的秘诀紧紧围绕着"公道"二字。它们守着一份老传统和旧情怀，把"公道"二字牢牢记在心间。

诚招天下客，誉从信中来。将心比心，才能换取真心；换位思考，才有真正的公道。这古老的智慧让老街走过了千年风雨、岁月沧桑。过去，这里店铺林立，百工百业兴旺发达；如今，老街上的器乐制作、蛋雕、砖雕等传统手工技艺，还在这里传承。漫步在这座充满历史韵味的老街，细细感受晋商文化的魅力，默默探寻晋商故里深处的血脉。

编　　导：马胜会
撰　稿　人：孟鹭
指导撰稿：李彩霞

沙溪寺登街

茶马古集市
和合天地美

　　"沙溪雾笼卧长虹，戏台斑驳石径空。茶马古镇多少事，尽在千年粉墨中。"作为全世界茶马古道当中保存最完整的一个古集市，古老的寺登街坐落在云南大理剑川县南部的沙溪古镇上，隐藏在群山之中。寺登街，"寺"是指兴教寺，"登"在白族话中是"地方"的意思，"寺登街"就是指"兴教寺那里的集市"。大理国时期，著名的茶马古道沟通了两地的经济文化，人们在这里进行食盐、茶叶、香料、布匹等物资贸易，寺登街兴盛一时。

■ 寺登街

寺登街的街巷并不繁杂，经过寨门，一条狭窄、深长的古巷道在眼前悠然而来，两边残旧的古铺面悄然耸立在巷道两边，巷道的尽头就是寺登街的贸易中心——四方街。位于四方街南北两端的南古宗巷和北古宗巷是寺登街古建筑群的主干。在这条主干的两侧，还延伸出了一条条幽深的小巷，通往至今保存完好的白族古民居。老街完整地保留着一大批明清时期建筑——寨门、寺庙、戏台，展现着茶马古道上的集市风貌。

当马帮成为一种历史，蜿蜒盘旋在滇藏崇山峻岭中的茶马古道，也日渐变得沉寂以至荒凉。幸好，寺登街还存在，老街原封原样地保存了当年的事物，它凝固了茶马古道的历史，为我们原汁原味地保留了那些关于马帮、大黑天神、古道、天灯的历史片段。

一 烈火焚烧若等闲：大黑天神佑一方

在寺登街，每到节日，人们都会去庙里祭拜"大黑天神"，白族人把他视为护佑一方的神灵。关于"大黑天神"，有一个动人的故事在当地广为流传。

传说在远古时期，天上的神灵拨开云雾察看人间，见到沙溪处处花红柳绿，风景如画，白族人家男耕女织，欢乐祥和，竟比天上的日子还要舒服，神灵心生嫉妒，便要降灾于人间，于是派了一位勇猛的侍卫来散播瘟疫。

这个侍卫来到人间后，看到乡邻互相帮衬，人民淳朴善良，深受感动，不想残害百姓，但天命不可违。于是，他决定用自己的生命来拯救百姓。侍卫把瘟疫吞进肚子里，并在身体里燃起了一把火，熊熊的火焰很快吞噬了他的身

在延绵不断的香火中

■ 寺庙里的大黑天神像

体，把他烧得漆黑。瘟疫被消灭了，但侍卫却为此付出了生命。人们得知这件事后都非常感动，但又不知他的姓名，见他全身漆黑，所以都尊称他为"大黑天神"。

如今，在白族聚居的地区，寺庙里都供奉有"大黑天神"，白族人把他视为保佑身体健康、治疗疾病的"医神"。每到节庆，人们都会来到庙里向"大黑天神"祈福，在延绵不断的香火中，"大黑天神"舍己为人的精神化作了白族人的精神追求。

"大黑天神"当年所见到的"人间天堂"，如今依然兴旺和谐。白族人在生活中注重和睦乡邻，更懂得谦让分享。每年，到了腊月，寺登街上都会自发组织起送"福"活动，人们会亲手写上几副对联送给别人，简单质朴的平凡生活充满了温情。在老街人看来，生活中的分享或许花费了一些时间和精力，但收获的却是大家的幸福和喜悦。

二　一片冰心在玉壶：段良辞官守家乡

从古至今，交通的便利对于一个地区的发展来说至关重要，只有四通八达，才有八方来客。历史上，寺登街所处的地理位置十分优越，它东通大理，北至西藏，远可达东南亚。得天独厚的交通条件，不仅使得这条老街成为当时商贸的繁盛之地，也成就了寺登街古集市的传奇。

随着沙溪周边的弥沙、乔后、云龙诺邓和马登四大盐井的开发，沙溪愈发兴盛繁荣了起来。历史上，大凡食盐集散的地方，都是令人惊羡的富庶之地。每年经这里运出的食盐多达 10 万担，老街成为富甲一方的重镇。急速增长的财富，让人起了贪念。利欲熏心之下，只考虑个人利益，以次充好、掺杂使假等贩卖私盐的行为开始泛滥。富者愈富，穷者愈穷，百姓生活一团糟，周边山林盗匪四起。

明代，曾任万历皇帝太师，被后人称为"天下贡元"的太学生段良，有一次回老街探亲，目睹家乡的盗匪横行、人心不古，他痛心疾首，决心回来。当时的段良名望极大，在京城享受着优厚的俸禄，朝廷中很多人都劝他留在京城，安享富贵。但面对家乡百姓生活的疾苦，段良还是决定辞官，放弃了高官厚禄和优裕的生活，带着自己的家人回乡。

回到家乡后，段良没有住到富足的老街上，而是带着家人进入深山，守护起盐运古道。老街人被段良的精神感动，一起参与到了守护家乡秩序的行动中。经过大家几年的努力，终于建起了马坪关，消除了匪患，守住了从弥沙盐井前往老街的重要通道。在段良的带领下，贩运私盐的问题也得到了治理，沙溪盐运秩序逐步恢复。此后，段良的后裔接替他世世代代地守在了马坪关，守卫着古道的安全。

老街人也领悟到"和则两利，乱则生变"的智慧，从那以后，每当有马帮到来，寺登街人都会把沿街最好的摊位，让给那些远道而来的商人，和睦友善的商业氛围让老街恢复了繁荣。

■ 段良后裔世世代代守护老街

三　忧人之忧：天灯悠悠照旅人

凭借地理位置上的优势，寺登街成了茶马古道上的商旅重镇，成群结队的马帮，驮来了南来北往的货物，驮来了各民族文化的交流，驮来了亚洲古文明的融汇，也驮来了沙溪寺登街的繁荣昌盛。

明万历年间，一支马帮从西藏过来交易，抵达寺登街时，已是深夜。由于人困马乏，看不清路，一不留神，马匹和货物都跌落到河里。周围的居民听到呼救后，急忙赶去救援，经过一夜的努力，才把马匹和货物捞了上来。

客商从远方来到沙溪，路途遥远，人也疲惫，不熟悉地形，分不清方向，老街人为了防止意外情况再次发生，就想了一个办法。人们在兴教寺旁竖起了一根高杆，杆头上放置油灯，每当夜幕降临，老街人就会把灯点亮，十几里外的地方都能看见，给远道而来的商队指引方向。为了保证油灯不熄灭，老街人还制定了"守灯"的规则。有了灯以后，老街人要挨家挨户值守，不管是赤日炎炎还是天寒地冻，无论大雪纷飞还是狂风怒号，都要一直守灯到天亮。

■ 老街人点亮的"天灯"

无数个夜晚，老街人忍受着严寒酷暑，从天黑到天明，交替守着一盏灯，这长明的灯光让无数长途跋涉的商队感受到了温暖与希望。他们大都会留在寺登街过夜。清代，老街上出现了"三天一街，两天两宵"的热闹场景，形成了独具风格的夜市。

如今，古老的"天灯"虽然换成了现代化的电灯，但点亮的依然是老街人的纯朴厚道。每当夜晚来临时，灯光亮起，不仅仅照亮了夜空，也温暖着人心。

四　一人有难众人帮：地参之谊千金

随着时代不断的发展变化，马帮已成为一种历史，蜿蜒盘旋在滇藏崇山峻岭中的茶马古道，日渐变得沉寂、荒凉。2001 年，沙溪寺登街作为古道上保存最完整的集市被列入濒危建筑保护名录。为了恢复茶马古道集市的风貌，寺登街开始了修复工作。经过6年多时间，修复后的老街恢复了原来的面貌，麻石小路、稻草土墙、榫卯结构的房屋，曾经热闹非凡的茶马古集市风貌又原汁原味地展现在人们的眼前。来沙溪寺登街旅游的人也越来越多，老街居民开起了商店、茶馆、民宿，游客来到这里，尝八大碗、听白族调、喝普洱茶，感受茶马古道的风采。发展旅游的同时，也带动了当地特色农业的发展，沙溪地参就是其中之一。

75岁的杨开四从事地参行业已有20多年。1995年刚开始经营地参时，她带着自己的产品去外地展销，有一家公司订购了10吨，乡亲们都觉得这是一笔大生意，但让大家没想到的是，发货后对方却迟迟没有汇款。杨开四被骗了，欠下了15万元的债务。那段时间，杨开四不知该如何面对乡亲们，整天躲在家里不出门，万念俱灰，甚至想跳进黑惠江一了百了。有一次家里传来了敲门声，她以为是有人来要债，就躲在家里不敢出声，过了很久，听门外没了动静，她才偷偷打开门。让她意想不到的事发生了。

杨开四的家门口，多出了几十袋地参，都是当地农户们自愿拿出来的。乡亲们不但没有责怪她，反而都把几百斤甚至几千斤的地参赊给杨开四，支持她重新开始，什么时候挣钱了再还。

有了大家的帮助，杨开四继续做起了地参生意，经过了近10年的努力，才把欠款还清。在这个过程中，她开拓了一个庞大的市场，在她的带领下，当地有400多户村民种起了地参，每年都有300多吨产量。

2016年，地参行情差，收购价远远低于往年，很多种植户亏本出售。看到这样的市场行情，为了回报乡亲们的情谊，杨开四不但没有压价收购，反而以高于市场的价格把乡亲们的地参全部收了进来。那一年，明明可以大赚一笔的

■ 沙溪的地参产业

杨开四反而亏损了五六十万元。

知道了这件事后，种植户都很感激她。后来，每当杨开四资金周转紧张时，乡亲们都会主动提出赊账，老街形成了互信的合作关系。如今，在老街人的共同努力下，沙溪地参已经作为特色产业逐步发展起来，销售范围扩大到全国 15 个省、市、自治区。

中国人常说"舍得舍得"，能否正确对待舍与得，体现的是中国人的人生智慧。如果人人都只顾自己眼前的既得利益，一个地区就很难发展起来。只有大家都献出一份爱，把小我融入大我之中，才能收获更多。

⑤　文化传承可颂歌：白曲悠扬声渐朗

沙溪虽已经成为旅游胜地，但不同于别处的是，这里没有过度商业化，没有千篇一律的旅游商业的喧闹。如今，这条古老的街道依然充满活力，老街老巷当中开起了民宿、茶馆和书店，沿街的店铺里售卖着各种富有当地特色的传统手工艺品。面对今天时代的快速发展，老街人放缓脚步，不疾不徐，用脚踏实地的态度保护和传承民族的文化。

白族是一个能歌善舞的民族，在沙溪至今还保留有 19 座戏台。今年 41 岁的李宝妹从小听着歌声长大，凭借高亢的歌喉和扎实的功底，她走出沙溪，到大城市发展，有了更大的舞台。但出去后她却发现，外界了解白族歌曲的人很少，会唱白族歌的人更是寥寥无几，小孩甚至根本听不懂。

白曲源于日常生活，每一首歌都承载着民族记忆，也是延续白族文化的纽带。看到白曲传承日益青黄不接，自己民族的文化日渐式微，当时在大理五朵金花艺术团任团长的李宝妹，决定离开都市，回到家乡。

放弃了待遇优渥的工作，李宝妹回到了老街，拿着微薄的薪水，她尽心尽力地从事着白曲的传承工作。在她的带动下，很多民间歌手加入进来，他们用汉字记音的方法把白曲进行翻译整理，并开展了白曲教学的课程。经过 3 年多的努力，有 300 多名白族同胞完成了学习。

这一天，李宝妹和她的团队又一次来到寺登街，动听的白曲在古戏台上响起，曲调婉转悠扬，萦绕在老街，歌声把人们带回那个驼铃声声的年代。

2000多年的时光里，这座茶马古道上的繁华集市经历了平安、战乱、繁盛、黯淡。曾经马帮昼夜不停经过的集市，曾经商贾云集热闹非凡的寺登街，已随茶马古道的沉寂而远去。唯有寺登街，这座茶马古道上精心保留下来的古集市，保留着那些写满岁月沧桑的古建筑群落，让人们有史可鉴，有迹可循。从早期的段良辞官平匪患，到现代的村民互帮互助建设家乡，"尚和合、求大同"的和合文化成为白族人的思想共识，更运化为骨子里传承不息的精神信仰，生活"和"其美好。白族人家能舍天地宽、和善一家亲的人生智慧和文化底蕴在这里世代相传，并将伴随老街走向更美好的明天。

■ 李宝妹和她的团队吟唱白曲

编　导：王　洁
撰稿人：张兴雪
指导撰稿：李彩霞

永州柳子街历史文化街区

和合而居

　　柳子街，又称唐街，位于永州古城潇水西岸柳子景区内。它西起萍阳南路，东至207国道，宽不足6米的青石板路绵延至550米，街道尽头是高低错落的石阶，石阶而下便是浩瀚的大河。街道两旁是一座座建于明清时期的传统民居，300多户人家世代居住于此。于此间漫步，就仿佛置身于一幅温婉柔美的山水画卷之中，安逸从容如同缓缓流淌的溪水由心底而发。遥望远处，汤汤潇水岸，遥遥古驿道。古往今来，这起于长街的湘桂古道，踏来多少商客骚人，又传去多少传说佳话。

■ 柳子街

柳子街的中心是柳子庙，它是为纪念唐代杰出的文学家、思想家、政治家柳宗元而建。唐永贞元年（805年），因参与永贞革新失败，柳宗元被贬为永州司马。他

老街人更是把他

■ 柳子庙

居永州10年，写下了脍炙人口的《江雪》《捕蛇者说》等近500篇诗文，《永州八记》更是铸就了中国山水游记散文的巅峰之作，让永州闻名遐迩，成为一代又一代文人墨客敬仰的地方。他在永州任官期间，因心系民众，时刻为百姓着想，而广受百姓爱戴。在老街人的心里，柳子街是柳子留给永州人民的长街，柳子街的灵魂便是柳宗元。

一　十年潜沉，与民合乐

公元805年，柳宗元来到永州后，看到此地山高林密，百姓生活困苦，于是触景生情，自觉一腔抱负从此付诸东流，心中苦闷不已。

正所谓祸兮福之所伏，一次偶然的机会，他听闻西山景色宜人，想要借山水来寻求慰藉，于是带着朋友往西山而去。当柳宗元登临西山之巅，放眼望去，发现这里有山卓然独立，与众不同，有一种别样的境界。他联想到君子不与佞臣为伍的道理，心中顿感宽慰。

豁然开朗的柳宗元渐渐开始尝试与街邻们交谈，他移居到了冉溪河畔，每天扛着铁锹在后院里种些菜、养些花，不时与路过溪边的猎人渔夫吆喝两声。闲暇时就著文沉思，他将满腔理想与抱负寄于笔墨、融于山水：一组"永州八记"写美了永州山水的极妍之姿，一篇《捕蛇者说》道实了民生的艰苦之况，一首《江雪》写尽了自我的孤独之境，成为千古绝唱。

岁月沉淀了古老，长街容留了落魄。生命的10年是潜沉的自我顿

悟，亦是和合之音邻里绕梁。

柳宗元的亲民之举赢得了百姓的拥戴。相传，长街旁有条河叫冉溪，十天三涨水，但奇怪的是涨水时水黑如墨，退水时水清如泉，因此长期以来，冉溪两岸一片萧条。柳宗元得知此事后，决心治理冉溪。他移居冉溪旁，日夜守候，诚心写下《钴鉧潭记》等散文，溪神看后十分感动，稳定了自己的"情绪"，自此冉溪变成了一块宜居的宝地，柳宗元也将其改为愚溪。此后，百姓们纷纷来此居住，世世代代感念柳子的恩情。

柳宗元也是一个"资深"的美食发明家。相传，他谪居永州期间，了解到血鸭不易保存，坏了就得倒掉，非常可惜，于是他就告诉大家在血鸭里放些醋。这样不仅延长了血鸭的保存期，而且在入锅翻炒后血腥味儿也被消了去，变得异常美味。

有一次，柳宗元突然想喝酒，发现家里没有黄豆了，于是向邻居讨要了一些黄豆准备炒了配酒。回家后他着急拿酒，于是随手把黄豆放在了灶台上，结果仆人在经过灶台时不小心把黄豆碰撒到水缸边上。几天后，柳宗元在水缸边舀水时发现水缸边的湿地上长出了豆芽。于是柳宗元突发奇想，干脆把剩下的黄豆都泡水里，盖上稻草，每隔几个时辰就用"愚泉"水淋一遍，于是黄豆芽便制成了。乡邻们得知此事后争相效仿，并且在一番尝试之下育出了新品种——绿豆芽。自此，永州掀起了吃豆芽的风潮。柳宗元看到大家都开始大量培育豆芽，立

当地人都会举行隆重的"祭柳"活动

■ 祭柳

刻提醒乡邻们要用干净的泉水或是井水来育制豆芽，防止中毒。时至今日，永州人依然谨记柳子的告诫，不用污水育制豆芽。美味入于老街人的口齿，而柳子的话却留在了人们的心底。

柳宗元故去后，人们纷纷来此，瞻仰凭吊。过去，交通不是很发达，柳子街居民便把前来祭柳的外地人留下来，每家出几道菜，热情地招待他们。慢慢地，柳子家宴成了老街人的传统。

如今，参加祭柳的人们已经无须舟车劳顿。柳子家宴更像是老街人的一次团聚，觥筹交错间，传递的，是柳宗元的和合之道；凝聚的，是人与人之间的浓厚情感；呈现的，是家中父母的殷切守望；唤起的，是他乡游子魂牵梦绕的故乡味道。

"千古诗文地，锦绣潇湘源。"十年的潜沉，是文脉的跳动，柳子将自己生命的近 1/5 留在了长街。他以儒雅之风、亲民之举感染了柳子街世世代代的前赴后继。

更像是老街人的一次团聚

■ 柳子家宴

（二） 官为民役，世道和合

最先受到影响的是永州县令薛存义。当时柳宗元初到永州，当地苛捐杂税繁重，民不聊生，迫不得已，许多人背井离乡。薛存义得知此事后困扰不已。

有一天，他来到柳宗元的居所，吐露出心中的困惑。柳宗元听后就对薛存义讲道："当官的是老百姓的奴役，要为百姓服务，如果做官不为民，那么这官不做也罢。以民为本，方能人民安乐、国家太平、世道和合。"

柳宗元的话让薛存义茅塞顿开。回到县衙后，他着手惩处了一大批奸商劣绅，同时均衡赋税。慢慢地，一些原本为了躲避重税而背井离乡的人们也回到故土，开始了新的生活。从此永州政通人和，百姓安居乐业。两年后，薛存义任期结束将被调离，柳宗元听后，十分不舍，提笔写下赠别之语："凡吏于士者，若知其职乎？盖民之役，非以役民而已。"自此"官为民役"便成了永州官民共同的追求。

■ 周敦颐纪念馆

在永州这种官民和合的氛围下，永州始终人才辈出，许多从永州走出去的才子们始终不忘本心、不忘老街人的教诲，在各地为官，不论官位大小，都始终不骄不躁，默默奉献自己的力量，其中最著名的便是周敦颐。

周敦颐是宋明理学的开山宗师，但其如莲一般的心与行令他"与世不容"，官运平平。因此在公元 1040 年，不是科举出身的周敦颐被调往洪州分宁县（今江西修水）当主簿。虽为小官，但刚到分宁的他立刻着手解决了一起旧案，百姓们听后大赞："老吏不如也。"

周敦颐也开始在当地名声大噪，于是被推荐为南安（今江西大余）

军司里参军。可是好景不长，在军中有个人犯了事，但罪不当死。而转运使王逵在当地是个有名的酷吏，听说此事后，当即下令想将其处死，在场的人都不敢忤逆他。就在这时，周敦颐大步上前，依法力争。王逵听后非常不悦，严厉批评了他。周敦颐气不过，把纱帽一掀，当即说道："这样的官有什么可做的！杀人以媚上，我不干了。"说完，他拂袖而去。

周敦颐的话令王逵十分触动，在反思之后更让他懊悔不已。此后，他改正了作风，并在一次偶然的机会下推荐周敦颐做了郴县县令，以报答他的点醒之情。

历史的车轮滚滚向前，但从老街里传诵开来的"官为民役"已广散四野，推动着世道迎来它的和合。

时至今日，路过柳子庙的大门，两侧的楹联"山水来归黄蕉丹荔，春秋报事福我寿民"仍令人驻足神往。先贤虽已远去，但他留下的精神，仍泽被子孙后代，湘江码头前那已化作传说的石纱帽在古往今来的时光里默默为柳子守护着那些和合而居的街邻。岁月的沧海桑田磨平了古道的青石，却绽放出官民和合的盛世之花。

（三）　投以米粉，报以"琼瑶"

驻足老街，古朴的牌匾在岁月的洗礼下磨去了棱角，但它们所承载的先人热烈的期望仍在警醒着后来之人。

"诗礼济世道，公平兴家邦"，这是柳子街邓家祖宅门口木质牌匾上的刻字，多少年来，都被邓家人奉为家训，而这条家训也承载了一段感人的故事。

明嘉靖年间，为

人们在门面不大的店铺里

■ 老街人最爱的米粉

方便往来商客和周围的乡邻，邓家先祖就在柳子街开起了一家粮油店，生意十分红火。然而有一年，永州闹起了蝗灾，方圆数十里的田地颗粒无收。灾民无粮充饥，饥饿难耐，邓老板看在眼里，急在心里，于是就主动把自家存粮搬出来，打成米粉，免费发放给灾民吃。过了大半年，邓老板回到家中看到粮仓快要见底，而自己大半年没有做生意，家里余钱也尽数用于购粮，无奈之下，他想到了向永州城内的富商大贾求助，于是在街上的柳子庙设宴请客。宴席上，邓老板道出了赈灾的难处，大家听后纷纷慷慨解囊。靠着这笔募集来的钱财，人们安然度过了那年的灾荒。

到了第二年，灾情缓解，庄稼喜获丰收，邓老板也准备重操旧业，可是，家中的积蓄早已消耗一空，没钱去购粮开店。就在邓老板为难之际，乡邻们纷纷找上门来，为他凑齐了开店的银两。而由于蝗灾期间，大家吃的都是邓老板的米粉，事后回味起来，还是觉得滋味独特，时常会过来向他讨要，后来，邓老板干脆把粮油店改成了米粉店，路过的商客听闻他的故事后，也都来捧场，米粉店的生意越来越好。

如今，老街人每天的生活也大都由一碗米粉开启。清晨的阳光洒在老街的青石板面，一碗带着古老情谊的米粉在门店里等待着它的顾客。不大的门面，是乡情的浓处；古朴的柳子街，是邻里间相互携扶的见证。

（四）　学成报恩，孝义双全

在明清时期的中国

■ 节孝亭

在柳子街的尽处，一座长亭临溪傲立，如一位隐者以山水为伴，茶书为友。来到长亭的廊柱前，一副对联映入眼帘："憩片时，沿溪寻柳迹；饮一勺，放步到枫林"。这是长亭最初的修建者熊学礼亲笔所书。相传,在清光绪年间,居住在柳子街的熊学礼年幼丧父,从小和母亲相依为命,在相邻的帮衬下长大成人,并高中进士。有一年,恰逢母亲七十大寿,为表达自己的孝心,熊学礼打算准备一份厚礼。他对母亲讲:"母亲,您把我养大不容易,所以我奏请朝廷给您建一座牌坊。"

熊学礼的母亲听后,觉得此事不妥,于是对儿子讲:"能不能拿这笔钱做点其他的事情,既有利于街坊邻居,又能帮大家做一些实在事?"

当时,正逢永州城内盛行修建长亭,而柳子街又地处湘桂古道的起点,车马、客商往来频繁。和母亲商量过后,熊学礼用原本打算修牌坊的钱建了一座长亭,长亭下常年摆放着一张八仙桌,几把椅子,还有一个大水缸,方便路过的人歇脚、解渴。当地人称此亭为节孝亭。

■ 节孝亭小憩处

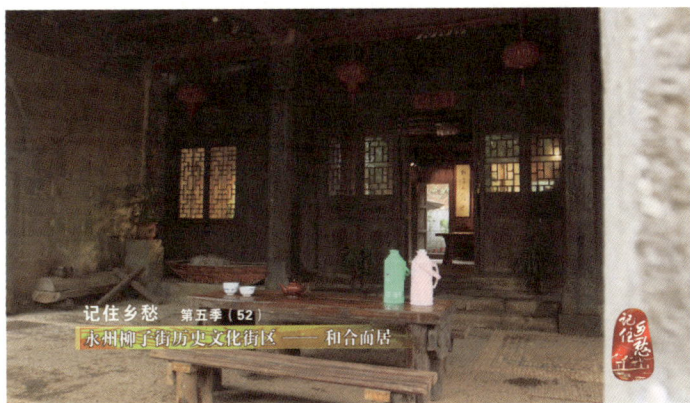
■ 节孝亭奉茶处

今天的节孝亭前,清亮的马蹄声已经成为古道久远的记忆。两年前,因为醉心于家乡的长亭文化,周杰又恢复了奉茶的传统,而每来的乡邻或游客,无论多么忙碌,总会舀一碗清茶,在亭内坐憩片刻,观一场风过林曳,嗅一片石上芳华,悟一遍人生来去。或许,在这人与自然的和谐里,我们读懂了些什么。

一碗清水，普通滋味，却能解人之渴，如同柳子街上人与人之间的关系，和气而质朴。

五　医者仁心，不问寒暑

每天早上，老街居民都会在自家门前摆放几把长凳，走累了的老人可以坐下休息片刻，或是推开主人家的门，熟悉的街坊邻里都会热情招待。在柳子街邻里和睦的氛围下，老人们乐观而长寿。

前几年，为方便老人看病，社区卫生服务中心在老街开设了一家医务室。医务室的医生王冬兰的家就在老街的不远处，能够留在这里工作，她十分开心。刚上班那年，正逢寒冬时节，病人很多。连续几天，王冬兰从早忙到晚，连午饭都没有办法顾上，于是老街人就煮好饭或者送过来给她吃。人们善意的举动让王冬兰的心里一扫冬日的寒冷与疲惫。

在柳子街工作了一年后，有同事找到王冬兰，建议她调职到另一家医务室，每月工资可以多 2000 元。但是王冬兰却不舍离开这条她从小玩到大的老街，离开那些待自己如家人一样的老街人。她说："大家平时对我们都挺好的，像爸妈一样，感情是用钱不能买到的，钱肯定是身外之

■ 柳子街医务室

物了。"

作为一名医生，王冬兰随叫随到，为了方便联系，她在医务室的门板上贴了一张"有事请打电话"的留言纸，而这张默默不语的留言纸在风吹日晒里被换了一张又一张。纸在变换着，但始终不变的是王冬兰的电话号码和她日日夜夜对老街人的守护，而他们的信任也成为王冬兰工作的不竭动力。

时间的昨夜会走向黎明，但老街里那一份浓浓的家的归属感在一代又一代人的世界里回环。

六　水漫街楼，邻我与共

潇水总是在岁月的投影仪里静静沉默着时光，然而，耐不住寂寞的江浪总会时不时光顾一下它祥和宁静的邻居。

2017年7月的一天，永州城数日暴雨，潇水漫出了河道，老街遭遇了40年来最大的一次洪水。洪水很快没过了人们的膝盖，水势不断上涨，许多行动不便的老人被困家中。

88岁的万光耀和老伴躲在二楼的卧室里，而救援队要忙着挨家挨户地把老人转移到安全的地方，眼看着楼下的家电就要全部被水浸没，王光耀和老伴感到非常无助。

就在此时，一个小伙的声音从楼下传来："要不要搬东西什么的，我来帮忙。"万光耀听后感到不妥，便道："你不能在我家这样搬，你家也要搬啊。"小伙子喊道："不要紧，不要紧。"年轻人不顾万光耀的劝说，还是和同伴帮老人家把贵重物品全部转移到高地上，随后又赶去下一家。

在柳子街上，这样的场景几乎每年都会上演。尽管每次家里多少会蒙受损失，但在老人家的心里却是宽慰的。这样的街风代代传承，多少年来，老街人始终坚信远亲不如近邻，无论哪家遇到困难，街坊邻里都会自发前去帮忙。在这里，和谐相处的淳朴民风历经千年依旧吹拂着这方土地。

黄昏降至，渔舟唱晚，愚溪静静淌过了晨昏。千年古街，一世邻

里，那是不分彼此的绵延，是朴素的老街里朴素的人与人间最纯粹的和合之美。一张门前的板凳，一扇夜色里虚掩的大门，这是邻里间无言的信任。古老的街，这是文史书墨的承载；质朴的人，这是祖祖辈辈"和"的传承。或许，最平凡的细处，便是这乡愁的浓处。

编　　导：赵奕琳
撰 稿 人：冯皓璇
指导撰稿：李彩霞

无规矩
不成方圆

　　当老北京人拾掇起脑海中的记忆时，怕是对那一条条幽深的胡同最为情深，坐在老式脚踏车的后座上，穿行于老城区的窄巷胡同，就着车轮的嘎吱嘎吱声，听沿街的吆喝叫卖，"卖豆汁儿喽""糖葫芦一块一串咧"，这纵横交错的胡同，宛如根根丝线，编织成了荟萃万象北京城的一隅。而距离天安门不到3公里的东四老街更是老北京胡同文化中最具特色的胡同街区。

　　东四街区东起朝阳门北小街，西至东四北大街，北为平安大街，南面与朝阳门内大街相连，总面积48.8公顷。走进东四街区，给人最大的

六条胡同

■ 东四街区规整的房屋样式

感受就是整齐，贯通东西 720 米左右长的 10 多条胡同整齐排列，胡同两侧坐北朝南的四合院紧密排布。一条街的形，藏着一座城的神，"方正格局，规矩有序"是东四街区最大的特点，也是这古都这老街人的原则。

一　循周礼方方正正筑东四

东四老街这种布局严谨、横平竖直的设计源于元大都。公元 1267 年，52 岁的忽必烈决定，为有世界最广阔国土的元王朝修建一座宏伟的都城，然而，当时的蒙古族高官和士兵的生活礼仪都源自游牧民族的风俗习惯，对于都城如何设计规划并不了解，只能效仿前朝，按照《周礼·考工记》中的规矩建城。

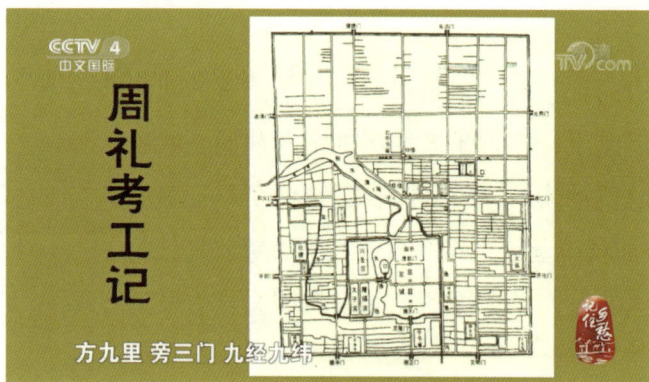

CCTV 4 中文国际

周礼考工记

方九里 旁三门 九经九纬

■《周礼·考工记》中对元大都格局的记载

《考工记》中规定，方九里，旁三门，九经九纬。每一个干道的宽度也有严格的规定，王城是九轨，诸侯七轨，大夫五轨，这里的九轨就是九辆马车的车轨，相当于我们现在的 16.6 米，七轨相当于 12.9 米。街道有严格限定，巷弄的宽度也有规划，按照当年官轿"方四尺"的标准，九米宽的胡同可以让两架官轿并排通行。

东四区方正严谨的格局与我国"天圆地方"的说法不谋而合，正主人家需居住在方方正正的房屋中，而规矩方正的建筑一旦形成，由形而神，居住在这里的人自然就形成了"按规矩办"理念。

自元大都建成后，人们行走在横平竖直的路上，住在板正规整的房里，衣食住行皆有规矩。700 多年的光阴，东四街区迎来送往了无数人家，遵规守矩也成了老街人的本分。

㊁ 严政令按部就班通运河

元大都建成后的 20 年，全国的政治、经济中心转移到了都城。那时，京杭运河基本贯通，源源不断的物资从南方而来，加上从海路运来数量不菲的漕粮，全都堆积在通州，当时，贯穿通州到城中的坝河通航条件有限，仅能承担五十万担物资的转运，其余数百万担物资只能走 40多里的旱路进京。这样的运输方式不仅效率低下，更占用了大量的畜力、人力。寻找一条合适的水道，成为当时必须解决的重大难题。

适时，32 岁的郭守敬因在老家河北邢台指挥疏通河道业绩突出而名声大噪。南宋景定三年（1262 年），在张文谦的引荐下，忽必烈破格召见了仍是一介布衣的郭守敬，在这次召见过程中，忽必烈向郭守敬道出了元大都水道运力不足的困扰，并当下就把贯通运河的任务交给了郭守敬。

而这项工程直到 30 年后才真正动工，这 30 年间郭守敬奔波于各处寻找水源，在全国范围内进行天文测量工作。经过多年详细规划，他制定了工程的进度要求，在至元二十九年（1292 年），这项工程终于提上日程，但朝中一位权臣却以"引水进京会使水漫京城"的说法横加阻挠，致使工程进展缓慢。

忽必烈知道此事后，下达了一项死命令，如若谁再暗中阻挠通惠河的进程，必格杀勿论。同时他规定"丞相以下皆亲操畚锸倡工"，凡是

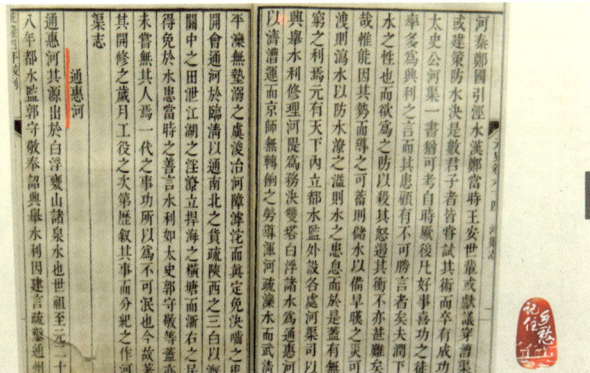

■ 古籍中关于通惠河的记载

■ 通惠河一景

二品以下的官员都要参与到通惠河的建筑工程当中。次年七月，历时一年半、全长160多华里的大都运河工程顺利完成，元朝皇帝赐名"通惠河"。自此，江南的物资从扬州上船，经由大运河连接通惠河可直抵京城的积水潭。地处大都东大门的东四地区，渐渐成为重要的商贸集散地。

"木受绳则直，金就砺则利"，标准和规范建立后，方能有了约束，正如忽必烈所下的"格杀勿论"的严令，严格的规章制度一旦形成，一切就须照章办事。

今天，通惠河水依旧平静流淌，那些尚存的河道、水闸还在讲述着历史的辉煌，成为北京宝贵的水文化遗产。

三　退四分恪守礼仪茸门楼

明代，随着工商业的发展，位于京城要冲之地的东四街区，商业越发繁荣。来自全国各地的商贾云集于此，经销着南北杂货、东西特产。而这一时期，入住东四的皇亲贵族也越来越多，房屋建筑越发讲究起来。

到了清代，东四成为满族正白旗的聚居地，住在这里的不乏乾隆朝名将福康安，光绪朝大学士崇礼等达官显贵。曾几何时，那些繁复精美的垂花门，雕艺卓越的照壁，精镂细刻的戗檐，每天都目送着他们往来

■ 东四胡同一处门楼

穿行的身影。

在东四，自古就有"千斤门楼四两屋"的说法。官员家的大门常用金柱门和广亮门。根据明清时期的规定，这种大门都要退回院内 1/4 间至半间左右。朝外留出的部分形如一间三面墙的房间，也因此被称为"门楼"。

在封建社会，门楼是严格按身份、官职高低来修建的，是主人家身份的象征。《大清会典》中有明文记载："亲王府，基高十尺，正门广五间，启门三，以红青油饰，每门金钉六十有三。郡王府、世子府，基高八尺，正门金钉减亲王之二；贝勒府，基高六尺，正门三间，启门一，门柱红青油饰。贝子府，基高二尺，启门一。一般官民房屋，基高一尺，柱用素油，门用黑饰。"但就在这看似等级森严的规矩中也隐藏着浓浓的人情味儿。

到了夜间，官员家的大门可以成为流浪者暂时的庇护所。若有人在门楼处短暂停留，院子的主人就有责任保护他们的安全。若是出现意外伤病甚至死亡，主人还必须承担救助不力的责任。

建筑与生活密不可分，规矩和礼仪就在其中。街巷两侧的一座座古朴沧桑的门楼，一间间旧式的店铺，就如同一部凝固的历史，承载着老街人的生活，彰显着京城的文化底蕴，于无声处传递着做人做事的道理。

四 依旧俗左来右去定交规

东四八条 111 号，是中国著名实业家、古建筑学家朱启钤旧居。如今，朱家的后人依然生活在这里。而北京城近代道路格局的形成与朱启钤的"照规办事"密不可分。

1901 年，京奉、京汉两条铁路修到了正阳门。当时的正阳门地位极其特殊，此门终年不开，只有到天坛、先农坛祭祀时，或是皇帝出巡时才会开启。平时车马行人，只能从瓮城两侧的闸门进出。

然而伴随着铁路的开通，往来客商增多，前门地区的商业也日渐繁荣起来，加之城门根下的小摊贩数不胜数，汽车、马车、驴车、轿子、

如今 朱家的后人依然生活在这里

■ 朱启钤雕塑

行人混杂无章，正阳门的交通一度瘫痪。

当时，朱启钤担任交通部门官员，他清醒地意识到有必要对北京城进行一次全面的科学改造，于是每天骑着马往返东四、前门两地寻找解决办法。一次，他经过自家胡同时，突然意识到老街的巷弄虽不宽敞，但是从不拥堵。这里的居民走路都自觉遵守"左来右去"的规矩，即便遇到年节典礼也秩序井然。

受到启发的朱启钤，立即制定了解决方案，拆除瓮城，打通前门的东、西车站，并在大栅栏地区，制定了单行道和违例惩罚规则，这也成了中国最早的单行线交规。

然而，新规推出后，一些权贵却不以为然，常常逆行进城。朱启钤严格按照令法执行，不论违反者是皇家权贵还是普通百姓，一并按章惩处。

从那之后，行路的规矩在北京城逐渐推广开来。后来，朱启钤又规划了市区交通要道，北京城的近代道路格局由此逐步成形。

今天，伴随着时代的发展，汽车数量不断增多，东四胡同也曾一度出现过拥堵的问题，但前人留下的智慧又再次发挥了作用。如今胡同里制定了"单行单停"的规则，一侧停车，一侧行车，并按照单数胡同东向西，双数胡同西向东的办法通行。

700 年前设计的街巷，融入新世纪复杂的交通网络中，让胡同人家的生活便利如初，有了规矩，个人有了自我约束，井然有序的社会秩序自然形成。

一侧停车 一侧行车

■ 东四胡同里的单向行驶车道

（五） 守分寸一毫不差精手艺

对于国家来讲，规矩是立国之道；对于家庭来讲，规矩是立家之本；对于经商而言，规矩则是立业基石。

坐落在东四北大街 368 号的盛锡福帽店，是京城响当当的百年老字号。店里的老师傅李金善回忆起跟从师傅李文耕学皮帽技艺的往事，1974 年至今，李金善已经做了 40 年，可师傅的一句话至今仍是他做手艺遵循的原则，"帽不差分，衣不差寸"。

初做学徒那几年李金善不解其意，认为分寸之差，又有何差别，直到后来有一次师傅让李金善走的月牙刀，因失误差了一分，制出的帽子大小不适、立体感不足，李金善方才悟出分寸之间的差别，才明白了师傅的教诲。

"有丑人，没有丑手艺"，李师傅的教诲伴随李金善 40 年的制帽生涯，做一顶帽子需要近 50 道工序，李金善一步也不敢马虎。正是对手艺精益求精的追求，才守住了好品质，守住了商人应该遵守的基本道德，才能守住师傅传下来的金字招牌。

才能守住师傅传下来的金字招牌

■ 北京著名老字号盛锡福帽店

在东四，像李师傅一样的手艺人还有很多，他们恪守着做手艺应有的标准，给北京留下了宝贵的文化财富，也成为对外展示北京文化的窗口。

六　尊规矩有里有面兴礼仪

20世纪末，北京市政府把东四十条改扩建成宽阔、笔直的明清一条街，取名"平安大街"。虽然时代日新月异，但是老街人讲老礼儿、守本分、重规矩的传统始终没有改变。

在这里居住了30多年的沙大姐，这位典型的老北京人，对那些老礼儿如数家珍。"筷子执右手，忌反手斟酒，忌茶壶嘴对着客人……"，光是餐桌上的礼数，就能看出老北京几百年来的风俗。

"有里有面儿"，是北京人时常挂在口边的一句俗语，这句话正是将做被子的道理引申到了做人的道理，被子的里儿要求舒服，被子的面儿要求美观，正如做人，对己要修身，对外要有礼，而"礼"就是一种规则，透露着行事做人的气质和风度。正是这些里儿、面儿，把守信、正直、谦让和情义，融进了胡同里的生活，塑造了北京人不能丢掉的"魂儿"。

■ 东四胡同街景

　　如今在东四每座小院的门楼里，都会贴着一张本院居民共同商定的"小院公约"。条约规定，每逢周末，东四居民都会组织集体大扫除，每个小院居民都会在公约上签字，既是规定者，也是执行者和监督者。自2016年6月，街道牵头组织胡同第一次大扫除以来，周末参加集体大扫除已经成了东四胡同百姓的日常。

　　胡同是北京文化的血脉根基，如今老街人清除杂物、种植花草，进行"口袋绿化"，通过改造下水管道，同时用煤改为用电后，胡同面貌焕然一新，这既是对历史文化街区最重要的推动，也让越来越多的人开始找回老北京的味道。

　　无论今天的北京怎样繁华，老街始终都是它的根系所在。一座城市的历史遗迹、文化古迹和人文底蕴，是这个城市生命的根基。它们联通了古今，把历史文化和现代生活融为一体，凝固了这座城市的记忆。

　　正是这无所不在的"规矩"，建成了四方的街道院落，维护了长久的社会稳定，守住了分毫不差的精湛手艺，传承了中华礼仪之美，彰显了悠悠中华容大川、纳百洲的气度。

编　　导：张圣杰　李　婕
撰 稿 人：高晶晶
指导撰稿：李彩霞

松阳南直街

耕读传家
勤为本

地处丽水市的松阳南直街是一条有着千年历史的老街。主街长400多米，因地处松阳古城之南，道路笔直通达，故而得名"南直"。今天的南直老街区东到要津路，西抵新华路，南至长松路，北达太平坊路，总面积 10.56 公顷。

历经岁月磨砺，老街上依然保留着一百多栋明清时期的古民居，楼上生活，楼下经商，老街人把日子过得安逸从容。穿城而过的松阴溪自古就是通商的黄金水道。粮食、布匹、铁器等大量货物经由水路在此集

经由水路在此集散

■ 松阳南直街

散，催生出一片繁华。

在这片土地上，祖祖辈辈的松阳人从未忘记农耕之本，始终恪守着"耕读传家，勤为本"的训诫。

一 迁新城，垦荒地，修堰坝，勤劳终致富

水能兴街，亦能覆城。如今看似温和平顺的松阴溪，在 1000 多年前却是洪涝不断，时常给当地百姓带来灾难。

唐贞元年间，松阳发生了一次特大洪灾，住在低洼处的百姓家园被毁，损失惨重。刺史张增东奔西走，给百姓寻找新的落脚点。最终，选定了地势比松阴溪高出 20 多米的西屏，向朝廷请命将整个县城搬了过去。

百姓的生命得到了保障，生计却成了问题。在张增的带领下，人们又开始在周边山地进行垦荒。为了能早日过上安稳日子，大家除野草，翻土壤，每天披星戴月地忙碌在茫茫的山川

大家除野草 翻土壤

■ 松阳百姓开垦荒地

盆地间。几年后，终于开垦出数千亩良田。白手起家的松阳百姓，靠着勤劳的双手，过上了安居乐业的新生活。

有了土地，当地农业生产得到了极大的发展。那时的老街人在满足自己的生活所需外，还能出售各种富余的农产品，曾经冷冷清清的街巷变成了热闹非凡的集市，坐落于独山脚下的这条老街也初具规模。

"松阳熟，处州足"是历史上松阳地区物阜民丰的写照。然而，这样美好的生活，却随着一场天灾的降临而被打破。元代末年，松阳遭遇罕见旱灾，庄稼颗粒无收，一时间，饥民遍野，民不聊生。当地乡绅周汉

杰看到这种情况，心急如焚，决定要修一条堰坝，蓄水引流，缓解旱情。

当时，周汉杰找来许多青壮年和竹篾师傅，他们编织了大量的竹笼，把卵石装进笼中，再抬到水里垒砌成墙。为了不耽误农业生产，筑堰只能在冬季进行。松阳的冬天冰寒刺骨，泡在水中工作，非常艰辛。

即便如此，周汉杰也是亲力亲为，每天到现场，裤腿一卷就下到水里，做工的人看到出钱的人也这么亲力亲为，深受感动，因此更加卖力地干着。

在大家的共同努力下，不到半年时间，一条长 136 米的堰坝和一条9000 米长的干渠提前竣工，灌溉了沿途 2000 多亩土地。堰坝建成后，周汉杰将其命名为"白龙堰"，正好与松阳一条古堰坝"青龙"相呼应。

记住乡愁 第五季 (54)
松阳南直街 —— 耕读传家 勤为本
一条长136米的堰坝

■ 白龙堰坝

自此，松阳地区变得水旱从人，庄稼连年丰收，百姓过上了衣食无忧的生活，老街的商业也愈加繁华。从一贫如洗到富甲一方，老街人始终明白：幸福的生活不会从天而降，唯有辛勤耕耘，才能有所收获。

（二） 一勤天下无难事，自此云境临半榜

开阔的松阴溪，辽阔的松古盆地，滋养了一代又一代的老街居民，

也把这份勤劳上进的精神气质，根植在了这片土地上。钟灵毓秀的山水滋养着一方水土，也润泽了一方文脉，历史上，松阳人才辈出，他们或建立功勋，或造福百

元朝末年 王景出生在

■ 王家祠堂

姓。其中，最让老街人引以为傲的当数王景。

元末，王景出生在老街东部的王氏家族中。他的父亲是一位博览群书的文人，即便已是满腹经纶，依然手不释卷，经常是一边干农活，一边读书。他小时候送午餐到田间，看到父亲这么用功读书，触动很大。

勤奋读书的父亲，成为王景心中的榜样。那个时候，由于王家家境贫寒，买不起油灯，每当夜深人静时，好学的王景就会悄悄跑到附近的寺庙里，借助庙里油灯散发出的微弱光芒，每日勤学不怠。

明洪武四年（1371 年），王景考中举人，后来官至山西布政司右参政。为官期间，王景得罪权贵，被贬至云南临安。那时的云南民风尚未开化，经济十分落后。王景看到这种情形，产生了以文兴教的想法。为此，他每天翻山越岭，行走在各个村寨间，挨家挨户劝导当地百姓读书识字。

一天要走七八十里路，自己带着干粮，带着草鞋，拿着布袋，上门去劝，他这种精神，感动了云南人。正所谓"一勤天下无难事"。在王景的努力下，这片曾经的"蛮荒之地"渐渐有了"以诗书自励，弦诵声达旦"的文化大气象。自此之后，临安籍进士几乎占据整个云南省半壁江山，临安也因此有了"临半榜"的美名。

《永乐大典》资料

记住乡愁 第五季（54）
松阳南直街 耕读传家 勤为本
编纂《永乐大典》

■ 永乐大典

王景的功绩声震朝野，回到京城后，皇帝任命他和胡俨等人率领

449

2000多名文人学士编纂《永乐大典》。这部书籍被后世誉为"世界有史以来最大的百科全书"，是中华文化的一个标志性符号，也是中华文明史上的一座里程碑。

600多年过去了，王景的故事依然在家乡这片土地上流传，启迪着一代代老街儿女：人生在勤，勤则不匮。

三　男儿欲遂平生志，六经勤向窗前读

每逢节假日，老街的戏馆里总是锣鼓喧天。一出深受人们喜爱的《跳龙门》正在上演。戏中的母亲正在劝导孩子们要勤奋读书，不要嬉闹，荒废光阴。

■ 社戏《跳龙门》

高亢上扬的曲调，虽然已传唱了数百年，但是每次演出都座无虚席。老街人爱看戏，不仅仅是因为戏里面有他们的乡音乡情，更是因为这些劝人勤勉的唱段，改变了无数人的命运。

明弘治年间，有一年重阳节，当地乡绅请来戏班唱戏，卖柴娃包杰正好挑柴路过，大伙儿的叫好声让他停下了脚步。他卸下柴担就走进去看了，满身都是汗的他，挤来挤去，惹得众人有点不大高兴。

其中一个乡绅就说道："你挤来挤去看什么戏！你也看不懂。"

包杰反驳说："你不要看不起我，我以后会读书，考上功名，当了官，请戏班演戏给你看。"

乡绅说："你能够考上功名，能够当官，我拆了房子都给你做牌坊。"

乡绅的一席话，激起了包杰努力读书的抱负。为了不浪费时间，

■ 包杰牌坊

每次出门砍柴时，他都会带上一本书，趁休息空隙看上几眼。夜里就靠松树的松脂点燃照明来读书。困了用锥刺股这个方法刺激，醒过来又读书。在他看来，唯有争分夺秒地学习，才能实现心中的志愿。

"男儿欲遂平生志，六经勤向窗前读。"寒来暑往，几年的苦读，这位山中的砍柴郎终于在乡试中一举夺魁。当初"激励"包杰努力读书的乡绅，也大方地兑现了诺言，主动让出房子给他建了一座牌坊。

在他的激励下，有很多包氏族人考中功名，这是他的精神对子孙后代的激励。

包杰靠着自己的勤奋，改变了命运，也光耀了门楣。他的故事不仅影响着包氏后人，也让松阳的文风更加兴盛。历史上，小小的松阳城就走出了100多位进士。如今，在老街旁，还留存着一些纪念他们的牌坊与街巷。坐落在老街南端的兄弟进士坊，是詹家两兄弟高中进士后，朝廷下诏修建的；"下马街"则是因为程氏族人悬梁苦读，学有所成而得名。一分付出一分回报，这是老街人始终坚守的信念。

四　立志于心，勤奋于行，百年老店得传承

穿越历史，漫步老街，曾经热闹非凡的人声已经消散。然而，老街

■ 百年面馆

人勤励做事的脚步，不曾停歇。如今，这里的人们无论从事何种行业，都延续着祖辈的传统，立志于心，勤奋于行。

家住南直街70号的尹爱和经营着一家百年面馆。这家面馆最初由她的曾外祖父创立，传承到她手里已是第四代了。几十年前，尹爱和的父亲早逝，留下母亲和4个兄弟姐妹。在那个缺衣少粮的年代里，母亲就是靠着这家面馆，每日起早贪黑，努力地撑起了一个家。2003年，母亲年事已高，尹爱和接下了这家店。

面馆在老街上开了几十年，来的也大都是熟客。为了让早起的上班族有个吃早点的地方，尹爱和每天一大早就要起来，开始准备。配菜、卤料、揉面……一项项繁杂的工作，在她的手中变得井然有序。好的食材才能成就一碗好面，每一道工序都马虎不得。

早上7点半，面馆准时开门营业，十几平方米的小店座无虚席。一碗热气腾腾的手擀面，搭配上秘制的大排，满足了人们的味蕾，也为他们带来了冬日里的一丝温暖。

如今，许多在外工作的人们，在即将离开家乡的时候，都会专门来到这里吃上一碗面，慰藉心中不舍的乡情。

这些年，尹爱和的生活早已衣食无忧，但为了让食客们有个吃面的地方，即使再操劳，她都会把面馆继续开下去。

（五）　勤则兴，懒则败，廿年研究得新茶

茶叶是松阳的特产，早在宋朝时期，这里的茶叶就已经销往海外。然而，到了20世纪80年代初，松阳的茶叶因品种单一，在激烈的市场竞争中败下阵来，一度出现大量滞销的情况。茶农们纷纷挖茶树、挖茶

改种，卢良根心里非常焦急。

小时候，卢良根常听长辈们提起，每逢赶集日，老街两旁摆满了茶叶，很是热闹。那时，茶叶是老街人重要的收入来

正和茶农们研究今年茶叶的品质

■ 高级茶艺师卢永根

源。为了不让家乡失去这缕缕茶香，长大后的卢良根决定投身到茶叶研究的工作中，到如今他从事茶叶研究已有 40 多年的时间，是松阳有名的高级农艺师。

那段时间，为了研究新品种，他和茶农们一起，没日没夜地住在制茶室里。有时夜里打地铺，就用茶叶布袋躺一下，躺个十几分钟，很冷的话，再用布袋拿来稍微盖一盖，会稍微暖和一点。

卢良根和松阳的茶农们用了 20 多年的时间，历经了无数次的失败，最终培育出"松阳银猴"等系列茶叶，如今，"松阳银猴"已经被列为浙江省十大名茶，松阳的经济收入中，茶叶就占了一半以上。

夕阳西下，老街的巷弄深处奏响了锅碗瓢盆的乐章。忙碌了一天的老街人，正在为家人张罗一桌热气腾腾的美食。一句暖心的问候，一句衷心的祝福，幸福的滋味就在觥筹交错间蔓延开来。

千百年来，在这座浙西南的小城里，精于艺、勤于业的精神成就着一代代老街人。它不仅是这方水土沉淀下来最具智慧的生活哲理，更是这条千年古街，穿越历史沧桑，依旧充满生机的奥秘所在。

编　　导：李金燕
撰 稿 人：李霞飞
指导撰稿：李彩霞

祁县晋商老街

儒贾相通
以义取利

在山西晋中的祁县古城中心，有一条横贯东西、纵穿南北的十字交叉老街。这条老街东西长 835 米，南北长 690 米，总面积达到 0.54 平方公里。四个街口对应四方城门，把祁县古城定格为四大城坊。作为晋商文化的发源地，这里曾走出过许多纵横四海的商家，汇通天下的票号。

祁县老街"集江南河北之大成，汇宋元明清之法式"，是晋商辉煌的缩影，故又被称为晋商老街。到了明清时期，晋商老街已是一个汇集了上百家商铺，包含着钱行、当铺、油业、粮行等各式行当的繁盛之

在山西晋中的祁县古城

■ 祁县老街

地，有着"一城四街二十八巷，六十个圪道，四十个大院，万余间房室"的说法。

如今的晋商老街，仍保留着许多明清时期的深宅大院，雄浑壮美、古朴依旧，每一方牌匾、每一块砖瓦都印刻着老街曾经的辉煌。历经千年的时光，老街依旧热闹繁华。不论时光如何转换，晋商老街的生意人，依旧保持着质朴的本色。从布匹粮油，到钉

■ 祁县老街

■ 老街生意人

鞋、换锅底，即使是这些小买卖，有的也已经传承了几代人。从烧饼到驴肉，再到名扬四海的"八碟八碗"，老街的商人从不偷工减料，以次充好，始终坚持做买卖能赚一分赚一分，昧心黑钱一分不赚的传统。

先学做人，再学做事。利以义制，名以清修。这是晋商老街人一直传承的儒雅，而这份儒雅来源于2000多年前的一段古老的往事。

（一）　利以义制讲公正

春秋时期，祁县古城是贤大夫祁奚的封地，古称"昭馀"。据《春秋左氏传》记载，当祁奚年事已高，准备告老还乡时，晋悼公问他谁可以接替中军尉一职，祁奚竟毫不犹豫地举荐了素来与自己有仇的解狐。国君问祁奚说："我听说解狐是你们祁家最大的仇人呀，你为什么还要推荐

解狐呢？"祁奚就说："你问我的是谁能接我的班，并没有问解狐跟我们祁家是什么关系。"

推荐自己家的仇人，令满朝文武十分震惊，但祁奚以国家社稷为重的做法也令所有人钦佩。可是，让祁奚没有想到的是，他推荐的解狐还没来得及上任就因病离世。当晋悼公再次问祁奚何人可堪大任时，他又毫不犹豫地推荐了自己的儿子祁午。国君又问祁奚："祁午是你们家儿子呀，就不怕别人流言蜚语说你出于私心。"祁公就说："你问的是谁能接我的班，并没有问祁午和我是什么关系。"

素来与自己有仇的解狐
■ 祁奚塑像

不管是仇人，还是亲人，只以德行和才能作为标准。祁奚光明磊落的做法被传为佳话，而他的儿子祁午也不负所托，在接任中军尉后屡立战功，深受朝野敬重。

后来，孔子也由衷地赞叹说："祁黄羊之论也，外举不避雠，内举不避子。祁黄羊可谓公矣。"

贤者举贤，榜样在前，崇文重儒，蔚然成风。唐宋时期，祁县文风发展到鼎盛，诗人王勃、王维、温庭筠等人都是从这里走出的文人大家。在诗书礼乐的熏陶下，士农工商都保持着谦谦君子般儒雅的风范。

（二）褒商扬贾重儒学

到了明初，盐运业兴起。山西人开始走出关口，在外行商贸易。当时，许多书香门第和诗礼传家的望族，也入世经商，晋商的名号逐渐崛起。位于祁县古城中心的老街成为南北客商的会聚之处，茶、票、典、布、杂等百业日益繁荣。

因商贸而兴起的老街人，开始摒弃旧俗，褒商扬贾，他们虽以经商为荣，却对后人的儒学教育极为严格。按照"学而优则贾"的家族典训：家中子弟学业不精、品德欠佳者，决不允许参与经商。直到今天，在老街的渠家大院里，还保留着吟诵《渠氏家训》的传统。《渠氏家训》的核心内容是教导子孙，对利的获取必须以仁义为前提、以诚信为根本。这不仅是渠家先人经验的总结，也是渠家崛起的奥秘所在。

还保留着吟诵《渠氏家训》的传统

■ 吟诵《渠氏家训》

相传，明洪武年间，渠家先祖还是一名"货郎挑"，靠走村串户卖货起家，经过半个多世纪的发展，成为远近闻名的富裕人家。

17世纪，中俄"万里茶道"兴起。渠家后人渠源潮所经营的"长裕川"号茶庄，由于茶叶品质过硬，口味上乘，没用几年的时间，"川"

"长裕川"号茶庄

■ "长裕川"号茶庄

字牌茶砖逐渐声名远播，渠家也因此获利颇丰。当时，老街甚至流传着这样一句话："家有千两银，不如茶庄有个人。"

在巨大的利益诱惑下，一时间，市场上出现了各种仿制"川"字茶的产品，质量参差不齐。一天晚上，各个当家掌柜齐聚总号，大家提议，不如禀告官府彻底搜查。如果不告官，就以低价销售的策略把那些小茶商击垮。

就在大家争论不休的时候，渠源潮在现场写下一个"和"字。"和"字的意思就是大家和气生财，既然大家都想挣钱，就大家一块挣，但是有一个要求就是一定要维护好茶叶的品质，共同把这个"川"字牌延续好。

在"利""义"之间，渠源潮更注重做生意的道义。第二天，他们就与各个仿制商家说清利害关系，并把制茶技艺和要点倾囊相授。"川"字牌茶砖从此成为祁县茶商共有的品牌。以渠家为表率，在大家的共同努力下，"川"字茶一度成为俄国和欧洲等

"和"字的意思就是大家和气生财

■ "和"气生财

"川"字牌茶砖从此成为

■ "川"字牌茶砖

记住乡愁 第五季〔55〕
祁县晋商老街 —— 儒贾相通 以义取利
雕梁画栋 精美绝伦

■ "长裕川"茶庄

地的抢手货，甚至可以当作货币使用。当时，由晋商所开展的茶叶贸易，占到清政府对俄贸易总额的七成以上，而渠源潮更是发展成为行业翘楚，每年茶庄的盈利丰厚，他的族人在祁县城内购置了众多房产，有着"渠半城"的说法。

如今，位于老街段家巷的"长裕川"茶庄依然保存完整。这座占地2000多平方米的宏伟建筑，雕梁画栋，精美绝伦。茶庄内的一间房屋里，存有一部《行商遗要》。这部由渠家几代人归纳总结的行商之道，堪称一部经典的传统商业教科书。

三　兼济天下怀家国

行贾亦可习儒，商道就是世道。从老街崛起的晋商，在历史上一度发展为中国"十大商帮"之首，他们不仅在各地开设商号，更以其仁义品格，彰显着"达则兼济天下"的夙愿。

清光绪初年，山西、陕西、河南、山东等地发生了持续数年的旱灾，一时间，哀鸿遍野，瘟疫肆虐，史称"丁戊奇荒"。山西"九十余州县，饥民八百万有余"。

当时，鸦片战争后的清政府，内外交困，国库空虚，难以赈济灾民。老街上的商家，便自发成立了救荒社。不管生意大小，他们都倾尽家产，救济灾民。

商家们在街上设置粥棚，免费施粥。他们规定，凡是大户须单设一处或是几处粥棚，中小户则可以联合设立。正是在老街商户不惜毁家纾难的全力救助下，祁县成为山西"丁戊奇荒"中饿死人数最少、灾民外逃人数最少的地方之一。

然而，中国近代，风云变幻，社会动荡不安，老街人要面对的不仅仅是天灾，更有人祸。

光绪三十一年（1905年），清政府把山西阳泉等地的煤矿开采权出卖给英商福公司，山西各界义愤填膺，为了不让矿山落入殖民者手中，渠家后人渠本翘，拿出家中积蓄5万两白银率先组建山西保晋矿务公司，与英国人展开谈判，全力争夺矿权。一开始，英国公司甚至开出1000万两赎金的天价。渠本翘见势，便积极联络爱国商人和华人团体，在国内外进行声势浩大的保矿运动，最终波及全国，震惊海外。经过长达3年的不懈抗争，英国公司迫于压力，答应以275万两白银交换矿权，还特意告诫各国商行，不准借款给山西。

在极度困难的局面下，渠本翘决定以保晋矿务公司的名义，抵押上所有的身家财产，向社会各界劝募认股。那时候，有朋友劝他，这样做风险太大，一旦出了问题，可能血本无归。但是渠本翘却说这是国家的大事，咱们的小利要靠到国家之后，不论什么情况都要先保国家，国家都亡了，买卖怎么做，生意怎么做？

最终，在渠本翘的多方奔走下，他得到了众多晋商的支持，得以筹集款项，赎回矿权。同时开办了山西省第一个最大的近代开矿企业，阳泉矿务局的前身，并且一直延续到现在。

当年，渠本翘在积极寻求实业救国的同时，也深深认识到国家兴亡当以教育为本。1905年，在他的倡导下，老街人又集资2万两白银，创办了祁县中学堂。从此之后，老街上的学子们，在时局动荡中努力安放下了一张平静的书桌，也努力树起了一面飘扬着家国情怀的旗帜。

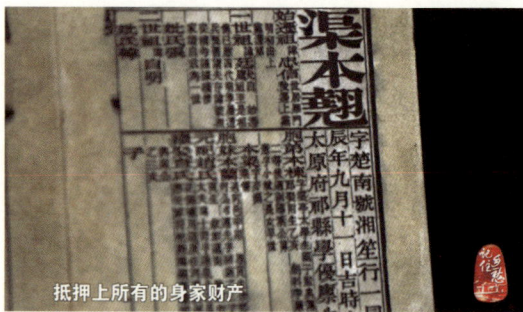
■ 关于渠本翘的资料

■ 祁县中学旧址

儒商精神的内核就是诚信忠和，仁义礼德，儒家的人生抱负是"达则兼济天下，穷则独善其身"，其政治理想就是修齐治平。他们在经商的同时，崇尚文化，敦宗睦族，急公好义，这都升华为他们的行为方式和内心修为。

四 坚守道义兴产业

在老街的南街有一家顾椿香油，至今保持着最传统的方法：炒料、磨浆、振荡，每个环节都非常讲究。上百年的时光里，他们家的香油味道，是老街人美好的乡愁记忆。

20世纪90年代末，一个东北商户从店里订了900箱香油。可当货物运输到东北时，价格却出现了波动，市场价跌了近两成。如果换算损失，商户就会亏损4万多元。在这种情况下，顾椿香油店的老板顾腾思虑再三，最终在原有的基础上给商户降了20%的价格。

■ 顾椿香油

■ 老街生意人

顾腾自己承担了所有的损失，这意味着他大半年的时间都要白干。但他认为生意就是需要用长远的眼光来看，只有守住了这份道义，才能换来他人的信任。

在老街的每一户商家心中，几乎都有一本这样的生意经：道义作杆，良心为秤，唯有这样反复掂量，才能经营得长久心安。

如今的祁县，有着"玻璃器皿之都"的美誉。在这里，拥有中国最大的人工吹制玻璃器皿生产基地和自动化生产线，产品远销全球五大洲

80多个国家和地区。然而，看似辉煌的产业背后，也经历过一次艰难的转折。

闫保平，是一名从老街走出的玻璃制造商。2008年，金融风暴席卷全球。当时，祁县的玻璃企业也深受影响，订单量大幅减少。面对危机，他们的产品只有外销转内销，并进行自动化升级改造，才能走出困境。然而，升级一套设备就需要2亿多元人民币。如果失败，企业必然倒闭。当时，作为一名晋商后人，闫保平决定放手一搏。

闫保平下定决心，要为整个祁县的玻璃产业闯出一条路。为了实现这个目标，他经历了无数次失败，无数次尝试，用了一年的时间，3个多亿元的投入，终于克服种种技术障碍，成功研发出多套自动化生产线。

■ 闫保平

■ 玻璃器皿

当许多企业羡慕他们闯出一条新路的时候，闫保平却做了一个惊人的举动，就像当年渠家共享"川"字品牌一样，他决定无偿帮助祁县其他玻璃企业进行技术升级，让所有人都掌握自动化生产要领。如今，当地的玻璃产业不仅走出了寒冬，生产规模也越来越大，祁县也成为中国的"玻璃器皿之都"，年产值近30亿元。

百川归海，方成其大。万土成山，方成其高。这是祁县商人自古有之的大气魄、大智慧，也是老街所赋予他们的文化底气和精神气质。

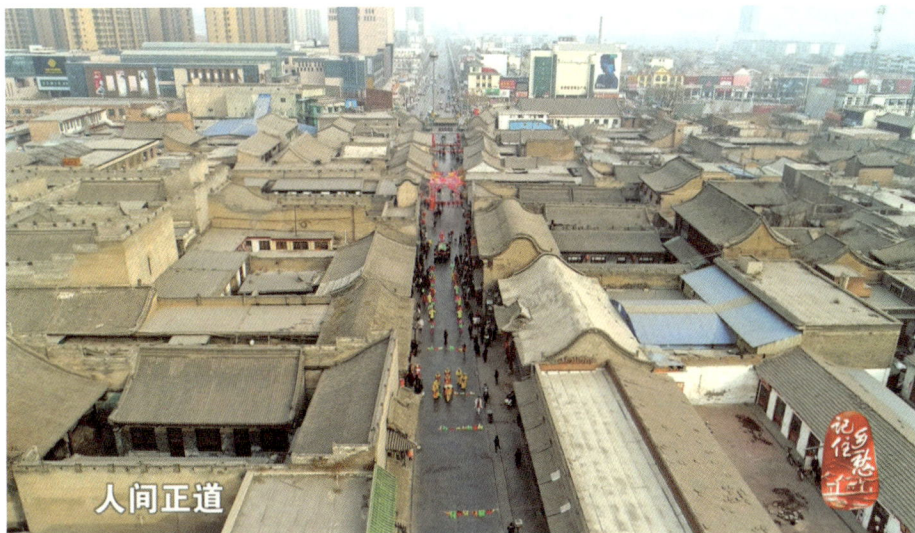

■ 老街店铺

　　如今，老街上那些明清时期的商号和店铺，依旧在向世人展示着当年晋商的辉煌过往；那些深藏其中的家训、行规直到今天依然启迪着后人，其精神永远鲜活如初，那就是儒贾相通、信义为先的人间正道。

　　编　　导：柴晋 梁星 梁源
　　撰稿人：武昊昂
　　指导撰稿：李彩霞

千年繁华地
满街忠义情

"春风十里扬州路，卷上珠帘总不如。"杜牧的诗，带我们走进1000多年前的唐代扬州，领略这座江南水乡古城的诗情画意。扬州有2500年的悠久历史，古韵十足的街巷是扬州的精粹。老街巷伴随着扬州走过千载，历经沧桑。在500多条纵横交错的街巷中，最古老最繁华的街巷非东关街莫属。

东关街坐落在运河古道边，东起古运河，西到国庆路，全长1122米。短短1000多米的距离，铺陈出扬州数千年的富庶与繁华，而这一切都源自隋炀帝开凿的大运河。

东关街因运河而兴，因盐运而盛。南来北往的客船、商船在此停泊，沿街店铺林立，街面上行当俱全。路过的船客常会慕名走进店铺，

■ 东关街俯瞰图

■ 岁月沉淀的老街砖墙

品品扬州早茶，尝尝蟹黄汤包，赏赏扬州评话。

时至今日，走在老街上仍能看到斑驳陈旧的砖墙，岁月沉淀的一砖一瓦，这一座座被时光和生活浸染的老屋，一处处沧桑却难掩往日光辉的砖雕和屋檐。千年时光不仅留下了这座古城的繁华景象也留下了满街的忠义情。

一　宁为兰摧玉折，不为瓦砾长存

国学大师钱穆说："瓶水冷而知天寒，扬州一地之盛衰，可以觇国运"。位于大运河边的东关街总能感知到时代的变迁，作为钱粮转运的中心，每当朝代更迭，东关街和扬州城总会成为对战双方争夺的焦点。一幕幕忠义悲壮的故事在这里不断上演。

南宋开庆年间，元兵大举南下，长江沿线各州纷纷溃败。此时的扬州城在坚守10个多月之后，被元军围困。城内粮食已尽，尸横满道，军

李庭芝和众将士没有一人屈服
■ 李庭芝奋力厮杀的雕塑

民只能以树皮草根充饥。每天投水自尽的甚至能达到数百人。

看着此情此景，城楼上一位血染战袍的大将军面色凝重。尽管周围许多将士和部下死的死、逃的逃、降的降，但他心中始终坚定着一个信念，那就是：守扬州，不是为了朝廷，而是为了天下百姓，自己一定要坚守到最后一刻。

这位大将军，就是南宋末年的名将——李庭芝。

在围困期间，元军先后5次派出说客前来劝降，许以高官厚禄，甚至把李庭芝的妻子押至城下逼降。可即便如此，李庭芝和众将士没有一人屈服，宋军的战旗仍在扬州城头飘扬。无可奈何的元军，只能绕过扬

但李庭芝仍坚守扬州不降

■ 李庭芝与姜才守扬州

州，攻陷了临安，南宋皇帝和太后成为元军的俘虏。国都被破，国君被掳，但李庭芝仍坚守扬州不降。

有一天，他收到了朝廷从江南送来的劝降圣旨，说宋庭的皇帝皇后都投降了，现在希望你们在扬州也放下武器，向敌人投降。

李庭芝看了以后，怫然大怒，他说，从古到今我们只看到皇上来圣旨鼓励在外面作战的将军，一定要用自己的性命来保卫自己的国土，没有一封圣旨是劝在外打仗的将军投降，这什么圣旨？我不听！就把这个圣旨撕得粉碎，扔在地下。

在死守孤城 17 个月后，扬州陷入元军之手。李庭芝与姜才慷慨殉节。扬州城里面的人民听到了李庭芝和姜才两位将军死的消息以后，全城百姓无不失声痛哭。为了纪念两位将军，扬州百姓建了一个祠堂，叫"双忠祠"，并把两位将领埋葬在了东关街南侧，从此扬州人把忠义的精神也留在了老街。"宁为兰摧玉折，不为瓦砾长存。"这个无比温婉柔美的江南城市，在面对敌人侵略时，却展现出最血性最刚烈的一面。

二　见事明任事果，绰有古风忠义

时间跨越百年，忠义精神早已根植于扬州人的心中。明代实行开中制，允许民间商人参与食盐的贩运，获利丰厚的盐商开始在东关街聚集，忠义精神便在盐商中传播开来。

嘉靖年间，富庶的东关街成为倭寇袭扰的目标，他们多次上岸抢掠财产，残害了数千百姓。因此，官府决定在当时的扬州城外再修一道城墙，保护居住在东关街的居民。

都是盐商捐助的

■ 扬州盐商修建的城墙

　　但是官府没有这么多的钱，建一个新城预算要 4.67 万两银子，而官府才有 1.5 万两，不到总数的 1/3。正当这时，盐商们勇敢地站出来说剩余这部分由众盐商全部捐助，每名盐商捐资修建一段。在大家的齐心合力之下，高达 13 米的城墙修筑起来。当倭寇再次进攻扬州的时候，只能"望墙兴叹"。

　　从明代到清代，随着扬州盐商的财力不断增强，修桥铺路、帮助乡里早成为盐商们的一种惯例。吴家兴一家世代居住在东关街上，由于祖父过世较早，祖母和他的大伯、父亲，生活没有了出路，当时的扬州盐商方尔咸主动找到了他们。

　　方尔咸对他们说道："把你们两个小孩放到我们义塾里面来培养吧。"就这样吴家兴的伯父和父亲在盐商办的怀少义塾里面度过了 6 年的时光，盐商管吃管住，每个星期打一次牙祭，还可以吃到肉。到后来，东关街的孩子们渐渐都有学

■ 大运河盐商文化展示馆

467

上了，富人家就上官学，穷人家上义塾。

耻于人后早已成为扬州盐商一个很重要的品格。因为盐商的收益来自朝廷的特许经营，盐商们也自然担起了更多责任，每逢朝廷战事需要，或是各地受灾需要赈济，盐商总是积极响应，争先恐后地倾囊而出。他们甚至建起了救灾专用的盐义仓，丰年的时候，出资购买粮食储存起来，灾年用以赈灾，从湖广地区到直隶山西，都有盐商赈济灾民的记载。

盐商虽然来自全国各地，但都受到了扬州文化的影响。他们投入大量财力到文化建设中，为扬州文脉打下了深厚的基础。清代著名的安定书院、梅花书院就是由盐商所捐建。

东关街是扬州最早成立新式学堂的地方。1902年，扬州第一所官办中学仪董学堂在东关街创立，经费出自盐务，以安定书院、梅花书院经费的一半开设，盐商在其中作出重要贡献。见事明而任事果，一切以国家、以社稷为重，这就是扬州盐商。

三　高风凝铁骨，正直以自清

十年树木，百年树人。走过百年，仪董学堂如今更名为扬州中学。这里从"树人"出发，走出了著名作家、学者朱自清，著名理论家胡乔木，"两弹一星"元勋黄纬禄等国家栋梁。朱自清正是在这里受到了新思想文化的浸染，搭建了新的文学世界观，后来以优异的成绩考入了北京大学。

少年时代的朱自清经常在老街的书房里读书，扬州深厚的文化积淀让他受益匪浅。"曲曲折折的荷塘上面，弥望的是田田的叶子。叶子出水很高，像亭亭的舞女的裙。"这是我们所熟知的朱自清的散文《荷塘月色》，文章细腻典雅，正如他儒雅的面容和气质，但在这看似文弱的身体里，却潜藏着一副铮铮铁骨。

朱自清本名朱自华，在北京大学读书期间，正值国家危难之时，他改名"自清"，取"宁廉洁正直以自清乎"之意，以勉励自己在困境中保持清白，不同流合污。1935年他作了《维我中华歌》，"献尔好身手，举长矢，射天狼，还我河山，好头颅一掷何妨?"这首歌曲，一改以往清丽温秀的风格，热情讴歌了中华民族英勇抗日、浴火重生的战斗精神。

到了 20 世纪 40 年代末，朱自清的家中已经很困难，日常的吃饭也成问题，一天两顿饭，顿顿都是粗粮。可朱自清又患有严重的胃病，不能吃粗粮，他的薪水要供养家中 12 口人着实不易。

那时候市面上最便宜的就是美国面粉。但当时的美国一

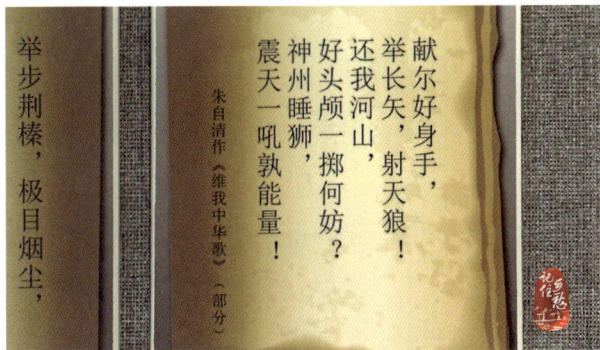

举步荆榛，极目烟尘，

献尔好身手，
举长矢，射天狼！
还我河山，
好头颅一掷何妨？
神州睡狮，
震天一吼孰能量！

朱自清作《维我中华歌》（部分）

■ 朱自清所作的抗日歌曲

■ 报纸刊登朱自清拒绝"美援"和"美援面粉"的声明

方面扶持蒋介石打内战，另一方面又扶助有侵华野心的日本。在国难之际，朱自清毅然在"抗议美国扶日政策并拒绝领美援面粉"的宣言书上签字，并表示"宁可贫病而死，也不接受这种侮辱性的施舍。"

弥留之际，朱自清还在叮嘱家人："我是在声明上签过字的，你们一定不要买美援面粉。"在生命的最后一刻，他瘦弱的身躯里依然迸发着中国人不屈的意志。

如今，朱自清的许多散文都被收录进中小学语文教材，他的故事也影响着一代代中国人。而自古浸润在唐诗宋词里的扬州，早已成为一座崇文尚学的文化名城，直到今天，老街人依然会在寸土寸金的商铺中留出一个温馨的阅读空间，开辟为城市书房，24 小时不打烊，免费向居民开放。这些书房就犹如一座座文化灯塔，让今天的扬州仍然保留着书香满城的气韵。

（四） 谱写英雄赞歌，铸就忠义扬州

在军旅歌手汤非的记忆中，正是东关街这条千年老街为他打开了一扇艺术的大门。小时候，他最喜欢的是家乡的扬剧，高亢的唱腔、悠扬的韵律，尤其是戏里讲述的故事、歌颂的大英雄，让他十分痴迷。每每从剧场回家后，他就把床当作舞台，自己报幕，自己演唱，想象着蚊帐拉开就像大幕拉开一样。

送给了他
■ 父亲赠与汤非的军大衣

家乡忠义精神的熏染，让汤非从小就有个从军梦，18 岁的时候，汤非来到了军营成为一名雷达兵。临行之际，退伍多年的父亲将一件军大衣送给了他。

这件大衣有 51 年的历史了，家里的房子不管怎么翻修，大衣都绝不会丢掉。父亲在家经常对母亲说，一定要把大衣保存好，这个大衣是他这么多年人生中最重要的一件礼物，军人的情结要一直传承下去。

而且，父亲一直认为军人是最可爱的人，不论遇到什么困难，总有一种精神支柱支撑着我们。所以他也鼓励汤非，要为部队、为军人而歌。

十几年的戎装生涯，汤非从一名普通士兵成长为军旅歌手，唱出了许多英雄的赞歌，用歌声对军人、对英雄表达敬意。

每每回到故土时，他都会陪父亲走一走，故乡的青山剪影，总让他心心念念。这些年来，他也把这种情感融入到他的歌声中，无论是抒发乡愁之情的歌曲《心念》，还是新近创作的歌曲《故乡是扬州》，里面都饱含着这位游子对家乡最深情的回望。

五 老街人民守运河，退网还湖保生态

从古至今，延绵千年的运河，为东关老街带来数不尽的财富，也为扬州这座古城积淀下无比厚重的文化。而扬州人对家乡的反哺，也随着这条运河流向四方。

马长好一家祖祖辈辈生活在运河边，靠着打鱼为生。碧波荡漾，渔舟唱晚的美景曾是他儿时最深的记忆。

意味着这些以养殖为生的人们

■ 马长好眺望着湖泊

2000年前后，运河沿岸的湖泊内开始围网养殖，渔民们的日子越过越好，每年都会有十几万元，甚至几十万元的收入。但随着时间的流逝，人工养殖的面积越来越大，投入的饲料也越来越多。运河遭到污染，资源被一点点地破坏，完全失去了原来的样子。

为了改变运河的生态环境，国家发出了退网还湖的号召。拆围禁捕意味着这些以养殖为生的人们，将要离开赖以生存的运河，失去生活的来源。而且，马上就要到收获的季节，如果这时拆网，渔民们养殖的螃蟹会受到不小的损失，但马长好和其他渔民们却一口答应了下来。

马长好说："不拆掉，生态环境上不来，对下一代没好处，不能给子孙饭全部吃掉，要考虑这一点，要顾全大局。"

正如当年老街人为了保护家园，耗尽家财为扬州筑起了一座牢不可破的城墙，如今为了让家乡山更

记住乡愁 第五季（56）
扬州东关街——千年繁华地 满街忠义情
如今为了让家乡山更绿 水更清

■ 马长好与儿子亲手拆掉围网

才能真正守住大运河的千年文脉

■ 马明斌与志愿者团队在水面巡逻

绿、水更清，他们又亲手拆掉自家的围网。

如今，当地渔民依靠政府的补贴，重新开始创业。马长好的儿子马明斌不仅在河边开起了农家乐，还和一些年轻人组成了保护运河的志愿者团队，每天开着快艇在水面上巡逻。他们明白，只有护住了大运河的千里碧波，才能真正守住大运河的千年文脉。

"十年一觉扬州梦。"扬州城温婉而优雅的形象深入人心，但坚韧而刚烈的扬州人早已把忠义精神铸就为城市底色。绵延千年的大运河，载着扬州城的这份忠义精神从历史驶来，在驶向未来的航程上，扬州还在创造新的历史。

编　　导：颜　飞　吕明月
撰 稿 人：温舒莎
指导撰稿：李彩霞

长沙铜官老街

妙彩陶都
变中求进

铜官历史文化街区位于湖南省长沙市望城区，北至云母山脚下，西临湘江，东与双华岭交接，南抵马太公路。老街至今保留着民国时期的建筑群落，红砖黛瓦的店铺民居鳞次栉比，麻石板铺就的老街，由南向北延伸开来，铺陈出这里上千年的风华。

三国时期，吴蜀大将在湘江边会师，立誓与曹军决一死战，为表决心，共铸铜棺一口，这"铜棺"也就逐渐演变成地名。后来，为图吉利，人们改"棺"为"官"，"铜官"由此而来。铜官，因陶而生。据考古发现，早在2000多年前的西汉，这里就开始烧窑制陶。到了北魏年间，沿河而

■ 铜官老街区位图

建的铜官老街聚集了陶家千余户，陶瓷烧造开始成为老街人最重要的谋生手段。著名诗人杜甫途经铜官时，看到窑火冲天的壮观景象心生感慨，当即挥笔写下了《铜官渚守风》："不夜楚帆落，避风湘渚间。水耕先浸草，春火更烧山。"

■ 铜官阁

老街人的生活，离不开陶瓷，老街的故事，也大多与陶瓷相关。一捧普普通通的泥土，经过巧匠们的精心雕琢，再加上火的锤炼，泥土便有了筋骨，陶瓷也有了灵魂。老街上的人们就是在这样陶土芬芳的小街深巷里，造就了他们变中求新、新中求进的文化特性，谱写着他们精彩的人生。

一　取先贤法创"欧体"　办书舍留翰墨书香

在铜官老街的旁边，有一座书堂山，这里是唐代著名书法家欧阳询的出生地。

这里是唐代著名书法家
■ 书堂山欧阳阁

出身书香门第的欧阳询，自幼聪颖好学，尤其对书法情有独钟。成年之后，欧阳询先后到长安、洛阳为官。北方雄奇壮丽的山川让他着迷，当地书法大家磅礴大

当地书法大家

■ 欧阳询像

气的书法风格也让他沉醉。为此，欧阳询拜"北齐三公郎中"刘珉为师，通过不断学习，他逐渐感悟到，天下书法各有所长，只有兼收并蓄，才能融会贯通。

为此，他遍访高山大川，纵览名碑石刻。有一次，他外出游历，骑马经过一条小路，偶然看见路边有一座石碑。越看越精彩，便席地而坐，一边观碑一边在地上在手上开始写，按照它的笔画，它的结构，摹这个碑，摹到太阳都快下山了，他就把帐子拿下来铺在地上，席地而坐，继续描摹这个碑。整整三天三夜，把石碑上的书法完全领悟之后，他才依依不舍地离开。

正所谓"入帖"之意，在于取先贤之法；"出帖"之难，在于脱胎换骨，自成一派。几十年间，欧阳询博采众长，熔炼百家，最终形成笔法严谨、外秀内刚、骨架刚劲的"欧派"。他的书法熔铸汉隶和晋代楷书之长，又参合六朝碑书特点，方圆兼施，以方为主，点画劲挺，笔力凝聚；既欹侧险峻，又严谨工整；欹侧中保持稳健，紧凑中不失疏朗，后世尊他为"楷圣"。

后来，欧阳询在家乡开办书舍，把书法传授给家乡百姓，一脉书香从铜官老街绵延开来，润泽四方。自唐以来，历代科举，进士考卷十有八九是欧体，颜真卿、柳公权等书法大家皆受其影响。

千年来，欧阳询的书法浸润着这方水土，也让兼收并蓄、变中求进的精神融入铜官人的血脉当中。

二 通时达变创出窑万彩 天工人巧造土火艺术

欧阳询变中求进的精神，也融入了制瓷工艺，铜官瓷器一次次脱胎换骨，让这里逐渐蜕变成瓷器艺术的宝库。

陶瓷是土与火的艺术，金、木、水、火、土、风得工巧之助，成就文明美器。唐代，中国陶瓷烧造技艺蓬勃发展，南有以浙江越窑为代表的青瓷，北有以河北邢窑为代表的白瓷。长沙铜官窑则另辟蹊径，创造性地将铁、铜、孔雀石等呈色剂掺入颜料，用笔沾颜料直接在未烧制的瓷胎上绘饰图案，再上一层釉入窑烧制，通过熟练掌握窑温，使瓷器上呈现褐、绿、酱、铜红等一种或多种色彩。自此，中国陶瓷产业真正迎来了一个绚丽多姿的彩色世界。

唐天宝末年，安史之乱爆发，经济文化重心南移，大量北方窑工随之南下，把他们的制瓷经验和烧窑技术带到了这里。在一次次南北技艺的交流和碰撞中，铜官瓷器出现了新的变化。

铜官 因陶而生 因商而盛

■ 铜官彩陶制品

那时，洛阳唐三彩大多是用于随葬的冥器，虽然色彩绚丽，但釉料配方中却含有铅的成分，而铜官窑的瓷器大多为百姓日常盛饭装菜所用，一旦含铅量过高，很容易铅中毒。如何让铜官陶瓷变得既美观又实用，成为当时手工艺人们急需解决的难题。

为了改变釉的配方，他们尝试用铜做成发色原料，又融合了唐三彩的工艺，最终成功烧制出长沙铜官窑釉下多彩的瓷器。釉下彩的创烧和普及被专家们誉为"陶瓷史上的里程碑"，为铜官在中国陶瓷史上留下浓墨重彩的一页。

物美价廉的铜官彩瓷一经问世，就深受人们喜爱。据记载，当时一件高 19 厘米的大"油瓶"，售价仅 5 文，寻常百姓皆可负担。一时间，铜官彩瓷不仅行销中国各地，更远销海外，深受波斯、印度以及埃及等整个阿拉伯地区人们的喜爱。

面对海外巨大的市场，顺势而为、通时达变的铜官人再次打破传统束缚，根据客商的要求，在中式陶瓷的器型上，绘制西亚的图纹、椰子树双鸟图纹、棕榈花纹，烧出了独具韵味的陶瓷作品。到了唐朝中晚期，铜官彩瓷通过海上丝绸之路漂洋过海，到达了东亚、东南亚、西亚等 20 多个国家。

1998 年，在印尼的勿里洞岛海域打捞了一艘沉船"黑石号"。在这艘唐代沉船上，人们打捞出 6 万多件来自中国的金银铜器和瓷器，其中绝大部分的陶瓷都出自铜官窑。这些陶瓷器具虽然已经在水下沉睡了上千年，但是直到今天依旧光亮如新。

铜官人特意修建了一座铜官窑博物馆，把一件件古老的陶瓷作品悉心守护起来，为后人留下这份宝贵的文化遗产。

在创新中求变，在前进中突破，是老街人不变的初心与守望。在一代代陶瓷艺人的巧思匠心中，他们又巧妙地把彩瓷工艺与诗文书画相结合。铜官人独创了诗文执壶，把心中所想

■ 带有棕榈花纹的铜官彩陶

■ 铜官诗文执壶

以诗文的形式记录在器物上。"一别行千里，来时未有期；月中三十日，无夜不相思。"陶瓷承载着老街人最浓烈的情感表达，儒家文化中的"仁义礼智信"、直抒胸臆的励志诗文、民间爱情故事，都被描绘在器皿之上，装点生活的同时，又润泽着人心。铜官彩瓷因此又有了"瓷有书画而雅，书画以瓷而载"的美名。

（三）　聚沙成器泥土变金　潮卷湖涌星火燎原

漫步在铜官老街上，到处都散发着陶土的芬芳，对很多铜官人来说，一件件形态各异的陶瓷既是对老街生动的诠释，更是对铜官顺势而变的发展见证。

20 世纪初，中国社会内忧外患，大量洋货疯狂倾销挤占市场。当时，铜官有 72 座龙窑，虽然窑火终日不熄，窑工终年辛劳，却因利润微薄，难以养家糊口。"做坯犹如牛推磨，装窑犹如进瓮坛，烧窑犹如焙淡干"，那时窑工们无比期盼社会发生变革，摆脱这种困苦的生活。

为他点亮了前行的道路

■ 郭亮像

五四运动爆发后，反帝反封建的新思潮传到了长沙。正如千年熊熊不变的窑火，风起云涌的变革思潮在铜官涌动。老街上的一名年轻人郭亮在《湘江评论》上看到了毛泽东的文章，"时机到了！世界的大潮卷得更急了！洞庭湖的闸门动了，且开了！浩浩荡荡的新思潮业已奔腾澎湃于湘江两岸了！"这些振奋人心的话语深深撼动了郭亮的内心。共产主义思想犹如黑夜里的一盏明灯，为他点亮了前行的道路，更坚定了他勇于变革的决心。

1920 年郭亮考入湖南省立第一师范学校。毛泽东当时在一师附小担任主事，郭亮经常去向毛泽东请教。经毛泽东介绍，郭亮加入新民学会。不久，加入中国社会主义青年团。1921年郭亮由毛泽东介绍加入中国共产党。1922年，他被委派到湖南岳阳从事铁路工人运动，组织工人成立粤汉铁路岳州工人俱乐部。同年9月，为抗议铁路当局虐待工人，他带头卧轨，发动了震撼全国的粤汉铁路大罢工。郭亮以工人俱乐部的名义提出了解除压迫、改良待遇、提高人格、惩办凶手等8项要求，遭到铁路当局逮捕，此举激起工人群众的无比愤慨，决定立即举行罢工。罢工历时半个多月，终于迫使当局答应了工人的要求，释放了郭亮等人，罢工斗争取得了胜利。

"谁说散沙不能成大器，须知泥土可以变黄金。"在毛主席的激励下，1923年，郭亮回到家乡，组织窑工成立了陶业工会，办起了工人夜校和子弟学校。窑工们在郭亮的带领下，上街游行，开展起反对苛捐杂税的斗争，迫使长沙县府取消"窑门捐""执照税"等，这场轰轰烈烈的工人运动影响深远，很多地方的工会纷纷声援。

1928年1月郭亮任中共湘鄂赣边特委书记，恢复和发展党组织，发动工农开展武装斗争。由于他的努力工作，湘鄂赣三省边界的党组织得到恢复和发展。1928年3月27日郭亮在岳州被捕并连夜押往长沙，3月29日午夜被秘密杀害。郭亮牺牲时，年仅27岁。但在郭亮的影响下，老街先后走出了上千名优秀的共产党员。

变中求进的豪情

■ 铜官镇郭亮小学

历经近百年风雨，老街人依旧没有忘记郭亮，他们用陶瓷为他建墓，用他的名字为街道和学校命名。先辈们敢于冲破时代枷锁、变中求进的豪情也深深烙印在湖湘大地上，感染着老街里的每一个人。

（四）　承传统泥塑绎神韵　融现代结构塑根骨

"北有泥人张，南有泥人刘"，他们是陶瓷泥塑界南北双星。"泥人刘"就是长沙铜官窑著名陶艺家、省工艺美术大师刘子振，他继承了长沙铜官窑技艺，再现了唐代釉下彩风格和雕塑艺术，成为长沙铜官窑一绝。在人物造型方面，刘子振自有心得，比如"老中青幼，贫富胖瘦，喜怒哀乐"十二字诀和"站七、坐五、跪三半"的尺寸诀，以及"武人无颈、美人无肩、文人无肚"的"三无"诀，都成为后来泥塑的制作典范。刘子振病逝后，他的孙子刘坤庭成为"泥人刘"的第三代掌门人。从15岁起，刘坤庭就跟随祖父学习泥塑技艺，至今已有40多年。

■"泥人刘"传承人刘坤庭

■刘坤庭泥塑作品

和泥巴打交道的几十年时间里，刘坤庭的手艺早已无比娴熟，但他并没有止步于祖传的技法，前些年，刘坤庭开始尝试动物造型的创作。看似只是换了一种题材，然而动起手来才发现，并没有那么简单。

480

传统的泥塑虽然看起来粗犷，但是讲究人物的神韵。泥人脸上的表情或年轻或沧桑、或通达或纠结、或傲气或喜气，演绎着人生百态。比如曹操的笑，不能是大笑，得带点心机，要依靠眉毛和面部肌肉微妙的走势来显现。现代雕塑就不一样了，它讲究结构。掌握了结构方面的精髓，作品塑形无论是动态还是静态，都更有筋骨和灵魂。

为了创作出满意的作品，刘坤庭专门到浙江美院进修，学习动物雕塑。在国内最好的美术殿堂学习，无疑是开阔眼界、实现自我飞跃的机会。在那3年里，他如饥似渴地吸收知识。美学、素描、美术史、解剖学……刘坤庭的知识结构得到极大补充与扩展。他的作品结合了一些现代雕塑的手法，但是又保留了泥的味道。

在作品的细节刻画上，为了做到惟妙惟肖，刘坤庭还对陶土的配方进行了重新设计，减小了收缩率，提高了稳定性。如今，一块小小的泥巴，到了他的手中，就能产生出许多奇妙

但是我又保留了泥的味道

■ 刘坤庭正在制作动物泥塑作品

的变化，铜官彩陶也因此更加千姿百态，充满趣味。

一抔陶土在几代"泥人刘"手中幻化出不同的形态，在守正与出新中赋予泥土生命，带领千年铜官窑不断延续发展。

⑤ 在传承创新间逐梦　于烈火黄土间出新

岁月更迭，老街人追求梦想的脚步从来没有停止。千百年间，不同的地域文化在这里交融碰撞，铸就了铜官独具特色的风采。如今的铜官正以更加开放和包容的心态迎接八方来客，吸引着天南地北的人们在这里落地生根。

如今，铜官窑的烧制已经从单一的日用品，逐渐发展到建筑用陶、艺术陶等诸多品类。

彭望球的祖辈世世代代都是陶瓷艺人，他从小就跟随父亲学习传统瓷器的烧制技艺。10年前，彭望球在老街开起了一家陶瓷作坊。那时，老街上各家商铺卖的物品大同小异，一家新店很难在这种情况下打开局面，于是他产生了一个大胆的想法。

铜官人爱饮茶的传统由来已久，但是当地烧制的陶瓷大都是瓶罐碗碟，从没有人专门设计与之相应的茶器。于是，彭望球便想尝试创作一套美观实用的铜官彩陶茶具。然而，一年多的时间过去了，他设计出几十种不同样式的茶壶，但是出窑的时候，却没有一件让他满意。

铜官的陶土颗粒大，烧制出来表面粗糙，不适合制作小巧精致的茶壶。于是，彭望球就开始不断尝试改变器型大小，用了8年时间，烧坏了数千件作品，最终创作出具有铜官当地特色的系列茶具。

创新并不意味着完全抛弃传统

■ 陶瓷艺人彭望球

如今，老街还有许多与彭望球一样的陶瓷艺人，他们延续古老的技艺，在传承和创新间追逐自己的"陶瓷梦"。来自山东的孙天平就是其中一位。

2015年，对铜官窑早有耳闻的孙天平来到老街，这里的历史人文、陶碗陶罐深深吸引了他，让他有了在当地开窑烧陶的想法。但是那个时候，孙天平既缺资金也没技术。

它是实用的艺术

孙天平
铜官老街居民

■ 孙天平制釉下十三彩作品

廖又元是孙天平的房东，看着这个外地来的小伙子，一天到晚身上沾满了泥巴，墙上贴满了勾勾画画的器型草稿，不由得被他的热情所感动，决定力所能及地帮帮他，她拿出了 5000 元帮助他继续开窑。

老街人的帮助让孙天平迈出了第一步，在创作的过程中，孙天平深深感受到了老街延续千年的精神。前人兼容并蓄，创造了铜官釉下彩的辉煌，孙天平也想在色彩上做一些大胆的尝试。于是，他开始四处拜访，向老艺人请教，然后按照每个师傅的讲解一窑一窑地做测试。

2017 年，孙天平又招募了一群志同道合的大学毕业生，年轻人活跃的思想，让他们不断打破传统条框的限制，经过努力，终于成功烧制出釉下十三彩的作品。这些作品兼具艺术性和实用性，满足了当下年轻人的需求。

一花独放不是春，百花齐放春满园。如今，在铜官老街上，越来越多的陶瓷工作室、大学生创客群体如雨后春笋般

都会举办一场祭窑神的活动

■ 铜官街

涌现出来，他们不仅创新出一批批符合当代审美和生活需求的产品，还开始用互联网思维把它们推广出去。千年老街也因此焕发出更加蓬勃的生命力。

"苟日新，日日新，又日新。"中国儒家思想特别强调要与时俱进，"礼时为大"。铜官，一条因陶瓷而生的老街，在土与火的交融中，谱写出异彩纷呈的华美篇章。知常明变者赢，守正出新者进，靠着变中求进一路走来的铜官人，守住了古老的技艺，也推陈出了崭新的未来。

编　　导：赵东青

撰稿人：赵　越

指导撰稿：李彩霞

泉州西街

海丝起点
闽南古韵

千年的时光在红砖古厝间婉转悠荡，岁月的痕迹却仿佛悄然退去。泉州，就像一个年老的阿嬷，温柔地抚摸着儿女的脸颊，轻声诉说着这个老城动人的故事。它位于福建省东南部，于唐代开元年间（714—741年）建城，北承福州，南接厦门，东望台湾。泉州是闽南文化的源头，是海上丝绸之路的起点，也是历史上享誉盛名的贸易之都。在这里，中原文化与海洋文化碰撞交融，构筑出独具闽南古韵的地域文化。

宋元时期，泉州已是举世闻名的海港之一。世界各地的商人慕名

述说着这里曾有的繁华

■ 泉州西街

而来，而西街就是当时商人们交往贸易的场所。西街位于泉州市鲤城区内，自唐朝起已是"列屋成街"。如今的西街东起中山路，南至新门街，就像一串长长的珠链，串起了周边的名胜古迹、老街旧巷。在千年的历史积淀之上，有着朴实无华的市井生活，又有着时尚的文创业态，秉承泉州一如既往的传统之韵、兼容之美，焕发出勃勃生机。

古厝和洋楼遥相呼应
■ 红砖古厝

是古城最早形成的一条街道
■ 红砖古厝与白色洋楼交相辉映

一　黄守恭：桑梓之地　丝之初始

隋唐时期，中原人口迁移为泉州带来了大量劳动力，以及优越的地理位置，泉州的航海事业兴起。当时，生活在老街的黄守恭敏锐地发现，丝织品已经成为海外贸易的最大需求，且闽南的气候环境非常适合桑树种植。于是，他开始在自己的后花园开垦土地，种桑养蚕。后来，黄守恭的丝绸生意越做越大，一些人也纷纷效仿黄守恭做起了丝绸生意。但是苦于没有经验，他们只能假扮学徒混入黄家作坊，偷学丝织技艺。黄守恭发现这件事后，并没有责怪、怨恨，反而大方地将丝织技艺公布于众。为了扩大生意规模，他还自己出钱，积极发动周边民众参与丝绸出口海上贸易，他

得到了所有同行的尊敬
■ 蚕桑丝织

的豁达胸襟和远见卓识得到了所有同行的尊敬。

黄守恭博通经史，乐善好施，是泉州有名的富商，素有"郡儒"之称。他曾对子孙们说："朝夕勿忘亲命语，晨昏须荐祖宗香。"这首认祖诗就刻在开元寺檀樾祠的石碑上，世世代代警醒后人。

■ 黄守恭像

相传，唐垂拱二年（686年），有一个叫匡护的僧人向黄守恭乞地建设道场。黄守恭对和尚说，如果满园桑树尽开白莲，就把这一块地全部捐献。没想到数日后果然应验，百亩桑园皆为白莲。于是，黄守恭信守承诺，将此地献出建了开元寺，而开元寺也因此被称作"桑莲法界"。为了感恩黄守恭的慷慨奉献，寺庙僧人在寺内建了一座檀樾祠，专门用来供奉黄守恭的禄位，以保佑其子孙后代富贵平安。一片古桑园成就一座名刹，一座名刹催生一条街市，西街逐渐兴盛起来。

朱熹曾言："此地古称佛国，满街都是圣人。"泉州是著名的世界宗教博物馆，被人们誉为"东方麦加"。古代中原移民南迁带来的中原宗教文化以及通过古代"海上丝绸"之路传来的西方宗教文化在这里汇聚，和善共荣，构成了一道韵味别致的风景线。西街上，古朴的东西塔巍然屹立，哥特式的教堂高耸直立。千百年来，它们隔街相望，默默地守护着这片土地，也见证着这座古城的沧桑巨变。

记住乡愁 第五季（58）
泉州西街 海丝起点 闽南古韵
古朴的东西塔 哥特式的教堂
■ 东西塔和哥特式教堂隔街相望

二 颜贤：镇抚众生　奉儒守官

走在西街的小巷里，感受着浓厚的闽南气息，仿若置身于千年前的刺桐古城。西街上分布着数不清的里弄小巷、历史建筑。镇抚巷，坐落于中山中路，临近钟楼。此巷东西走向，正好把南北走向的中山路与承天巷连接起来，因巷中有镇抚司而得名。沿着镇抚司巷向深处走去，那些脱落的墙皮、斑驳的苔痕、古老的旧院，收藏着时光的馈赠，也收藏着很多扑朔迷离的传说。

明初，太祖朱元璋为加强中央集权，设立锦衣卫掌管刑狱，在锦衣卫下又设南北镇抚司。相传，

■ 镇抚司巷

当时的狱官名颜贤，秀才出身，秉性正直，心地善良。他从不对犯人滥用刑罚，反而常常好言劝慰，令其感化，弃恶从善。面对那些含冤受屈的无辜者时，他更是施与仁慈，不仅为他们的冤情鸣不平，还经常替他们写辩词，期盼冤情得以早日昭雪。一天，从兴化县押来了卓六秀等8名犯人，尚未定案，但因为没有钱银贿赂知府，知府大为恼怒。正好那天晚上，镇抚司的邻舍失火，知府便诬陷他们8人"因火反狱"，要把他们全部杀掉。颜贤听到这个消息后，立马拜见知府，慷慨陈词，据理力争道："囚犯没有反狱，不可妄加诬陷，案情尚未断定，怎有罪名杀之？"知府无言以对，只好作罢，但内心早已对颜贤怀恨在心。

年关将至，颜贤怜悯卓六秀等人不能与家人团聚，便动了恻隐之心，私自放了他们回家过年。他临走前一再吩咐8人天亮鸡啼前必须返回监狱。但是第二天，有一个人因为母亲病重没有如约赶回来。后来，

颜贤让 8 名犯人回家过年的事被知府得知。知府又惊又喜，惊的是颜贤胆大包天，私自纵囚；喜的是颜贤作科犯禁，难逃一死。于是，他立即下令逮捕颜贤。在残酷的审讯和拷打之下，颜贤被活活杖毙。颜贤死后，8 名犯人感恩颜贤的忠义正直、宽容大义，竟然以身殉葬誓死追随。后人感念他们的德行，于是在监狱附近建了一座宫庙祭奠他们，并在宫门石柱上刻着"抚循关性情，泣罪居然父母心""到今日垂不朽于史册，云山奠位，依然镇抚众生灵"，以此督促世人铭记先辈遗志。

在繁华热闹的西街上，古老的镇抚司巷独处一隅，安静地书写着一段荡气回肠的历史。历史的烟云终究散去，而颜贤的忠肝义胆永远留在泉州人心里，并激励着后人在时代的浪潮中不畏艰险、奋勇前进。

三　陈笃信：笃信笃行　自由包容

草木茵茵，绿水潺潺；南声曲曲，岁月苍苍。西街不长，只有 1000多米，但在中国教育史上，西街留下的脚印远远不止 1000 多米，这块宝地上孕育了数不清的文化瑰宝。古代时，老街这块宝地曾经住过泉州登科甲第一人欧阳詹，南宋宰相留正、状元曾从龙。近代，这里还是复旦大学校长谢希德、厦门大学校长林祖赓、华侨大学校长庄善裕和东南大学校长陈笃信的故乡。

陈笃信出生在西街平水庙巷的陈氏故居，其祖父陈仲瑾创办了西隅小学，他的父亲和姑姑也将一生奉献给了教育事业。在 17 岁那年，他为了求学辗转离开家乡。在漫长的求学生涯中，他一共经历过 4 所母校，其中有 3 所是在泉州度过，分别是西隅小

CCTV 4 中文国际
CCTV.com
陈笃信
东南大学前校长
居里夫人得了两次诺贝尔奖

■ 陈笃信

学、培元中学和泉州五中。陈笃信曾说,自由包容的泉州文化是他一生珍贵的财富。

有着百年历史的培元中学,曾是西街上最早的一间新式学堂。培元中学一直注重对学生综合能力的培养,它激励学生要铭记"真理、自由、服务"。在陈笃信上学那会儿,培元中学就有了物理实验班这样的兴趣小组。甚至有一次,学生们自己搞无线电,组装收音机,在成功接收信号时,还招来了公安局的工作人员。当工作人员们发现制作者居然是一群孩子时,不仅没有惩罚他们,还给大家发了一个无线电执照。

家乡的文化是最好的启蒙老师,自由、包容的泉州精神也深深地影响着陈笃信。每当谈起幼时的往事,那双布满皱纹的眼睛里总是闪烁着炯炯光芒。陈笃信谈道,他曾经就读的西隅小学每年都会举办常识比赛,他总能拔得头筹。此外,他还常常参加学校每星期六下午的"学生表演会"活动。学校举办的这些活动,使他领略到了不同的知识风采。虽然出生在一个连火车都没见过的小地方,但到南京求学后,他很快就"弯道超车",缩短了和来自大城市的同学之间的差距。

正如历经岁月变迁而不褪色的南音一般,西街的每一处景、每一块砖、每一个音符都充满了这个地方独特的乡土风情,闽南古韵在岁月的迁徙中重焕生机。即使离家多年,开拓进取、开放包容的西街精神也一直留在陈笃信心中,激励他在求真、求善、求美的道路上越走越远。

四 吴幼雄:泉南钩沉 薪火相传

有人说,泉州之美,不在天地,而在众生,在那些鲜活的、质朴的生活碎片里。走在彩笔巷的青石板路上,湿润的空气在毛孔上跳跃,刺桐花香沁人心魄,就连手边的石刻仿佛都染上了清香。这些石刻镌刻着吴文良、吴幼雄父子二人数十年的心血。

泉州作为昔日的重要海港,大量外商侨居此地,因此当地遗留了大量阿拉伯人墓碑,教堂壁龛和古基督教、印度教等宗教石刻。随着历史的变迁,有很多石刻损毁严重,流散各地。还有一些人不知道这些石刻的价值，用来围猪圈、盖厕所。如果没有吴文良、吴幼雄父子的及时收集，这些石刻或许早已被岁月的痕迹掩盖。

1928 年，身为中学老师的吴文良开始收集以及研究古代侨居泉州的阿拉伯人、波斯人、印度人等留下的宗教石刻。在以前，收集墓碑是为士人所不齿的事，但吴文良却不以为然，始终孜孜不倦地工作。每当收集到有价值的宗教石刻时，他就立即刷洗，并用文字记录下来。例如拉丁文天主教的安德肋·佩鲁亚斯墓碑，就是他在一个石匠店铺偶然发现的。那时墓碑尖拱顶已被琢去，碑面飞天和十字架也受到损坏，幸好他及时发现并以 25 美元高价收买，这才得以保存至今。之后，他还出版了《泉州宗教石刻》一书，这本书被誉为"展示海上丝绸之路多元文化典范"，为研究泉州的历史遗迹、风土人情以及海上活动提供了重要资料。

■ 泉州海外交通史博物馆内的宗教石刻

1958 年，从福建师范大学历史系毕业的吴幼雄也开始了研究宗教石刻的终身事业。吴幼雄是兄弟几个里面唯一学习历史的，而且受父亲的影响，他从小就对石刻产生很大的兴趣。此后，他还根据自己的研究，将父亲出版的《泉州宗教石刻》进行了增订。或许有一天，眼角的皱纹会变多，头发也会变得花白，但始终不变的是那颗鲜活的、保持热情的探索之心。历经 78 载，两代人薪火相传，将乡愁熔铸于心，把事业融入血脉，用坚守铸就忠诚。

千百年来，开放包容的精神渗透在这条古街的每一寸肌理，也涵养着世世代代宽厚而热情的泉州人。改革开放以后，泉州人紧紧抓住机遇，勇于探索，爱拼敢赢，走出了一条具有侨乡特色的发展之路。现在，一座崭新的现代化工贸港口城市拔地而起。在西街，不仅能感受到细水长流的闽南古韵，还洋溢着活力四射的现代化气息，传统文化与现代文明风格迥异却相得益彰。

一些墓碑损毁严重 流散各地

■ 吴幼雄

经过前后78年的研究

■ 吴文良旧像

千年古城，寻常巷陌，悠悠南音，萦回飘荡。一片片红砖古瓦，历经岁月沧桑而不褪色，漫步其中，可以触摸到西街的心跳。历经岁月风

脉脉凝视着一代代泉州人

■ 西街夜景

烟，西街这条街道依然宁静地与开元寺相伴相望，脉脉凝视着一代代泉州人从它身边走过，南来北往，西去东奔。一代代西街人，将海纳百川、开放包容的气魄融入血脉，将勇于开拓、积极进取的精神刻入骨髓，共同谱写了一幅繁华美丽、底蕴深厚的西街图景。

编　　导：王晓宇　胡涵嘉
撰稿人：赵　琳
指导撰稿：李彩霞

北京琉璃厂文化街

文运兴 国运昌

清晨，当繁忙的都市渐渐苏醒，位于北京中轴线以西1公里的琉璃厂文化街也开始热闹起来。蜿蜒曲折的胡同里，有着最地道的老北京风情，沿街的店铺书墨飘香，让这里成为古老都城的文化地标。

"琉璃厂"最早名叫"海王村"。元朝时，元世祖忽必烈定都北京，由于修建宫殿需要大量的琉璃制品，朝廷就在"海王村"开办了琉璃窑厂，小小的村庄渐渐发展成为热闹的市镇。明朝时，因为外城墙的修建，窑厂搬迁到了别处，蒸腾的窑火熄灭在世事的变迁之中，但"琉璃

■ 琉璃厂文化街景

493

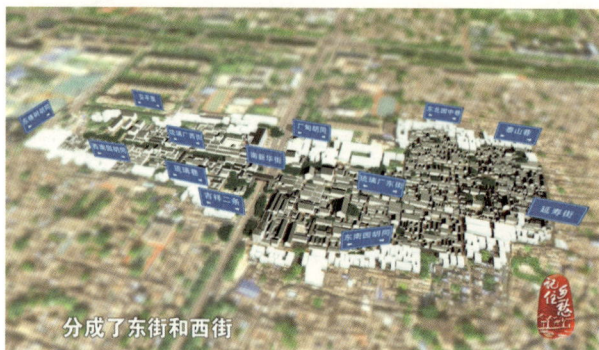

■ 琉璃厂文化街区位图

厂"这个地名却被保留了下来。

琉璃厂文化街位于北京市西城区，它东起延寿街，西至东椿树胡同，南新华街把这条拥有近千年历史的老街分成了东街和西街。在这里，300多家店铺鳞次栉比，汇聚了"戴月轩""一得阁""荣宝斋"等享誉国内外的老字号，出售的大多是古籍字画、文房用具。很多北京人用的第一支毛笔、第一张宣纸都是从这里购买的。齐白石、徐悲鸿、吴昌硕等文人大家的墨宝在这里也随处可见。世代生活于此的人们从小与书卷相伴，浓郁的文化氛围让他们在不经意间多了一份对风雅的追求和向往，沉淀下这座千年古都悠长的文化气韵。文运兴则国运昌，这里的每一次兴衰，都与这座城市，这个国家的命运紧紧相连。

一　修《四库》典籍荟萃　藏古籍传承文脉

清中期，经过康雍两朝的励精图治，清王朝呈现出盛世景象。盛世的宏阔需要鸿篇巨制来充实，乾隆帝颁布诏令，征集天下图书，准备编修一部中国历史上规模最大的综合丛书——《四库全书》。

大举修书，需要在全国范围搜访遗书、珍籍，以资参考。清顺治年间，京城实行"满汉分城而居"的制度，汉族官员按照规定不能在内城居住，于是在离紫禁城不远的琉璃厂一带建造宅邸。为了满足他们对古籍的需求，京城书籍渐渐地集中到琉璃厂地区。《四库全书》的纂修，对古籍图书的需求量迅速扩大，琉璃厂图书市场的古旧书业日益繁荣。一时间，文人荟萃的琉璃厂成了天下图书的集散地。"厂东门，秦碑汉拓如云屯；厂西门，书籍笺素家家新。"

真正的专家学者聚会的地方

■《四库全书》

这项文化工程前后耗时13年，成书共计3.6万余册，约8亿字。它对18世纪以前中国的古籍文献进行了全面的梳理总结，任何古典学科都能从中找到根源，具有宝贵的文化价值。

《四库全书》的编纂让琉璃厂名闻天下，即使近代局势动荡不安，琉璃厂依旧有自己的文化坚守。清末民初，这里仍有书店270多家，经营文化商品的店铺作坊近200家。中国近代思想家梁启超曾经把琉璃厂称为"北京的公共图书馆"。琉璃厂被顽强地保留下来，这对中国的古籍文化有存亡继绝之功，让这些古籍能在今天与我们会面。

作为文气汇聚之地，历史上的琉璃厂不知迎来送往了多少

从东到西全是卖书的

■ 琉璃厂古籍

文人大家。一家家别有洞天的店铺，就像是一座座开架的图书室、免费的博物馆。笔墨纸砚、书画古籍，是书写文化的工具、是传承文化的载体，同时它们也是文化本身，让中华文明在这里积淀、传承。

（二） 治国印承担使命 镌碑文铭记历史

文运兴则国运昌。琉璃厂不仅仅是对文脉的传承，更承担了许多重要的历史使命。许多看似毫不起眼的店铺，都曾见证历史、参与历史。

495

1949 年 6 月，新政治协商会议筹备会在中南海举行，会议决定定国名为中华人民共和国，开国大典的筹备迫在眉睫。当时，国学大师齐燕铭负责协助办理中华人民共和国中央人民政府印信的事宜。

因为自小生长在北京，他知道那个时候的琉璃厂会聚了全中国顶尖的篆刻高手，这其中就包括篆刻大师张樾丞老先生。

齐燕铭找到张樾丞，邀请他参加一场座谈会，和来自各地的篆刻家们一起商讨治"国印"之事。很多篆刻家会刻石头，但是不会刻铜。张樾丞老先生是民国时期刻铜墨盒刻得最好的，所以这个任务自然就落在了老先生身上。

反复打磨的"国印"长宽各 3.5 寸，4 个角上都有凸起，等到正式启用前再磨平，名曰"启封"。往后的岁月里，这枚印章承担了国家任命、与他国建交等一系列的重要使命，见证了中华民族波澜壮阔的新征程。直到 1954 年 9 月，按照《中华人民共和国宪法》规定，全国人民代表大会为最高国家权力机关，国务院为最高国家权力机关的执行机关。至此，"国印"完成了它的历史使命。

反复打磨的开国大印
■ 中华人民共和国中央人民政府之印

"以文勒石，以文铭功。"与新中国第一枚"国印"筹备镌铸几乎同时，一项在新中国历史上具有重要意义的建筑开始筹备。1949 年，为了纪念在人民解放战争和人民革命中牺牲的英雄，中国人民政治协商会议第一届全体会议决定在首都北京修建一座人民英雄纪念碑。纪念碑上的题字正是由琉璃厂"萃文阁"店主、著名书法家、雕刻家魏长青篆刻的。魏长青从小即在琉璃厂当学徒，他写得一手好颜体字，临摹《麻姑仙坛记》碑，几可乱真。20 世纪 40 年代末期，魏长青在琉璃厂开设"萃文阁"。

人民英雄纪念碑的正面向着天安门，碑心石上雕刻毛泽东亲笔书写的 8 个鎏金大字："人民英雄永垂不朽"。碑身背面是毛泽东著文、周恩来亲笔书写的碑文。

因为当时技术条件有限，要想把毛泽东亲笔题写的"人民英雄永垂不朽"镌刻在高达17米的花岗岩上，仅有的办法就是把原稿用幻灯机投影放大，在投影墙上铺纸，把原稿勾描下来。当时全国各地的书法家都被请来，但是勾出来的字跟原字一比，总是不像。这个问题如果不能得到妥善解决，后续的工作就无法开展。就在大家犯难的时候，人群中的魏长青一语中的："毛主席写什么体你知道吗？"

正在勾字的人说："毛体啊。"

魏长青说："不对，毛主席最早写怀素体，你没把怀素的字闹清楚，你想了解毛主席的字你找不着这根儿，所以勾得哪里都不对。"

临摹字体，最重要的是对于书法艺术的理解。人们见魏长青说得在理，于是请他进行勾描，果然形神兼备。

■ 人民英雄纪念碑毛主席题词

1958年5月1日，人民英雄纪念碑隆重揭幕。碑身正面毛泽东主席的题词和背面周恩来总理题写的碑文，被完整而又不失神韵地镌刻在花岗岩之上，提醒世代中国人不忘过去，砥砺前行。

铁画银钩，铸金刻石。琉璃厂匠人以精湛的技艺肩负起历史使命，让这条古街与国家紧紧相连，呼吸同频，心跳同步。

三　拾遗珠古籍归国　修典籍见证历史

位于琉璃厂东街与南新华街交叉口的中国书店是一家经营了将近 70 年的书店，也是中国第一家国营古旧书店。书店的一楼售卖的大多是书画、篆刻类的书籍，在它的二楼，上千册线装古籍安静地陈列在柜台之中。

这些古籍的价值，不在于它能帮书店赚取多少利润，更重要的是字里行间透露出来的信息，对于今天的人们了解历史有着极其重要的作用，它们记载着中华文化的精髓，扮演着传承、弘扬和传播的重要作用。这其中的许多古籍都是从海外回购的。

20 世纪 90 年代初，让散落在海外的珍稀古籍重回故乡，是每一个中国书店员工的心愿。那时，张晓东还是中国书店一位普通的营业员，看着柜台里大量的古籍被海外的顾客购买，他的心情很复杂。就心里想，哪一天我也能去海外淘淘我们中国自己散佚的古籍呢？然后自己发掘它的文化亮点，这是我们现代中国人应该做的事情。

如今，张晓东已成为海外回购古籍项目的负责人，他每年都会收到各个国家古籍拍卖会的图册目录。2017 年，他在一份来自日本的目录上，看到了一套明天启年间的《筹海图编》，这个发现令他和同事们大为振奋。

"筹海"是明代海防的总称，《筹海图编》就是当

却被保留了下来

■ 中国书店

钓鱼岛的归属问题

■ 《筹海图编》

时的海防图，其中明确记载钓鱼岛是中国的一部分。《筹海图编》，除了明确记载了钓鱼岛的归属问题，还涉及了包括明代中国军事、科技，及中日关系在内的大量史料，具有极其宝贵的历史价值。为了买下这本古籍，张晓东一行 3 人前往日本。

不同于国内常见的拍卖形式，日本的拍卖会以暗标的形式进行。竞拍人把价格写在信封里，之后要做的事情就是等待。等待的过程是漫长而忐忑的，张晓东每天上午和下午都会查询电子邮件两次。直到收到中标的邮件，张晓东的兴奋之情溢于言表，终于，这部古籍又被请回了中国。

如今《筹海图编》和其他从海外回购的古籍一起被珍藏在中国书店之中。但是，这些被岁月打磨过的纸张，往往会有断裂磨损、虫蛀鼠啮等许多问题。对于古籍修复师们来说，20 多道工序是自己日复一日的坚守，而每修一部书，就是与古人的一次对话。每次修复，都是对历史的见证，对古人智慧的感悟。

用古老的技艺延续一方文脉，这是中国书店的情怀，更是琉璃厂文化街人不变的坚守。在这条老街上，每一本书、每一幅字画都深受千年文化的浸染，凝结着一代代文人墨客的心血和智慧。

（四）　再造艺术创诸肆白眉　非遗技艺促文化交流

历经岁月的沧桑，如今的琉璃厂老街依然文墨飘香，书画满街，不足一公里长的街道上，既有安徽的宣纸、徽墨、歙砚，浙江的湖笔，也有来自各地的字画、碑帖。

位于琉璃厂西街的"荣宝斋"创办于清康熙十一年（1672 年），距今已有 300 多年的历史。店名取义"以文会友，荣名为宝"。

"荣宝斋"经营的品种非常多。其中，最负盛名的当数木版水印，属于国家级非物质文化遗产。木版水印有"下真迹一等"的美誉。用这种古老的手工印刷技术印制出来的中国画酷似原作，可以达到"乱真"的地步，鲁迅、郑振铎先生见后曾称它为琉璃厂诸笺肆中之"白眉"。

木版水印是"荣宝斋"一项传承了百年的技艺。这种集绘画、雕刻和印刷于一体的工艺，起源于中国传统的雕版印刷术，技师们根据原作笔迹的粗细、刚柔进行分版描摹，然后刻成若干套色木版，再对照原作由浅入深，依次叠印

最早创办于清康熙十一年

■ 荣宝斋

而成。为了还原神韵，所用的纸、墨等原料都要与原作相同。通过木版水印技艺能够将大师的原作印制多张，让我们普通的老百姓都能欣赏到。

在"荣宝斋"复制的众多画作中，齐白石的作品最受欢迎。20 世纪 50 年代的一天，"荣宝斋"的总经理把齐白石老先生请到了店中，挂出两幅一模一样的写意虾图，告诉他其中只有一幅是他的真迹，让老先生分辨。老先生看半天，他说我真的认不出来，真的不知道哪幅是真的，哪幅是水印的。

"荣宝斋"印制的画作竟然连画家本人也分辨不出来，这件事情在坊间流传开来，很多人慕名前来"荣宝斋"参观、选购。在荣宝斋复制的众多作品中水平最高的，是被后世公认的木版水印的巅峰之作——《韩熙载夜宴图》。《韩熙载夜宴图》是我国古代工笔重彩人物画中的经典之作，也是五代南唐画家顾闳中的唯一传世之作。全画共分为"听乐、观舞、歇息、清吹、散宴"五部分，长 335.5 厘米，宽 28.7 厘米的绢本上，40 多个人物生动形象地布列其中。

■ 木板水印《韩熙载夜宴图》片段

用木版水印印刷如此大幅的工笔画，不仅在历史上是空前的，甚至在世界上也是仅有的。韩熙载的胡髯细若游丝而又刚劲有力，需要四五块套版才能把胡髯繁

简、虚实、浓淡的线条层次表现出来。单就仕女裙一处就需要56块套版加以印制。当时，光刻制出来的套色木版就有1667块，是普通画作的数十倍。为了完成这幅作品，"荣宝斋"的技师们用了整整8年时间。

正是凭借着这些传统的工艺，"荣宝斋"被人们誉为"东方文化艺术的橱窗"。新中国成立以来，这里先后接待了丹麦女王玛格丽特及亲王、日本前首相中曾根康弘、新加坡资政李光耀等国际友人，成为中国传统文化艺术面向世界的一扇窗口。曾任外交部部长的陈毅就说过，"我们可不要小看荣宝斋，我陈毅是很感谢荣宝斋的！"荣宝斋经营的艺术品被售往许多国家，对中华传统文化走出去，起了积极作用。

一直到今天，琉璃厂文化街上的书画古籍、笔墨纸砚，依旧是很多外国人钟爱的礼物。它们看似普通，却在累累古籍中传承着文脉、见证着历史，用精湛技艺肩负起历史使命、促进

■ 琉璃厂文化街

了文化交流。它们承载着中华文明五千年的精髓与神韵，远行天下，拥抱世界。

"千年繁华琉璃厂，九市精华萃一衢。"古街上图书充栋，宝玩填街，名人、名店、名家、名书、名品"五名荟萃"，凝练了古都文化的深厚底蕴，见证了中华民族的百年变迁。当一座城市因为一条老街有了文脉的延续，一个国家自然也因为文化有了前行的底气。它滋养着这里的每一个人，在新的时代，焕发生机。

编　　导：赵奕琳　朱　军　范红润
撰 稿 人：赵　越
指导撰稿：李彩霞

西安三学街区

继绝学
开太平

西安，曾经是周、秦、汉、唐等13个朝代的都城。"九天阊阖开宫殿，万国衣冠拜冕旒"，彰显出唐都长安恢宏豪迈的文化气魄。在古城里有一条老街区，千百年来，一直保存历史风貌，传承传统文脉，这就是西安三学街历史文化街区。

三学街是当年大唐皇城太庙坐落的地方。时至北宋，此地改为祭祀孔子的文庙；明成化年间，西安府学、咸宁县学和长安县学相继落成，围绕文庙形成了"一庙三学"的官学中心，三学街因此得名。

求学圣地

■ 三学街俯视

如今的三学街历史文化街区，南与中国最完整的西安老城墙相邻，西与号称"大南门"的永宁门相望，书院门、东木头市、安居巷、柏树林等数条大小街道，

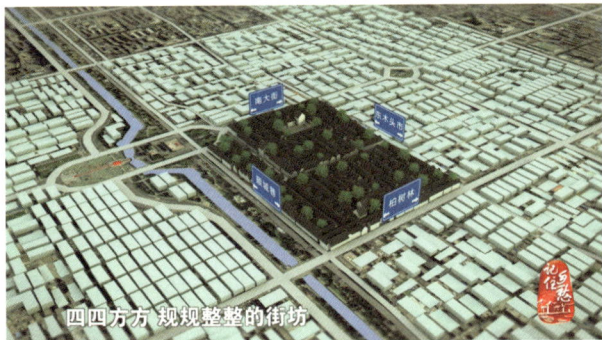

四四方方 规规整整的街坊

■ 三学街位置

围出一个四四方方、规规整整的街坊，总面积达 400 多亩。

今天的三学街无处不浸染着书香。从历史延续至今的浓厚学风和书卷气息成为整条街道的气韵所在。街道两旁听不到买卖的吆喝声，售卖的大部分都是文房四宝、石刻拓片和字画书籍。走在这样一条青石板铺就的街道上，仿佛随时都能走回那片曾经文人荟萃、学子如云的求学圣地。

一 横渠四句开关学，关中书院承文脉

三学街因碑而兴，老街的千年文脉就隐藏在文庙之中，始建于 900 多年前的西安碑林，号称"石板书库"，收藏着自汉以来历朝历代的碑石4000 多件，见证了中国 2000 多年来的书法演变过程。书法对于中国人而言，宛如性命，生死相随。一代代文人通过书法抒怀明志、修齐治平。这些静默伫立的碑石，既见证了十三朝古都长安的辉煌历史，更涵养出这条斯文在兹、大道不废的三学街。

记住乡愁 第五季 60
西安三学街区——继绝学 开太平
来改变人们的思想

■ 大儒张载像

碑林中有一块特别的碑石，名为《西铭》，它的作者正是北宋著名的思想家张载。碑文中刻有"民胞物与"一词，意思

说的是，要把天地间所有的人事物都看作自己的兄弟，这一核心思想被后世誉为中国最深沉博大的仁爱精神，也是张载思想的核心。

张载，世称"横渠先生"。北宋中期，强敌环伺，内乱不断。张载目睹了庙堂之上群臣争论不休、江湖之中书生空谈误国，希望通过著书立说，教书育人来改变人们的思想，进而实现"道济天下，利济众生"的人生理想。于是，他决定辞官还乡，隐居在关中横渠镇，不仅每日开坛讲学，重新阐释儒家经典，还经常研读天文历算，并带领学生下田劳作。经世致用、笃行践履之风很快在关中一带弘扬开来。他的学术思想被称为"关学"，与周敦颐的"濂学"、程颐、程颢的"洛学"、朱熹的"闽学"并称为宋代"四大学派"。关学强调两个主张：一是立心立命的使命精神；二是躬行实践、经世致用的务实精神，希望学生要有使命感，要为国家作贡献。

早年在老街的关中书院求学

■ 关中书院

张载一生看尽人世悲欢离合，深味家国飘零之苦，他晚年时把一生所悟浓缩成掷地有声的四句话："为天地立心，为生民立命，为往圣继绝学，为万世开太平。"

"横渠四句"响彻天地，四方学人为之震动，它所承载的不仅是中国文人最高的理想与追求，更是一种无上的使命和担当。

关学思想影响了一代代关中子弟。公元 1609 年，明代御史冯从吾效仿先贤，辞官回乡后，在老街上建起一座关中书院。他在张载的思想基础上，发扬出躬行实践、崇尚气节的关学宗风，在明末文人务虚空谈之风盛行时，开创出实学先河，为后世培育出一大批"明体适用""敦实行"的儒生，而关中书院也由此位列中国"四大书院"之一。

关中书院的修建，使得关学精神在这里深入人心，也让"横渠四句"成为老街厚重文化的灵魂和中国文人精神境界的无上追求。

二　以曲作刀枪　为天地立心

朝代更迭，风云变幻，而三学街的文化气息始终未变。1905年，西学东渐，国弱文堕，中国面临历史未有之大变局。清政府废除了延续1300多年的科举制度，老街上，三学停办，关中书院改为陕西师范学堂。也就是从那时起，除了文人学子，平常百姓也开始慢慢进入这里，老街的书卷气息中渐渐汇入了寻常人家的烟火气息。关学的精神气质，始终在街巷中传承。

秦腔是中国历史最悠久的剧种之一。自诞生之日起，一直浸润着广袤的三秦大地。三学街上的一处院落中，就曾经住着一位以秦腔为刀枪，敢于为天地立心的人，他就是著名的秦腔剧作者高培支。

民国初年，高培支以开启民智为出发点，和几名志同道合的仁人志士，联合创办了易俗伶学社。这就是后来被鲁迅称作"古调独弹"的易俗社。

他就是著名的秦腔剧作者高培支

■ 高培支故居

1937年，抗日战争全面爆发。国家危难之际，高培支决定把宣传抗日、鼓舞士气作为剧社演出的重中之重。

易俗社排演的大型历史剧目《山河破碎》《还我河山》

1937年 抗日战争全面爆发

■ 易俗社排练戏曲

等，在百姓中引起极大轰动。当演员唱到"还我河山"时，台上台下一起高喊："还我河山！"群情高涨，声浪如潮！

易俗社宣传抗日卓有成效，成为日军在西北空袭的重点目标。1939年4月2日，日军的飞机又一次轰炸西安。下午1点多钟，日军向易俗社日常排演的剧场投下炸弹，5名易俗社成员在爆炸中身亡。

但高培支并没有因此而退却，抗日不停止，排练不停止。对于西安的老百姓来说，只要钟楼的钟声在响，易俗社的秦腔声不断，西安的心脏就在跳动。

在秦腔的嘶吼声中，无数关中子弟投笔从戎，奔赴抗日战场，他们在陕西与山西交会的中条山上，与日军展开了一场殊死决战。

据当地目击过这场战役的老人回忆，那些十七八岁的年轻士兵以命换命，阻挡着日军的疯狂攻势。弹尽粮绝之际，数百名血气方刚的关中子弟宁死不降，嘶吼着秦腔，跳入黄河，以身殉国。就在一批批热血男儿的坚守中，疯狂进攻的日军直到战败也没能越过中条山半步。西安，这座千年古城得以保全，也守住了中国西部的战略大后方。

粗犷豪迈的唱腔穿越历史，始终印刻在老街人的心底。易俗社前辈为国担忧，尽到匹夫之责，"为天地立心"的呐喊亘古不朽，回荡在老街。

（三）架通途连接港珠澳　家国情为生民立命

随着老街而来的非凡文脉，成为如今西安教育发达的重要源头。经世致用的实学理念，在今天依然激励着无数学子。

1985年，已经当了3年老师的苏权科，考入长安大学读研究生，攻读桥梁及隧道专业。自小受关学熏陶的苏权科，在专业学习的过程中，渐渐感悟到，修路造桥

自小受关学熏陶的苏权科

■ 港珠澳大桥总工程师苏权科

就是"为生民立命"的一项重要的民生工程。作为一个桥梁人，做的每一件事情都要为民造福。

苏权科下定决心，要把几代桥梁人没有完成的使命完成，一是要建一个世界一流的桥，二是在伶仃洋这样大家认为很困难的地方修一座能够给民族争气的桥出来。

2004年，苏权科被委任为港珠澳大桥主体工程总工程师。港珠澳大桥工程难度极大，有时候为了制定出最好的设计方案，工程师们要冒着大风大浪，出海实地考察，有几次差点儿出现意外。关中人的倔强，让苏权科敢于迎难而上，而且一直照着目标往前走。

经过14年艰苦努力，苏权科和无数建设者们终于一起完成了被称为"新世界七大奇迹"之一的港珠澳大桥工程。它不仅是世界上最长的跨海大桥，还拥有世界上最长的海底沉管隧道，是世界上最长的钢结构桥梁，被誉为"桥梁界的珠穆朗玛峰"。它在建设管理、工程技术、施工安全和环境保护等领域填补了诸多"中国空白"乃至"世界空白"，形成了一系列"中国标准"，让港珠澳大桥成为中国桥梁史上最闪亮的一页。

港珠澳大桥全程55公里，把港、珠、澳三地紧紧连为一体，一如大桥上的中国结。大桥主体工程实行桥、岛、隧组合，一条隧道穿越伶仃航道；东、西两端的海中人工岛犹如"伶仃双贝"熠熠生辉；青州桥、

港珠澳大桥工程

■ 港珠澳大桥

江海桥和九洲桥分别展现出中国结、三只中华白海豚以及帆船的形象，寓意三地同心、人与自然和谐相处、扬帆起航。

从古至今，一代代受关学精神浸润熏陶的学子，他们怀揣强烈的家国情怀，在各自领域中创造出一个又一个奇迹。今天的西安早已成为中国航天事业的"动力之乡"，也是"一带一路"上最大的内陆型国际中转枢纽港。自"横渠四句"而来的一盏心火，依旧点亮在古城西安的三学街上，那是中国人千年难忘的乡愁，更是中国人历久弥新的前进动力。

（四）　用音符唤乡愁　为往圣继绝学

20世纪80年代，有着悠久历史传承的三学街成为西安古文化一条街。街道两旁的店铺多是售卖文房四宝、书画卷轴、碑帖拓片。门面古朴敦厚，装饰简洁优雅，随处可见别具意味的牌匾楹联，还有曲径通幽的巷弄门道。

古老的诗意滋润着今天的老街，厚重的历史与多彩的生活堆叠出艺术的富矿。如今的老街活跃着不少年轻人的身影，他们通过另一种方式传承着"绝学"，延续文脉。古法造纸、皮影、剪纸等非遗项目，每天在三学街上，与熙熙攘攘的人群相识结缘，并跟随他们的脚步走向全国各地。

作曲家程池从小在这里长大，厚重的文化底色成为他用音符演绎历史的灵感。每次需要创作历史题材的作品时，他总要回老街走一走，接一回三学街的儒雅地气。

寻根溯源的奇妙旅程

■ 作曲家程池

故乡是程池一直想念的地方，幼年在三学街的生活经历，直到今天回忆起来依然鲜活生动。南门门洞的回声依旧清亮，秦腔乐迷的唱腔依旧高亢。每当走在老街的石板路上，这些深藏在记忆深处的画面就会化成一个个音符，在程池的心中交响。这些年来，他的音乐作品《新丝绸之路 2006》《玄奘之路——大乘天》等，大多是以家乡的文化为灵感创作出来的。

为往圣继绝学，先辈已经做得那么好了，作为这个时代的人，程池的愿望就是通过最朴素的情感、最丰满的音符、最能打动人的音乐，来把这份优秀的文化传承下来。

三学街有太多的儿时记忆值得怀念，也有太深厚的历史积淀，可以借此凝望先贤。优美动听的乐章缓缓流淌，对于每一位生长在老街的人来说，都是一壶体味乡愁的佳酿，是一趟对中华文化寻根溯源的奇妙旅程。

（五） 以颈血救一城　为万世开太平

葬我于高山之上兮，望我故乡；
故乡不可见兮，永不能忘！
葬我于高山之上兮，望我大陆；

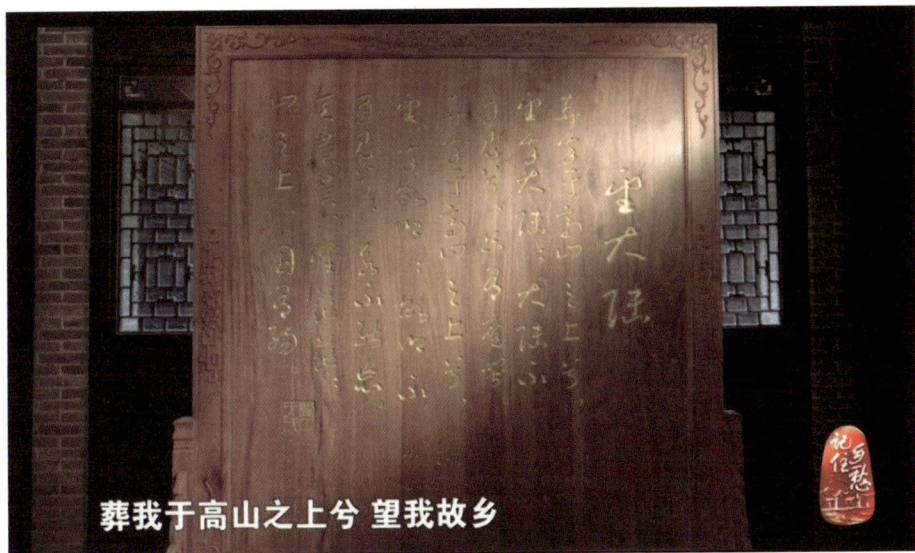

■ 于右任书《望大陆》

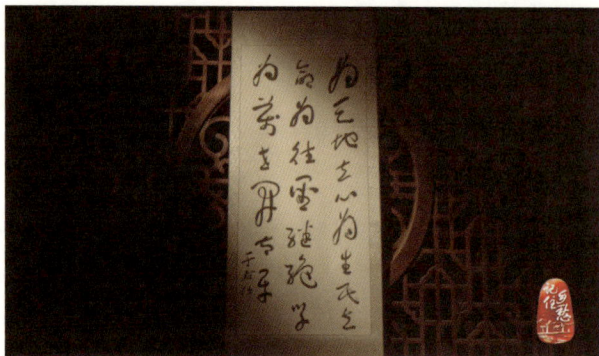

■ 于右任书"横渠四句"

■ 于右任像

大陆不可见兮，只有痛哭！

1962年，随国民党退居台湾，与发妻女儿分隔两岸的辛亥革命元勋、"一代草圣"于右任写下了这首字字泣血，句句惊心的《望大陆》。两年后他与世长辞，终究没能回到日思夜想的故乡大陆。而他的故乡正在三学老街。

于右任早年在老街的关中书院求学，与吴宓、张季鸾并称"关学余脉"。他深受"横渠四句"的影响，将其作为一生的追求与夙愿。他为蒋经国所题的"计利当计天下利，求名应求万世名"，正是这一人生理想的体现。

1926年4月14日，军阀刘振华带领10万镇嵩军向西安发起猛攻，当时守城军队不足万人。西安城危在旦夕，城内10多万名百姓命悬一线。时任国民党中央执行委员的于右任排除万难，请远在苏联的冯玉祥出山。当时，冯玉祥正在苏联莫斯科考察，无法取得联络，于是于右任找到中国共产党北方负责人李大钊，请李大钊帮他联络。当时路途险恶，于右任不顾个人安危，不远万里到莫斯科，去请冯玉祥出兵。

1926年9月17日，冯玉祥率领国民军联军驰援西安。两个月后，终于解了西安之困。

义在前，虽千万人，吾往矣。于右任置生死于度外的救民之举，直到今天还被老街人口口相传。他心怀家国的慷慨义举，是对"为万世开

此地改为祭祀孔子的文庙

■ 三学街孔庙

太平"的关学精神的生动实践。

从关学大儒、柱国元老，到秦腔艺术家、作曲家、港珠澳大桥的建设者，这些生活在不同时代的老街人如同一棵文化大树的茁壮枝干，以三学街为土壤，展示着它的繁茂，也延续着这方水土厚重的文化积淀。历史的烟云终会散去，那些鸿儒大家、壮士英雄的身影也终将远去，但他们的传奇与老街的精神，却在晨钟暮鼓与茶香炊烟中代代相传。

数百年间，三学街始终传承着文脉，它就像一把熊熊燃烧的火炬，在一代代人手中接力传续。如今，关中书院当中仍然回荡着"为天地立心，为生民立命"的千古绝唱，它激励着后人，无论身处何方，都要心怀理想，砥砺前行。

编　导：姬　斌
撰稿人：赵　越
指导撰稿：李彩霞

《记住乡愁》第五季演职员表

总　　监　　制：	魏地春
总　　编　　导：	李欣雁
执 行 总 编 导：	王　峰
制　　片　　人：	王海涛

策　　　　　划：彭　林　郭文斌　张海龙　周　密　赵　翀　张闻兵　刘卫斌
　　　　　　　　赵　昱　朱力军　鲁　澧　朱广皓　徐　杨　蒋　延　蓝云剑
　　　　　　　　余季波　张春煌　张东灵　毕志聪　王文汇

片 头 题 字：金鉴才

撰　稿　组：王海涛　周　密　张海龙

编　　　　　导（按节目播出顺序）：
　　　　　　　　吕明月　赵奕琳　张　琳　李　婕　夏　健　范虹润　王　洁
　　　　　　　　宋鲁生　王晓宇　董伦峰　王占宏　刘月红　于　雪　赵东青
　　　　　　　　刘卫国　李金燕　郭宗福　李晓晖　卢肖伯　韩　辉　袁　玲
　　　　　　　　王　剑　张艳娜　周　栋　郭　鹏　张曙丽　王星晨　龚　群
　　　　　　　　杨永坤　陈雪梅　王文汇　刘　勇　马　维　罗慧钧　王　祯
　　　　　　　　陈　宏　马胜会　冯士雷　张圣杰　柴　晋　颜　飞　朱　军
　　　　　　　　姬　斌

出 镜 记 者（按节目播出顺序）：
　　　　　　　　王　洲　孟盛楠　杨　阳　王端端　宫柏超　孙亚鹏　王　静
　　　　　　　　吴　鹏　纪　萌　蔡丽娜　柴　璐　栗　娜

记者形象设计：邵京京

摄　　　　　像（按节目播出顺序）：
　　　　　　　　林　毅　齐浩杰　姚良洪　孙玉宝　胡小帆　史　亚　齐浩然
　　　　　　　　戴鲁宁　邢志勇　毛远东　王晨光　郭晓哲　安　然　李长波
　　　　　　　　陈国银　潘　磊　杜　琛　王　阳　魏　巍　闫　川　银庆勇
　　　　　　　　陶　嘉　郑华全　张　舟　司徒墨言　吕中华　张沐源　刑雪飞
　　　　　　　　逯　涛　李　茂　张　宏　何汉立　陈　亮　刘蔚波　孙　鹏
　　　　　　　　徐　鹏　李　侗　陶　笛　陈　琰　朱　清　张明华　郑忠诚

郑广宇	李 坡	王 方	王建华	王昱然	吴茂凯	李达峰
何文健	张棚辉	陈 见	张 盟	杨程涛	陈 凯	何一鸣
廖梦川	王奉才	赵汉良	王丕宪	王文超	韩亚楠	庞 意
史君豪	陈伟兵	欧阳杰	支建庆	梁 源	闫 婷	段大海
马 义	李 杰	闫如岳	张 斌	周 峰	王 佳	全国建
郭彦祥	杨程涛	关 兵				

摄 像 助 理（按节目播出顺序）：

潘 磊	郑 健	李昊天	叶剑刚	陈 峰	段华明	李 越
刘佳欣	杨若飞	王 燊	杨 楚	阚国瑞	姜瑞彦	杨宇尘
李 冰	张 猛	周国辉	陈 强	叶 飞	张旭光	和志刚
姚良洪	祝少刚	李 刚	张 航	欧 虎	孙 言	李秦健
戴嘉宸	沈怡辰	王政平	梁 帅	陈 柳	林丽银	林建文
侯惊阳	曹广理	李 辉	张立洲	赵峻晨	董 挺	覃 佩
廖茂词	周 平	叶剑刚	孙 峰	段华民	魏梓成	卞志农
李 鹏	韦卫伟	黄明会	宁文胡	黄忠秀	韩长新	徐业彭
郑 建	黄广帅	田 力	安婉婷	王丕宪	樊 波	张鸿儒
陆 伟	周自横	郑 鑫	王东强	郭 锐	赵振辉	王立生
张永耀	孙知白	马 康	马麻路	冯 缘	董腾龙	王东强
靳世敏	刘振华	张海涵				

录 音（按节目播出顺序）：

罗 骞	姜 阅	张凯琦	庄 津	魏晓辉	李双柱	王奕然
万玉鹏	王晓愚	肖 藩	曾 恒	张兴楚	刘 钢	杨小伟
刚 杨	时栋栋	杨 勇	高振波	刘币钧	赵鑫诚	彭 华
刘志凯	刘广川	兰梦飞	王 健	齐 辉	高海东	李晨曦
熊蹬巍	刘天阳	黄 辉	杨 洲	梁 杰	胡源麟	邢 丁
刘 鹏	胡 涛	李 末	赵鑫诚	江逸民	罗孝功	姜 楠
李 湘	刘非同	张 杰	毛 政	毛杰中	郭宏坡	王健宇
庞 意	何汉立	时 丹	王晋宁	毕志维	赵 磊	孙继彤
孙 遥	孙 策	许 晨				

航 拍（按节目播出顺序）：

姚赳赳	王成岩	孙玉宝	张华宁	阎 恒	蒋一赐	宋开之
张隽祥	孙相虎	齐浩然	杨明珂	张 旭	张靖川	王艺玮
余 晋	税 吉	郑亚威	文明智	胡会乾	张 哲	吕飞虎

王政平　笑　笑　陈海清　郑　鑫　连而淼　杨小伟　李建峰

王昱然　吴茂凯　何文健　张棚辉　石　岩　韩　冬　陈　爽

朱　力　廖泰龙　吴广桂　董　博　廖宏茂　覃泽霖　李聪豪

颜建清　郝　龙　徐正俊　杨金龙　杨志军　李舜辉

解　　　说：方　亮

片　头　曲：《乡愁》作词：黄石　作曲：孟庆云　演唱：雷佳

片　尾　曲（按节目播出顺序）：

《月亮看我》作词：苏柳　作曲：王原平　演唱：王庆爽

《心念》作词：陈涛　作曲：王备　演唱：汤非

《时间的远方》作词：陈曦　作曲：董冬冬　演唱：孙楠

《心弦为谁拨响》作词：缪新华　作曲：何沐阳　演唱：徐千雅

《游子吟》作词：王敬新　作曲：孟文豪　演唱：韩磊

《过家家》作词：何启舫　作曲：戚建波

演唱：王丽达　汤子星

《想念故乡》作词：林宏易　作曲：苑飞雪　演唱：曹芙嘉

《飘满月光的河流》作词：梁芒　作曲：何沐阳　演唱：何沐阳

《再忆江南》作词：樊孝斌　作曲：孟文豪　演唱：尚雯婕

《美丽乡愁》作词：王艺　作曲：孟庆云

演唱：王丽达　汤子星

《千古一脉》作词：曾乃光　作曲：赵麟　演唱：沙宝亮

《源》作词：王秀竹　作曲：王黎光　演唱：汤非

音　乐　制　作：孟庆云　杨　青

技　术　总　监：栗小斌

视　频　剪　辑：查东山　辛青原　林子源

调　　　　色：王　瀛　董　博

音　频　统　筹：关朝洋

音　频　编　辑：苑学成　何安丽　王馨悦　张　爽　欧阳宇晴　张星宇　许　晨

技　　　　术：王欧阳　郭　鹏　冀　虹　高　俭　王　岚

节　目　包　装：查东山

责　　　编：雷震婷　丁冉晋

合　　　成：汪　炜

制　　　片：王　焕　张丽丽　周　靖　饶　芳　张秋洋

节　目　推　广：赵　翀　樊东媛　王昕彤　吕　妍　马莉娜　韩　双　刘　晨

　　　　　　　　谭　瑶　胡涵嘉

合作新媒体推广：今日头条　抖音　微博台网　微博纪录片

指　导　单　位：中共中央宣传部　住房和城乡建设部　国家广播电视总局
　　　　　　　　国家文物局